职场写作实训

总主编◎於可训　邱飞廉

陈卫东◎编著

司法文书写作（第二版）

中国人民大学出版社
·北京·

图书在版编目（CIP）数据

司法文书写作/陈卫东编著．—2版．—北京：中国人民大学出版社，2013.7
（职场写作实训）
ISBN 978-7-300-17775-5

Ⅰ．①司…　Ⅱ．①陈…　Ⅲ．①法律文书-写作　Ⅳ．①D926.13

中国版本图书馆CIP数据核字（2013）第149846号

中国写作学会推荐使用
职场写作实训
总主编　於可训　邱飞廉
司法文书写作
（第二版）
陈卫东　编著
Sifa Wenshu Xiezuo

出版发行	中国人民大学出版社		
社　　址	北京中关村大街31号	邮政编码	100080
电　　话	010－62511242（总编室）		010－62511770（质管部）
	010－82501766（邮购部）		010－62514148（门市部）
	010－62515195（发行公司）		010－62515275（盗版举报）
网　　址	http://www.crup.com.cn		
经　　销	新华书店		
印　　刷	北京市鑫霸印务有限公司	版　　次	1997年5月第1版
规　　格	185 mm×235 mm　16开本		2013年9月第2版
印　　张	23.5插页1	印　　次	2021年12月第7次印刷
字　　数	490 000	定　　价	55.00元

总 序

在全球化的大背景下，交际与沟通已成为人们的一种重要的生存方式。随着市场经济的深入发展，社会契约化程度的不断提高，应用文写作的重要性也逐渐为社会所认识，随之而来的是，对应用文写作规范化和精准度的要求也在不断提高。正是出于这种原因，我们合力打造了这套职场应用写作丛书。

应用文写作是一种社会性的活动，这一社会性活动需要进行理论的概括并形成一定的规范，以此来进一步优化其有效性与可行性。本套丛书的编写正是基于这一目的，故而理论阐述力求做到从实践中来、到实践中去，以实用性取胜，以可操作性见长。

从社会应用的层面上说，我们今天不但要从写作学的角度，而且应当从社会学、政治学乃至心理学的角度去审视应用文写作的过程，这样才能发现其写作的真谛。应用文所具有的社会性、政治性和实践性，使之成为人们沟通思想、凝聚社会的有效手段，进而起到组织社会、统一步调和发展事业的巨大作用。

执本驭末、先本后末是人们的一种思维习惯，本套丛书在体例上就是遵循这一基本的思维方式而设计的。这种设计有利于写作者掌握写作要领，并能节省学习时间，因为它不但有必要的理论阐述，而且列有病文修改和范文的专门分析，还有对应用文写作注意事项的特别说明及实际的操作训练，让写作者“在错误中学习”，从而避免实际操作中易于出现的毛病。客观地说，本套丛书是目前国内所能见到的在体例上最为完备的应用文写作理论丛书，它不但适合教学者使用，更适于作为职场工作人员的自修教材。

我们都是从学生时代走过来的，深知那种用不得要领的空话废话搪塞、在体例内容上不遵循学习规律的教材，其实际效果是欠佳的，所以我们在编写中试图尽量避免这些问题，虽然做得还不够完善，但我们做了尝试，并尽力而为。

假如这套丛书能让读者觉得适用、有用、能用，那将是我们莫大的荣幸！

诚挚欢迎读者提出宝贵的批评、建议，以帮助我们日后完善本套丛书。

於可训　邱飞廉

2010 年秋于珞珈山

目 录

第一章

司法文书写作概述

第一节 司法文书的概念与特点

一、司法文书的概念

司法文书是法律文书的一种。法律文书分为规范性法律文书和非规范性法律文书两种。规范性法律文书是指国家机关在其职权范围内制定的要求人们普遍遵循的行为准则的文书，是法律规范的表现形式，具有法律规范的一般约束力，即我们平时所说的“法规”。非规范性法律文书是指国家机关等在其职权范围内就个别人或个别事件发布的法律文书，它只对特定的对象有效，不具有人人都必须遵守的一般规范性。规范性法律文书包括宪法、法律，有时也指国家行政机关公布的行政法规。非规范性法律文书包括判决书、裁定书、逮捕证、拘留证、户口簿、委任状、公证书、结婚登记证、公告等。司法文书即非规范性法律文书范畴内的一种。具体说来，司法文书就是我国的公安机关、人民检察院、人民法院按照一定诉讼程序处理各类刑事、民事、行政案件所制作的具有法律效力的公文。例如，人民法院为解决实体问题而制作的判决书、为解决程序问题而制作的裁定书，人民检察院为起诉而制作的起诉书，公安机关为逮捕犯罪嫌疑人而制作的提请批准逮捕书等，都是司法文书。

二、司法文书的特点

司法文书具有以下几方面特点。

（一） 具有鲜明的阶级性

所谓阶级性，就是指我们的司法文书应该充分体现为哪个阶级的利益服务。毋庸置疑，我们的司法文书必须旗帜鲜明地为工人阶级和全体劳动人民的利益服务。

在司法文书中，阶级性主要体现在以下两方面。

1. 为国家现阶段的形势和任务服务

公安机关、人民检察院和人民法院依法行使国家赋予的侦查、逮捕、起诉和审判等权力所作的各项决定，都要以司法文书的形式来表达。制作司法文书，必须坚持用马克思列宁主义的立场、观点和方法，根据当时当地的形势，从具体案件的实际情况出发，实事求是地分析问题、解决问题。我国现阶段的形势是，阶级斗争已经不是主要矛盾，但在一定范围内仍长期存在，在某种条件下还可能激化；我国当前的主要任务是迅速提高和发展生产力，加速经济建设的步伐，争取早日跨入世界先进行列。为此，司法文书的内容，就应当运用确实、充分的证据，准确引用有关的法律规定，直指各种破坏社会主义的反革命分子、严重经济犯罪分子和其他严重刑事犯罪分子，以保护无产阶级专政的政权和社会主义制度，保护国家、集体和公民个人的合法财产权利不受侵犯；同时，还要提高广大群众的法制观念，激励他们投身社会主义现代化建设事业的积极性。

2. 要正确地认清司法文书的性质和善于使用司法文书这个武器

司法文书从其本身来讲，是一种工具，是没有阶级性的，可以为这个阶级服务，也可以为那个阶级服务，不同的阶级都可以利用它。也就是说，司法文书只是司法机关对案件作出处理的表现形式，它归根到底是为司法机关对案件作出处理的内容服务的。我们社会主义国家的司法文书，是公、检、法三机关对案件作出处理的内容的形式，即是对案件作出处理的内容的表现，司法文书的形式必须与作出处理的内容相适应。这就要求我们在制作司法文书时，应当在弄清事实、分清是非的基础上，正确区分两类不同性质的矛盾，用坚强有力的论证，以充分的说服力，爱憎分明地表明自己的立场和观点。它应该教育公民遵守法纪，宣传社会主义精神文明，为社会主义现代化建设服务。绝不应把司法文书看成只是形式的东西，而忽视它的重大实际意义。司法文书应当有利于充分体现它的内容的精神，并在司法实践中不断创造出适合其内容的更为完善的表现形式，以便更好地为人民服务，为社会主义服务。

（二） 认定事实的客观性

司法文书最基本、最重要的就是如实认定事实。刑事案件的司法文书要如实地认定被告人的犯罪事实，民事案件的司法文书要如实地认定原、被告民事纠纷的有关事实。事实是制作司法文书的基础，又是司法文书作出结论的根据，因而，在司法文书中不仅必要时应对事实、证据作出周详的叙述和论断，而且应特别注重其认定事实上的客观性。

认定事实的客观性包括三点。

1. 准确地揭示案件事实的本来面貌

案件事实作为一种社会现象，是纷繁复杂、多种多样的，作为结论的司法文书只能准确地揭示案件事实的本来面貌，把案件事实的前因后果、来龙去脉、情节变化、人物关系，一一如实叙述。切忌随个人的主观好恶添枝加叶或扩大事实、缩小问题。任何猜测、怀疑、道听途说、缺乏根据的情况，都不得列入。

2. 全面阐述案件事实的各个侧面

特别是关于数罪并罚的被告人的案情、刑事附带民事案的案情，都应对各有关侧面细致全面地进行叙述。即每一个被告人的犯罪事实、他在每一种行为中所处的地位及应承担的刑事责任、他怎样造成以及造成多少物质损失，等等，都应条分缕析地进行记载。

3. 确切表达案件关键部分的事实

司法文书记载事实部分需要全面周详，但绝不是事无巨细、不分主次、平铺直叙地记流水账，而是要将各事实之间的内在联系反映出来，反映出其犯罪行为或其他事实的主导方面，也就是关键部分。只有全面、客观、重点突出地认定犯罪事实和有关事实，司法文书作出的结论才有坚实基础，准确无误地定罪量刑才有正确的前提。如果在认定事实上失去其客观性，必然不能准确恰当地执行法律，这样就会造成严重后果。《中华人民共和国刑事诉讼法》（以下简称《刑事诉讼法》）第五十一条规定："公安机关提请批准逮捕书，人民检察院起诉书，人民法院判决书，必须忠实于事实真相。故意隐瞒事实真相的，应当追究责任。"如果审判机关在认定事实时失去客观性，就会造成重罪轻判或轻罪重判。

总之，司法文书在认定事实上，要注意其全面性，防止主观随意性；要注意把握事实和证据的本质与关键。

（三） 适用法律的严肃性

我们的司法工作，不管是侦查、检察、审判还是执行，都必须严格依法办事。司法文书不同于一般的文书，它是司法机关专用的一种特殊的文书，因此，不论是在实体问题的处理方面，还是在程序问题的行使方面，都必须严格依法制作，充分体现出它的法律性。而这种法律性应集中体现在"以事实为根据，以法律为准绳"的基本原则上。严格依法制作司法文书，具体说来就是要做到以下三点：

（1）不论是刑事案件，还是民事纠纷，事实必须真实、清楚，证据必须确凿、充分，论证必须理由充足，结论必须正确。而要做到这些，又必须严格依法办事。某些模棱两可、含糊其辞的用语，如"可能"、"大概"、"也许"、"或者"、"恐怕"之类，不能用于文书中。对犯罪嫌疑人进行逮捕和提起公诉，对犯罪分子定罪判刑等，法律都是有明确规定的。因此，在司法文书中都必须准确地把它们写出来，即根据的是什么法，哪一条哪一款，都要交代得清清楚楚，一点也不能含糊。

（2）刑事案件的司法文书，必须将罪与非罪的界限严格区别开来，尤其是那些属于思想意识、道德品质和缺点错误的东西不能作为罪行写入，更不能把它们当作定罪科刑的根据。民事案件的司法文书，必须充分体现权利、义务等有关法律的基本精神，以分清是非曲直，维护国家、集体和当事人的合法权益。

（3）必须严格依照法定程序办事。诉讼程序是确保实体法得以贯彻实施的保障，也是确定司法文书具有法律效力的必要条件。什么性质的司法文书必须由哪个司法机关和由哪些司法人员制作，什么类型的司法文书必须由哪个司法机关和由哪一级领导审查批准，什么样的事实内容和案件情况应该采用什么样的司法文书的体裁和格式表达，哪些司法文书应经过哪些法律手续才能生效，等等，法律都有明文规定，在制作司法文书时必须严格遵守。那种有法不依、执法不严、草率制作司法文书的做法，是十分错误的，应该坚决摈弃。

（四） 生效执行的强制性

国家赋予司法机关以实施法律的权力，司法文书是体现这种权力的文件。因此，司法文书不同于一般文章、文件，它只能由公安机关、人民检察院、人民法院制作，其他任何机关、团体和个人都无权制作。司法文书确定生效后，在执行时即具有强制性，它所决定的事项，由国家的强制力保证执行，否则当事人可构成拒不执行判决、裁定罪，被判处刑罚。对此，《中华人民共和国刑法》（以下简称《刑法》）第三百一十三条明确规定："对人民法院的判决、裁定有能力执行而拒不执行，情节严重的，处三年以下有期徒刑、拘役或者罚金。"这就是法律的权威所在，也是法律规范区别于其他社会规范的不同之处。法律要求生效的司法文书，必须坚决执行，这也是法律高度集中统一的本质体现。法律文书确定生效之后，在执行上具有强制性，主要表现在发生法律效力的司法文书，应当立即执行。任何机关、任何人都不能任意改变或撤销，即使任何法院也不能在确定的判决依照法律程序撤销前，对同一案件作出其他任何决定。生效的法律文书也不以当事人的意志为转移。例如，经合法签署的逮捕证就具有逮捕犯罪嫌疑人的法律效力和强制性。检察机关制作的起诉书一经确定，就具有将被告人交付人民法院进行审判的法律性和强制性。同样，人民法院的判决书一经生效，就要依法执行，判处徒刑的要关监劳改，判处死刑的要押赴刑场注射死刑或执行枪决。这些都不以被告人的意志为转移。对于一些民事案件中拖延或不执行人民法院判决书、裁定书的当事人，人民法院首先要对其进行耐心细致的思想政治工作；当事人无正当理由，仍拒不执行的，就应当依法采取强制执行的措施。民事案件的这种强制执行，只是强制当事人履行财产给付等方面的义务，并不能限制当事人的人身自由。用拘押人身的办法，强使其履行义务是违法的。但是，当事人坚持抗拒或进行破坏，已构成犯罪的，应依法追究其刑事责任。

（五） 格式的规范性

国家行政机关使用的文书，一般都具有一定的形式，即文书格式。处理行政事务，拟稿行文应先确定使用哪一文种，然后按照这一文种的格式撰写，不能混淆。司法文书是司法机关使用的文书。为了统一规范，各类司法文书有各自的特定格式。各种文书格式是为各类法律文书的内容服务的。应根据法律规定和案件处理的需要，按照一定的格式把各类司法文书应具备的基本内容和特定项目，条理清晰、简明扼要地撰写出来。这不仅是形式上的要求，更重要的是：（1）使司法文书在全国范围内统一行使，保证司法文书的完整性、正确性和有效性，从而更好地为司法工作服务；（2）便于司法人员制作司法文书时按照一定的类型、项目、格式和要求进行，做到条理清晰，事理分明，内容清楚，要求明确，全面发挥司法文书的作用；（3）有利于司法文书的科学管理，保证司法文书的整理、保存和查阅工作的顺利进行，因为有一定规范，就能分门别类、井井有条地装订成册，编号归档，不论案件多么繁杂，时间多么长久，都不会有混淆、紊乱的现象发生。新中国建立以来特别是党的十一届三中全会以后，我国司法机关在实际工作中，逐步形成、完善和改进了各类司法文书的格式，最高人民检察院、最高人民法院、公安部、司法部陆续公布的诉讼文书样式，内容简明，要求完备，格式新颖，结构紧凑，切合实际，便于执行。这对于我国各种司法文书的制作、应用、革新和完善，都具有一定的促进和指导作用。但是，目前我国司法文书在某些方面质量还不太理想，有些地方尚无统一规定。

（六） 语言的朴实性

语言朴实通俗，是社会主义法制的司法文书区别于剥削阶级司法文书语言的一个独具的特色。剥削阶级故意搞“刑不可知，则威不可测”，用艰涩深奥的语言愚弄人民。我们恰好相反，非常重视使用朴实通俗的语言，不掉书袋，不摆架子。我国社会主义性质的司法文书，带有宣传教育的作用，这就要求我们在一切场合下，都要力求让广大群众从中受到法制教育，提高觉悟，遵守法纪，积极同犯罪行为作斗争，保障现代化建设事业的顺利进行。所以，必须用普通的、明确的语言文字去制作司法文书，假如行文不通俗，用语深奥生涩，要想达到上述目的，显然是不可能的。司法工作接触的当事人，绝大多数是普通工人、农民和干部，对他们说的话都要通俗易懂。要做到通俗化，必须使用准确、朴实、浅显易懂的语言，不能采用文学上渲染、描绘、形容、夸张、双关、拟人和比喻等手法；不能引经据典地来作说明，也不能引用宪法条文来作为依据，不能滥用文言文，而且要切忌文白掺杂以及随意减缩某些规范化的语言，形成不伦不类的东西。另外，在造句方面，司法文书一般以采用肯定、陈述、判断句式为宜，不要采用反问、疑问、设问、感叹等加强语气和加浓感情色彩的句式。总而言之，要踏踏实实，缜密严谨，切忌矫揉造作、华而不实，以保持司法文书的严肃性和真实性，从而达到准确地反映客观事实。

第二节 司法文书的历史沿革

从现有的历史资料中，我们能够见到的最早的司法文书，首推 1975 年在岐山出土的《㑇匜铭》中的判词。根据《㑇匜铭》记载，在周代，判决称为“𠭰”（劾），制作判决书称为“成𠭰”；“伯扬文易成𠭰”是指一位名叫伯扬文的法官做成了判决。《㑇匜铭》的判词，关于定罪科刑，本刑当如何，减轻后当如何，极有分寸：“按你所犯的罪行，本应鞭打一千下，还可以处以墨刑。但你能及时认罪交还奴隶，可以减刑。现在只打你五百鞭，并罚铜三百锊。”（现代译文）这说明当时是有刑书作依据的。

1975 年，湖北云梦县睡虎地一座秦墓中出土了秦代竹简一千余支，内容大部分是秦的法律及文书，这是我们当前研究司法文书非常宝贵的资料。比如，当时司法机关受理案件后，比较重视现场勘查和法医鉴定，并做出详尽的笔录。《封诊式》中的《经死》爰书就详细地记载了一个“经死”（吊死）案件与案情有关的各种现场情况：死者尸体悬挂的位置，绳索的质地和粗细长短，绳套的相交处，绳索套在脖子上勒出的痕迹和形成的颜色，舌头伸出的情况，遗屎遗尿的状况，以及解下绳索后应注意勘查的各种情况。又如，《贼死》爰书还记述了一例典型的他杀尸体检验报告书，报告中明确记载了尸体在现场的位置，描述了创伤的数目、部位、方向及大小，并据此作出凶器的推定。同时还记述了出血的情况，注意到衣服损伤与肉体损伤的关系，并将其作为物证保存。很有意义的是，该例还记载了尸体的某些个人特征，如身长、发长、肤色等，可以说这是检验无名尸体并记录个人特征最早一例。

到了汉代，扬雄就综判取士，而以两造词，判其曲直。到了我国封建社会鼎盛时期的唐朝，便把写作判词设为专科，以命题考试的办法让考生写作判词来选拔官吏。宋、明两朝，考选官吏，也都考写判词 。这些判词和现代意义上依法断案的判决书虽有很大差异，但都说明当时的封建统治者都很重视判词的写作。到了清朝，对状词的写作还规定了格式，限定不得超过300字。清朝依法断案的判词 ，有许多写得较好，像张船山、樊增祥的判牍就是很著名的。

同时，我国历代也很注意司法文书的理论研究和写作研究。《周礼》就有“凡有责者，有判书以治则听”，“掌万民之判”的记载。这里说的判书主要是指具有司法文书性质的“券”，基本上说明了司法文书治理社会纠纷的作用。后来，文章学家则从文学角度研究司法文书或属于司法文书范畴的文章。著名的《文心雕龙》中《书记》篇所列举的“律者”、“契者”、“券者”等，就都属于司法文书的范畴。到了明朝，文体专家吴讷在《文章辨体》、徐师曾在《文体明辨》中就已经把判词列为专门的文体，这说明当时人们就已把判词作为一种文体进行研究。

第三节 司法文书的性质

社会主义执法机关的法律文书，是执法机关代表国家制作的。

首先，我国执法机关所制作的法律文书，是代表国家意志的。我们的国家是社会主义性质的，社会主义的法律建立在社会主义生产关系的基础上，是在革命斗争中取得胜利的无产阶级和广大劳动人民群众，通过国家政权制定的。因此，社会主义性质的法律和反映这个法律的司法文书，是代表以工人阶级为领导的广大劳动人民意志的。因为在我国，以工人阶级为领导的广大劳动人民已经上升为统治阶级，其意志也就成为国家的意志。司法文书必须明确地反映人民的利益，忠实地代表国家意志。

其次，我国执法机关的法律文书，在代表国家意志的同时，必须忠实地体现法律。社会主义执法机关的法律文书是国家法律、法令在运用中的具体化。法律文书只有忠实地体现法律，才能更好地体现统治阶级的意志，代表人民的利益，也才能更好地发挥法律的威力，从而才能更有效地打击犯罪、惩罚犯罪、保护无辜、教育群众。

最后，我国执法机关的法律文书，与一切剥削阶级统治的国家的执法机关所使用的法律文书有着本质上的区别。一般说来，司法文书总是和制定法律的政权性质相一致，也就是说，有什么性质的国家政权，就有什么性质的法律；有什么性质的法律，就有什么性质的司法文书。奴隶制国家、封建制国家、资本主义国家执法机关的司法文书都是维护剥削阶级利益、压迫劳动人民的一种工具。而社会主义国家执法机关的法律文书，是忠实于人民民主专政的国家政权，忠实于社会主义法律，忠实于人民利益，忠实于事实真相的。

社会主义司法文书的性质，要求我们用马列主义、毛泽东思想的立场、观点和方法去理解国家的法律，依照法律规定，制作各种合格的法律文书。法律工作者要具备保卫劳动人民利益的高度自觉性和强烈的责任感，绝不能凭个人意志、按个人好恶制作法律文书。

第四节 司法文书的任务

我国法律规定，公安机关、人民检察院、人民法院三机关的侦查、起诉、审判等工作，都必须用相应的司法文书来记载和认定，才能生效。由此可见，司法文书担负着体现司法机关实施法律的任务。如果没有司法文书，各个环节的司法工作便缺乏依据和凭证：立案报告是确定案件成立的根据，起诉书是人民检察院提起公诉的法律依据，刑事、民事判决书是人民法院审理案件的结论。因此，司法文书担负着加强社会主义法制建设、维护人民的民主权利的重要任务。

一、体现国家意志

司法文书具有法律效力，具有权威性、严肃性。这体现着国家所赋予司法机关的实施法律的权力。司法文书是体现这种权力、体现国家意志的文件。因此，司法文书只能由公、检、法机关来制作，其他任何机关、团体和个人都无权制作。司法文书发生效力后，即由国家权力保证实施。另外，诉讼当事人必须直接承受司法文书的法律效力，受司法文书决定的约束。例如，经人民检察院批准并由公安机关签署的逮捕证具有逮捕犯罪嫌疑人的法律效力；人民法院的判决书一经生效，就要依法强制执行。所以，制作司法文书是非常严肃的工作，必须非常慎重。从内容到格式、再到语言文字，都必须正确无误。否则就会因其强制性而造成恶果。

二、适时、准确地适用法律，维护人民的民主权利，惩罚犯罪

司法文书由于它的适用性所产生的法律约束力，具有很强的时限性和时效性。有的司法文书的制作，在法律上有时限的规定；有的虽没有时限规定，但是其工作进度在客观上有时间的要求。所以制作司法文书要及时，以免贻误工作，错过时机，给审理工作带来困难。司法文书体现国家意志，反映审理案件的过程和结果，必须“以事实为根据，以法律为准绳”，正确地适用法律。有法必依、执法必严。只有这样，才能维护人民的民主权利，惩罚犯罪。

三、调整国家、集体、个人之间的法律关系

这主要从民事案件的司法文书体现出来。民事案件的司法文书，判断是非，调处纠纷，依法确认诉讼当事人的权利义务关系，处理民事违法行为，由此来调整国家、集体、个人之间的法律关系。

四、教育公民遵守法律

司法文书在客观上还具有对人民群众的宣传教育作用。公开行使的司法文书，是宣传社会主义法制的一种方式。司法文书是法律、法令的具体运用，是根据具体案件适用法律、法令的结果。司法文书由于以法律为准绳，其原则界限十分明确，因此能够对人民群众起到良好的法律教育作用，使人民群众从中懂得什么是合法的、什么是不合法的，国家法律保护和支持的是什么、禁止和制裁的是什么。由此教育人民遵守法律，鼓励人民群众同犯罪行为积极地作斗争。

第五节 司法文书的种类

为了严格地执行诉讼程序规定的任务，公安机关、人民检察院、人民法院以及其他的法律机关，依法各司其职，相互配合，相互制约，不能互相代替和越权行事。因为它们各自的职能和工作需要不同，在诉讼中要完成的任务不同，因而制作的司法文书的种类也就不同。又因为体现法律程序的过程具体而严格，因而，制作的法律文书的种类也较多。

司法文书的分类，其基本形式有两种：第一种是根据司法文书在诉讼程序中的作用分类，即文书类、报告类、笔录类、证件类、其他类；第二种是根据参与诉讼活动的公、检、法三机关和其他法律机关的职能分类。

一、根据司法文书在诉讼程序中的作用分类

（一）主要体现公、检、法三机关分工负责、互相配合、互相制约、保证准确有效地执行法律的重要文书

立案报告——公安机关受理案件后，经过审查，认为有犯罪事实需要追究刑事责任，且属于自己管辖范围时，由接受案件的单位制作，报请县级以上公安机关负责人批准的法律文书。

提请批准逮捕书——公安机关要求逮捕犯罪嫌疑人时制作的文书，移送同级人民检察院。

批准逮捕决定书——人民检察院作出批准逮捕的决定时制作的文书，送公安机关执行。

补充侦查决定书——人民检察院对于公安机关提请批准逮捕的犯罪嫌疑人的案卷材料进行审查后，认为证据不足或主要犯罪事实不清，做出补充侦查的决定后制作的文书，送公安机关补充侦查。

起诉意见书——公安机关对刑事案件侦查终结后，认为犯罪嫌疑人行为已构成犯罪，需要追究刑事责任时制作的文书，提出起诉的意见，移送同级人民检察院审查。

起诉书——人民检察院向人民法院提起公诉时制作的文书。

不起诉决定书——人民检察院认为被告人的行为不构成犯罪或符合其他法定情形时，作出不起诉决定时制作的文书。

抗诉书——人民检察院认为人民法院的判决书和裁定书确有错误时制作的文书，通过原审法院，送上一级人民法院。

判决书——人民法院就案件的实体问题审理的最后结果制作的文书，送达当事人和提起诉讼的人民检察院。

裁定书——人民法院就诉讼程序问题或某些实体问题作出裁定时制作的文书。

执行通知书——人民法院将被判处死刑缓期执行、无期徒刑、有期徒刑、拘役的罪犯交付执行时制作的文书，送达监狱或其他劳动改造场所执行。对于未经逮捕而判处拘役或者有期徒刑的罪犯，公安机关可根据刑事案件执行通知书收进劳改、拘役场所执行，不另办理逮捕手续。

（二）公安机关内部和人民法院内部以及法院系统内部在办理案件中使用的报告

公安机关立案报告——公安机关对于报案、控告、举报、自首材料进行审查后，认为

有犯罪事实，符合立案标准而制作的内部报告。

公安机关破案报告——公安机关在案件侦查终结之后制作的内部报告。

人民法院审理报告——人民法院在案件审理终结后，由审判人员制作的内部报告。

人民法院死刑案件综合报告——有死刑案件管辖权限的人民法院向有核准死刑案件权限的人民法院报送死刑案件时，在报送判决书的同时报送的报告。

复核死刑、死缓案件审结报告——最高人民法院或高级人民法院复核死刑案件、高级人民法院复核死刑缓期执行的案件时，由承办员制作，提交合议庭评议的报告。

人民法院执行死刑情况报告——由交付执行死刑的人民法院向最高人民法院报送的执行死刑情况的报告。

（三） 如实反映和记载侦查、 起诉、 审判各种诉讼活动的重要阶段的实际情况的笔录

控告笔录——检举人与事件无直接牵连，为维护正义或出于义愤而提出处理犯罪嫌疑人的要求，由工作人员根据检举人检举的犯罪事实制作的笔录。

讯问笔录——对刑事案件的犯罪嫌疑人、被告人进行讯问时，如实地记载提问、回答与供述的笔录。

询问笔录——公安机关在办理刑事案件的过程中，在需要询问证人、被害人时制作的反映询问情况的笔录。

现场勘查笔录——侦查人员根据对与犯罪有关的场所、物品、人身、尸体进行勘验和检查的情况，按规定所做的笔录。

尸体检验笔录——对尸体进行勘验和检查所做的笔录。

辨认笔录——在侦查人员主持下，被害人、犯罪嫌疑人或者证人对与犯罪有关的物品、尸体、场所或者犯罪嫌疑人进行辨认时制作的笔录。

侦查实验笔录——根据侦查实验的情况与结果所做的笔录。在勘查与侦查中，为弄清某一事件是否可能发生，在原现场或模拟现场重新表现某事件发生的过程，以判断真假。通常把这种实验叫侦查实验。

搜查笔录——对被告人、犯罪嫌疑人和可能隐藏犯罪嫌疑人或犯罪证据的人的身体、物品、住所及其他有关地方进行搜查后所做的笔录。

证言笔录——在侦查与审理阶段，证人就其所知道的和案件有关的事实、情节进行陈述，依其陈述所做的笔录。

法庭笔录——就审判人员在法庭上对案件进行审理和判决的活动，所制作的笔录。

评议笔录——人民法院在审理案件时，由合议庭组成人员就案件审理情况交换意见并对处理方法形成决议。评议笔录是对整个评议活动所做的笔录。

宣判笔录——人民法院在宣告判决时所制作的笔录。

对死刑罪犯验明正身笔录——在对死刑罪犯执行死刑前验明正身时所做的笔录。

执行死刑现场笔录——对死刑罪犯执行死刑时，就交付执行死刑的情况所做的笔录。

（四） 在诉讼活动中起证明作用的证件

拘留证——公安机关依法拘留犯罪嫌疑人时所出示的证件。

逮捕证——公安机关执行逮捕犯罪嫌疑人时所出示的证件。

搜查证——侦查人员在执行搜查任务时，向被搜查人出示的证件。

释放证明——公安机关对于被拘留的人，经讯问，发现不应拘留的应即释放；公安机关提请批准逮捕，而人民检察院不批准逮捕的，公安机关接到通知应即释放；人民法院、人民检察院对于各自决定逮捕的人，经讯问，发现不应当逮捕的，也应即释放。由于以上三种情形释放的，都应发给释放证明。

刑满释放证——对于判处拘役、有期徒刑的罪犯，执行期满后，由执行机关发给的证件。

（五） 其他

通知书——司法机关就案件的某一特定事项和要求，告知有关机关和人员所发出的书面文件，如通知辩护人、证人、鉴定人、翻译人员等于指定的时间到庭。

通缉令——公安机关发布的缉捕在逃犯罪嫌疑人归案的命令。

公诉词——人民检察院在出庭支持公诉时，发表的具有揭露被告人、宣传法制、教育群众等作用的有一定政治意义的文件。

调解书——人民法院处理民事纠纷的法律文书。

公证书——公证机关依法对当事人申请公证的法律行为或具有法律意义的文件和事实，确认其真实性、合法性的文书。

布告——人民法院对罪犯的犯罪事实和判处刑罚的情况，以简括的书面形式，向人民群众公布告知的文件。

二、根据法律机关的职能分类

（一） 公安机关经常使用的法律文书

拘留证、逮捕证、搜查证、释放证明、刑满释放证、控告笔录、讯问笔录、证言笔录、询问笔录、现场勘查笔录、尸体检验笔录、侦查实验笔录、搜查笔录、提请批准逮捕书、起诉意见书、传唤通知书、拘传通知书、扣押/解除扣押通知书、取保候审决定书、解除取保候审通知书、监视居住决定书、监视居住委托书、撤销监视居住决定书、拘留通知书、对被捕人家属通知书、提请批准延长羁押期限意见书、立案报告、破案报告、通缉令。

（二） 人民检察院经常使用的司法文书

批准逮捕决定书、不批准逮捕决定书、补充侦查决定书、起诉书、不起诉决定书、抗诉书、公诉词。

（三） 人民法院经常使用的法律文书

审理报告、评议笔录、法庭笔录、宣判笔录、对死刑罪犯验明正身笔录、执行死刑现场笔录、通知书、判决书、裁定书、调解书、执行通知书、复核死刑、死缓案件审结报告、死刑案件综合报告、执行死刑的情况报告、布告。

（四） 公证机关经常使用的法律文书

公证书、证明书、委托证明书。

司法文书的种类繁多，这里加以分类列举的，只是其中主要的几十种。

司法文书从作用上看有主有次，从内容上看有简有繁。有的只填表格，有的则需细致制作。对于证件、表格之类只要熟悉，即可制作；而主要的、有代表意义的以及需要精心制作的文书，则需我们不断探究，使其标准化、统一化。本书所要介绍的正是这一部分内容。

第六节 制作司法文书的意义和要求

我国的法律规定，公安机关、人民检察院、人民法院以及其他法律机关的各项业务活动，必须使用法律文书予以记载、认定，才能发生法律效力。因此，制作法律文书就是要把执法机关的全部业务工作，用文字反映出来。不具有这一合法的文书形式，则诉讼活动的执法工作就会失去依据和凭证。没有这样的依据和凭证，作为国家意志的法律，也就无从实施。由此可见，制作法律文书有着重要的意义。

一、制作司法文书的意义

具体说，这种意义表现在四个方面。

首先，司法文书是权力文件，具有国家的法律效力，诉讼当事人必须直接承受这种法律效力，受已经确定的司法文书规定的约束。这就是说，司法文书规定的任何事项，一经确定，就要付诸实行。小至财产的分割，大至生命的剥夺，诉讼当事人都要按照法律文书所下的断语照办执行。对于诉讼当事人来讲，已经确定的法律文书，有着直接的法律方面的重大意义。

其次，执法机关凭借司法文书，准确地陈述和认定事实，精确地阐明国家的法律、法令。这就是说，通过法律文书，使有罪者认罪伏法，并对其强制执行；使无罪者得到法律保护；使民事当事人明确是非界限，确定其权利与义务；对于需要公证的法律关系和法律事实，予以确认和公证等。总之，执法机关在自己的诉讼活动和非诉讼活动中，都要直接使用法律文书进行工作。因此，司法文书对执法机关来说，有着直接的现实意义。

再次，公开执行的司法文书，是宣传社会主义法制的良好形式。因为法律文书是法律、法令的具体化，是根据案件对法律的具体应用。司法文书中的原则界限是十分清晰的，因此，对人民群众能起到良好的教育作用，鼓励人民群众积极同违法犯罪行为作斗争；对社会上的那些不稳定分子能起到警戒作用，教育他们不要以身试法，起到一般预防的作用；对于那些有违法行为的人，可以起到威慑作用，警告他们应当悬崖勒马，起到特殊预防的作用。

最后，执法机关公开执行司法文书，也是我国健全社会主义法制的一个重要标志。司法机关认定的犯罪事实或其他有争议事实的是非曲直以及据以认定的证据，通过司法文书表现出来，说明我国司法机关办案坚持的是“以事实为根据，以法律为准绳”的社会主义法制原则，体现的是社会主义的“有法可依、有法必依、执法必严、违法必究”的法制要求。

二、制作司法文书的要求

司法文书不同于一般文章和文学作品，有自己独特的思维方式和表达方式。仅有一般的写作知识、写作能力，不经过专门的、较系统的司法文书基本知识的学习和写作技能的基本训练，缺乏理论指导和科学方法，是难以写出合乎规格的司法文书的。当然，要写好司法文书，并不是单纯的技术性问题，必须具备一定的政治思想水平，有相当的业务知识和文化水平，这就要求我们必须做到以下几点。

（一） 加强政治理论和政策、法律的学习

司法工作者必须不断加强对马列主义、毛泽东思想等的学习，加强对党和国家各项方针、政策的学习，加强对法学知识的学习，以提高政治思想水平和专业知识水平，从而在工作中能够立场坚定、观点鲜明、正确地贯彻执行政策和法律，运用阶级分析的方法和唯物辩证的方法，科学地分析案件，做出正确的结论。这是写好司法文书的前提条件之一，只有具备这一条件，才能使制作的每一司法文书都具有高度的思想性、政策性，切实地体现“以事实为根据，以法律为准绳”的原则，准确地打击敌人、惩罚罪犯，正确处理人民内部矛盾。

（二） 学习和发扬马列主义文风

毛泽东同志指出：“要使革命精神获得发展，必须抛弃党八股，采取生动活泼新鲜有力的马克思列宁主义的文风。”[①] “学风和文风也都是党的作风，都是党风。”[②] 这表明马克

① 《毛泽东选集》，2版，第3卷，840页，北京，人民出版社，1991。

② 同上书，812页。

思列宁主义的文风是党的优良作风的体现，我们写作任何文章、文件都必须发扬这种文风。具体到写作司法文书，有以下几点内容。

1. 准确性

这是马列主义文风的重要内容之一，也是制作司法文书最根本的要求。因为我国法律都是以马列主义、毛泽东思想为指针，结合我国工人阶级领导的、以工农联盟为基础的人民民主专政的具体经验制定的。因此，为保护工人阶级和广大人民群众的利益要求制作的司法文书，在政治上必须是实事求是的，在法律上必须是“以事实为根据，以法律为准绳”的，反映在文风上就必须具有高度的准确性。

马列主义文风在司法文书上的高度准确性从广义上说，主要包括事实上的真实性、证据上的确凿性、逻辑上（包括概念、判断、推理）的严密性、语言文字上的准确性。从狭义上说，仅指语言文字上的准确性。但是语言文字上的准确性包含两个条件：一是事实真实、证据确凿、逻辑严密，是语言文字准确性的客观基础；二是语言文字本身要有准确性。只有符合语言文字规范，才能准确反映客观事实，这就要求制作法律文书的人员应严格按照法律办事，并加强逻辑、语法的学习和修养，这对提高司法文书的质量是很有作用的。

2. 鲜明性

这是马列主义文风的重要内容之二，也是制作司法文书的重要要求。因为如果司法文书没有鲜明性，就无法明确地反映国家意志。当然，这种鲜明性，不是人为地、主观地拔高它，而仍然是客观的，是靠正确地表达、明确地揭示其实质而显示出它的鲜明性。一般地说，在文章中讲其鲜明性，主要是指观点和材料的统一，即观点突出地反映事物的实质。而在司法文书中讲其鲜明性，主要是指事实和结论统一，处理决定恰当明确，表述实质尖锐清晰。比如，刑事司法文书罪刑相应，罚当其罪，观点明确，表述得力；如果罚不当罪，或畸轻畸重，表述不清，含糊其辞，就不能使人口服心服，焉能谈到鲜明性？所以司法文书的鲜明性，必须在事实真实、证据充分的条件下，在一定的格式之内，用最佳的组织形式和表述方式，最鲜明地反映出事实或犯罪的本质，恰当有力地运用法律。

3. 生动性

这是马列主义文风的重要内容之三，制作司法文书也应有生动性。有人认为，写小说有形象、易生动，而法律文书如何生动？诚然，司法文书与文学作品是不同的，司法文书具有严肃性，严肃性往往和生动性在格调上是对立的、不同的，但它们又是统一的，在严肃的司法文书中也有它的生动性。当然，这种生动性不是形象思维上的生动，而是逻辑思维上的生动。因此，司法文书的生动性，主要表现为其表述上的周密、条理和明晰。它不是表现在“塑造形象”和“追求情趣”上，而是要用逻辑上的“钳制力”，使人们感到它的生动力量。这就是说，不能把司法文书写成“官样文章”，不痛不痒，或是“照葫芦画瓢”，生搬硬套，而是要按照事实和格式的要求，按照逻辑上的严密要求，使文章的表述具有很强的说服力，这就是司法文书上的生动性。

（三） 认真研究各类司法文书的性质作用及应有的内容和写法

司法文书的种类很多，其性质各不相同，不明确它们在诉讼程序上的作用和写作要求，就不能据以准确地掌握某一种司法文书应有的内容和写法。例如：公安局的起诉意见书，是以案件侦查终结的结论为依据向人民检察院提出起诉意见，要求人民检察院进行审查，决定起诉、不起诉的文书。因此，起诉意见书的内容主要应写明犯罪嫌疑人的犯罪事实、证据和起诉理由。又如，人民法院的刑事判决书是对刑事案件的审理决定，它所涉及的问题就比起诉意见书多一些，性质、作用也不同。在有罪判决中，除应写明犯罪嫌疑人的犯罪事实外，还需写明判决理由、适用的法律和所定的罪名、刑罚等。犯罪事实应是严格依据法律，经过审理查明的。至于作案的具体过程、细节，除与定罪量刑密切相关的以外，一般不需详述。文字更要准确、精练。由此可见，不同种类的司法文书，因性质、作用的不同，其内容和写法就有差异，即使同一类的文书，如一审、二审判决书，其内容和写法也不一样。

（四） 深入司法实践，多学多练，不断总结经验

要写好文章，应深入社会实践，多学多练。同样，写好司法文书，也应深入司法实践，多办案，多写作，不断从中总结经验，摸索规律，掌握要领，提高观察、思维和分析问题及运用语言文字的能力。同时，司法文书必须仔细修改，反复推敲，字斟句酌，力求准确，不能有丝毫虚假、差错。实践证明，提高写作能力，也就是提高工作能力。在职司法工作者在司法文书的写作上有不少宝贵的经验，应不断总结、提高，大力推广；新参加司法工作的人，应充分认识保证司法文书质量的重要意义，在学习政治理论和法律专业知识的同时，重视司法文书基本知识的学习，加强司法文书的写作训练，了解、熟悉和掌握司法文书的写作原则、要求和方法，做到既能办好案件，又能写好司法文书，为司法工作做出更大贡献。

第二章

公安机关的主要司法文书

第一节 立案报告

一、立案报告的概念

立案，是指司法机关对已经发生的犯罪事件按管辖范围进行审查后，决定列为诉讼案件予以处理的一种诉讼行为。公安机关是主要行使侦查权的司法机关，当其接到控告、检举和自首的材料及报案材料，或者自己在工作中发现犯罪案件时，应按照管辖范围，迅速进行审查或侦查。认为确有犯罪事实需要追究刑事责任时，即应立案处理；认为没有犯罪事实，或者犯罪事实显著轻微，不需要追究刑事责任时，就不予立案。凡是符合立案条件的，都应写成书面报告，报请有关领导机关审查批准，然后据以进行侦查活动。这种书面报告，就叫立案报告。

二、立案报告的要素内容

立案报告主要应写明以下几项内容：

（1）案件发现情况；（2）现场勘查情况；（3）调查情况；（4）案情分析；（5）侦查计划。

下面，我们试以几种主要刑事案件，如凶杀、抢劫、盗窃、强奸等类案件为例，并以凶杀案为主，分别讲述以上几项内容的基本写法。

（一） 案件发现情况

应着重写明下列几点。

第一，报案人或案件发现人（包括控告人、检举人）是谁，是否即受害人或事主。写明其姓名、性别、年龄、职业、住址。

第二，报案人或案件发现人对案件发现情况或发生经过的陈述（目睹或耳闻），包括：案件发生的时间、地点、情节、原因、现场情况等，以及受害人情况，犯罪嫌疑人与受害人的关系，犯罪嫌疑人去向、住址。报案人如不知罪犯是谁，可写明他提供的线索或嫌疑人。

第三，侦查机关发现的案件，应写明发现的经过情况，其内容如前一项。

第四，如果是犯罪嫌疑人自首或被当场拿获，可扼要写明犯罪嫌疑人交代的情况。但必须以勘查、调查证实的情况为依据。

第五，如果是被害人或被抢、被盗的事主陈述，内容同上。

案件的发生是犯罪嫌疑人作案的直接后果，而对作案的情节、原因等还必须进行深入、周密的侦查，才能对全案作出正确结论。所以，这部分只需概括叙述，文字力求简要。

（二） **现场勘查情况**

犯罪嫌疑人作案的地点和有关场所，叫现场。侦查人员对犯罪嫌疑人作案现场的事物、尸体、痕迹和物品等进行勘验或检验，叫现场勘查。现场勘查是查明案件发生、发现的真实情况，搜集罪证，揭露犯罪嫌疑人，取得第一手资料的重要而有效的侦查方法。立案报告写明现场勘查的情况，其作用在于：为确定案件的成立提供依据，为判断案件性质、确定侦查范围及方向提供证据和线索。

现场勘查应着重写明下面几点。

1. 现场环境状况

这主要是指证明现场周围的自然环境状况。如现场地点是市街还是市郊，是市街应写明市街的位置、周围的道路通向和房屋的分布状况，是市郊应写明所处的方位，周围的地形、地势、山林、田地、河道等状况。现场是室内的，则还应写明该室所在街道、里弄的位置，相邻房屋、居室和楼巷、通道的状况等。

2. 现场尸体状况

遇到凶杀案件，尸体检验是现场勘查的主要内容之一。在报告中应主要记写：（1）死者的姓名、年龄、性别、身份等，如果是无名尸，则应写明其性别、年龄（约计）和体态、衣着、容貌等特征。（2）经过勘验，写明死者是正常死亡或非正常死亡；如果是非正常死亡，那么是自杀、意外事故还是他杀。（3）尸体在现场的具体位置，有无移动迹象，是否第一现场，现场有无伪造。（4）死者内外衣裤和鞋帽的式样、质量、颜色、新旧，有无血迹、斑痕、破损，内外衣裤纽扣的形状、特点、失落状况；死者衣裤袋内有何物品、数量多少，有无书信、遗言、证件、字条，上面写些什么，与案件有无联系。（5）致死、致伤的手段、凶器，致伤的部位、方向、深度及死者姿势、面部表情。（6）尸僵、尸斑部位，呈现颜色、状态；尸冷和僵硬程度，尸体变化情状（有无腐败现象）等。

3. 现场状况

现场在室内，应写明原家具、什物的布置状况和案发后变动的状况；现场在室外，应写明地面、土坎、坡地等的作案痕迹。写明现场有无搏斗、挣扎、翻滚痕迹和现场的地面、墙壁、床帐、被毯、家具、杂物上有无血液和血迹喷溅、沾附状态、拭擦形状等。应写明犯罪嫌疑人遗留或抛弃在现场的物证，如作案工具、衣物、杂物、烟头、纸屑、毛发、血迹、指纹、鞋印、脚印等；同时还应说明犯罪嫌疑人在现场留下的来去路线的痕迹，逗留、隐蔽的痕迹，破坏门窗的痕迹，开启门锁的痕迹，挖墙凿壁的痕迹，杀人行凶的痕迹，抢劫财物或盗窃财物的痕迹等。记述上述项目，既可按勘查步骤的先后次序记写，也可按项目、要点分别记写。采用哪种方式，依勘查的实际情况和不同案件的需要而定。

（三） **调查情况**

这部分是记写调查有关群众的情况。发现犯罪事实之后，在写立案报告之前，于进行现场勘查之时，或进行现场勘查之后，要对案件进行初步调查。调查是群众路线的工作方法，也是立案侦查和破案的重要方法。调查材料和现场勘查情况一样，都是分析判断案情的依据，也是立案报告的主要内容。

1. 调查的对象

包括：（1）报案人或案件发现人；（2）事主或受害人；（3）证人；（4）死者的亲属、亲友、邻居；（5）基层干部，其他党、团员及积极分子；（6）其他知道案情的人。

2. 调查的内容

包括：（1）案件发生、发现的时间、地点和经过；（2）案件发生前，受害人的行动、神情，有无异常表现，曾与哪些人接触、往来，住地有无陌生人出现；（3）犯罪嫌疑人是谁，与受害人的关系，作案的情节、手段、原因等；（4）犯罪嫌疑人的性别、年龄和形象特征（包括衣着、面貌、体态、身材、生理缺陷等）、口音、动作特征和逃跑方向、藏匿处所，以及犯罪嫌疑人的相识者、关系人等；（5）受害人的财物丢失情况（种类、数量名称、价值等）；（6）现场附近居民点、厂矿、机关、学校人员中有无情态异常者，有无活动时间与作案时间接近者，或去向不明者。

总之，调查的内容往往是很复杂的，写进立案报告的事实、材料和意见应严加甄别，与案件相关、有价值的要写，与案件无关或关联不大、没有价值的就不写，不应不加鉴别取舍，全都写上。有时为了迅速立案，来不及调查，就需要向上级写立案报告，这时，当然没有可能也不需要写调查情况。

（四） 案情分析

写立案报告，应有初步的分析和判断，向上级表明对案件的认识，以及所持的态度。对案情的分析判断，是初步侦查工作的总结，也是立案报告全部内容的重点所在。因此，它应着重写明：

第一，对死者（或受伤未死者）被致死致伤方法、手段的判断，对凶器、药物的判断，对致死时间的判断。其他刑事案件应写明认定事实的判断。

第二，犯罪嫌疑人是谁；对其形象特征和性情、癖好、习惯、职业、身份及性别、年龄的判断，对其来踪去迹、逃窜方向、隐匿何处的判断等。

第三，对犯罪嫌疑人作案时间、地点（是第一现场还是第二现场）的判断，对作案条件、过程的判断，对作案人数的判断。

第四，对犯罪嫌疑人作案性质、原因、动机、目的、后果的判断。

第五，对证言、证物真伪的判断以及对受害人、知情人的陈述与现场勘查情况是否吻合的判断。

第六，对赃款、赃物及其去向的判断。

以上判断，应根据实际情况有重点地进行分析，不是每个案件都一定要样样俱全。分析判断时，必须以事实为根据，从实际出发，没有根据的东西坚决不写。当对某一问题推断出几种可能时，可以同时列举，并说明可能性较大的判断，作为进一步侦查的依据。另外，还应抓住重点，突出中心，切忌罗列堆砌、巨细无遗地写上一大堆。分析判断的语言力求概括、简明。

（五） 侦查计划

侦查计划是立案报告的核心部分，是立案之后，如何继续进行侦查破案的一个方案。它是根据现场勘查和调查访问的结果，在对案情分析认定的基础上制定的继续侦查的破案方案。因此，侦查计划是立案报告不可缺少的重要组成部分，对指导破案工作具有重大的作用。

侦查计划的主要内容有：（1）确定侦查人员的任务分工；（2）确定侦查的方向、范围和主要目标；（3）确定应查明的问题和扩大的线索；（4）确定侦查的步骤、方法、措施和对策；（5）确定侦查的期限（预计）。侦查计划不是一成不变的，随着侦查工作的深入，如果计划已不符合客观实际，在实践中就应及时修订、补充。

立案报告由于有以上固定内容，写作时在构思上并不太费力，而主要应在叙事、说理、说明的表达上下功夫，对各部分内容的内在联系，要以辨析疏通见长。另外，因为立案报告是为了维护国家法治、打击犯罪所必须制定的文书，处于追查、捉拿罪犯的主动地位，写作时应“砥砺其气，必使笔端生风，简上凝霜”，从而表现出依法秉公，为民除害，不放纵犯罪、不掩饰罪行的法制精神。

范文评析

【例文】

××市公安局：

2005年×月×日上午8时30分，我分局接到××公司保卫科干部陈×电话报称：昨晚该公司财务科15万元现金被盗，现场已保护。接报后，我们立即组织有关人员赶赴现场开展工作，现将有关情况报告如下：

一、发案报案经过

2005年×月×日上午7时30分，××公司财务科员工严××推门进入办公室后，发现窗户玻璃被打烂，保险柜被撬开，经清点，15万元现金全部被盗。严××立即报告领导和保卫科干部陈×，陈×便向我局值班室报了案。

二、现场勘查情况

现场位于我区工人俱乐部门前，坐东朝西，半旧平房一栋，共25个房间，平房前有围墙，两侧开有大、小门，墙外是停车场。失窃的财务科是20号房，该房东西对开窗两扇，房门朝西。

西边窗口敞开，窗的铁条被掰开，窗台上有一残缺鞋印（已提取），窗玻璃有3枚汗液指纹（已提取），保险柜的锁已破坏，门口有汗液指纹一枚（已提取）。

三、案情分析

1. 作案时间。据公司部分职工回忆，×月×日晚上，公司部分职工看电视至12时多一点儿才回宿舍，财务科的严××、肖××也与其他职工一起看电视，回宿舍前还检查过门窗。据此判断案发时间是在下半夜至凌晨。

2. 作案范围。据严××说，现金15万元是当天公司营业收入，平时是存银行的，但当天是元旦放假，收市迟，清点后见天色已晚，就抱着侥幸心理，没有存银行。由此看来，内部或内外勾结作案的可能性极大，同时也不排除流窜作案的可能性。

3. 作案嫌疑人。从作案现场分析，犯罪嫌疑人力气大，且熟悉保险柜开锁技术。从其他房间无异常、目标准确看，此嫌疑人是十分了解并熟悉地形和内部情况的。

四、立案依据和侦查工作意见

根据以上情况，依照《中华人民共和国刑事诉讼法》第八十六条①之规定，此案拟立为特大盗窃案侦查。并拟从以下几个方面开展侦查工作：

1. 立即印发协查通报，请各地公安机关和有关部门协查赃款下落。

2. 先从××公司开始，发动全体人员揭发作案人，并对有关人员进行排队，查找疑点和嫌疑人。

3. 在辖区内发动群众，派出专案组成员明察暗访，发现作案的蛛丝马迹；清查外来人口，控制外部有前科人员。

4. 抓紧进行技术鉴定。从现场提取的痕迹中发现可疑人，排除无可能作案人，缩小侦查范围，抓住重点。

妥否，请批示。

××市公安局刑警大队（公章）

二〇〇五年×月×日

【简析】

这份立案报告事项齐全，基本符合要求，语言通顺明了，繁简也还得当。发案经过写得概括简短；现场勘查写得较为详细，把与案件有关的、具有实际意义的事物都记叙得较为明白，为案件的分析判断提供了依据；分析判断较为客观。

① 本书例文中所引法律条款，均系当时实际施行的法律条款。

特别提示

立案报告是刑事诉讼第一阶段的文字材料，是刑事诉讼活动的第一道工序，具有确立案件成立、指导破案工作的作用。但立案报告只在公安机关内部使用，仅存入侦查卷，而不对外。正确、及时地立案侦查，就能迅速发现和搜集证据，揭露犯罪和证实犯罪。立案越接近犯罪发生的时间，案件的侦破就越快，与犯罪行为作斗争的效果就越大。

撰写立案报告首先应坚持迅速及时的原则，任何拖延迟误都可能给侦查工作带来不利，甚至贻误战机，放纵犯罪。其次，书写立案报告还应坚持实事求是的原则。不论是根据公安机关自己发现的犯罪事实，还是根据控告、检举、自首的材料书写立案报告，书写人都应根据事实，如实反映情况，唯有如此，写成的报告才符合立案的目的，使应予追究刑事责任的人被及时立案，进而通过侦查、起诉、审判等诉讼过程，判处其应担负的刑事责任，使不应被追究刑事责任的人免遭立案之苦，正当的合法权益不被侵害。如果书写人不是基于事实，而是基于主观想象或臆断，其结果很可能是混淆是非、错罚无辜。

第二节 破案报告

一、破案报告的概念

刑事案件经过侦查、预审，认为犯罪嫌疑人的犯罪事实已经查清，证据确实、充分，应追究刑事责任时，侦查即告终结。

案件侦破后，如果案情重大，或较典型，应写出总结性的侦破案件的书面材料上报。这种材料即为案件侦查终结报告，也就是破案报告。如果案情简单，或不够典型，也可以不写，但应填写《刑事案件破案报告表》，其格式如下：

填报单位：
（公章）

类别		发案地点	
发案时间		伤亡损失	
案情简记：			
破案措施：			
备注：			

审核人：　　　　　　　　　　填表人：　　　　　　　　　　填表日期：

破案报告是案件侦查终结的总结，对勘验、调查的事实和情况以及所取得的材料、证据要进行分析判断，对经验、教训要加以总结评论。它既可以作为制定起诉意见书或者不起诉意见书的依据，又可以对以后的侦查工作起指导作用。

二、破案报告和立案报告的关系

从整个刑事诉讼活动来讲，破案报告和立案报告都是侦查阶段中的书面报告，也就是刑事诉讼活动开始阶段中的司法文书。如果单从侦查阶段来讲，立案报告是通过初步侦查认定犯罪事实，确定案件成立的文书，它只反映案件侦查活动的部分情况；破案报告则是立案确定之后，继续进行侦查直至破案后所写出的书面材料，它所反映的是案件侦查活动的全部情况，是对案件事实已经侦查清楚，认为证据确实、充分，达到了可以向人民检察院提出起诉意见或者不起诉意见程度时的文书。总之，破案报告是侦查终结后所做的总结性的司法文书。所以立案报告是破案报告的基础与先行，破案报告是立案报告的继续与发展。

三、破案报告的要素内容

1. 案情概况

案情概况的内容主要是：案情发生、发现和现场勘查、调查的情况。其写法和要求与立案报告基本相同。但因已经破案，真相大白，故应从破案的角度，照应前后部分的内容，对材料有所选择，概要地加以叙述。原立案报告中不确实的材料要一概剔除。

2. 案情分析

破案报告的案情分析是在立案报告案情分析的基础上更进一层，而非后者的内容的重复；是把侦查终结时所得的证据、材料、线索加以分析，得出更准确、更全面、更符合情况的判断。

3. 侦破方案

侦破方案与立案报告侦查计划的内容、项目大体一样。但因为原订侦查计划已经过实践的检验，在破案过程中也有所修改、补充，了解的情况更全面，判断的依据更可靠，所以，侦破方案应写得更切合案情实际。

4. 破案经过

破案经过的主要内容包括：（1）执行侦破方案的情况（包括方案的变更、修正和补充）；（2）查明犯罪嫌疑人、执行逮捕的情况；（3）预审情况。破案经过是破案报告的重点，写时可按侦破活动进展的时序写；也可按问题、线索逐步查清，疑点逐一查明，最后使案情真相大白的情况来写。写明这部分的目的，在于检验立案报告中的侦查计划、分析判断是否准确，为总结经验教训提供依据。

5. 经验总结

总结经验，包括成功的经验，也包括失败的教训，目的在于通过总结，为今后破案奠定坚实的基础，避免走弯路或少走弯路。总结经验教训，要求准确、简明、概括，应突出主要的经验教训，不要罗列现象或流于一般化；特别是必须注意实事求是，切忌虚假和夸大。

范文评析

【例文】

关于“3·4”抢劫银行案的破案报告

发生于我市的“3·4”抢劫银行案，经专案组全力侦查，已查明主要案情，抓获主要犯罪嫌疑人，达到破案条件。现将有关情况报告如下：

一、案件简况

2005年3月4日凌晨5时许，市西区建设银行被人翻墙入室。犯罪嫌疑人在杀死2名值班员，撬开金库及保险柜门，盗走人民币500万元、美金12万后逃跑。市局刑侦队于3月4日将此案立为特大抢劫案。鉴于案情重大，市局领导批示成立专案组，市局主管刑侦工作的林×副局长为组长、刑侦队大队长王××为副组长，并迅速抽调有关业务部门民警40人侦破案件。

根据现场勘查，犯罪嫌疑人系用活动软梯搭在银行后围墙处翻墙入院，潜入值班室并杀死值班员、破坏了银行报警系统后，撬坏金库及保险柜门，用事先准备好的袋子把钱装走的。

据尸体检验结果，值班员一人被钝器击中致颅脑损伤死亡，另一人被利器划断喉管致死。经专家鉴定，银行金库及保险柜门，系被有一定专业知识的人撬坏。现场访问材料证实，案发日凌晨3时许，有人曾见两名25岁左右的年轻人在银行附近出现；凌晨5时许，有人见一辆白色桑塔纳轿车在银行附近停留，车号尾部两个数字是88。

二、案情分析

根据现场勘查、尸体检验、物证检验及现场访问材料分析，此案是一起以抢劫银行为目的，作案目标明确的抢劫案，犯罪嫌疑人在两人以上，经过了充分预谋和准备，有作案经验，心狠手黑，拥有交通工具，具备相当程度的专业知识，特别是在银行报警系统、开保险柜锁等方面有专长，并对现场内部情况比较熟悉，不排除内外勾结作案的可能。

三、侦查措施

根据以上分析，我们采取了以下侦查措施：

1. 通知各车管所、交通缉查部门查案发当日曾在现场附近停留过的尾号为88的白色桑塔纳轿车；

2. 通知各派出所排查曾有过盗窃、抢劫前科的年龄在25岁左右的有作案时间的青年人；

3. 对曾接触、安装过银行报警系统及具有相关知识的人员逐人进行排查；

4. 对本市各修锁行业人员特别是修保险柜的人员逐人进行排查；

5. 将银行被盗的连号人民币告知各商场、饭店、娱乐场所，请其在收款时注意发现银行被抢货币的流通情况；

6. 安排秘密力量控制非法倒汇点、交易所；

7. 向邻近市、县公安机关通报案情，请其协助控制赃物，缉查犯罪嫌疑人；

8. 对近年来未侦破的银行持械抢劫案进行并案侦查。

四、破案经过

2005年6月8日—10日，市局刑侦队秘密力量在安国路顶顶影院附近的非法倒汇点发现一名20岁左右的女子多次倒卖大宗美元，并向江××透露自己手边还有一笔美元。市局刑警队根据江××反映的情况，于2005年6月11日将这名女子拘传。经查，该女名叫彭×，22岁，住安化路真理街23号，无业，曾因盗劫罪被判刑2年，有吸毒史。彭对出售的美元来源交代不清，嫌疑最大。

经审讯，彭×初步交代，美元是其男友孔××给的，孔××住安化路中平街6号，28岁，无业，有吸毒史。2005年6月15日，市局刑侦队将正欲逃窜的孔××缉捕归案。2005年6月17日经市局领导批准，对彭×及孔××的住处进行了搜查，从孔××的住处搜出了市西区建设银行被抢的人民币80万元、美金8 000元。2005年6月18日，孔××在证据面前，被迫交代了伙同他人杀人、抢劫的犯罪事实及经过：

2005年3月4日凌晨3时许。犯罪嫌疑人孔××、李×、郑×、王××同乘由孔××驾驶的桑塔纳轿车来到现场，用事先准备好的活动软梯搭在银行后围墙上翻入院内，由李×、郑×望风，孔××、王××潜入值班室，孔××持匕首、王××用铁锤将两名值班人员杀死。后由李×破坏了银行报警系统，郑×撬开金库及保险柜门，将钱装入事先准备好的布袋内逃跑。当日晚，4人分赃后，将作案工具及桑塔纳轿车全部沉入×市附近的辽白河。2005年6月30日，市局刑侦队从辽白河中打捞出桑塔纳轿车及匕首、铁锤等物。孔××供述，自199×年以来，他与李×、郑×、王××经常一同吸毒、嫖赌，花销太大，遂密谋抢劫金库。经查，王××，男，29岁，住本市朝阳路鼓中街3号，曾因持械抢劫被判刑10年，无业，有吸毒史；李×，男，47岁，大学文化，市工商银行营业部主任，住本市朝阳路定里街56号，有吸毒史；郑×，男，43岁，大学文化，市××保险公司技术部工程师，系孔××表兄，有吸毒史。目前3人在逃。

孔××供述的作案过程，与现场勘查及获取的证据材料和物证基本吻合，具有一定的可信度。据此可以认定"3·4"抢劫银行案系孔××、王××、李×、郑×所为。

五、下一步工作意见

鉴于同案嫌疑人王××、李×、郑×已外逃，专案组拟迅速派员，深入做好涉案人家属的工作，要求他们提供有关线索；同时请特侦队协助获取王××等人的踪迹信息，力争尽快将在逃犯罪嫌疑人缉获到案。对犯罪嫌疑人孔××、彭×抓紧审讯，收集相关证据，做好提请逮捕、移送起诉工作。

综上所述，"3·4"抢劫银行案，主要犯罪事实已经查清，相关证据已经获取，主要犯罪嫌疑人已经到案，根据《公安机关办理刑事案件程序规定》第一百六十六条之规定，拟请批准破案。

妥否，请批示。

"3·4"抢劫银行案专案组

二〇〇五年七月五日

【简析】

这份破案报告写得比较好，对一个案件的总结是细致的、完善的。总结了正反两方面的经验。但在文字上还应精练一些。

特别提示

制作破案报告时，对侦查结果的叙述要主次分明，对关键细节的描述要鲜明突出。对案件侦查过程的叙述要简练概括，对已确认的主要犯罪嫌疑人的基本情况、主要犯罪事实及证据的叙述要具体。

对于侦破过程曲折的案件的叙述应突出重点，特别是其中的经验教训总结。对破案理由的阐述应以分析为主，论述有理有据。引用法条要正确、全面。考虑破案方案应尽可能周全。

第三节 提请批准逮捕书

一、提请批准逮捕书的概念

提请批准逮捕书，是公安机关需要依法对犯罪嫌疑人的人身自由采取强制性限制即予以羁押时，向同级人民检察院提出请求批准逮捕的书面文件。

逮捕是法律规定的最严厉的一种强制性措施，它直接剥夺了犯罪嫌疑人的人身自由。为防止无辜公民的人身权利受到侵犯，法律规定公安机关要逮捕犯罪嫌疑人时，必须提请人民检察院审查批准。如果人民检察院不批准，公安机关应当在接到通知后停止逮捕，以防错捕、滥捕。

二、提请批准逮捕书的主要特征

提请批准逮捕书有两个特征：（1）必须由公安机关制作。公安机关要求逮捕犯罪嫌疑人时，不能自行决定，而必须制作提请批准逮捕书，送人民检察院批准；（2）犯罪事实必须有证据证明，必须是对够判处徒刑以上刑罚的犯罪嫌疑人在采取取保候审、监视居住等方法尚不足以防止发生社会危害性而需要逮捕的，才制作这种书面文件。

三、提请批准逮捕书的要素内容

提请批准逮捕书共由六部分组成。

第一部分是名称。名称应写“×××公安局提请批准逮捕书”。名称右下方写×侦监字第×号。

第二部分是犯罪嫌疑人的个人情况。应写明七项，即：姓名、性别、年龄、籍贯、职业、民族、现住址。

第三部分是犯罪嫌疑人的个人简历。要明确写明：何年何月做何工作，何年何月何日被拘留。

第四部分是根据所查获的证据材料，证实犯罪嫌疑人的犯罪事实。在叙述犯罪事实时，必须按时间、地点、目的、动机、手段、情节和结果等七方面叙写。如有多种犯罪行为，应一一列出。

第五部分是结论。说明：犯罪嫌疑人所犯的罪名，根据《刑法》×条×款的规定，应追究其刑事责任。根据《刑事诉讼法》第×条的规定，特提请批准逮捕。

第六部分是结尾。写明提请批准逮捕、接受文书的人民检察院的名称，由公安局长签名盖章，注明发文的年、月、日，附注证据材料的件数。

四、提请批准逮捕书写作格式

××公安局
提请批准逮捕书

（ ）×侦监字第×号

犯罪嫌疑人________，________（男/女），现年________岁，________人，职业________，________族，现住______________。

简历：____。

根据本局所获证据材料证实犯罪嫌疑人____________犯有下列罪行：____。

上述事实证明犯罪嫌疑人________犯有________，根据________之规定应依法追究刑事责任，特提请批准逮捕。

此致

________人民检察院

局长：________

________年________月________日

病文诊疗

【原文】

××县公安局
提请批准逮捕书

(2003)×侦监字第 52 号

犯罪嫌疑人张×，男，19××年×月×日生，居民身份证号：××××，汉族，住××镇东街村，原××县化工厂工人。2003 年 6 月 3 日因涉嫌盗窃罪被我局刑事拘留。

犯罪嫌疑人刘××，女，19××年×月×日生，汉族，身份证号：××××，初中，住××县临江镇王庄村，系该村村民。2003 年 6 月 16 日因涉嫌窝藏罪被我局刑事拘留。

经依法侦查查明：

1. 2003 年 6 月 3 日凌晨，张×携带改锥、铁棍、手电筒等作案工具窜至××县千童管件厂，用铁棍撬开财务室防盗门，用改锥撬开财务室办公桌的抽屉，盗窃现金 2 950 元以及三星牌 T108 型手机一部，价值 1 270 元。

2. 2003 年 5 月 2 日晚 10 时许，张×伙同王×、刘×三人开车在××县北环路将××县天然不锈钢公司经理王×绑架至××县与××县交界处的一窑场内，并索要现金 10 万元。得款后，三人用绳子将王×勒死并抛尸于现场。张×分得现金 4 万元，王×、刘×各分得现金 3 万元。刘×回到家后将 3 万元交予妻子刘××，并告知刘××钱的来历。刘××为帮助刘×逃避公安机关的打击，给其妹妹刘××打电话告知刘×绑架他人的情况，让刘×住到其妹妹刘××闲着的房子里。

3. 2003 年 5 月 31 日下午 6 时，张×和孙×骑摩托车在沧乐路抢夺赵×皮包一个，内有现金 900 元。张×分得 500 元，孙×分得 400 元。

认定上述犯罪事实，有报案记录、被害人陈述、证人证言、现场勘查笔录、尸体检验报告等证实。

综上所述，犯罪嫌疑人张×、刘××的行为触犯了《中华人民共和国刑法》，分别涉嫌绑架罪、故意杀人罪、盗窃罪、抢夺罪、窝藏罪 。依照《中华人民共和国刑事诉讼法》之规定，特提请批准逮捕。

此致

××县人民检察院

局长：×××

××县公安局（印）

二○○三年六月十九日

附：(1) 本案卷宗一卷，200页。

(2) 犯罪嫌疑人张×、刘××现押于××县看守所。

(3) 犯罪嫌疑人孙×取保候审。

(4) 犯罪嫌疑人王×因主要犯罪地在山东省××县，我局已将其移送至山东省××县公安局。

(5) 犯罪嫌疑人刘×因服毒已于2003年6月17日死亡。

【简析】

这份提请批准逮捕书缺少犯罪嫌疑人的个人简历部分，应明确犯罪嫌疑人何年何月何日被拘留。在结论部分，也没有明确列出列名犯罪嫌疑人涉嫌罪名的条款依据，即具体触犯《刑法》哪条哪款、《刑事诉讼法》哪条哪款。

【修改文】

××县公安局
提请批准逮捕书

(2003) ×侦监字第52号

犯罪嫌疑人张×，男，19××年×月×日生，居民身份证号：××××，汉族，住××镇东街村，原××县化工厂工人。2003年6月3日因涉嫌盗窃罪被我局刑事拘留。

犯罪嫌疑人刘××，女，19××年×月×日生，汉族，身份证号：××××，初中，住××县临江镇王庄村，系该村村民。2003年6月16日因涉嫌窝藏罪被我局刑事拘留。

犯罪嫌疑人张×盗窃一案，由群众于2003年6月3日报案至我局。我局经审查，于当日立案侦查。同时犯罪嫌疑人交代曾伙同犯罪嫌疑人王×、刘×绑架杀人。犯罪嫌疑人王×、刘×分别于2003年6月4日、2003年6月10日被抓获归案。

经依法侦查查明：

1. 2003年6月3日凌晨，张×携带改锥、铁棍、手电筒等作案工具窜至××县千童管件厂，用铁棍撬开财务室防盗门，用改锥撬开财务室办公桌的抽屉，盗窃现金2 950元以及三星牌T108型手机一部，价值1 270元。

2. 2003年5月2日晚10时许，张×伙同王×、刘×三人开车在××县北环路将××县天然不锈钢公司经理王×绑架至××县与××县交界处的一窑场内，并索要现金10万元。得款后，三人用绳子将王×勒死并抛尸于现场。张×分得现金4万元，王×、刘×各分得现金3万元。刘×回到家后将3万元交予妻子刘××，并告知刘××钱的来历。刘××为帮助刘×逃避公安机关的打击，给其妹妹刘××打电话告知刘×绑架他人的情况，让刘×住到其妹妹刘××闲着的房子里。

3. 2003 年 5 月 31 日下午 6 时，张×和孙×骑摩托车在沧乐路抢夺赵×皮包一个，内有现金 900 元。张×分得 500 元，孙×分得 400 元。

认定上述犯罪事实，有报案记录、被害人陈述、证人证言、现场勘查笔录、尸体检验报告等证实。

综上所述，犯罪嫌疑人张×的行为触犯了《中华人民共和国刑法》第二百三十九条、第二百三十二条、第二百六十四条、第二百六十七条之规定，涉嫌绑架罪、故意杀人罪、盗窃罪、抢夺罪。犯罪嫌疑人刘××的行为触犯了《中华人民共和国刑法》第三百一十条之规定，涉嫌窝藏罪。依照《中华人民共和国刑事诉讼法》第六十条、第六十六条之规定，特提请批准逮捕。

此致

××县人民检察院

局长（印）

××县公安局（印）

二〇〇三年六月十九日

附：（1）本案卷宗一卷，200 页。

（2）犯罪嫌疑人张×、刘××现押于××县看守所。

（3）犯罪嫌疑人孙×取保候审。

（4）犯罪嫌疑人王×因主要犯罪地在山东省××县，我局已将其移送至山东省××县公安局。

（5）犯罪嫌疑人刘×因服毒已于 2003 年 6 月 17 日死亡。

范文评析

【例文 1】

××县公安局
提请批准逮捕书

（2003）×侦监字第 11 号

犯罪嫌疑人金×，男，19××年 4 月 20 日生。民族：汉。籍贯：×省××县。文化程度：小学毕业。单位及职业：××省××市××县××乡××村农民。户籍所在地：××省××市××县××乡××村。现住址：××省××市××县××乡××村。

简历：19××年至19××年在××县×乡小学读书，19××年至今在××县××乡××村务农，2003年12月16日被刑事拘留。

经我局侦查，犯罪嫌疑人金×有下列犯罪事实：

2003年12月10日晚11时许，金×在本村村民李××家里同巴×、巴××（被害人）、李××、徐××、张××（被害人）等人用扑克牌进行赌博，张××因钱输光，遂向金×借20元，金不同意。张举拳打金面部数下，后被他人劝开。金被打后，产生报复心理，在回家路上，趁被害人张××不备，拿出随身携带的杀猪刀照张背部猛刺一刀。张被刺后逃走，金仍穷追不舍，又照张前胸连刺数刀。张倒地后，金恐其不死，又照其后背、前胸连刺数刀，并割开张的脖子，致使张××当场死亡。金行凶时，巴××赶来劝阻制止，金又对巴连刺数刀，致使巴××重伤，在巴倒地后，金恐巴不死，又割了巴的脖子一刀，后逃往××县其姑家，于2003年12月15日被××县公安局×××派出所抓获。

上述事实证明，犯罪嫌疑人金×的行为已触犯《中华人民共和国刑法》第二百三十二条，涉嫌杀人罪，根据《中华人民共和国刑事诉讼法》第六十条、第六十六条之规定，特提请批准逮捕。

此致

××县人民检察院

局长：×××

××× 公安局（印）

二〇〇三年十二月十八日

【简析】

本篇提请批准逮捕书结构清晰，对侦查所得犯罪事实与法律依据表述方式得当，符合写作要求。

【例文2】

长沙市公安局××区分局
提请批准逮捕书

（2001）×侦监字第×号

犯罪嫌疑人高××，男，17岁（19××年×月×日出生），汉族，安化县人，初中文化，农民，家住安化县××乡××村××组。

该人自幼读书至初中毕业，成年后务农，2001年3月21日因涉嫌盗窃被刑事拘留，现押××区看守所。

犯罪嫌疑人周××，男，18岁（19××年×月×日出生），汉族，公安县人，初中文化，农民，家住湖北省公安县××镇××村×组。

该人自幼读书至初中毕业，成年后务农，2001 年 3 月 21 日因涉嫌盗窃被刑事拘留，现押长沙市第一看守所。

犯罪嫌疑人肖××，男，17 岁（19××年×月×日出生），汉族，安化县人，小学文化，农民，家住安化县××镇××村×组。

该人自幼读书至小学毕业，成年后务农，2001 年 3 月 21 日因涉嫌盗窃被刑事拘留，现押长沙市第一看守所。

犯罪嫌疑人岳××，男，21 岁（19××年×月×日出生），汉族，益阳市人，初中文化，农民，家住益阳市××区××乡××村××组。

该人自幼读书至初中毕业，成年后务农，2001 年 3 月 21 日因涉嫌收赃被刑事拘留，现押××市第一看守所。

犯罪嫌疑人邓××，男，21 岁（19××年×月×日出生），汉族，长沙市人，高中文化，个体业主，家住长沙市××路×××号。

该人自幼读书至高中毕业，2001 年 3 月 21 日因涉嫌销赃被刑事拘留，现押长沙市第一看守所。

经我局侦查，证实犯罪嫌疑人高××、周××、肖××、岳××、邓××有下列犯罪事实：

2001 年元月至 3 月，犯罪嫌疑人高××、周××、肖××等在长沙市××路、××北路等地采取撬锁、套锁的方式盗窃作案 7 次，盗得摩托车 7 台，盗窃累计总金额 23 670 元。所得赃款均挥霍一空。其中高××结伙作案 7 次，盗得摩托车 7 台，盗窃累计总金额 23 670 元。累计分得赃款 900 元，均挥霍一空。周××参与结伙作案 2 次，盗得摩托车 2 台，盗窃累计总金额 6 750 元。分得赃款 100 元，均挥霍一空。肖××结伙作案 1 次，盗得摩托车 1 台，价值人民币 2 240 元（车已收缴在所）。邓××参与销赃摩托车一台，价值 5 700 元。岳××参与收赃摩托车一台，价值 5 700 元。

经审查，高××、周××、肖××、岳××、邓××对以上犯罪事实均供认不讳。

上述事实证明，犯罪嫌疑人高××、周××、肖××的行为已触犯《中华人民共和国刑法》第二百六十四条，涉嫌盗窃罪。犯罪嫌疑人岳××、邓××的行为已触犯《中华人民共和国刑法》第三百一十二条，涉嫌收赃罪、销赃罪。根据《中华人民共和国刑事诉讼法》第六十条、第六十六条之规定，特提请批准逮捕。

此致

长沙市××区人民检察院

局长：×××

×××公安局（印）

二〇〇一年四月十二日

附：案件材料 3 卷

【简析】

提请批准逮捕书的制作重点是对应当逮捕原因的陈述，本文通过对犯罪嫌疑人符合逮捕条件的犯罪事实的描述作出该犯罪嫌疑人应当执行逮捕的判断，达到了写作目的。

特别提示

提请批准逮捕书制作完毕后，由公安局局长签发，连同案卷、材料、证据，一并移送同级人民检察院批准。

公安机关对于人民检察院批准逮捕的犯罪嫌疑人，在逮捕时，应按照执行逮捕的程序规定出示逮捕证；逮捕后，除有妨碍侦查或者无法通知的情形以外，应当把逮捕的原因和羁押的处所，在 24 小时以内通知犯罪嫌疑人的家属或者其所在单位。

公安机关对人民检察院不批准逮捕的决定，认为有错误的时候，可以要求复议，但是必须将被拘留的人立即释放。如果意见不被接受，可以向上级人民检察院提请复核，上级人民检察院应当立即复核，作出是否变更的决定，通知下级人民检察院和公安机关执行。

第四节 起诉意见书

一、起诉意见书的概念

公安机关对侦查终结的刑事案件，认为犯罪嫌疑人的行为已经构成犯罪，应当追究刑事责任，需要起诉时，即制成一种文书，连同案卷材料、证据一并移送同级人民检察院审查决定，这种文书就叫起诉意见书。

公安机关对刑事案件侦查终结后，制作起诉意见书，是对案件本身最重要的总结，也是为法律监督机关对侦查实行监督提供的书面依据，同时是人民检察院、人民法院提起公诉和审理案件的重要基础。这种法律文书，体现了人民检察院和公安机关的分工负责精神，体现了相互配合、相互制约的原则；既达到了协同作战、惩罚犯罪的目的，又发挥了相互制约、准确执行法律的作用。

二、起诉意见书的主要特征

起诉意见书有以下特征：

第一，只有公安机关才能制作起诉意见书。公安机关负责侦查刑事案件，侦查终结后，需要处理犯罪嫌疑人，对其施以刑罚处罚时，公安机关不能直接给予处罚，也不能直接向人民法院提起公诉。按照《刑事诉讼法》的规定，公安机关应提出起诉意见书，移送同级人民检察院审查，由人民检察院决定是否向人民法院提起公诉。

第二，必须是犯罪嫌疑人的行为已经构成犯罪，应当追究刑事责任，需要起诉的，才制作起诉意见书。如果犯罪嫌疑人的行为虽构成犯罪，但依法需要对犯罪嫌疑人从宽处理、不予追究刑事责任时，则属于不提起公诉的范畴。

第三，起诉意见书是在犯罪事实清楚、证据确实充分的前提下制作的。事实不清、证据不足就不能认定犯罪嫌疑人有罪，因而也就不能制作起诉意见书。

第四，起诉意见书仅仅是“意见书”，而不是“决定书”，到底起诉与否，还要由人民检察院决定。在实际工作中，有的起诉意见书往往忽略了这一点，而在结尾时写成“故提起公诉，请依法判刑”或“故将犯罪嫌疑人起诉到你院。请予以惩处”。这样一来，不仅是公安机关自己行使了起诉权，而且还要人民检察院行使审判权，是极为错误的。

三、起诉意见书的要素内容

起诉意见书主要由五部分组成，即首部、犯罪事实、起诉理由、尾部和附项，现分别说明如下。

（一） 首部

这部分应写明下列事项。

1. 标题

写明“×××公安局起诉意见书”字样，其右下方编号：×公起字第×号。

2. 犯罪嫌疑人的个人情况

主要有10项，即：姓名（化名、别名、曾用名），性别，年龄（周岁），籍贯，民族，文化程度，捕前职业，现住址，主要简历，被捕的时间、地点。

这一项写完，即转入正文（犯罪事实和起诉理由）。在行文上可作如下写法："经我局侦查终结，证实犯罪嫌疑人××，有下列犯罪事实"。

（二） **犯罪事实**

这是起诉意见书的主体部分，要求写出犯罪嫌疑人犯罪事实的全部过程，把犯罪嫌疑人犯什么罪以及犯罪的时间、地点、目的、动机、手段、情节、结果交代清楚。

时间，要具体到年、月、日、时。必要的要写到分，切忌笼统。

地点，要把案件发生及犯罪嫌疑人作案经过的地域名称、具体地点写清楚。对地名的记述不要写错别字。

目的，要写清犯罪嫌疑人的心理状态中所希望达到的外部结果，写清这一点对于起诉和审判、定罪和量刑都具有重要意义。犯罪目的只存在于故意犯罪行为中，过失犯罪是无所谓目的的。因此，在起诉意见书中把嫌疑人的犯罪心理状态交代清楚，有利于人民检察院正确认定案情性质，乃至有利于人民法院正确定罪量刑，避免将故意犯罪定为过失犯罪而放纵了犯罪嫌疑人，或将过失犯罪定为故意犯罪而加重了犯罪嫌疑人的刑罚，做到罪符其实，罚当其罪。

动机，要写清促使犯罪嫌疑人决意犯罪的意识上的内心起因。写清犯罪的内心起因，把犯罪动机的深层结构表述恰当，有利于定罪量刑。写动机时应和目的区别开来。比如，诬告的动机是对某人复仇，而目的是使其受刑事制裁。再如，杀人的动机可能是害怕某人揭发自己的罪行，而目的则是为了杀人灭口。

手段，要写清犯罪嫌疑人为达到其犯罪目的所使用的犯罪手段。犯罪手段在一定程度上能反映其主观恶性的大小。

情节，要写清犯罪嫌疑人犯罪行为的各阶段情况和变化。对情节的表述应具有系统性和连贯性。通过写情节，达到对犯罪过程的全面了解。

结果，要写清案件的结局。对案件中的人、财、物等最后的归宿和去向要交代明白。

如果犯罪嫌疑人除犯有主要罪行外，还有其他次要罪行，次要罪行可写在主罪之前，以表明犯罪的一贯性，也可写在主罪之后，以表明其继续作案的恶性。

对于共同犯罪或犯罪集团中一案数犯，应先写明共同犯罪的事实，然后分别写明每个犯罪嫌疑人的具体犯罪事实，及其在整个犯罪活动中的作用和主犯、从犯、胁从犯的地位。

（三） **起诉理由**

这部分主要根据上述认定犯罪嫌疑人所犯罪行，论述其性质、危害程度，应负罪责以及依据什么法律规定构成了什么罪，依据什么法律规定移请人民检察院提起公诉等。

起诉理由这一部分的记述很重要，是案件移送人民检察院审查决定起诉的根据，也给人民法院的审判工作奠定了可靠的基础。

犯罪事实和起诉理由这两部分写完后，正文即结束。以下，在行文中可按格式"根据××之规定"，写明追究犯罪嫌疑人刑事责任的法律根据。最后，写"特将本案移送审查，依法起诉。此致×××人民检察院”字样。

（四）尾部

起诉意见书应由公安机关负责人（局长）署名，并注明制作的年、月、日。有人主张把这一部分归入起诉理由部分，这显然不合适；也有人把它并到附项部分，这也欠妥。较妥的办法是另立一部——尾部。

（五）附项

这部分是对两个事项的说明：（1）犯罪嫌疑人的羁押处所；（2）犯罪嫌疑人预审卷宗的数量（多少卷、多少册）。这些地方很细致，但不应忽略，应坚持法律文书制作方法上的完备性。

四、起诉意见书的使用规定

公安机关制作好起诉意见书之后，连同案卷材料、证据一并移送同级人民检察院审查决定。人民检察院对于公安机关移送的起诉意见书及其案卷，应当在一个月以内作出决定，重大、复杂的案件，可以延长半个月。

人民检察院对于公安机关移送的起诉意见书，经过审查，对于主要犯罪事实不清、证据不足，或者遗漏应当追究刑事责任的人和遗漏罪行，认为需要补充侦查的，也可以退回公安机关补充侦查。补充侦查的案件，应当在一个月内侦查完毕。补充侦查的时间应当单独计算。

五、起诉意见书的写作格式

××公安局
起诉意见书

（ ）×公起字第×号

犯罪嫌疑人______，______（男/女），现年______岁，籍贯______，______族，文化程度______，单位及职业______，住址____________。违法犯罪经历________________。

于______年______月______日被捕，现羁押于______处。

经我局侦查终结，证实犯罪嫌疑人______，有下列犯罪事实：________________。

综上所述，犯罪嫌疑人______的行为触犯了《中华人民共和国刑法》第____条第____款，根据《中华人民共和国刑事诉讼法》第______条之规定，特将本案移送审查，依法起诉。

此致

______人民检察院

局长：______

______年______月______日

附：(1) 犯罪嫌疑人______现押于______。

(2) 犯罪嫌疑人______的预审卷宗共______卷______册。

病文诊疗

【原文】

×××公安局
起诉意见书

(2001) ×公起字第 20 号

犯罪嫌疑人孙××，男，1973 年 2 月 25 日生，汉族，××省××市人，小学文化，××市××厂工人，住××省××市××路××号 。

违法犯罪经历：1989 年 3 月，因盗窃犯罪，被××市人民法院判处有期徒刑 1 年。2001 年 9 月 13 日因涉嫌故意杀人罪被××市公安局刑事拘留，9 月 17 日被逮捕，现押于××市公安局看守所。

犯罪嫌疑人孙××涉嫌故意杀人一案由××大桥施工队于 2001 年 9 月 9 日报告至我局。我局于 9 月 11 日决定立案侦查，并于 9 月 13 日将犯罪嫌疑人孙××刑事拘留，9 月 17 日对其执行逮捕。犯罪嫌疑人孙××涉嫌故意杀人案，现已侦查终结。

经依法侦查查明：2001 年 9 月 4 日下午 6 时许，孙××用给被害人买东西吃的手段，将在其住所附近玩耍的章××（女，7 岁，1994 年 9 月 13 日出生）骗带到郊外，并控制至深夜。9 月 5 日凌晨 1 时左右，孙××将章××抱回自己的住处，并在进门时用双手将章××掐死，然后把章××的尸体抱到楼上自己的宿舍，塞进床底隐藏。9 月 5 日下午孙××趁家中无人之机，用小刀将尸体肢解。当夜，孙××骑自行车分两次将尸段抛入河中。9 月 6 日早晨，孙××将其从被害人尸体上剥离下来的肌肉用盐腌制，并于 6 日中午、7 日早上、8 日、9 日，先后几次烧煮食用。

认定孙××犯罪事实的证据如下：

1. 现场勘查笔录；

2. 现场搜集的搪瓷盆、黑提包、小刀等证物；

3. 被害人家长、玩耍伙伴及××食品门市部店主等所做的供词；

4. 犯罪嫌疑人孙××的供述；

5. 尸体检验报告和血型检验报告；

6. 关于孙××精神状态正常，没有精神病的司法鉴定报告。

上述犯罪事实清楚，证据确实、充分，足以认定。

综上所述，犯罪嫌疑人孙××的行为触犯了《中华人民共和国刑法》第二百三十二条，涉嫌故意杀人罪，根据《中华人民共和国刑事诉讼法》第一百六十条之规定，特将本案移送审查，依法起诉。

此致

××市人民检察院

局长（印）

公安局（印）

二〇〇一年九月二十日

附：犯罪嫌疑人孙××现押于××市公安局看守所。

【简析】

这里附项的作用是说明两个事项，即犯罪嫌疑人的羁押处所以及犯罪嫌疑人预审卷宗的数量，具体到多少卷、多少册。本文对第二个事项不应忽略，否则没有达到制作法律文书完备性的要求。

【修改文】

×××公安局
起诉意见书

（2001）×公起字第20号

犯罪嫌疑人孙××，男，1973年2月25日生，汉族，××省××市人，小学文化，××市××厂工人，住××省××市××路××号。

违法犯罪经历：1989年3月，因盗窃犯罪，被××市人民法院判处有期徒刑1年。2001年9月13日因涉嫌故意杀人罪被××市公安局刑事拘留，9月17日被逮捕，现押于××市公安局看守所。

犯罪嫌疑人孙××涉嫌故意杀人一案由××大桥施工队于2001年9月9日报告至我局。我局于9月11日决定立案侦查，并于9月13日将犯罪嫌疑人孙××刑事拘留，9月17日对其执行逮捕。犯罪嫌疑人孙××涉嫌故意杀人案，现已侦查终结。

经依法侦查查明：2001年9月4日下午6时许，孙××用给被害人买东西吃的手段，将在其住所附近玩耍的章××（女，7岁，1994年9月13日出生）骗带到郊外，并控制至深夜。9 月 5 日凌晨 1 时左右，孙××将章××抱回自己的住处，并在进门时用双手将章××掐死，然后把章××的尸体抱到楼上自己的宿舍，塞进床底隐藏。9 月 5 日下午孙××趁家中无人之机，用小刀将尸体肢解。当夜，孙××骑自行车分两次将尸段抛入河中。9 月 6 日早晨，孙××将其从被害人尸体上剥离下来的肌肉用盐腌制，并于 6 日中午、7 日早上、8 日、9 日，先后几次烧煮食用。

认定孙××犯罪事实的证据如下：

1. 现场勘查笔录；

2. 现场搜集的搪瓷盆、黑提包、小刀等证物；

3. 被害人家长、玩耍伙伴及××食品门市部店主等所做的供词；

4. 犯罪嫌疑人孙××的供述；

5. 尸体检验报告和血型检验报告；

6. 关于孙××精神状态正常，没有精神病的司法鉴定报告。

上述犯罪事实清楚，证据确实、充分，足以认定。

综上所述，犯罪嫌疑人孙××的行为触犯了《中华人民共和国刑法》第二百三十二条，涉嫌故意杀人罪，根据《中华人民共和国刑事诉讼法》第一百六十条之规定，特将本案移送审查，依法起诉。

此致

××市人民检察院

局长（印）

公安局（印）

二〇〇一年九月二十日

附：（1）犯罪嫌疑人孙××现押于××市公安局看守所。

（2）附本案预审卷宗共×卷×册。

范文评析

【例文】

北京市公安局
起诉意见书

（2006）京公起字第 516 号

犯罪嫌疑人崔××，男，19××年×月×日生，河北省阜平县人，身份证号：×××

×，汉族，初中文化程度，河北省保定市阜平县××镇××村农民，住该村。因涉嫌故意伤害罪，2010年8月12日被我局刑事拘留；经北京市人民检察院第一分院批准，同年9月19日被依法逮捕。

犯罪嫌疑人张×，男，19××年×月×日生，吉林省公主岭市人，身份证号：××××，汉族，初中文化程度，吉林省公主岭市××村×屯农民，住该村。因涉嫌窝藏罪，2010年8月12日被我局刑事拘留；经北京市人民检察院第一分院批准，同年9月19日被依法逮捕。

犯罪嫌疑人兔××，男，19××年×月×日生，河北省定州市人，身份证号：××××，汉族，初中文化程度，河北省定州市××镇××村农民，住该村。因涉嫌窝藏罪，2010年8月31日被我局刑事拘留；经北京市人民检察院第一分院批准，同年10月1日被依法逮捕。

犯罪嫌疑人张××，男，19××年×月×日生，吉林省公主岭市人，身份证号：××××，汉族，初中文化程度，吉林省公主岭市××村×队农民，住该村。因涉嫌窝藏罪，2010年8月12日被我局刑事拘留；同年9月19日被取保候审。

犯罪嫌疑人段××，男，19××年×月×日生，河北省保定市阜平县人，身份证号：××××，汉族，高中文化程度，河北省保定市阜平县××镇××村农民，住该村。因涉嫌窝藏罪，2010年9月1日被我局刑事拘留；同年9月30日被取保候审。

犯罪嫌疑人崔××、张×、兔××、张××、段××涉嫌故意伤害、窝藏一案，由崔××于2010年8月11日17时许报案至我局。我局经审查，于当日立案进行侦查。犯罪嫌疑人崔××、张×、兔××、张××分别于2010年8月12日、8月31日被我局抓获归案；犯罪嫌疑人段××于同年9月1日投案。犯罪嫌疑人崔××、张×、兔××、张××、段××涉嫌故意伤害、窝藏一案，现已侦查终结。

经依法侦查查明：犯罪嫌疑人崔××于2010年8月11日17时许，在本市海淀区中关村科贸大厦西北角路边，无照摆摊卖货时，因被本市海淀区城管大队查处，怀恨在心，持刀将执法的海淀城管队副队长李××（男，36岁）颈部扎伤，造成李伤及右侧头臂静脉及右肺上叶被刺伤，致急性失血性休克死亡。犯罪嫌疑人张×、兔××、张××、段××明知崔××负案，仍为其积极提供资金及藏匿地点，帮助犯罪嫌疑人崔××逃匿。

认定上诉犯罪事实的证据如下：报案材料、现场勘查记录、尸检报告、鉴定结论、证人证言。犯罪嫌疑人崔××、张×、兔××、张××、段××对犯罪事实亦供认不讳。

上述犯罪事实清楚，证据确实、充分，足以认定。

犯罪嫌疑人崔××的行为已触犯《中华人民共和国刑法》第二百三十四条之规定，涉嫌故意伤害罪。犯罪嫌疑人张×、兔××、张××、段××的行为均已触犯《中华人民共和国刑法》第三百一十条之规定，涉嫌窝藏罪。依照《中华人民共和国刑事诉讼法》第一百六十条的规定，现将此案移送审查，依法起诉。

此致

北京市人民检察院第一分院

局长（印）

北京市公安局（印）

二〇一〇年十月二十三日

附：(1) 犯罪嫌疑人崔××、张×、兔××现羁押在北京市看守所。

(2) 本案预审卷宗 12 卷。

【简析】

该起诉意见书全面准确地反映了犯罪嫌疑人的犯罪事实，正确地区分了罪与非罪的界限；在叙述犯罪事实时，做到了列举一定的证据予以证明，符合写作要求。

第五节 现场勘查笔录

一、现场勘查笔录的概念

任何犯罪分子实施犯罪活动都是在一定的空间中进行的，侦查人员依法对发生案件的地点和遗留与犯罪行为有关的痕迹、物品的场所所进行的实地勘验和调查研究，被称为现场勘查。侦查人员把现场勘查的情况和内容依照法定程序制成书面材料，叫做现场勘查笔录。

现场勘查笔录是对刑事犯罪现场及勘查活动依法所进行的一种客观记录。它主要由现场记录、现场照相、现场绘图三部分组成。重大案件还包括现场录像。勘查笔录在刑事诉讼中具有重要作用，这主要表现在以下三方面：

第一，没有亲自参加现场勘查的人，通过记录中所记载的内容，能够对犯罪现场的情况有全面的了解。

第二，现场勘查记录是研究案情的重要依据。在侦查过程中，如果需要了解现场上某一情况时，侦查人员可以根据记录的内容，把现场的原始状况准确地恢复出来。

第三，现场勘查记录是一种重要的诉讼证据。它不仅能够真实反映犯罪现场以及与犯罪有关的痕迹、物体的客观情况，而且可以鉴别其他证据的真伪。

另外，现场勘查记录对制作立案报告、破案报告、起诉文书和其他司法文书，也有十分重要的意义。

二、现场勘查笔录的要素内容

现场勘查笔录的结构内容可分为前言、叙述事实及结尾三部分。

（一） 前言部分

其一，接到报案的时间，报案人或当事人的姓名、职业、住址，及其对于案件发生或发现的时间、地点和经过情况所做的陈述。

其二，现场保护人员的姓名、职业，到达现场的时间和保护现场中发现的情况。

其三，现场勘查领导人员和勘查人员的姓名、职务。

其四，见证人的姓名、职业和住址。

其五，勘查起止时间、勘查的顺序、当时的气候和光线条件。

（二） 叙述事实部分

其一，现场的具体地点、位置和周围环境。

主要记明：现场所在的市、区（县）、街道（乡、村）、门牌号码，以及现场的左邻右舍和四周固定的地物及通向某处的道路等。

其二，现场中心和有关场所的情况，特别要记明现场一切变动和变化的情况。

对现场中心部位一定要写得详细具体。比如，凶杀现场应记明尸体躺卧的具体位置、姿势，周围物体上有无血迹、血迹喷溅的面积，凶器及其他物品的位置和特征，等等。盗窃现场应记明被盗处所抽屉、保险柜等被破坏的情况以及内部存放物品被翻动的情况，遗留下何种痕迹、物品等。至于被盗走财物的种类、数量、特征等，应写在询问笔录中，现场勘查笔录中所记载的内容，仅限于实地勘验中所见到的情况。

除了中心部位以外，还应记明有关场所的情况，比如，室内现场应记明门窗是否被打开，室内桌、椅、床、箱柜、被褥以及其他与犯罪活动有关物体的摆设和存放情况有无被翻动和破坏。

其三，各种犯罪痕迹、物证的所在位置、数量、特征及分布状况等。

其四，现场所见到的各种反常现象。比如，室内现场门窗关闭，唯独一扇窗户的玻璃被打碎，但是，窗框和窗台上的灰尘、蜘蛛网等没有受到任何触动，对于此种情况，笔录中必须详细写明。

（三） 结尾部分

其一，采取痕迹物证的名称和数量。

其二，拍摄现场照片和绘制现场图的种类及数量。

其三，现场勘查指挥人员和参加勘查人员签名或盖章。

其四，见证人签名或盖章。

制作现场勘查笔录应注意如下事项：

（1）笔录中记录的顺序应当与进行实地勘验的顺序一致。这样能够使看笔录的人具体了解现场勘验的过程和方法，同时也可以防止因为记载的秩序紊乱而发生遗漏和重复的现象。

（2）笔录的记载应客观、准确。只记录勘验中所见的情况，不能把分析判断的情况载入笔录中去。比如，“房间北墙窗户有块玻璃被打碎，窗台上有一枚明显的胶鞋印，显然犯罪嫌疑人是从这儿进入室内的……”这样记载就不客观。应具体记明玻璃碎片分布的情况，上面有无痕迹，鞋印留在窗台的什么部位，鞋印的大小、特征以及脚尖朝何方向，等等。

（3）笔录的用语要明确、肯定，不能用模棱两可、含混不清的语句，比如“不远的地方”、“较近”、“大约”等，而应具体说明究竟有多远。

（4）笔录记载的内容既要全面翔实，又要简明扼要、中心突出，也就是说，凡是对案件有意义的情况一定不能遗漏，必须详细载明；凡是与案件毫无关系的情况，则不应列入笔录。

（5）在现场勘查过程中，如果进行了尸体外表检验、现场实验、物证检验、人身搜查等，应单独制作笔录；对上述检验或实验、搜查的结果，也应扼要地加以记载。

（6）多次勘查现场和检查尸体时，每次均应制作补充笔录。如果一案有多处现场时，应分别制作勘查笔录。

范文评析

【例文】

××公安局
现场勘查笔录

勘查时间：2010 年 10 月 29 日 17 时 10 分至 29 日 18 时 30 分

勘查地点：××市××县××村后山树林中

指挥人：王××，××市公安局二处副处长

其他勘查人：林×，××市公安局二处四科科长；朱×，××市公安局二处四科技术员

见证人：任××，该村治保主任；刘×，该村村民；徐×，××市公安局二处四队队长

记录人：张××，××市公安局二处侦查员

勘查过程及结论：2010 年 10 月 29 日 16 时 10 分，××市公安局二处接××派出所电话报称：××县××村后山树林中发现一辆被抛弃的小轿车内有一具男尸，死者系遭枪杀而亡。现场已作保护，请求派员勘查现场。接报后，××市公安局二处副处长王××、二

处四队队长徐×、二处四科科长林×、二处侦查员张××、二处四科技术员朱×共5人，于16时50分赶到现场，并开始对现场进行勘查。勘查时，该村治保主任任××和该村村民刘×作为现场勘查见证人。现场勘查从17时10分开始，当日天晴，微风，勘查在自然光线下进行。现场位于××村后山盘山公路下32米处，距东边电线杆60米，距西边堑沟27米。现场是一片松树林，林中有1.5～2米高的灌木丛，林木树叶茂盛。中心现场位于一个约10平方米的缓坡略平的空地，小轿车撞靠在一棵周长0.3米的松树干上，车下灌木柴草被压倒。从盘山公路至轿车停稳的位置之间，有车轮从灌木上压过的痕迹。轿车是"公爵"牌，车牌号为"×A—×××××"，轿车驾驶室左边挡风玻璃被子弹穿破一孔，弹孔四周玻璃有数条裂缝。轿车其他部位未受损坏。尸体被置于后座踏脚处，死者身上穿花格子白底色水洗丝衬衣，系淡蓝色浅花领带，下身穿深灰色水洗丝西裤。上衣口袋有本人工作证和54元人民币。死者叫汪××，男，28岁，××市××汽车出租公司司机。尸体后脑正中弹孔为××平方厘米。子弹从左眼下方穿出。头部血斑模糊，上衣和裤子均沾满血浆，血浆已凝固。尸体抬出后，进行了全面检查，未发现有其他伤痕和搏斗过的迹象，死者系遭凶手突然射击后死亡，未有挣扎。现场草木丛中有两种当日留下的脚印：一种是皮鞋印迹，为报案人发现案情时所留；一种是旅游鞋印迹，为犯罪嫌疑人所留。犯罪嫌疑人向山下逃离，并在水库北岸洗过血迹。犯罪嫌疑人顺着水库堤坝逃走，在水库下方的公路边脚印消失，该地方的路边草地上，有0.6吨小货车停留过的痕迹。勘查中拍摄现场照片19张，绘制平面示意图2张。并提取了鞋印一枚，指印一枚，掌印一枚，血迹4份，带血白衬衣一件，"五四"手枪子弹壳一枚。现场勘查于18时30分结束。

指挥人：王××

勘查人：林　×　朱　×

见证人：任××　刘　×

记录人：张××

【简析】

这份现场勘查笔录对该枪杀案现场及周围情况遗留物等记载较为详明。记载的顺序和勘查的顺序一致，笔录清楚而具有条理性，是一份较好的现场勘查笔录。

第六节 其他笔录

公安机关在侦查过程中，经常会运用讯问犯罪嫌疑人笔录、询问证人笔录和搜查笔录。

一、讯问笔录

讯问笔录又可称为审讯笔录，它是反映讯问活动的书面文件，是对讯问人员提问和犯罪嫌疑人回答的客观记载。详言之，讯问笔录是侦查人员为了证实犯罪、查明犯罪情节或者发现犯罪嫌疑人新的犯罪事实或新的犯罪嫌疑人，依法对犯罪嫌疑人进行讯问，反映犯罪嫌疑人对罪行的供述和辩解以及讯问活动的一种笔录。

讯问笔录是一种重要的证据材料。通过讯问笔录，可以使人们了解讯问人员在讯问中提出了一些什么问题，犯罪嫌疑人是如何进行供述和申辩的，因而可以看出犯罪嫌疑人的认罪态度和口供本身的可靠程度。

讯问笔录的内容主要包括：

（1）讯问时间（包括开始和结束时间）、地点。

（2）讯问人员姓名（按规定至少有两人）。

（3）犯罪嫌疑人的身份概况（包括姓名、曾用名、化名、性别、年龄、民族、籍贯、文化程度、家庭情况、学历、经历、现住址、有无前科等）。

（4）犯罪嫌疑人是否有犯罪行为，犯罪情节、手段、过程、起因、结果，讯问人员提出的问题及犯罪嫌疑人的陈述、辩解的情况。

（5）要有完备的法律手续，即每次讯问完毕，应将笔录交给犯罪嫌疑人阅读或向其宣读，一一加以核对。如有错记、漏记，允许犯罪嫌疑人更正或补充，并按指印、签名；如无误或犯罪嫌疑人要借机改口供，或统一前后供词的矛盾，则不予修改，可令犯罪嫌疑人在笔录的末页上加以说明。然后，在笔录的最后一页写明“以上给我看（或念）过，记录正确无误”，让犯罪嫌疑人签名或按手印，并注明年、月、日、时、分。最后，讯问人员和记录员要分别在笔录的末页上签名。

范文评析

【例文】

讯问笔录

讯问时间：2004年×月×日自上午8时30分开始至11时30分结束

讯问地点：×××市公安局预审科

被讯问人：廖××，女，现年24岁，××县人，×族，高中文化，××发廊理发员，

暂住××市青年路租借的小屋内

讯问人：肖××、苟××

问：廖××，你知道为什么被刑事拘留吗？

答：昨天晚上我在发廊卖淫被当场抓获。

问：你把卖淫的情况交代清楚。

答：嗯，昨天晚上我们发廊来了一个中年男人，理发之后嬉皮笑脸说要让我陪陪他。大概10点钟吧，我关了门，他给了我200元钱，我就睡在沙发上让他玩，后来他就把我的衣服和裤子全脱了，再后来就被你们查夜发现了。

问：当时你有没有问过他姓什么？

答：是他自己对我说的，他说姓黄，具体名字就没告诉我了。

问：这么说，那个中年男人是第一次去你的发廊？

答：是的。

问：他还有没有讲起过他是哪个单位的？

答：我问过，他没有告诉我，我也就没有再问，但外地口音较重，像是个做生意的。

问：你这是第几次卖淫了？

答：不超过10次吧。

问：他们都给你多少钱呢？

答：有多有少，有时200元，也有时拿100元。

问：你一定要如实交代，知道吗？

答：我知道。

问：你第一次卖淫是什么时候？

答：一年前开始的，是在去年的夏天，那时我的生意不好。

问：你怎么去干这种勾当呢？

答：（低头不语，过了一会儿才说）我在这里举目无亲，又经不起钱的诱惑，就……

问：每次都是你自己主动提出来的？

答：不是，都是那些男的说要和我玩，我知道自己长得漂亮。

问：事到如今，你感到羞愧吗？

答：（眼泪流了出来，继而小声哭起来。）

问：好，上午就谈到这里，你回去以后再好好考虑，要把你的问题讲清楚。

答：嗯。

问：记录你自己看一看，和你刚才讲的对不对？

答：是。以上记录给我看过，对的。

廖××（手印）

二〇〇四年×月×日

【简析】

该笔录内容较清楚、全面，尽可能再现了犯罪嫌疑人的原始犯罪过程，该笔录的记录方式较好地反映了犯罪嫌疑人的原意，没有随意夸大、缩小或者改变原意，特别是对于涉及定罪量刑的重要情节，尽可能地记录了原话，遵循了原意。

二、询问笔录

询问笔录是在案件侦查、审查过程中，侦查人员、检察人员和审判人员为收集、核实各种证据，依照法定程序对被害人、证人、见证人和知情人等进行调查时所做的记录。

询问笔录的内容包括：证人的姓名、性别、年龄、职业、住址和工作单位；所反映的事件的经过和具体细节；所述情况的来源和当时的环境、自然条件，以及还有谁知道或能够证明所述情况。笔录应当交给证人核对。对于没有阅读能力的，应当向其宣读。如果证人认为记录有差错或遗漏时，应许其加以改正或补充，但应在改正或补充处按手印或盖章。证人认为笔录记录无误后，应在笔录上签名或盖章，记录人签名并写上日期。必要时，还可以让证人以书面形式提供证言。

对每个证人都必须单独制作询问笔录，不得把几个人提供的证言写在一份询问笔录里，更不能采用只制作某一个证人的询问笔录，而让其他证人在笔录上签名或者盖章的办法。

范文评析

【例文】

询问笔录

询问时间：2008年12月9日

询问地点：××工厂会议室

询问人：××市公安局××区分局刘××、方××

证人：袁××，男，30岁，高中文化程度，××市××厂工人，住××市××区××村××号。证人与被害人关系：同事。

问：我们是公安局的。今天找你来，主要是证实一下有关吴××被抢劫一案的情况，希望你按照《中华人民共和国刑事诉讼法》的规定，如实地提供证言，不得作伪证或者包庇犯罪，否则是要负法律责任的，听懂了吗？

答：听懂了。

问：12 月 7 日（也就是出事那天）你和吴××在一起吗？

答：12 月 7 日那天下午 6 时 30 分，我和吴××由于赶活晚下班一个小时，出工厂大门时天已经黑了下来，我俩骑着车子就往家奔。厂里在郊外，离家要走一个半小时，当时路上行人很少，我俩心里也一阵阵发慌。大约骑了半个小时，突然从路边窜出一个人，只见他手拿刀子，两眼露着凶光，恶狠狠地对我俩说："要命还是要钱！"当时我俩被这突然出现的情景吓蒙了，半天说了句："要命。"正当那个人上前要摘我们的手表时，小吴抡起拳头把刀子打落，两个人厮打起来，我放下车子也准备一齐上，小吴让我快跑喊人去，我跑到前面一家饭馆把人喊来后，只见小吴躺在路边，满脸是血，我们赶紧把他送到附近医院抢救，大体经过就是这样。

问：你有没有看清罪犯是个什么样的人？

答：大约二十五六岁，身高 1.75 米左右，长头发，说话声音有点嘶哑。

问：看清穿的什么衣服了吗？

答：上衣是一件旧军服，其他没看清。

问：你以上讲的都是事实吗？

答：全部是事实。

以上记录我已看过，与我讲的一样。

证人：袁××（签名或盖章）

记录人：×××（签名）

二〇〇八年十二月九日

【简析】

从内容上看，该记录做到了首先向被询问人表明执法身份，然后查明被询问人的身份等情况，并尽可能如实记录对方陈述的原话，询问较客观、全面。

三、搜查笔录

搜查笔录是侦查人员依法对犯罪嫌疑人或可能隐藏犯罪嫌疑人和犯罪证据的人的身体、物品、住所及其他有关场所进行搜查所做的记录，是搜查结束后，为反映搜查情况而制作的具有法律效力的文书。它对于收集犯罪证据、查获犯罪人、及时迅速地侦破案件有着重要的作用。

搜查笔录的内容要点如下：

（1）案由。

（2）搜查开始、结束的时间（以年、月、日、时、分计算）和地点。

（3）执行搜查人（至少两人）的姓名、职务及所持搜查证的号码。

(4) 被搜查人的姓名、住址，搜查范围。

(5) 搜查的情况和结果，包括在何处发现作案工具、犯罪痕迹、物品和其他有关犯罪物品的名称、数量、特征等。

(6) 参加搜查人及见证人的姓名、职业和住址。

(7) 被搜查人意见。

(8) 执行搜查人、见证人、被搜查人签名或盖章。

范文评析

【例文】

搜查笔录

2005 年 8 月 21 日 14 时 10 分至 21 日 16 时 20 分

××市公安局侦查人员崔××、牛××根据 2005 年 8 月 21 日××市公安局签发的×公刑搜字（2005）12 号搜查证，在李××、刘××的见证下，对居住在××市××区××街 81 号的徐××的人身、住处和其他有关地方进行搜查。

搜查的简要情况：侦查人员在犯罪嫌疑人徐××家中南间卧室衣橱顶上发现日产松下 M900 摄像机 1 架，美能达 X-700 照相机 1 架。在衣橱内发现灰色阿歌娜西装一套。在床垫下发现 1994 年国库券 10 000 元，定期存款单 1 张，户主为黄×，账号 37013365，存款 2 500元。在床头橱内发现金项链 1 条，外汇券 400 元，在南阳台纸箱内发现螺丝刀 2 把。在壁橱内发现将军牌香烟 3 条。在搜查中没有违法现象，未损坏任何物品，被搜查人家属能够配合搜查工作。扣押物品，详见扣押物品清单。搜查物品的副本（扣押物品清单）已交吴××收执。

被搜查人或家属对搜查的意见：没有意见。

被搜查人或家属：吴××

搜查人员：崔××　牛××

见证人：李××　刘××

记录人：牛××

【简析】

该搜查笔录对于证明案件的真实情况有重大意义，符合写作要求。

第三章

人民检察院的主要司法文书

第一节 人民检察院起诉书

一、人民检察院起诉书的概念

根据《中华人民共和国刑事诉讼法》的规定，人民检察院对于公安机关侦查终结，移送审查起诉的刑事案件或由本院自行侦查终结的刑事案件，经过审查后，认为犯罪嫌疑人的犯罪事实已经查清，证据确实、充分，依法应当追究刑事责任的，应当作出起诉决定，按照审判管辖的规定，向人民法院提起公诉。所以，起诉书就是人民检察院依照法定的诉讼程序代表国家向人民法院对犯罪嫌疑人提起公诉的文书。由于人民检察院提起公诉是以国家公诉人的名义进行的，因而通常称之为公诉书。

二、人民检察院起诉书的主要特征

起诉书的目的是将特定的刑事案件提交人民法院进行审判，要求对犯罪嫌疑人依法定罪科刑。因此，起诉书具备以下几个特征。

首先，起诉书必须由人民检察院制作。人民检察院对于自行侦查终结的刑事案件，或由公安机关移送审查的案件，认为具备起诉条件，作出起诉决定时，应当制作起诉书，把被告人交付人民法院进行审判。公安机关无权向人民法院提交起诉书，如认为犯罪嫌疑人的行为已经触犯刑律，依法应追究其刑事责任时，只能向检察机关提出起诉意见书。

其次，起诉书所指控被告人的犯罪事实必须已经查清，证据确实充分。犯罪事实是指犯罪的时间、地点、目的、动机、手段、情节、结果等构成犯罪的主客观情况，犯罪事实清楚，是正确处理案件的基础，也是正确量刑的依据，只有审查清楚犯罪事实，才能在起诉中予以认定。而犯罪事实能否成立，又须依靠证据来证明。证据事实不可靠、不充分，就不能在起诉书中加以认定。

最后，必须是经检察长批准的起诉书，才能移送人民法院提起公诉，将被告人交付审判。

起诉书是检察机关一种很重要的法律文书，具有揭露犯罪、证实犯罪的时效，是人民检察院打击敌人、惩罚犯罪的锐利武器，也是交付人民法院审判的书面凭证，又是揭露犯罪、宣传法制、教育群众、影响社会的重要教材，并将作为历史档案永久保存。一份好的起诉书，对于犯罪分子来说，是锋利的匕首；对群众来说，是生动而实际的法制宣传资料；从文学的角度来看，有时也能成为一篇交口称誉的好文章。历史上，纽伦堡国际军事法庭审判纳粹战犯的起诉书，远东国际军事法庭对日本首要战犯的起诉书，以及我国特别检察厅对林彪、江青反革命集团案的起诉书等，都在开庭前予以公布，受到全世界的瞩目。所以，起诉书是检察机关重要的司法文书，它的制作无疑是一项十分严肃的、政策性极强的工作。这就要求我们必须坚持“以事实为根据，以法律为准绳”的办案原则，按照《刑事诉讼法》关于司法文书制作要求以及《人民检察院刑事诉讼法律文书格式（样本）》的规定，认真制作，一丝不苟，成文后要经得起多方面推敲，经得起历史的检验。

三、人民检察院起诉书的要素内容

人民检察院的起诉书在体例上与公安机关的起诉意见书具有共同之处，但由于这两个机关各自行使的权力、职责范围不同，因而，起诉书的制作在行文上又有自己的特点。

通常，人民检察院的起诉书由下列部分组成。

（一）首部

这部分应写明下列事项。

1. 标题

写明“×××人民检察院起诉书”字样。其右下方注明案号：××检刑诉（年度）×号。

2. 被告人的身份情况

经常使用的有11个项目，即：姓名；性别；年龄；籍贯；民族；文化程度；单位；职务；住址；简历，历史较复杂时，写主要简历（包括有无前科），一般案件中简历也可省略；何时、何处被捕。

制作这一部分，应当交代得十分简洁。特别是写主要简历时，不应过细，不应把与犯罪无关的问题写入。如“从小在家玩耍”、“家中几口人”等。写明必要的个人情况诸项目的意义是便于分析被告人的心理状态和犯罪根源，分析其可以改造的程度，从而施以正确的惩罚。

3. 案由和案件来源

这部分用于说明检察机关受理的是什么案件及案件是从何处来的，一般来说，需要按一定的格式来写。

如系检察院自侦案件，可写为：

上列被告______一案，经本院侦查终结，查明犯罪事实如下：

如系公安机关移送的案件，可写为：

上列被告______一案，由××公安局侦查终结，于×年×月×日移送本院起诉，经审查证实，被告犯罪事实如下：

也可按如下字样写：

上列被告______一案，于×年×月×日经本院批准，由××公安局依法逮捕，×年×月×日侦查终结移送本院起诉，现查明犯罪事实如下：

采用何种方法表述，不必强求一律，可根据具体情况来决定。但不管怎样行文，都必须将“案由”、“案件来源”和“查明犯罪事实如下”这三个项目交代、叙写清楚。

（二）犯罪事实和证据

犯罪事实和证据是起诉书的主要部分。起诉书和起诉意见书一样，都要写出被告人的罪名、罪状、罪证，以及认罪态度；在记叙被告人的犯罪事实时，都要具备时间、地点、动机、目的、情节、手段、结果等七大要素。这是两种文书的共同之处。

但是，起诉书所写的事实必须是经过人民检察院根据法律严格审查和核实所认定的，而不是对公安机关起诉意见书所写事实的复述、照搬，也不是它的缩写或改写。因此，起诉书的犯罪事实部分与起诉意见书相比较，有以下不同之处。

第一，在审核事实上，起诉书严于起诉意见书。起诉书产生于起诉意见书之后，是人民检察院代表国家作出的正式公诉文书。起诉书所认定的事实是人民检察院严格审查、核实之后作出的比较成熟的结论。因此，起诉书不仅是法院审判被告人的依据，而且是被告及其辩护人在法庭审理中进行辩护的依据。

第二，在记叙事实上，起诉书简于起诉意见书。起诉意见书在记叙犯罪事实时，一般涉及面较宽，只要无碍于记述主罪，就无可非议。因为它是提请审查是否起诉的意见，事实摆得详尽，便于审查决定。而起诉书则要求突出主要犯罪事实，要求明晰而简略地列出犯罪事实。

第三，在排列事实上，起诉书要有严密的逻辑性和很强的说明力。一般有四种排列法：(1) 按犯罪时间前后的顺序交代犯罪事实，这样较易叙述清楚，也能说明其犯罪的连续性。(2) 按突出主罪方法排列，适用于一人犯数罪的起诉。先述主罪，突出重点；再述次罪，主次分明。(3) 按综合归纳方法排列，适用于被告人作案次数较多，而罪名、情节又大致相同的情况。(4) 在记叙犯罪事实时，为便利行文，一般可采取罪、证分述，这样使罪、证分明，一目了然。但在一定的条件下，罪证合并记叙，也是允许的。

（三）结论

这部分是人民检察院对被告人犯罪事实的分析认定，文字不多，但每句话都是结论性的，直接反映了对被告所犯罪行追究法律责任的具体意见，因而十分重要。具体内容包括：认定被告人的行为已构成什么性质的罪行；对社会危害性大小；根据何项法律规定提起公诉；如有从重、从轻、加重或减轻的情节，还应根据被告人认罪态度及其他原因（如行为人未达到刑事责任年龄）说明从严或从宽处罚的理由；在公诉案件中，如果被告人的犯罪行为给被害人造成了物质损失，有附带民事诉讼情况的，也应在理由后部说明。

写好起诉书的结论部分，要有严密的逻辑思维。这一思维有三个过程。

1. 分析认定

即通过对被告人犯罪事实的分析而确定其行为性质。这一认定的特征，必须是简括的，符合客观事物的，这样才能为论证提供客观的、正确的前提。

2. 分析论证

这就是要运用逻辑推理，论证被告人的有罪。我们经常见到起诉书结论部分有这样的语言：被告某甲，行凶杀人，罪行严重，危害很大，应从严惩处。仔细分析，不难看出这实际上是两个三段论式。即：

被告人某甲犯的是行凶杀人罪，行凶杀人罪是很严重的罪行。严重的罪行对社会是危害很大的，应当从严惩处，因此被告人某甲的严重罪行应从严惩处。

这两个三段论的推理过程，分析论证被告人有罪，应从严惩处，论证得较为有力。

3. 分析说明

经过论证推出应受刑罚处罚的结论，接下来就是顺乎情理、合乎法理地依据结论援引法律。首先援引《刑法》的有关条款，作为认定犯罪的根据；再援引《刑事诉讼法》的有关条款，作为提起公诉的依据；最后说明："请依法（从重或从轻）判处。"

这部分写完，正文即行结束。以下，在行文上可写明"此致××人民法院"。其右下方，由检察长（员）署名，并注明具文时间，加盖公章。

（四）附项

这部分应写明：

（1）被告人××的住址或羁押处所；

（2）证人××的住址；

（3）鉴定人××的住址；

（4）随案移送案卷的册数、页数；

（5）随卷移送的赃物、物证。

四、人民检察院起诉书写作格式

××人民检察院

起诉书

××检刑诉（年度）×号

第一部分：被告人的姓名、性别、年龄（出生年、月、日）、籍贯、民族、文化程度、单位、职务、住址，曾否受过刑事处罚，被拘留、逮捕的年、月、日。

第二部分：案由和案件来源。

第三部分：犯罪事实和证据。

第四部分：起诉的理由和法律根据。

此致

×××人民法院

检察长（员）：×××
×年×月×日
（院印）

附：被告人羁押场所、卷宗册数、赃物和物证等。

病文诊疗

【原文】

××市人民检察院
起诉书

××检刑诉（2010）×号

被告人刘××，男，19××年×月×日生，汉族，初中文化，××市××公司勤杂工，××省××县人，暂住××公司宿舍平房3排13号。2010年5月10日因涉嫌故意杀人罪被××市公安局刑事拘留，同年5月15日，经本院批准，同日由××市公安局执行逮捕。

本案由××市公安局侦查终结，以被告人刘××涉嫌故意杀人罪，于2010年5月20日，移送本院审查起诉。本院受理后，于当日已告知被告人有权委托辩护人，并依法讯问了被告人，审查了全部案件材料。

经依法审查查明：

被告人刘××因工作原因，对被害人许××（××岁，××公司经理）怀恨在心，蓄谋报复杀人。2010年5月10日13时30分许，被告人许××持事先准备好的羊角锤、木工凿，进入公司三层经理办公室，趁被害人许××在床上熟睡之机，用羊角锤朝被害人许××的头部猛击二三十下，后又对着许的面部、颈部和胸部用羊角锤敲打、木工凿扎刺十余下，致被害人许××颅骨粉碎性骨折，脑组织外溢，面部、颈部和胸部受伤，当场死亡。被告人刘××作案后逃离现场，当日晚8时许，被公安机关抓获归案。

认定上述事实的证据如下：

1. 物证羊角锤、木工凿；

2. 被告人供述和辩解；

3. 证人朱××、侯××的证言；

4. 现场勘查笔录；

5. 法医鉴定结论。

本院认为，被告人刘××故意杀人，其行为触犯《中华人民共和国刑法》第二百三十二条之规定，犯罪事实清楚，证据确实、充分。根据《中华人民共和国刑事诉讼法》第一百四十一条之规定，将被告人刘××向你院提起公诉，请依法判处。

此致

××市中级人民法院

检察员：×××

二〇一〇年六月×日

（院印）

附：1. 被告人刘××现押于××看守所。

2. 证据目录、证人名单、主要证据复印件一份。

【简析】

在被告人基本情况一项中，没有写明被告人的身份证号；起诉要求和根据一项是写人民检察院对被告人犯罪事实的分析认定，每句话都应是结论性的，而本文并没有直接反映出对被告所犯罪行追究法律责任的具体意见。

【修改文】

××市人民检察院
起诉书

××检刑诉（2010）×号

被告人刘××，男，19××年×月×日生，身份证号：××××，汉族，初中文化，××市××公司勤杂工，××省××县人，暂住××公司宿舍平房3排13号。2010年5月10日因涉嫌故意杀人罪被××市公安局刑事拘留，同年5月15日，经本院批准，同日由××市公安局执行逮捕。

本案由××市公安局侦查终结，以被告人刘××涉嫌故意杀人罪，于2010年5月20日，移送本院审查起诉。本院受理后，于当日已告知被告人有权委托辩护人，并依法讯问了被告人，审查了全部案件材料。

经依法审查查明：

被告人刘××因工作原因，对被害人许××（××岁，××公司经理）怀恨在心，蓄谋报复杀人。2010年5月10日13时30分许，被告人许××持事先准备好的羊角锤、木工凿，进入公司三层经理办公室，趁被害人许××在床上熟睡之机，用羊角锤朝被害人许××的头部猛击二三十下，后又对着许的面部、颈部和胸部用羊角锤敲打、木工凿扎刺十余下，致被害人许××颅骨粉碎性骨折，脑组织外溢，面部、颈部和胸部受伤，当场死亡。被告人刘××作案后逃离现场，当日晚8时许，被公安机关抓获归案。

认定上述事实的证据如下：

1. 物证羊角锤、木工凿；

2. 被告人供述和辩解；

3. 证人朱××、侯××的证言；

4. 现场勘查笔录；

5. 法医鉴定结论。

本院认为，被告人刘××故意杀人，其行为触犯《中华人民共和国刑法》第二百三十二条之规定，犯罪事实清楚，证据确实、充分，应当以故意杀人罪追究其刑事责任。根据《中华人民共和国刑事诉讼法》第一百四十一条之规定，将被告人刘××向你院提起公诉，请依法判处。

此致

××市中级人民法院

检察员：×××

二〇一〇年六月×日

（院印）

附：1. 被告人刘××现押于××看守所。

2. 证据目录、证人名单、主要证据复印件一份。

范文评析

【例文】

××省××市人民检察院
刑事起诉书

××检刑诉（2002）×号

被告人杨××，别名杨×冬，男，1980年9月2日出生，身份证号：××××，汉族，初中文化，农民，住××县××乡×村。2002年4月1日因涉嫌抢劫被××市公安局刑事拘留，同年4月11日经××市人民检察院批准，由××市公安局执行逮捕。

被告人熊××，男，1980年11月10日出生，身份证号：××××，汉族，初中文化，农民，住××县××乡××村。2002年4月4日因涉嫌抢劫被××市公安局刑事拘留，同年4月11日经××市人民检察院批准，由××市公安局执行逮捕。

被告人李××，男，1978年3月16日出生，身份证号：××××，汉族，小学文化，农民，住××县××乡××村。2002年4月4日因涉嫌抢劫被××市公安局刑事拘留，同年4月11日经××市人民检察院批准，由××市公安局执行逮捕。

本案由××市公安局侦查终结，被告人杨××、熊××、李××涉嫌抢劫罪、盗窃罪，于2002年×月×日移送本院审查起诉。本院受理后，于2002年×月×日已告知三被告人有权委托辩护人，依法讯问了被告人，听取了被告人杨××的辩护人沈××、被告人熊××的辩护人于××、被告人李××的辩护人包××的辩护意见，审查了全部案件材料。

经依法审查查明，被告犯罪事实如下：

一、抢劫

2001年8月9日晚，被告人杨××、熊××、李××聚集在××市××招待所202室内，杨××提议抢劫，各被告人随即附和，共同密谋策划实施抢劫。8月10日晚10时许，由被告人杨××带领，三被告人潜入××市××宾馆，选定809号客房的港商张××为作案目标。当晚10时30分，杨××让李××以派出所查夜为名，骗开张××住宿的809号客房门，李××望风，杨××、熊××冲入室内，持事先准备好的西瓜刀对准张××喉咙，逼迫张××交出随身所带全部财物，计有美元5 000元、港币11 000元、人民币5 800元，以及24K金项链一条（重150克）、24K金戒指一只（重9.8克）。赃款除分给熊××、李××每人人民币2 000元外，其余赃款、赃物一律由杨××支配。

2001年8月20日晚，被告人杨××、熊××、李××碰到一起后，熊××提议“没钱花了，再做一票”，并提出将一同来本市打工的郑××作为作案的对象。晚上11时许，三被告人窜至本市××路×号郑××租住房，熊××把门叫开，李××望风，杨××、熊××闯入室内，用“挖眼”相威胁，迫使郑××交出现金1 000元，随后将郑××捆绑，并用毛巾堵嘴，三被告人随后逃离现场。被告人杨××、熊××各得赃款400元，李××得200元。

2001年9月5日晚12时许，被告人杨××、熊××、李××在××公路桥西1 000米处，持水果刀、棍棒，以实施暴力相威胁，拦路抢劫过往行人蓝××、纪××人民币230元，钱款被三被告人共同挥霍。

认定上述事实的证据如下：

1. 被害人张××、郑××、蓝××、纪××的陈述；

2. 从被告人杨××住处提取的作案工具西瓜刀一把；

3. 指纹鉴定结论；

4. 各被告人的供述。

二、盗窃

1999年6月19日晚8时许，被告人杨××、熊××窜至本市××居民区1幢1单元101室周××家，趁周××家中无人之机，翻墙入院，用螺丝刀撬开门锁入室，盗走人民币870元、爱立信×型手机一只（价值人民币1 000元）。后销赃得款500元，二被告人均分，赃款870元由被告人杨××支配。

1999年10月8日晚10时许，被告人杨××、熊××、李××窜至本市××路×号柳××杂货店，由李××望风，杨××、熊××撬锁入店，窃得××牌香烟5条（价值人民币350元）、××牌白酒一箱（价值人民币420元）、人民币100余元。三被告人共同挥霍。

认定上述事实的证据如下：

1. 周××证言；

2. 从杨××住处提取的螺丝刀一把；

3. 涉案物品××牌香烟，××牌白酒；

4. 报案笔录；

5. 各被告人的供述；

6. ××市价格评估事务所出具的估价证明。

上述犯罪事实清楚，证据确凿、充分。

本院认为，被告人杨××、熊××、李××以非法占有他人财物为目的，以暴力相威胁、冒充警察入户抢劫，数额巨大，其行为已触犯了《中华人民共和国刑法》第二百六十三条，具有第（一）项“入户抢劫的”、第（四）项“多次抢劫或者抢劫数额巨大的”、第（六）项“冒充军警人员抢劫的”情形，犯罪事实清楚，证据确凿充分，应当以抢劫罪追究刑事责任；以非法占有为目的，秘密窃取他人财物，数额较大，其行为已触犯《中华人民共和国刑法》第二百六十四条，犯罪事实清楚，证据确实充分，应当以盗窃罪追究刑事责任。被告人杨××、熊××在抢劫、盗窃中起主要作用，系主犯，应依照《中华人民共和国刑法》第二十六条之规定予以严惩；被告人李××在共同犯罪中起次要作用，系从犯，依照《中华人民共和国刑法》第二十七条之规定，应予从轻处罚。为维护公民的人身权利和财产权利不受侵犯，严厉打击严重刑事犯罪，根据《中华人民共和国刑事诉讼法》第一百四十一条之规定，提起公诉，请依法判处。

此致

××省××市中级人民法院

检察员：邵××
二〇〇二年×月×日
（院印）

附：1. 被告人杨××、熊××、李××现押于××市看守所。

2. 证人名单、证据目录、主要证据复印件详见清单。

【简析】

本起诉书对杨、熊、李等被告人均能在事实中写明他们犯罪的情节，在结论中区分主从，从而反映出他们在共同犯罪中各自的地位和作用。

特别提示

制作人民检察院起诉书应注意以下问题：

一是要细致。叙述犯罪事实要细致周到，具体交代清楚犯罪的时间、地点、人物、事件（包括手段与情节）、原因（包括动机与目的）、结果，并交代清楚被告人的责任。如系共同犯罪案件，还要分清集体责任与每个被告人应负的责任。

二是要准确。分析要实事求是，力求准确，既不能无限上纲，又不能轻描淡写。例如，有一起故意伤害致人轻伤的案件，起诉书认定被告人“行凶伤人，民愤极大，血债累累，令人发指”，显然失之过重；另一起故意杀人案，起诉书却认定“被告人行凶杀人，手段残忍，情节恶劣，后果严重，民愤很大，认罪态度不好，业已构成犯罪”，这个“业已构成犯罪”的结论失之过轻。

三是要全面。对被告人要进行全面分析，既要讲从重情节，又要讲从轻或减轻情节；既要彻底揭露犯罪，又要正视造成犯罪的客观原因；既要注意对被告人不利的方面，又要注意对被告人有利的方面。只有防止片面性，才能保证起诉书的客观公正。

四是要注意观点与材料的一致，善于用材料说明观点，用观点统帅材料。例如，有份 1981 年制作的起诉书写道：“当前，全国人民在党的领导下，为四化做贡献，迫切要求有一个良好的社会秩序，而被告竟敢在 1974 年至 1978 年连续盗伐森林。”这里，“当前”的观点与 1974 年至 1978 年的材料就很不协调。

第二节 人民检察院不起诉决定书

一、不起诉决定书的概念

人民检察院对公安机关侦查终结、移送起诉的案件或自行侦查终结的案件，经过审查，认为被告人的行为不构成犯罪，或是因证据不足，不能认定犯罪以及符合《刑事诉讼法》关于不起诉情形之一的规定，从而撤销案件，宣告被告无罪，就需要作出不起诉决定。将不起诉决定依法制成文书，就叫做不起诉决定书。

二、不起诉决定书的主要特征

不起诉决定书的主要特征在于，它是在被告人的行为不构成犯罪，或者依法不应追究刑事责任时所制作的文书。它和起诉书的主要区别是性质和适用的法律不同。从性质上来看，起诉书针对的是已构成犯罪的，不起诉决定书针对的是不构成犯罪或曾构成犯罪但依法可以免予追究刑事责任的。另外，二者所体现的政策也不同，不起诉决定书体现了有错必纠、区别对待的政策，起诉书则体现了国家刑罚权的统一性和严肃性。

三、制作不起诉决定书的范围与根据

制作不起诉决定书的法定根据是《刑事诉讼法》第十五条、第一百七十一条第四款、第一百七十三条第二款的有关规定。这些有关规定，也就是制作不起诉决定书的范围。

《刑事诉讼法》第十五条规定："有下列情形之一的，不追究刑事责任，已经追究的，应当撤销案件，或者不起诉，或者终止审理，或者宣告无罪：

"（一）情节显著轻微、危害不大，不认为是犯罪的；

"（二）犯罪已过追诉时效期限的；

"（三）经特赦令免除刑罚的；

"（四）依照刑法告诉才处理的犯罪，没有告诉或者撤回告诉的；

“（五）犯罪嫌疑人、被告人死亡的；

“（六）其他法律规定免予追究刑事责任的。”

《刑事诉讼法》第一百七十一条第四款规定：“对于二次补充侦查的案件，人民检察院仍然认为证据不足，不符合起诉条件的，应当作出不起诉的决定。”《刑事诉讼法》第一百七十三条第二款规定：“对于犯罪情节轻微，依照刑法规定不需要判处刑罚或者免除刑罚的，人民检察院可以作出不起诉决定。”

四、不起诉决定书的要素内容

不起诉决定书由下列几部分组成。

（一） 首部

这部分应写明下列事项。

1. 标题

写明：“××人民检察院不起诉决定书”字样。其右下方注明案号“×检刑不诉（年度）×号”。

2. 被不起诉人的身份情况

写法同起诉书。

（二） 案由及案件来源

写法仍同起诉书。需要注意的是，由于已作出不起诉决定，故在过渡句子中不应出现“犯罪事实”之类的提法。可写为：“经审查证实事实如下”或“经审理查明”。

（三） 事实与证据

这两部分根据案情的不同情况，有三种不同写法。

第一种写法：事实部分不写事实，只扼要写明案由（因×罪，或××一案）和由某公安机关于何时移送审查起诉的情况即可。结论部分写明经过审查认定被不起诉人的行为不构成犯罪的理由，依法作出不起诉决定的结论。

第二种写法：事实部分写明检察院查明的事实。结论部分写明经过审查认定被不起诉人的行为不构成犯罪的理由，依法作出不起诉决定的结论。

第三种写法：事实部分写明检察院查明的事实。结论部分纠正原检举、告发的不实之词，阐明被告人无罪的理由，作出不起诉决定。这一部分在叙述分析时，应以查明的事实和充分的证据为依据，写明不起诉的结论和理由。论证要准确，观点要鲜明，以理服人。

以上三种写法，以哪一种较好，应根据案情而定。一般第一、二种写法较简单，第三种写法用于案情比较复杂或事实、性质、因果不易认定的案件。

结论部分的行文格式可参照如下：

综上所述（或根据以上事实），本院认为______（对无罪事实进行分析，论证不构成犯罪或并无犯罪的理由），根据《中华人民共和国刑法》（或《中华人民共和国刑事诉讼法》）第×条第×款规定，决定对被告×××不予起诉，立即释放。

也可以参照如下格式书写：

根据《中华人民共和国刑法》（或《中华人民共和国刑事诉讼法》）第×条第×款之规定，本院决定：

（1）对×××不起诉。

（2）本决定自×年×月×日生效。

结论部分写完，正文即结束。其后，写明发送被不起诉人及其所在单位。如系公安机关移送的则亦发送公安机关。其右下方，检察长（员）署名，注明具文的时间。

(四) 附项

写明"原卷材料全部退回"，即退回原移送起诉的公安机关。

五、不起诉决定书的写作格式

×××人民检察院
不起诉决定书

×检刑不诉（年度）×号

第一部分：被不起诉人的姓名、性别、年龄（出生年、月、日）、籍贯、民族、文化程度、单位、职务、住址，曾否受过刑事处罚，被拘留、逮捕的年、月、日。

第二部分：案由和案件来源。

第三部分：不起诉的理由和法律根据。

检察长（员）：×××

×年×月×日

（院印）

范文评析

【例文 1】

××区人民检察院
不起诉决定书

×检刑不诉（2007）005 号

被不起诉人董××，男，47 岁，汉族，江苏省灌云县人，小学文化程度，系××砖厂工人。被不起诉人董××过失杀人一案，经××区公安局侦查终结，于 2007 年 6 月 1 日移送本院审查免予起诉，经查明：

2007 年 2 月 12 日下午 5 时许，董××去邻居家找其妻子胡××，当找到马××家后，碰见马家正喝酒，马便邀被告人董××一起喝酒。酒后，被告人董××抓住胡××的头发按在小床上，随手朝脸部打了一掌。被人劝开后，胡××瘫倒在地死亡。

经法医剖尸鉴定，胡××因先天性心脏病血循环的突变，心肌不全，心肺循环血量减少，致心肌纤维断裂，肺组织充血水肿，心肌缺氧而引起急性心力衰竭死亡。

被不起诉人上述事实，有证人证言、法医鉴定在卷，被告人对自己的行为供认不讳。

本院认为，被不起诉人董××的行为在客观上虽然造成了被害人的死亡结果，但不是由于被告人出于故意或者过失，而是被害人患先天性心脏病的突变所引起。被不起诉人的行为与被害人的死亡结果没有直接的因果关系，根据《中华人民共和国刑法》第十六条的规定，不认为是犯罪。本院依照《中华人民共和国刑事诉讼法》第一百四十二条之规定，决定对被告人董××不起诉。

被害人如不服本决定，可在接到本决定书后次日起七日内，提出申诉状及副本一式三份，向本院申诉。

检察长：×××

二〇〇七年六月二十八日

（院印）

【简析】

该不起诉决定书遵循逻辑规则，说理清晰，语言规范，符合写作要求。

【例文 2】

北京市××区人民检察院
不起诉决定书

×检刑不诉（2001）×号

被不起诉人朱×，男，1981 年 6 月 11 日出生，身份证号：××××，汉族，中专文化，北京市××职业技术学校学生，户籍所在地：浙江省××县××镇××路×××号。因涉嫌故意毁坏财物罪于 2000 年 10 月 18 日被北京市公安局××分局刑事拘留，同年 11 月 24 日经××分局决定被取保候审。

本案由北京市公安局××分局侦查终结，以被不起诉人朱×涉嫌故意毁坏财物罪，于 2001 年 2 月 25 日移送本院审查起诉。

经本院依法审查查明：

2000 年 10 月 17 日 14 时 30 分许，被不起诉人朱×到本市××区建设银行××分理处自动取款机上取款时信用卡被吞，激愤之下用拳头将自动取款机的防暴玻璃、功能键外框砸坏，毁坏物品价值人民币 9 600 元。后不起诉人朱×被抓获。现损失已赔偿。

本院认为，犯罪嫌疑人朱×实施了《中华人民共和国刑法》第二百七十五条规定的行为，但犯罪情节轻微，已完全赔偿损失，有悔罪表现，根据《中华人民共和国刑法》第三十七条的规定，不需要判处刑罚，依据《中华人民共和国刑事诉讼法》第一百四十二条第二款之规定，决定对朱×不起诉。

被不起诉人如不服本决定，可自收到本决定书后七日以内向本院提出申诉。

被害人如不服本决定，可以自收到本决定书后七日以内向×××人民检察院申诉，请求提起公诉；也可以不经申诉，直接向×××人民法院提起自诉。

检察长：×××

二〇〇一年三月十五日

（院印）

【简析】

该不起诉决定书文字简练，论点准确，论据清楚，符合写作要求。

特别提示

不起诉决定书应当公开宣布，并交给被不起诉人及其所在单位。如被不起诉人在押，应当立即释放。

对于公安机关移送起诉的案件，人民检察院决定不起诉的，应将不起诉决定书送公安机关。公安机关认为不起诉的决定有错误时，可以要求复议，如果意见不被接受，可以向上一级检察院提请复核。

人民检察院自行侦查的案件，经检察长批准，可以把不起诉决定书的副本分别送达被不起诉人或其家属，以及告发机关、企业、团体和告发人。

对于有被害人的案件，人民检察院应当把不起诉决定书送被害人。被害人如果不服，可在七日内向检察院申诉，检察院应当把复查结果告知被害人。被害人也可以不经申诉，直接向人民法院起诉。

对人民检察院不起诉的决定，被不起诉人不服，可在七日内向检察院申诉，检察院应当作出复查决定，通知被不起诉人的同时抄送公安机关。

第三节 人民检察院抗诉书

一、抗诉书的概念

人民检察院是国家的法律监督机关，对人民法院的审判活动是否合法，有权实行监督。我国《刑事诉讼法》第二百一十七条规定："地方各级人民检察院认为本级人民法院第一审的判决、裁定确有错误的时候，应当向上一级人民法院提出抗诉。"第二百四十三条第三款规定："最高人民检察院对各级人民法院已经发生法律效力的判决和裁定，上级人民检察院对下级人民法院已经发生法律效力的判决和裁定，如果发现确有错误，有权按照审判监督程序向同级人民法院提出抗诉。"所谓刑事诉讼中的抗诉，就是指人民检察院对人民法院的生效判决和裁定，认为确有错误，按照法律规定的程序提请重新审判的诉讼活动。而人民检察院向人民法院提出抗诉时所制作的书面文件，即为抗诉书。

依人民检察院提出抗诉的对象不同，可将抗诉书分为两种：一种是按照上诉程序提出的抗诉，即在上诉期限内，人民检察院对同级人民法院的第一审裁判不服而提出的抗诉；另一种是按照审判监督程序提出的抗诉，即人民法院的判决或裁定已过上诉期限，发生了法律效力，最高人民检察院对最高人民法院或地方各级人民法院，上级人民检察院对下级人民法院的判决或裁定认为确有错误时所提出的抗诉。前一种抗诉受时间限制，只有同级人民检察院才能提出；后一种抗诉不受时间限制，只有最高人民检察院和上级人民检察院才能提出。

一般说来，抗诉书具有下列三个特征：

首先，抗诉书必须由法律监督机关即人民检察院制作。当事人或者他们的法定代理人，不服地方各级人民法院第一审的判决、裁定而向上一级人民法院提出的书面文件只能是上诉书（或称上诉状）。

其次，只有当人民检察院发现人民法院的判决和裁定确有错误时，才需要制作抗诉书。司法实践表明，判决和裁定的主要错误是指：事实不清或证据不足；适用法律不当，重罪轻判或轻罪重判，判处的刑罚和被告人的犯罪社会危害性不相符合；严重违反诉讼程序等。

最后，必须按照法定程序提出抗诉、制作抗诉书，也就是说抗诉书具有严格的法律性。人民检察院的抗诉书是向上一级人民法院提出的，提出时应通过原审人民法院，原审人民法院接到抗诉书后，应将抗诉书连同卷宗、证据移送上一级人民法院，并将抗诉书副本送交当事人。同时，人民检察院还应将抗诉书抄送上一级人民检察院。上一级人民检察院如果认为抗诉不当，可以向同级人民法院撤回抗诉，并通知下级人民检察院。

抗诉书对人民法院的审判活动具有监督作用，它是人民检察机关行使检察权的一种重要手段，是按照诉讼程序提起公诉活动的继续。抗诉通过法律文书的形式，纠正确有错误的判决和裁定，促使人民法院正确处理案件，以确保审判机关准确适用法律，保证有罪者依法受到应得的惩罚，无罪者免遭刑事追究，从而准确有力地打击敌人、惩罚犯罪，保护人民。

二、抗诉书的要素内容

抗诉书由以下几部分组成。

（一） 首部

这部分应写明下列事项。

1. 标题

写明“×××人民检察院抗诉书”字样。右下方注明编号“××检刑抗（年度）×号”。

2. 送达单位名称

根据《刑事诉讼法》第二百二十一条的规定：“地方各级人民检察院对同级人民法院第一审判决、裁定的抗诉，应当通过原审人民法院提出抗诉书，并且将抗诉书抄送上一级人民检察院。原审人民法院应当将抗诉书连同案卷、证据移送上一级人民法院，并且将抗诉书副本送交当事人。”因此抗诉书开头就应写出上一级人民法院的名称。

（二） 抗诉案件的来源及原审法院认定的事项

这一部分要具体指出原审法院判决、裁定上的错误，在内容上要写明何处法院、何时、以何号判决或裁定。检察机关认定错误判决或错误裁定的性质是什么。概括说明错误性质是认定事实问题，还是适用法律问题，或是违反诉讼程序问题。

在行文上可采用如下写法：

××人民法院×年×月×日（年度）×法刑字第×号刑事判决（裁定）书，以______为由，判处（裁定）被告人______，本院认为此案______不当（概括写明为什么不当）。

也可采用如下写法：

本院于×年×月×日接到××市××人民法院×法刑字（年度）第×号判决（裁定）书，审查后认为：

（三） 抗诉理由

针对原审判决或裁定的错误阐述抗诉理由。这是抗诉书的主体部分。这一部分需要通过对原审判决（裁定）错误的具体批驳，说明为什么这样的判决（裁定）不当，证实检察机关认定的观点。能否写好这一部分，直接关系到抗诉书的质量高低，关系到抗诉的效果。具体说来，一般可从以下三个方面提出理由。

第一，针对原审判决或裁定事实不清，判决、裁定的证据不足，提出纠正或否定的事实依据和证据。刑事案件的判决应“以事实为根据”，如果事实不清，判决、裁定的证据不足，或者仅根据部分事实就草率下判，以此确定的刑罚就必然失之公允，影响判决的正确性。检察机关发现原审法院的判决或裁定在这些方面确有错误时，就可以运用清楚的事实、充足的证据予以反驳。

第二，针对原审判决或裁定适用法律的错误，认定性质和定罪、量刑的不当，提出纠正或否定的事实依据和法律根据。刑事案件的判决必须“以法律为准绳”，如果原审的判决或裁定在适用法律、定罪量刑上有错误，或是把依法不应当追究刑事责任的人定了罪判了刑，或是定性有误，判刑畸轻畸重，都是对实体法的违反。检察机关如发现这些问题时，就应从事实和法律两方面说明其错误，分析其应该从重或从轻的情节和条件作为抗辩的理由。

第三，针对原审判决或裁定违反法定的诉讼程序，提出纠正的法律依据。诉讼程序是确保实体法得以正确贯彻实施的重要保障，违反了法定程序，就可能影响正确判决。例如，不给被告人以回避权、辩护权、上诉权等，都有可能使被告人的正当合法权益受到侵害。检察机关如发现原审法院违背法定的诉讼程序时，可以以《刑事诉讼法》的有关规定，进行反驳，予以纠正。

（四） 抗诉要求

这一部分主要是根据前面所写的理由，提请上级人民法院撤销、变更或者重新审理原审裁判。在行文上一般采取：

为此，根据《中华人民共和国刑事诉讼法》第×条第×款之规定，特向你院提出抗诉，请依法撤销原判决（或裁定），予以改判（或重新审理）。

或者采取如下写法：

根据《中华人民共和国刑事诉讼法》第×条第×款之规定，特向你院提出抗诉，请依法重新审判，给犯罪分子以应有的惩罚。

正文至此，即告结束，以下就是尾部。

（五）尾部

这部分应写明“××人民检察院”字样，并注明具文时间，加盖院章。左下方写明：“抄报：×××人民检察院”。

三、抗诉书的写作格式

××人民检察院
抗诉书

××检刑抗（年度）×号

××人民法院：

人民法院×年×月×日（年度）×法刑字第×号的判决（裁定），本院认为此案______，根据《中华人民共和国刑事诉讼法》第×条第×款之规定，特向你院提出抗诉。请依法对此案重新审理。

××人民检察院
×年×月×日
（院印）

抄报：×××人民检察院

病文诊疗

【原文】

×××人民检察院
刑事抗诉书

京×检刑抗（2001）× 号

××中级人民法院：

原审被告人王×泊，男，1954年6月3日出生，汉族，北京市人，初中文化程度，系北京××大学培训中心学7楼管理员，住本市海淀区西土城路××号。因涉嫌贪污罪，经本院决定，于2001年×月×日被刑事拘留，同年×月×日被北京市公安局××分局逮捕，现押于北京市××看守所。

原审被告人王×利，女，1979年12月29日出生，汉族，北京市××县人，初中文化程度，系北京××大学培训中心学7楼服务员，住北京市××县××镇××村。因涉嫌职务侵占罪，经本院决定，于2001年×月×日被刑事拘留，同年×月×日被北京市公安局××分局逮捕，现押于北京市××看守所。

原审被告人王×泊贪污、王×利职务侵占一案，由本院侦查、审查终结，于2001年×月×日以被告人王×泊犯贪污罪、被告人王×利犯职务侵占罪提起公诉。北京市××区人民法院以（2001）×刑初字1640号刑事判决书于2001年×月×日作出判决：原审被告人王×泊犯挪用公款罪，判处有期徒刑4年；原审被告人王×利犯职务侵占罪，判处有期徒刑1年零6个月。本院于2001年×月×日收到此判决，经依法审查，本案的事实如下：

原审被告人王×泊于1999年4月至2000年5月，在任北京××大学培训中心学7楼管理员，负责收取学员住宿费、培训费期间，又分别委托服务员王×利、董×、王××代收住宿费、培训费。服务员将收取的现金和开出的发票交回后，王×泊向服务员出具收款白条，然后将现金和发票交财务处报账。至2000年5月，经对开出的发票和收取的现金进行核对，共短款165 760元，其中董×、王××收取的住宿费、培训费已与王×泊结清，票款相符。原审被告人王×利从其代收的培训费中侵吞了21 975元，大部分用于个人挥霍。原审被告人王×泊从收取的住宿费、培训费中侵吞143 785元。

原审被告人上述犯罪事实清楚，证据确实、充分，足以认定。

本院认为原审被告人王×泊身为国有事业单位从事公务的人员，利用职务之便，贪污公款，其行为触犯了《中华人民共和国刑法》第三百八十二条、第三百八十三条第一款第（一）项之规定，构成贪污罪，被告人王×利利用代收学员培训费之机，采用收款不上交的手段，将公款据为己有，数额极大，其行为触犯了《中华人民共和国刑法》第二百七十一条之规定，构成职务侵占罪。应当依法判处刑罚，追究刑事责任。

原审被告人王×利对起诉书指控的内容没有异议。原审被告人王×泊在庭审中承认短款的事实，但否认贪污或使用过公款，辩解短款的原因可能是保险柜被盗、未与服务员结清等原因。

原审判决与本院起诉书在认定原审被告人王×利构成职务侵占罪上没有差异，但对原审被告人王×泊所犯贪污罪的事实，原审判决认为：被告人王×泊在收取培训费、住宿费的过程中，并未采取涂改、隐匿、毁弃账目、单据或携款潜逃等方法，使公款脱离本单位的控制，而被其据为己有。对于未向单位如数上交公款的事实，被告人王×泊亦予以否认，只是拒绝说明公款的去向。因此，其行为侵犯的主要是公款的使用权，符合挪用公款罪的构成要件，应认定为挪用公款罪。据此作出一审判决。

本院认为：原审法院判决认定原审被告人王×泊犯挪用公款罪，定性不准，适用法律不当，量刑畸轻。理由如下：1. 案件定性有误；2. 量刑明显畸轻。

综上，原审判决确有错误，为严肃国法，准确惩治犯罪，依据《中华人民共和国刑事诉讼法》第二百一十七条之规定，特提出抗诉。请依法改判。

×××人民检察院

二〇〇一年×月×日

（院印）

抄报：××人民检察院

【简析】

上文从写作步骤来讲，符合人民检察院刑事抗诉书的写作逻辑，但是在抗诉理由的说理部分，还存在明显不足。

抗诉理由部分应针对事实确有错误、适用法律不当或审判程序严重违法等不同情况述写，应突出争议重点，体现抗诉的针对性。如法院适用法律有误，应针对该犯罪行为的本质特征论述应该如何定罪、量刑，从而正确适用法律。

因此，上文在抗诉理由部分述写得过于笼统，应条分缕析加以阐述。

【修改文】

×××人民检察院
刑事抗诉书

京×检刑抗（2001）×号

××中级人民法院：

原审被告人王×泊，男，1954年6月3日出生，汉族，北京市人，初中文化程度，系北京××大学培训中心学7楼管理员，住本市海淀区西土城路××号。因涉嫌贪污罪，经本院决定，于2001年×月×日被刑事拘留，同年×月×日被北京市公安局××分局逮捕，现押于北京市××看守所。

原审被告人王×利，女，1979年12月29日出生，汉族，北京市××县人，初中文化程度，系北京××大学培训中心学7楼服务员，住北京市××县××镇××村。因涉嫌职务侵占罪，经本院决定，于2001年×月×日被刑事拘留，同年×月×日被北京市公安局××分局逮捕，现押于北京市××看守所。

原审被告人王×泊贪污、王×利职务侵占一案，由本院侦查、审查终结，于2001年×月×日以被告人王×泊犯贪污罪、被告人王×利犯职务侵占罪提起公诉。北京市××区人民法院以（2001）×刑初字1640号刑事判决书于2001年×月×日作出判决：原审被告人王×泊犯挪用公款罪，判处有期徒刑4年；原审被告人王×利犯职务侵占罪，判处有期徒刑1年零6个月。本院于2001年×月×日收到此判决，经依法审查，本案的事实如下：

原审被告人王×泊于1999年4月至2000年5月，在任北京××大学培训中心学7楼管理员，负责收取学员住宿费、培训费期间，又分别委托服务员王×利、董×、王××代收住宿费、培训费。服务员将收取的现金和开出的发票交回后，王×泊向服务员出具收款白条，然后将现金和发票交财务处报账。至2000年5月，经对开出的发票和收取的现金进行核对，共短款165 760元，其中董×、王××收取的住宿费、培训费已与王×泊结清，票款相符。原审被告人王×利从其代收的培训费中侵吞了21 975元，大部分用于个人挥霍。原审被告人王×泊从收取的住宿费、培训费中侵吞143 785元。

原审被告人上述犯罪事实清楚，证据确实、充分，足以认定。

本院认为原审被告人王×泊身为国有事业单位从事公务的人员，利用职务之便，贪污公款，其行为触犯了《中华人民共和国刑法》第三百八十二条、第三百八十三条第一款第（一）项之规定，构成贪污罪，被告人王×利利用代收学员培训费之机，采用收款不上交的手段，将公款据为已有，数额极大，其行为触犯了《中华人民共和国刑法》第二百七十一条之规定，构成职务侵占罪。应当依法判处刑罚，追究刑事责任。

原审被告人王×利对起诉书指控的内容没有异议。原审被告人王×泊在庭审中承认短款的事实，但否认贪污或使用过公款，辩解短款的原因可能是保险柜被盗、未与服务员结清等原因。

原审判决与本院起诉书在认定原审被告人王×利构成职务侵占罪上没有差异，但对原审被告人王×泊所犯贪污罪的事实，原审判决认为：被告人王×泊在收取培训费、住宿费的过程中，并未采取涂改、隐匿、毁弃账目、单据或携款潜逃等方法，使公款脱离本单位的控制，而被其据为已有。对于未向单位如数上交公款的事实，被告人王×泊亦予以否认，只是拒绝说明公款的去向。因此，其行为侵犯的主要是公款的使用权，符合挪用公款罪的构成要件，应认定为挪用公款罪。据此作出一审判决。

本院认为：原审法院判决认定原审被告人王×泊犯挪用公款罪，定性不准，适用法律不当，量刑畸轻。理由如下：

一、案件定性有误

首先，贪污罪和挪用公款罪都是职务犯罪，前者以非法占有公共财物为目的，即为了将公共财物永久归为已有而占有公共财物；后者以取得公款的使用权为目的，即暂时占有公款，准备将来归还。这是区分二罪的关键所在。此外，在行为方式上，前者是永远非法占有公共财物，因此行为人往往采用毁损凭证、掩盖真相等手段；后者从性质上说是暂时非法使用公款，因此在财物账目上往往表现为没有平账。但这种区分不是绝对的，如果行为人主观上根本不想归还，在案发后实际也没有退还，则即使形式上具有挪用公款的特征，也应当以贪污罪处罚。在本案中虽然原审被告人王×泊承认开出的发票和收到的现金存在差额，但其辩解产生差额的原因是由于保险柜被盗、未与服务员结清及账目计算错误等原因，自始至终否认动用过公款，而且在案发后也没有任何归还的行为。由此可以认定，原审被告人具有非法占有公共财物的直接犯罪故意，属于硬性侵吞公款143 785元。

其次，原审被告人王×泊并非财务人员，根本无法做到平账，即使其毁弃、隐匿了发票，亦可凭借代为收款的服务员所存留的、由其出具的收条等证据证实其收款的事实和数额。其否认动用公款且分文未归还的行为已充分说明其占有公款的主观故意，且已实际将公款据为己有，是否平账或毁弃、隐匿账目不影响对其行为性质的认定。

最后，挪用公款在客观方面具有三种表现形式：挪用公款数额较大，超过 3 个月未还；挪用公款归个人使用，进行非法活动；挪用公款数额较大，进行营利活动。但原审判决对原审被告人王×泊如何使用公款，却语焉不详，只是笼统地表述为“私自截留公款143 785 元，归其个人使用，数额较大”。究竟原审被告人王×泊如何使用公款，原审判决并未确定。而对公款使用方式的不同直接影响着对行为人的定罪量刑。因为相关司法解释对三种使用公款的方式规定为犯罪的数额起点及认定为情节严重的数额起点是不相同的。认定挪用公款罪，应当确认行为人如何使用公款，否则将导致无法适用法律。在行为人根本不承认挪用公款、拒绝供认公款去向的情况下，如何能够认定其构成挪用公款罪呢？因此，原审法院在原审被告人王×泊否认挪用公款、拒绝说明公款去向的情况下认定原审被告人构成挪用公款罪是没有事实和法律依据的。

综上，原审法院判决认定被告人王×泊犯有挪用公款罪，定性不准，适用法律错误。

二、量刑明显畸轻

首先，根据《中华人民共和国刑法》第三百八十三条第一款第（一）项之规定，“个人贪污数额在十万元以上的，处十年以上有期徒刑或者无期徒刑”。原审法院在定性不准的基础上，以挪用公款罪判处被告人王×泊有期徒刑四年，量刑畸轻。

其次，即使认定原审被告人王×泊犯有挪用公款罪，根据现有的事实和证据，可以认定王×泊系多次挪用公款。因为自 1999 年 4 月至 2000 年 5 月，原审被告人王×泊负责后去培训费和住宿费，不论是其本人亲自收费还是服务员收费后交到其处，数额一般并不巨大，侵吞公款达到 143 785 元应当数次才能完成。此外，虽然王×泊拒绝说出公款去向，但根据证人周××等人的证言，王×泊的收入和日常支出不符，基本可以判定王×泊将公款用于个人日常使用。所以，应当认定王×泊在较长时间内多次挪用公款。根据《最高人民法院关于审理挪用公款案件具体应用法律若干问题的解释》第三条之规定，多次挪用公款系挪用公款情节严重的情形之一，而根据《中华人民共和国刑法》第三百八十四条之规定，挪用公款情节严重的，处五年以上有期徒刑。原审法院判决没有认定原审被告人王×泊挪用公款情节严重，量刑畸轻。

综上，原审判决确有错误，为严肃国法，准确惩治犯罪，依据《中华人民共和国刑事诉讼法》第二百一十七条之规定，特提出抗诉。请依法改判。

×××人民检察院

二〇〇一年×月×日

（院印）

抄报：××人民检察院

范文评析

【例文】

××市××区人民检察院
抗诉书

×检刑抗（2002）×号

××市中级人民法院：

××市××区人民法院于2002年×月×日以（××）×法刑字第74号判决，对被告人宗××以诈骗罪判处有期徒刑三年。经本院审查认为：一审判决对被告人宗××的部分犯罪事实应当认定而未认定，导致适用法律不当，量刑畸轻。理由如下：

一、判决书认定部分犯罪事实与引用证据不当。

判决书认定：“被告人宗××于2002年×月间，虚构事实，向金××谎称可为其联系购买2吨平价电解铜。为骗得金××的信任，宗××先后私刻了‘××市化工轻工供应公司第二化工供应部’、‘××市勤工化工厂供销股’的印章，并伪造上述两单位的供货证明。嗣后，以代垫付电解铜款为名，骗得金××人民币5 000元。”事实是：被告人宗××在2002年×月下旬通过伪造“××市化工轻工供应公司第二化工供应部”两张供货证明，骗得金××5 000元后，为达到进一步诈骗的目的，于×月×日再次私刻“××市勤工化工厂供销股”印章，伪造供货证明，以自己为金××的电解铜垫付了8 000余元，造成资金搁死，需再借款1万元归还他人的理由，又骗得金××1万元。由此可见，宗××伪造“××市勤工化工厂供销股”的假证明不是为了诈骗5 000元（5 000元在此前十余天前已骗得），而是为了诈骗1万元所实施的行为。

二、一审判决对被告人宗××诈骗1万元的事实应该认定而未认定，本院指控宗××诈骗1万元事实清楚，有被害人陈述、证人证言和书证证实，证据充分。

1. 宗××在骗得5 000元后，又向金××“借”钱。开始金××对宗××有无电解铜产生怀疑，所以对宗××“借”钱予以拒绝。在此情况下，宗××伪造了“××市勤工化工厂供销股”的证明，又虚构了自己为此垫付8 000余元的事实使金××信以为真，金××才筹借了1万元给宗××。由此可见，宗××向金××所“借”的1万元是在虚构事实的前提下取得的。

2. 宗××诈骗1万元与诈骗5 000元是采用同一手段，其实都是以虚构事实为前提的。一审判决书认定了宗××“虚构事实，向金××谎称可为其联系购买2吨平价电解铜。为骗得金××的信任，宗××先后私刻了‘××市化工轻工供应公司第二化工供应部’、‘××市勤工化工厂供销股’的印章，并伪造上述两单位的供货证明。嗣后，以代其付电解铜款为名，骗得金××人民币5 000元”。这里认定的是诈骗1万元的手法，却不认定诈骗1万元的结果，这是自相矛盾的。

3. 被告人宗××无经济偿还能力。宗××在“借”钱时称，将电解铜出卖后得款才能归还，其实她根本没有电解铜。所得之款用于还债后，已无偿还能力。所以，“借”是形式而骗是实质。综上所述，本院认为：被告人宗××采用虚构事实的手法诈骗他人15 000元，数额巨大，应按《中华人民共和国刑法》第二百六十六条的规定予以惩处。一审判决只认定被告人诈骗5 000元而否定1万元，因而在认定犯罪事实和适用法律上均属不当。根据《中华人民共和国刑事诉讼法》第一百八十一条之规定，特向你院提出抗诉。

××市××区人民检察院
二〇〇二年×月×日
（院印）

抄报：××市人民检察院

【简析】

本抗诉书为上诉审程序的抗诉书，文字简练，论点准确，论据清楚，论证有力，理由充分，引用法律准确。

特别提示

书写抗诉理由要做到以下几点：

一是要有针对性。原审判决或裁定哪一部分有错误或不当，就对哪一部分提出抗辩的理由。如果是全部错，则提出全部纠正的理由，做到有的放矢，切中要害。

二是理由的阐述要充分、具体。这是说对原审判决或裁定的错误或不当问题要进行深入、透彻的分析，做到抗之有理，诉之有据，切忌笼统或含糊其辞。

三是理由阐述要论证有力、合乎逻辑，具有条理性。就是说，理由的阐述应该层次分明，眉目清晰，章法有序。原审判决、裁定如果只有一个方面的错误，则应该按照材料组织的基本要求，或采取由浅入深写法，或采取先总后分写法，或采取多角度论证方法，有顺序地逐一表达清楚。如果有几个方面的错误，阐述分析时就应该用序码分条逐项地针对上述各点逐一阐明理由，切不可将几个问题纠缠在一起，造成头绪纷繁、含糊不清。

第四节 补充侦查决定书

一、补充侦查决定书的概念

人民检察院对公安机关移送审查起诉或者不起诉的刑事案件，经过审查，认为犯罪事实不清、证据不足，或者遗漏了罪行，或者还有其他应当追究刑事责任的同案犯没有追究，需要补充侦查时，就可以退回公安机关补充侦查。退回补充侦查时，人民检察院应用书面形式表达，这种文书就叫补充侦查决定书。

二、补充侦查决定书的要素内容

补充侦查决定书主要由下列四部分构成。

（一） 首部

首先，写明文书的名称，即“××人民检察院补充侦查决定书”。其右下方注明“×检刑退补（年度）×号”。

其次，写明退回补充侦查的机关，即报请起诉或不起诉的原公安机关。

最后，指出案由和案件来源。其行文可采用下列格式：

你局×年×月×日字第×号移送起诉（或提请批准逮捕）的被告人的案卷材料收

悉。经本院审查，认为：

（二） 主文

这是补充侦查决定书的主体部分。这一部分着重阐明退回补充侦查的理由。这里应注意以下两方面的问题：

第一，必须是案件上的重大问题，对于定案有决定性的影响，比如主要犯罪事实情节不清，重要证据不足，遗漏了重要罪行或同案犯罪，才予以退回。如果是一般的、较小的、对定案没有多大影响的问题，或者是检察院自行侦查比较容易解决的问题，就不必退回公安机关补充侦查。

第二，必须在补充侦查决定书中具体明确地指出问题，以便公安机关进行补充侦查时知道人民检察院所需要补充侦查的内容是什么，有目的地去进行。如果不是这样，而是笼统含糊，那么退回去之后，公安机关不知如何着手进行补充侦查，在工作中就会感到有困难。而这样补充侦查的结果，恐怕也达不到要求，最后又得退回去再次进行补充侦查。这样退来退去，来来往往，互相扯皮，既耽误了办案时间，又影响了办案效率。

在实践中，有些地方的检察机关为防止扯皮现象，常常事先和公安机关有关人员交换意见，征得对方同意后，再写成书面意见退回去，这样效果更好一些。

（三） 尾部

写明作出退回补充侦查决定的检察机关的名称，注明制作文书的年、月、日，并加盖院章。

（四） 附项

写明："原案卷材料×册退回。"

三、补充侦查决定书的写作格式

××人民检察院
补充侦查决定书

×检刑退补（年度）×号

××公安局：

你局×年×月×日字第×号移送起诉（或提请批准逮捕）的被告人的案卷材料收悉。经本院审查，认为____________，决定退回你局补充侦查。

××人民检察院

×年×月×日

（院印）

附注事项：原案卷材料×册退回。

范文评析

【例文 1】

××县人民检察院
补充侦查决定书

×检刑退补（2003）2号

××县公安局：

本院2003年9月13日，收到你局以×侦监〔××〕字第59号文书提请批捕的强奸案犯罪嫌疑人吴××一案，经本院审查认为，犯罪嫌疑人曾患过精神病，这次作案时有些反常现象，如在实施行为前就将其打算告诉别人等，究竟有无精神病，需做司法精神病学鉴定。根据《中华人民共和国刑事诉讼法》第一百四十条之规定，现决定退回你局，补充侦查完毕后，请及时移送本院。若此案另行处理，请及时通知本院。

××县人民检察院

二〇〇三年九月十七日

（院印）

附：侦查卷宗一册。

【简析】

本文书为不附退回补充侦查提纲的补充侦查决定书，写法符合要求。

【例文 2】

××市××人民检察院
补充侦查决定书

×检刑退补（年度）1号

××县公安局：

本院×年×月×日收到你局以公预××号文书移送起诉的黄××、詹××抢劫罪一案，经本院审查认为：基本事实不清，有些重要线索未取证，有些证据不符合法律要求。经本院检察委员会研究决定，根据《中华人民共和国刑事诉讼法》第一百四十条之规定，现决定退回你局，请予以补充侦查。补充侦查完毕后，请及时移送本院。如你局决定对此案另行处理，请及时通知本院。

××市××人民检察院

二〇〇九年×月×日

（院印）

附：1. 退回补充侦查提纲一份。

2. 卷宗×册。

附：

退回补充侦查提纲

一、本案被告人刘××批捕在逃，积极参与抢劫犯罪的同伙究竟还有多少人？应该查寻。由于没有这些人的材料，仅凭现有二被告人交代作案过程，无法确定基本事实，定性、定罪便无从谈起。

二、对重大案件应有反映现场概况的平面图和照片。

三、谢××及其司机是本案的直接见证人，且为制止抢劫犯罪活动做了不少工作，应取证。

四、死者魏××受伤后是由什么人送往医院的？又是怎么死的？应取证查实。

五、提取凶器笔录不符合基本格式和要求。

六、魏××的血型，出现在其死后4个月之后的京公刑（2009）法物字第19号技术鉴定书中，血源是如何获得的？

七、被告人黄××用折叠刀子连捅三人（魏××、詹××、刘××），现只鉴定了魏一人的血型，对其他二人的血型未进行鉴定；如果詹、刘二人的血型与魏相同呢？应再做鉴定。

八、缺被告人黄××的对被捕人家属通知书（副页）。

九、对黄××的提请批准逮捕书尾页在卷头、头页在卷尾；有的证明材料未加盖公章，又无身份反映，应重补。

二〇〇九年×月×日

【简析】

本文书为移送审查起诉环节退回公安机关补充侦查的、附有退回补充侦查提纲的补充侦查决定书。提纲对本案事实、证据中的问题逐项列举，要求补充侦查的内容具体、明确，便于公安机关及时补充侦查。

第四章

人民法院的主要司法文书

第一节 人民法院第一审刑事判决书

一、第一审刑事判决书的概念

判决是人民法院代表国家行使审判权，依法对审理终结的案件所作出的处理决定。判决书是这个决定的书面表现形式。为了便于诉讼当事人了解人民法院的决定，以利执行，以及便于上级人民法院和人民检察院实行审判监督，人民法院的所有判决都应当制作书面形式的文件。判决书是人民法院代表国家制作的，它是国家政策、法律在每个案件中的具体化，是一种十分重要的司法文书。在整个诉讼活动中，它是案件的结论，对诉讼当事人具有强制性，发生法律效力后具有稳定性，非经审判监督程序不得变更或撤销。

第一审刑事判决是第一审人民法院对审理终结的案件所作的有罪或无罪决定。确定被告人有罪，应做有罪判决；确定被告人无罪，应做无罪判决。无论是哪一类，都应制作判决书。

二、第一审刑事判决书的要素内容及制作方法

第一审人民法院根据审理终结案件已经查明的事实和证据，依照法律确认被告人的行为已经构成犯罪，应当追究刑事责任，科处刑罚时所作出的书面决定，称为一审刑事有罪判决书。

一审刑事有罪判决书主要由三部分构成，即：首部、正文和尾部。正文包括事实、理由和判决结果，是判决书的主体和骨干。

(一) 首部

(1) 标题中的法院名称，一般应与院印的文字一致，但是基层法院应冠以省、自治区、直辖市的名称；判处涉外案件时，各级法院均应冠以我国的国名。法院名称和文书种类均应写在各行的正中。

(2) 案号，由立案年度、制作法院、案件性质、审判程序的代字和案件的顺序号组成，比如，北京市朝阳区人民法院 2008 年立案的第 25 号刑事案件，表述为“(2008) 朝刑初字第 25 号”；湖南省洞口县高沙镇人民法院 2010 年立案的第 121 号刑事案件，表述为“(2010) 洞高刑初字第 121 号”。案号写在标题下一行的右端，其最末一字与下面的正文各行末尾看齐。

(3) 检察机关一项，过去列为“公诉人”项，并且书写为“××人民检察院检察长

（或员）×××”，这是不确切的。因为根据《中华人民共和国人民检察院组织法》第十五条和《刑事诉讼法》第一百七十二条的规定，代表国家提起公诉的是人民检察院，而不是检察院的某一个人。这也和单位参加各种诉讼一样，无论是原告人、被告人或者第三人，都应首先书写单位名称，而不能直接书写单位的代表人。因此应把过去用的“公诉人”项改为“公诉机关”项，并应书写为“××人民检察院”。这样，过去当公诉书上署名的检察人员或出庭支持公诉的检察人员不是同一个人时，其姓名在判决书上出现前后矛盾的问题，也就不存在了。

（4）书写被告人项的基本情况时，应在样式要求的基础上根据不同情况酌予增减。

第一，被告人如有与案情有关的别名、化名或绰号的，应在其姓名后面加以注明。

第二，被告人的职业，一般应写工人、农民、个体工商户等，如系有工作单位的，则应写明其工作单位和职务。

第三，被告人的文化程度，如果与案情有关联，也应写入。

第四，被告人曾经受过刑事处罚、劳动教养处分，或者又在以上限制自由的期间内逃跑过的，可能构成累犯或者是法定从重、加重的情节，应写明其事由和时间。

第五，“因本案所受强制措施情况”，应写明被拘留、逮捕的时间。没有的不写此项。

第六，被告人项内书写的各种情况之间，一般可用逗号隔开，如果某项内容较多，可视行文需要，另行采用分号、句号等，不可一概而论。

第七，被告人的住址应写住所所在地；住所所在地和经常居住地不一致的，写经常居住地。

第八，被告人是机关、团体、企业或事业单位的，应在本项内写明其全称和所在地址；其下续列“法定代表人或代表人”项，法定代表人或代表人是其他责任人员因此构成犯罪的，应续项书写他们为“被告人”项。

第九，同案被告人有二人以上的，按主犯、从犯的顺序列项书写。

（5）辩护人是律师的，不写性别，其工作单位和职务应写为“××律师事务所律师”。辩护人如系被告人的亲属，应写明其与被告人的关系。同案被告人有二人以上并各有辩护人的，其辩护人分别在各被告人项的下一行列项书写。

（6）书写案件的由来和审判经过的目的，是为了体现审判程序合法。诸如写明检察院起诉日期，关系到审理期限的计算；写明公开或不公开开庭审理，关系到是否贯彻执行公开审判原则。根据我国《刑事诉讼法》的规定，对出庭人员应写明被告人及其辩护人（被告人、辩护人有多人的可以概写为“上列被告人及辩护人”）、证人等，以反映依法保障了诉讼参与人的诉讼权利。在这一点上，过去只写出庭支持公诉的检察人员，而忽略了被告人及其辩护人以及证人、鉴定人等，这是不能说明审判程序的合法性的。另外，明显受害严重的被害人，既与案件有密切的利害关系，又是最了解案情的证人，开庭时应当依法通知到庭，写入出庭人员之内。

（7）根据我国《刑事诉讼法》的规定，报经审判委员会讨论决定的重大、疑难案件，应在“本案”与“现已审理终结”之间，增写“经合议庭评议，审判委员会进行了讨论并作出决定”。

（二） 事实部分

“兼听则明，偏听则暗。”在判决书上写入控、辩双方的意见，是为了促进审判质量的提高，加强刑事判决的透明度，尊重当事人的诉讼权利，体现人民法院的公正形象；同时突出争讼焦点，便于本院在认定事实和列举证据以及阐述判处理由的时候，有的放矢，加强针对性。因此，对于双方的意见必须认真书写。但在归纳双方意见时，要言简意赅，防止文字冗长，注意避免与后文的明显重复。

法院认定的事实与证据，是有罪、无罪和定性判刑的主要根据，必须实事求是，经过法庭查证属实的才能写在判决书上。控、辩双方有争执的事实，应当作为重点分析论定。叙事时，要求做到如下几点。

（1）叙述案情时，应写明案件发生的时间、地点、目的、动机、手段、情节、结果和被告人事后的态度以及涉及的人和事等要素，并以是否具有犯罪构成要件为重点，兼叙影响量刑轻重的各种情节。

（2）叙述事实要层次清楚，重点突出。一般按时间先后顺序进行，着重写清主要情节。一人犯数罪的，主罪详写，没有因果关系的数罪，应按罪行主次的顺序叙述。一般共同犯罪案件，应以主犯为主线进行叙述。集团犯罪案件，可先综述集团的形成和共同的犯罪行为，再按主犯、从犯或者罪重、罪轻的次序分别叙述各个被告人的罪行。

（3）用作认定事实的证据，一要经过查对属实，主要根据间接证据定案的、证据之间有矛盾的，应当综合分析，去伪存真；二要与被证明的事实具有必然的、有机的联系；三要能够互相印证，环环紧扣；四要尽可能写得明确具体，不能抽象笼统。证据的写法，应该因案制宜，案情简单的，可以集中举证分析论定；案情复杂的，也可以一边叙事，一边举证，进行分析论定；一人多罪或者集团犯罪案件，还可以分项或者逐人逐罪举证，进行分析论定。

（4）叙事举证时，应该注意不要在无意中诲淫诲盗，传授犯罪方法；注意保守国家机密，保护检举人的安全和受害人的名誉。

（三） 理由部分

理由是判决的灵魂，是将犯罪事实和判决结果有机地联系在一起的纽带。其核心内容是针对案情特点，运用法律规定、政策精神与犯罪构成原理和要件，分析被告人行为的实质，论证应该如何处理，为下文的判决结果定好格调。反对说些空话、套话，千篇一律。在说理时，力求系统透彻，逻辑严密，无懈可击。注意运用法律术语，力求语言精练。按样式书写理由时，还应做到以下几点。

（1）确定罪名，应以《刑法》分则各条规定的罪状特征为依据，以被侵犯的直接客体（不是同类客体）为基础。一人犯数罪的，一般先定重罪，后定轻罪；一般共同犯罪和集团犯罪案件，应在分清各被告人的地位、作用和刑事责任的前提下，依次确定主犯、从犯的罪名。

(2) 量刑情节对于判刑轻重有较大的影响。如果被告人具有从重、加重或从轻、减轻、免除处罚等情节的一种或数种的，应当分别予以肯定或者综合论定。

(3) 对检察院指控的罪名，正确的应当表示肯定，不构成犯罪或者罪名不当的，应当有理有据地作出分析评定；对于辩解、辩护的主要理由，应当表明予以采纳或者据理批驳。不能他告他的，你辩你的，我判我的，互不挂钩。

(4) 引述法律条文，必须周密思考，慎重选择。

首先要做到准确、完整、具体。准确就是要恰如其分地适合判决结果；完整就是要把据以定性处理的法律规定和盘托出；具体就是要引出《刑法》分则条文的外延最小的规定，即凡条下分款分项的应写明第几条第几款第几项，有的条文只分项不分款的则写明第几条第几项。

其次要有一定的条理和先后次序。这就是：先引述有关定罪与确定量刑幅度的条文，后引述从重、加重、从轻、减轻和免除处罚的条文；先引主刑的条文，后引附加刑的条文；适用以他罪论处的条文时，先引用本条条文，再按本条的规定，引用相应的他罪条文；一人犯数罪的，应逐罪引用法律条文；一般的共同犯罪，可集中引用有关的法律条文，必要时应逐人逐罪引用法律条文；集团犯罪案件，应结合分项判处，逐人逐罪引用法律条文。全国人大常委会的“决定”、“补充规定”和单行刑事法规，是对《刑法》的补充和修改，在适用上与《刑法》具有同等效力，仍应按上述原则安排引述顺序。既要引用实体法又要引用程序法的，一般应先引程序法，后引实体法。

(四) 判决结果部分

判决结果是依照有关法律条文的具体规定，对被告人作出的定性处理的结论，是判决书“画龙点睛”的部分，应当字字斟酌，严格推敲。书写判决结果时，应当注意几点。

(1) 判处的各种刑罚，应按法律规定写明全称。既不能任意简化，如判处“死刑，缓期二年执行，劳动改造，以观后效”的，不能简化为判处“死缓”；又不能画蛇添足，如判处“死刑”的，不能写为判处“死刑立即执行”，等等。

(2) 有期的刑罚应当写明刑种、刑期。但是刑期的起止和折抵不写，应待判决确定之后，按照《刑事诉讼法》的规定，另行填写执行通知书，连同判决书将罪犯交付劳改单位执行。过去在判决结果之后，括注刑期折抵原则和刑期起止日期的做法，弊端很多。例如：在制作本判决书时，判决尚未确定，宣判后如有上诉、抗诉，括注就失去了意义；主刑注明了起止日期，而附加刑剥夺政治权利又未注明，规格不统一；写了折抵原则而不写折抵的具体日数，同时起止日期又不能按《刑法》的规定表述完整，词不达意；括注的文字一般有 50 个字之多，比判处的刑种刑期的字数要多出好几倍，啰唆累赘，有损判决书的严肃形象。故此，新样式将其予以删除，改为填写在执行通知书内。

(3) 追缴、退赔和没收的财物，应写明其名称和数额。财物多、种类杂的，只在判决书上写明其种类和总数，另列清单作为判决书的附件。

（4）数罪并罚的应当分别定罪量刑（包括主刑和附加刑），然后按照《刑法》总则第四章第四节的规定，决定执行的刑罚，不应“估堆”量刑。

（5）一案多人的，应以罪责的主次或者应判刑罚的重轻为顺序，逐人分项引述法律依据，定罪判处。

（6）机关、团体、企业或事业单位构成犯罪被判处经济处罚的，首先应写明被告（单位）犯什么罪，其次写明判处罚金或者没收财产的种类和数额。如果其主管责任人员、直接责任人员因此构成犯罪的，再续项列写对他们的定罪判刑。

（五）尾部

在书写尾部各项时应注意以下各点。

（1）判决书的尾部应由参加审判案件的合议庭组成人员或独任审判员署名。合议庭的一般成员是陪审员的，署名为“人民陪审员×××”；合议庭的一般成员是助理审判员的，署名为“代理审判员×××”；助理审判员担任合议庭审判长的，与审判员担任合议庭审判长的一样，均署名为“审判长×××”；院长或庭长参加合议庭的，应担任审判长，也署名为“审判长×××”。独任审判的案件，主审人是审判员的，署名为“审判员×××”；主审人是助理审判员的，署名为“代理审判员×××”。

（2）尾部的年月日为判决的决定日期。经过审判委员会讨论的案件，应写审判委员会作出决定的日期；未经过审判委员会讨论而经院长或庭长签发的案件，仍应写合议庭评议或复议作出决定的日期。日期上面加盖院印。

（3）判决书上原本不写“本件与原本核对无异”，应将其制成专用印戳，由书记员将正本与原本核对无异之后，加盖在正本末页的日期的左下方、书记员署名的左上方。个别涂改之处，应盖校对章。

三、第一审刑事判决书的写作格式

【格式1】

×××人民法院
刑事判决书

（一审公诉案件用）

（年度）×刑初字第×号

公诉机关：××××人民检察院。

被告人：____________（写明姓名、性别、出生年月日、民族、籍贯、职业或工作单位和职务、住址，以及因本案所受强制措施情况等，现在何处）。

辩护人：____________（写明姓名、性别、工作单位和职务）。

××××人民检察院于×年×月×日以被告人×××犯××罪，向本院提起公诉。本院受理后，依法组成合议庭（或依法由审判员×××独任审判），公开（或不公开）开庭审理了本案。××××人民检察院检察长（或员）×××出庭支持公诉，被告人×××及其辩护人×××、证人×××等到庭参加诉讼。本案现已审理终结。

____________（首先概述检察院指控的基本内容，其次写明被告人的供述、辩解和辩护人辩护的要点）。经审理查明，____________（详写法院认定的事实、情节和证据。如果控、辩双方对事实、情节、证据有异议，应予分析认定。在这里，不仅要列举证据，而且要通过对主要证据的分析论证，来说明本判决认定的事实是正确无误的。必须坚决改变用空洞的“证据确凿”几个字来代替认定犯罪事实的具体证据的公式化的写法）。

本院认为，____________[根据查证属实的事实、情节和法律规定，论证被告人是否犯罪，犯什么罪（一案多人的还应分清各被告人的地位、作用和刑事责任），应否从宽或从严处理。对于控、辩双方关于适用法律方面的意见和理由，应当有分析地表示采纳或予以批驳]。依照____________（写明判决所依据的法律条款项）之规定，判决如下：

____________[写明判决结果，分三种情况：

第一，定罪判刑的，表述为：

“一、被告人×××犯××罪，判处____________（写明主刑、附加刑）；

“二、被告人×××____________（写明追缴、退赔或没收财物的决定，以及这些财物的种类和数额。没有的不写此项）。”

第二，定罪免刑的，表述为：

“被告人×××犯××罪，免予刑事处罚（如有追缴、退赔或没收财物的，续写第二项）。”

第三，宣告无罪的，表述为：

“被告人×××无罪。”]

如不服本判决，可在接到判决书的第二日起××日内，通过本院或者直接向××人民法院提出上诉。书面上诉的，应交上诉状正本一份，副本×份。

审判长　×××

审判员　×××

审判员　×××

×年×月×日

（院印）

本件与原本核对无异

书记员　×××

【格式2】

××××人民法院
刑事附带民事判决书

（一审公诉案件用）

（年度）×刑初字第×号

公诉机关：××××人民检察院。

附带民事诉讼原告人（被害人）：____________（写明姓名、性别、出生年月日、民族、籍贯、职业或工作单位和职务、住址等）。

被告人：____________（写明姓名、性别、出生年月日、民族、籍贯、职业或工作单位和职务、住址，以及因本案所受强制措施情况等，现在何处）。

辩护人：____________（写明姓名、性别、工作单位和职务）。

××××人民检察院于×年×月×日以被告人×××犯××罪，向本院提起公诉；在诉讼过程中，被害人×××又以要求被告人×××赔偿经济损失为由，向本院提起附带民事诉讼。本院受理后，依法组成合议庭（或由审判员×××独任审判），公开（或不公开）开庭对本案进行了合并审理，××××人民检察院检察长（或员）×××出庭支持公诉，附带民事诉讼原告人（被害人）×××及其××代理人×××、被告人×××及其辩护人×××、证人×××等到庭参加诉讼。本案现已审理终结。

____________（首先概述检察院指控的基本内容，并简述附带民事诉讼原告人起诉的民事内容；其次写明被告人供认、辩解和辩护的要点）。

经审理查明，____________（除详写法院认定的事实、情节和证据外，还应写明由于被告人的行为造成被害人直接经济损失的事实。如果控、辩双方或一方对事实有异议，应予以分析认定。在认定事实时，不但要具体列举证据，而且要通过对主要证据的分析论证，来说明本判决认定的事实的正确性）。

本院认为，____________[根据查证属实的事实、情节和法律规定，除论证被告人是否犯罪、犯什么罪、应否追究刑事责任外，还应论证被告人对被害人的经济损失应否负民事赔偿责任（一案多人的还应分清各被告人的地位、作用及其刑事和民事责任），应该从宽或从严处理。对于控、辩双方关于适用法律方面的意见和理由，应当有分析地表示采纳或予以批驳]。依照____________（写明判决所依据的法律条款项）之规定，判决如下：

____________[写明判决结果。分四种情况：

第一，被告人构成犯罪并应赔偿经济损失的，表述为：

“一、被告人×××犯××罪，____________（写明判处的刑罚或者免予刑事处罚）；

“二、被告人×××赔偿被害人×××____________（写明赔偿的金额和支付日期)。”

第二，被告人构成犯罪，但不赔偿经济损失的，表述为：

“一、被告人×××犯××罪，__________________(写明判处的刑罚或者免予刑事处罚)；

“二、被告人×××不承担民事赔偿责任(或免予赔偿经济损失)。”

第三，被告人不构成犯罪但应赔偿经济损失的，表述为：

“一、被告人×××无罪；

“二、被告人×××赔偿__________________(写明受偿人的姓名以及赔偿的金额和支付日期)。”

第四，被告人不构成犯罪又不赔偿经济损失的，表述为：

“一、被告人×××无罪；

“二、被告人×××不承担民事赔偿责任。”]

如不服本判决，可在接到判决书的第二日起××日内通过本院或者直接向××××人民法院提出上诉。书面上诉的，应交上诉状正本一份，副本×份。

审判长　×××

审判员　×××

审判员　×××

×年×月×日

(院印)

本件与原本核对无异

书记员　×××

【格式3】

××××人民法院
刑事判决书

(一审自诉案件用)

(年度)×刑初字第×号

自诉人：__________________(写明姓名、性别、出生年月日、民族、籍贯、职业或工作单位和职务、住址等)。

被告人：__________________(写明姓名、性别、工作单位和职务)。

自诉人×××以被告人×××犯××罪，向本院提起控诉。本院受理后，依法由审判员×××独任审判(或组成合议庭)，公开(或不公开)开庭审理了本案。自诉人×××、被告人×××及其辩护人×××、证人×××等到庭参加诉讼。本案现已审理终结。

________（首先概述自诉人控告和请求的基本内容，其次写明被告人的供述、辩解和辩护人的要点）。

经审理查明，________（详写法院认定的事实、情节及其证据。经果双方当事人对事实、情节、证据各持异议的，应当通过对主要证据的分析论证，来说明本判决认定的事实的正确性）。本院认为，________（根据查证属实的事实、情节和法律规定，论证被告人构成何种犯罪，应当从宽或从严处理。对于控、辩双方关于适用法律方面的意见和理由，应当有分析地表示采纳或者予以批驳）。依照________（写明判决所依据的法律条款项）之规定，判决如下：

被告人×××犯××罪，________（写明判处的刑罚或者免予刑事处罚等）。

如不服本判决，可在接到判决书的第二日起××日内，通过本院或者直接向××××人民法院提出上诉。书面上诉的，应交上诉状正本一份，副本×份。

审判员　×××

×年×月×日

（院印）

本件与原本核对无异

书记员　×××

【格式4】

××××人民法院
刑事附带民事判决书

（一审自诉案件用）

（年度）×刑初字第×号

自诉人兼附带民事诉讼原告人：________（写明姓名、性别、出生年月日、民族、籍贯、职业或工作单位和职务、住址等）。

被告人：________（写明姓名、性别、出生年月日、民族、籍贯、职业或工作单位和职务、住址等）。

辩护人：________（写明姓名、性别、工作单位和职务）。

自诉人×××以被告人×××犯××罪，要求给予刑事处罚，同时以要求赔偿给他造成的经济损失为由，向本院提起控诉。本院受理后，依法由审判员×××独任审判（或组成合议庭），公开（或不公开）开庭审理了本案。自诉人×××、被告人×××及其辩护人×××、证人×××等到庭参加诉讼。本案现已审理终结。

________（首先概述自诉人的刑事控告和附带民事请求的基本内容，其次写明被告人陈述、辩解和辩护人辩护的要点)。

经审理查明，____________（除写明法院认定的犯罪事实、情节及其证据之外，还应写明被告人的行为造成被害人直接经济损失的事实。如是双方当事人对事实、情节或证据各持异议的，应当通过对主要证据的分析论证，说明本判决认定的事实的正确性）。

本院认为，____________（根据查证属实的事实、情节和法律规定，论证被告人构成何种犯罪，对被害人的经济损失应否负民事赔偿责任，应否从宽或从严处理。对于控、辩双方关于适用法律方面的意见和理由，应当有分析地表示采纳或者予以批驳）。依照____________（写明判决所依据的法律条款项）之规定，判决如下：

____________[写明判决结果。分两种情况：

第一，被告人构成犯罪并应赔偿经济损失的，表述为：

"一、被告人×××犯××罪，____________（写明判处的刑罚或者免予刑事处罚）；

"二、被告人×××赔偿____________（写明受害人的姓名以及赔偿的金额和支付日期）。"

第二，被告人构成犯罪但不赔偿经济损失的，表述为：

"一、被告人×××犯××罪，____________（写明判处的刑罚或者免予刑事处罚）；

"二、被告人×××不承担民事赔偿责任（或免予赔偿经济损失）。"]

如不服本判决，可在接到判决书的第二日起××日内，通过本院或者直接向××××人民法院提出上诉。书面上诉的，应交上诉状正本一份，副本×份。

审判员　×××

×年×月×日

（院印）

本件与原本核对无异

书记员　×××

【格式5】

××××人民法院
刑事判决书

（一审自诉、反诉并案审理用）

（年度）×刑初字第×号

自诉人（被反诉人）：____________（写明姓名、性别、出生年月日、民族、籍贯、职业或工作单位和职务、住址等）。

委托代理人（辩护人）：____________（写明姓名、性别、工作单位和职务）。

被告人（反诉人）：____________________（写明姓名、性别、出生年月日、民族、籍贯、职业或工作单位和职务、住址等）。

辩护人（委托代理人）：____________________（写明姓名、性别、工作单位和职务）。

自诉人×××以被告人×××犯××罪向本院提起控诉；本院受理后，被告人×××又以自诉人×××犯××罪提起反诉，经审查能够成立。本院受理后，依法组成合议庭（或由审判员×××独任审判），对本案公开（或不公开）开庭进行了合并审理。自诉人（被反诉人）×××及其委托代理人（辩护人）×××、被告人（反诉人）×××及其辩护人（委托代理人）×××、证人×××等到庭参加诉讼。本案现已审理终结。

____________________（首先概述自诉人控告和请求的基本内容，其次写明被告人的辩护意见和反诉要点以及被反诉人的答辩，最后概述双方争执的主要问题）。

经审理查明，____________________（写明法院认定的事实、情节及其证据，对于互诉、互辩中关于事实方面的争执，应当通过对主要证据的分析，澄清是非，说明本判决认定的事实的正确性）。

本院认为，____________________（根据查证属实的事实、情节和法律规定，论证被告人或被反诉人一方，或者他们双方分别构成何种犯罪，应否从宽或从严处理。对于互诉、互辩中关于适用法律方面的意见和理由，应当有分析地表示采纳或者予以批驳）。依照____________________（写明判决所依据的法律条款项）之规定，判决如下：

____________________[写明判决结果，分三种情况：

第一，被告人构成犯罪，被反诉人无罪的，表述为：

"一、被告人×××犯××罪，____________________（写明判处内容）；

"二、被反诉人×××无罪。"

第二，被告人无罪，被反诉人构成犯罪的，表述为：

"一、被告人×××无罪；

"二、被反诉人×××犯××罪，____________________（写明判处内容）。"

第三，双方都构成犯罪的，表述为：

"一、被告人×××犯××罪，____________________（写明判处内容）；

"二、被反诉人×××犯××罪，____________________（写明判处内容）。"]

如不服本判决，可在接到判决书的第二日起××日内，通过本院或者直接向××××人民法院提出上诉。书面上诉的，应交上诉状正本一份，副本×份。

审判长　×××

审判员　×××

审判员　×××

×年×月×日

（院印）

本件与原本核对无异

书记员　×××

【格式6】

××××人民法院
刑事判决书

（对严重扰乱法庭秩序和
拒不执行判决、裁定的人用）

（年度）×刑特初字第×号

被告人：______________（写明姓名、性别、出生年月日、民族、籍贯、职业或工作单位和职务、住址等）。

本院______________（写明在审理××一案中被告人严重扰乱法庭秩序，或者在执行已经发生法律效力的××判决、裁定时被告人公然抗拒执行的事实、情节和证据）。

本院认为，______________（写明定罪判刑的理由）。依照______________（写明判决所依据的法律条款项）之规定，判决如下：

______________（写明判处的具体内容）。

如不服本判决，可在接到判决书的第二日起××日内，通过本院或者直接向××××人民法院提出上诉。书面上诉的，应交上诉状正本一份，副本一份。

审判长　×××
审判员　×××
审判员　×××
×年×月×日
（院印）

本件与原本核对无异

书记员　×××

病文诊疗

【原文】

××省××市人民法院
刑事判决书

（2012）×刑初字第1002号

公诉机关：××市人民检察院。

被告人：黄×，男，1970年2月出生于福建省××市，汉族，初中文化，农民，住××市××镇。因涉嫌犯交通肇事罪，于2011年12月31日被刑事拘留，2012年1月6日变更为取保候审。

××市人民检察院以×检公刑诉（2012）1192号起诉书指控被告人黄×犯交通肇事罪，于2012年10月26日向本院提起公诉。本院受理后，依法组成合议庭，公开开庭审理了本案。××市人民检察院检察员刘××、被告人黄×及其辩护人章×到庭参加了诉讼。现已审理终结。

公诉机关指控：2011年12月31日6时许，被告人黄×驾驶闽×××号轻仓栅式货车沿国道福昆线从漳州方向往××镇方向行驶至国道福昆线305KM＋800M处，因遇险采取措施不及，碰撞到由路左往路右横过公路的行人郭××，造成郭××当场死亡及货车局部损坏的重大交通事故。被告人黄×于案发现场向××市公安局交通管理大队民警投案。经××市公安局交通管理大队事故责任认定：黄×应负事故的主要责任，郭××负事故的次要责任。经审理查明，公诉机关指控的犯罪事实属实，且证据确凿，有证人证言、物证书证、鉴定结论等证据证实。

本院认为，被告人黄×违反《中华人民共和国道路交通安全法》，驾驶机动车遇险采取措施不及碰撞行人，致一人死亡，负事故主要责任，其行为已构成交通肇事罪。案发后，被告人黄×能自动投案，如实供述自己的罪行，是自首，依法可以从轻处罚。被告人能与被害人家属达成赔偿协议，并补偿了被害人家属的经济损失65 000元，并取得谅解，对其可酌情从轻处罚。公诉机关建议对被告人黄×在有期徒刑六个月至一年六个月幅度内处刑的量刑意见适当，予以采纳。被告人对该量刑建议亦无意见。据此，依照《中华人民共和国刑法》第一百三十三条、第六十七条第一款、第七十二条第一款和《最高人民法院关于审理交通肇事刑事案件具体应用法律若干问题的解释》第二条第一款第（一）项的规定，判决如下：

被告人黄×犯交通肇事罪，判处有期徒刑十个月，缓刑一年三个月。

（缓刑的考验期限从判决确定之日起计算）。

如不服本判决，可在接到判决书的第二日起十日内，通过本院或者直接向××市中级人民法院提出上诉。书面上诉的，应当提交上诉状正本一份，副本二份。

审判员　×××

二〇一二年十一月十二日

（院印）

本件与原本核对无异

书记员　×××

【简析】

该判决书在内容和形式上均存在缺陷。

在事实部分，存在下列两方面不足之处：

首先，判决书的事实部分并未提及辩方意见。事实部分应该包括三个方面的内容：人民检察院指控被告人犯罪的事实和证据，被告人的供述、辩解和辩护人的辩护意见，法庭经审理认定的事实、情节和证据。该判决书在事实部分并未提及辩方的意见，仅表述了公诉机关指控的事实与证据，不但是内容上的缺失，而且并未彰显控辩式诉讼模式的特点，可能会对判决的公正性造成影响。

其次，对法院认定的事实、情节和证据没有进行充分论证。一方面，判决书简单列举的是法院认定的法定证据种类，而没有说明本案认定的具体证据；另一方面，判决书缺乏对主要证据的分析和论证，来据以说明认定的事实准确无误。缺失了这部分论述，判决书中的事实认定就缺乏依据。

除了上述两方面内容上的缺陷外，该判决书在形式上也存在瑕疵。本案是合议庭审判而非独任审判，因此在判决书的尾部应该载明合议庭组成人员的署名，如“审判长×××”、“审判员×××”或者“人民陪审员×××”。

【修改文】

××省××市人民法院
刑事判决书

（2012）×刑初字第1002号

公诉机关：××市人民检察院。

被告人：黄×，男，1970年2月出生于福建省××市，汉族，初中文化，农民，住××市××镇。因涉嫌犯交通肇事罪，于2011年12月31日被刑事拘留，2012年1月6日变更为取保候审。

××市人民检察院以×检公刑诉（2012）1192号起诉书指控被告人黄×犯交通肇事罪，于2012年10月26日向本院提起公诉。本院受理后，依法组成合议庭，公开开庭审理了本案。××市人民检察院检察员刘××、被告人黄×及其辩护人章×到庭参加了诉讼。现已审理终结。

2011年12月31日6时许，被告人黄×驾驶闽×××号轻仓栅式货车沿国道福昆线从漳州方向往××镇方向行驶至国道福昆线305KM＋800M处，因遇险采取措施不及，碰撞到由路左往路右横过公路的行人郭××，造成郭××当场死亡及货车局部损坏的重大交通事故。被告人黄×于案发现场向××市公安局交通管理大队民警投案。经××市公安局交通管理大队事故责任认定：黄×应负事故的主要责任，郭××负事故的次要责任。……（概括基本案情。）

公诉机关指控：……

被告人辩称：……

经审理查明：……

以上事实，有下列经庭审举证、质证的证据证明，本院予以确认：

1. 证人证言：……

2. 物证：……

3. 书证：……

4. 鉴定结论：……

本院认为，被告人黄×违反《中华人民共和国道路交通安全法》，驾驶机动车遇险采取措施不及碰撞行人，致一人死亡，负事故主要责任，其行为已构成交通肇事罪。案发后，被告人黄×能自动投案，如实供述自己的罪行，是自首，依法可以从轻处罚。被告人能与被害人家属达成赔偿协议，补偿了被害人家属的经济损失 65 000 元，并取得谅解，对其可酌情从轻处罚。公诉机关建议对被告人黄×在有期徒刑六个月至一年六个月幅度内处刑的量刑意见适当，予以采纳。被告人对该量刑建议亦无意见。据此，依照《中华人民共和国刑法》第一百三十三条、第六十七条第一款、第七十二条第一款和最高人民法院《关于审理交通肇事刑事案件具体应用法律若干问题的解释》第二条第一款第（一）项的规定，判决如下：

被告人黄×犯交通肇事罪，判处有期徒刑十个月，缓刑一年三个月。

（缓刑的考验期限从判决确定之日起计算。）

如不服本判决，可在接到判决书的第二日起十日内，通过本院或者直接向××市中级人民法院提出上诉。书面上诉的，应当提交上诉状正本一份，副本二份。

审判长　×××

审判员　×××

人民陪审员　×××

二〇一二年十一月十二日

（院印）

本件与原本核对无异

书记员　×××

范文评析

【例文 1】

北京市海淀区人民法院
刑事判决书

（2003）海法刑初字第 2343 号

公诉机关：××市海淀区人民检察院。

被告人：王××，男，1973 年 1 月 26 日出生，汉族，出生地：陕西省××县，大学文化程度，原系××亿维视数字技术有限公司职员，现暂住北京市西城区××路×号西×门×室，户籍地为天津市××区××街××公司集体宿舍。因涉嫌犯侵犯著作权罪，于 2003 年 3 月 12 日被羁押，同年 4 月 18 日被逮捕，现押于北京市海淀区看守所。

辩护人：肖××，北京市××律师事务所律师。

辩护人：赵××，北京市××律师事务所律师。

被告人：赵×，男，1977 年 10 月 15 日出生，汉族，出生地：山东省××市，大学文化程度，原系××亿维视数字技术有限公司职员，现住北京市丰台区××部甲×楼×单元×号，户籍地为北京市海淀区××派出所××路×号×栋×层×号。因涉嫌犯侵犯著作权罪，于 2003 年 3 月 12 日被羁押，同年 4 月 18 日被逮捕，现押于北京市海淀区看守所。

辩护人：张×，北京市××律师事务所律师。

北京市海淀区人民检察院以（2003）京海检经诉字第 621 号起诉书指控被告人王××、赵×犯侵犯著作权罪，向本院提起公诉，本院于 2003 年 11 月 3 日立案，并依法组成合议庭，公开开庭审理了本案。

北京市海淀区人民检察院指派代理检察员王×出庭支持公诉，被告人王××及其辩护人肖××、赵××，被告人赵×及其辩护人张×到庭参加诉讼。现已审理终结。北京市海淀区人民检察院起诉书指控，2002 年 3 月，被告人王××伙同被告人赵×从××雷石世纪数字技术有限公司辞职后，密谋做盗版软件生意。自 2002 年 3 月至 2003 年 1 月间，二被告人以营利为目的，在未经版权方××雷石世纪数字技术有限公司许可的情况下，非法盗取该公司享有版权的“雷石 KTV 宽带服务系统”软件，经复制后向西安××电子科技发展有限公司、杭州××数字科技有限公司、××伍俱娱乐城、××时尚街区餐饮有限公司、××金宇泰科贸有限公司等七家公司销售该软件复制品，违法所得额为人民币 247 000元。2003 年 3 月 12 日，被告人王××、赵×被抓获。

针对上述指控，公诉机关提供了相关证据材料，认为被告人王××、赵×的行为触犯了《中华人民共和国刑法》第二百一十七条之规定，构成侵犯著作权罪，提请本案对其给予刑事处罚。

被告人王××对检察院指控的部分事实提出异议，辩称在出售给××时尚街区餐饮有限公司等七家单位的软件中，确实有雷石公司的软件，但也有自己与赵×共同开发的软件，该软件著作权应属其本人与赵×所有，因此检察院认定的违法所得数额与事实不符；其辩护人肖××、赵××的辩护意见为，被告人王××销售给西安××电子科技发展有限公司、杭州××数字科技有限公司、××金宇泰科贸有限公司的软件的复制的“雷石 KTV 点歌系统”软件[①]。因此，被告人王××违法所得数额应属于较大，而非巨大。建议

① 判决书原文如此。

法院对其从轻处罚，并宣缓刑。被告人赵×对检察院指控的部分事实提出异议，其辩护意见与王××基本相同；其辩护人张×的辩护意见为，被告人赵×销售自己与王××自主开发的软件并不构成犯罪，销售雷石公司软件的行为应考虑认定为侵犯商业秘密罪，且被告人赵×在共同犯罪中起次要作用，系从犯，建议法院对其从轻处罚。

经审理查明，被告人王××、赵×原系××雷石世纪数字技术有限公司职员，负责软件的开发工作。2002 年 3 月，二人从雷石公司辞职后，带走了雷石公司 KTV 点歌系统软件的源代码，欲继续从事该系统软件的开发和销售活动。2002 年 3 月至 2003 年 1 月间，二被告人以营利为目的，将“雷石 KTV 宽带服务系统”软件稍加修改后复制成安装盘，先后向西安××电子科技发展有限公司、杭州××数字科技有限公司、××伍俱娱乐城、××时尚街区餐饮有限公司、××金宇泰科贸有限公司等七家公司销售该软件复制品，违法所得额共计人民币 119 295 元。被告人王××、赵×于 2003 年 3 月 12 日被抓获。

上述事实，有检察机关提交，并经法庭质证、认证的下列证据在案为证：

1. 证人杨俊×（××时尚街区餐饮有限公司董事）的证言及销售合同、收据，证明 2003 年 1 月 12 日，其代表××时尚街区餐饮有限公司与王××签订了一份合同，由王××所在的亿维视公司提供一套 KTV 点歌系统软件，价格为人民币 75 000 元，另外还提供 84 台机顶盒。在合作过程中，赵×主要负责软件的安装、调试。由于软件还没有完全调试好，所以仅支付了机顶盒的货款，75 000 元的软件款尚未支付的事实。

2. 证人刘×（××伍俱娱乐城法人代表）的证言及销售合同、收据，证明 2002 年 10 月 31 日，××伍俱娱乐城与王××签订了一份合同，由王××、赵×所在的公司提供一套 KTV 点歌系统软件，价格为人民币 75 000 元，另外还提供 97 台机顶盒，总价款为人民币 302 950 元，现已支付王××、赵×人民币 195 500 元，其中点歌系统软件款为人民币 30 295 元的事实。

3. 证人张×（西安××电子科技发展有限公司法定代表人）的证言及交通银行太平洋卡存款单，证明 2002 年 3 月至 4 月间，其与王××联系 KTV 点歌系统软件，共付给王××软件货款人民币 22 000 元，在合作过程中，王××负责出面谈合作、谈价格、收款，赵×负责调试软件并升级的事实。

4. 证人郭×林（××金宇泰科贸有限公司经理）的证言、扣押物品清单，证明 2002 年 10 月间，其得知王××在做 EVOD 视频点歌系统软件，就找他谈合作，并先后从王××处购进了四套 EVOD 视频点歌系统软件，共支付货款 11 000 元的事实。

5. 证人徐×华（××市新时空数码科技有限公司经理）的证言及交通银行太平洋卡存款单，证明 2002 年 10 月至 11 月间，其所在公司向王××、赵×购买了 9 套××视频点歌系统软件，其中有 4 套是与机顶盒配套购进的，共支付软件货款为人民币 44 000 元，主要入到王××提供的太平洋卡上的事实。

6. 张×日（大连××酒店经理）的证言，证明2002年7月，该酒店购买了一套雷石公司的视频点歌系统软件，价格为8万余元，卖方的经办人是刘×，其没有从王××、赵×处购进过点歌系统软件的事实。

7. 李×峰（××金宇泰科贸有限公司经理）的证言，证明2002年12月间，王××给其打电话说，他在××注册成立了××亿维视数字技术有限公司，经营点歌系统软件，如果有业务可以找他合作。后其联系了两家单位，由王××寄来××点歌系统软件的安装盘和加密锁，其付给王××货款人民币12 000元，入到了王××的太平洋卡上的事实。

8. 王×（××雷石世纪数字技术有限公司法定代表人）的证言及计算机软件著作权登记证书等证明材料，证明雷石公司发现王××、赵×盗版该公司享有合法著作权的点歌系统软件并对外销售，遂向××市版权局报案，后又向公安机关报案的事实。

9. 张×芳（被告人王××之妻）的证言及××亿维视数字技术有限公司营业执照、股东名单，证明王××、赵×在2002年12月18日成立了××亿维视数字技术有限公司，由其担任法定代表人，股东是其与赵×的妻子常×航，但她们并不参与经营的事实。

10. 中国科学技术法学会华科知识产权司法鉴定中心司法鉴定书及所附鉴定专家组名单，证明鉴定人将惠普笔记本电脑（被告人赵×所有）中所载亿维视软件的源程序代码与雷石KTV宽带服务系统软件的源程序代码进行比对、分析，得出结论：亿维视（EVOD）软件的源代码与雷石KTV系统的源代码相同，大约80%的相似度，亿维视（EVOD）软件是在雷石KTV系统的基础上进行少量开发完成的。鉴定人将IBM笔记本电脑（被告人王××所有）中所载亿维视软件的源程序代码与雷石KTV宽带服务系统软件的源程序代码进行比对、分析，得出结论：两个软件所涉及的目录和文件、程序逻辑流程完全一致，有95%的代码内容完全一致。

11. 赃物照片，证明从王××、赵×处查获了雷石KTV点歌系统软件源代码的复制盘、安装盘，以及用于储存上述信息的两台笔记本电脑的事实。

12. 被告人王××持有的太平洋信用卡账单，证明王××、赵×销售盗版软件后的收款情况。

13. 抓获经过，证明2003年3月12日，公安机关接举报后，将被告人王××、赵×抓获的经过。

被告人王××、赵×及其辩护人主要对华科知识产权司法鉴定中心出具的司法鉴定书提出异议，王××、赵×认为其笔记本电脑中既存有雷石公司的软件，也有自己开发的软件；且该鉴定结论不能证明其所鉴定的软件即为销售给客户的软件。二被告人的辩护人认为，该司法鉴定书所鉴定的对象是二被告人笔记本电脑中载有的软件，并非实际销售给客户的软件，因此鉴定对象错误；且该鉴定结论只有鉴定组组长签字，没有所有鉴定人的签字，故认为该鉴定结论不科学，不能作为定案的依据。对其他控方证据没有提出实质性异议。

对于以上质证意见，法庭认为，计算机软件是指计算机程序及有关文档。我国《计算机软件保护条例》第三条规定，计算机程序是指为了得到某种结果而可以由计算机等具有信息处理能力的装置执行的代码化指令序列，或者可以被自动转换成代码化指令序列的符号化指令序列或者符号化语句序列。计算机程序包括源程序和目标程序。源程序是指用高级语言或汇编语言编写的程序；目标程序是指源程序经编译或解释加工以后，可以由计算机直接执行的程序。而文档则是用来描述程序内容、功能及使用方法的文字资料和图表。由此可见，对于任何计算机软件来说，源程序代码都是其最核心的内容。现控方证据已经清楚地证实，王××、赵×所谓自主开发的软件，实际上是在雷石 KTV 软件基础上进行少量改动而完成的，尽管二者的界面外观、局部功能有所不同，但源程序代码基本相同，可以确认亿维视软件是对雷石 KTV 软件的复制。而且，被告人王××、赵×一直供认其根据笔记本电脑中所储存的软件内容制作安装盘对外销售，尽管侦查机关没有对具体用户所安装的软件进行逐一鉴定，但依据现有证据足以认定王××、赵×所销售的亿维视软件均源自其笔记本电脑中所储存的源程序。故被告人及其辩护人对鉴定结论的实质要件所提出的异议，不能成立。另外，华科知识产权司法鉴定中心系经司法部批准设立，具有权威的鉴定资质；且参与鉴定的三位专家在鉴定书附件 2 的专家组名单上已经签字，该附件作为鉴定书的一部分已一并提交法庭，即应视为专家对鉴定结论的认可。故辩护人对司法鉴定书的形式要件所提出的异议，法庭不予支持。上述控方证据形式及来源合法，且内容相互印证，具有证明效力，本院予以确认。

本院认为，被告人王××、赵×以营利为目的，未经著作权人许可，复制发行其计算机软件，违法所得数额较大，其行为均已构成侵犯著作权罪，应予惩处。北京市海淀区人民检察院对被告人王××、赵×犯有侵犯著作权罪的指控罪名成立，但认定二被告人违法所得数额巨大证据不足。根据最高人民法院有关司法解释规定，违法所得额是指行为人的获利金额，而非销售金额。本案证据显示，被告人王××、赵×销售给××时尚街区餐饮有限公司、××伍俱娱乐城的软件，购货方尚未支付或完全支付货款，大连××酒店则明确证明软件不是从王××、赵×处购买，以上三套软件所涉及的金额共计人民币 127 705 元不应认定为王××、赵×的违法所得额。被告人王××、赵×及其辩护人对此提出的异议，本院予以采纳。但被告人王××、赵×及其辩护人关于本案存在其自主开发的软件，销售该软件不应认定为犯罪的意见，与权威部门所做出的鉴定结论不符，本院不予支持。在共同犯罪中，被告人王××、赵×均积极参与并从中获利，不存在主从犯问题。但鉴于被告人赵×在犯罪中所起作用略小于王××，对其在量刑时应有所体现。本院依照《中华人民共和国刑法》第二百一十七条第（一）项、第二十五条第一款、第五十三条、第六十四条之规定，判决如下：

一、被告人王××犯侵犯著作权罪，判处有期徒刑一年零六个月，罚金人民币5 000元

(刑期从本判决执行之日起计算。判决执行以前先行羁押的，羁押一日折抵刑期一日，即自2003年3月12日起至2004年9月11日止；罚金限自本判决生效之次日起三个月内缴纳)。

二、被告人赵×犯侵犯著作权罪，判处有期徒刑一年，罚金人民币3 000元（刑期从本判决执行之日起计算。判决执行以前先行羁押的，羁押一日折抵刑期一日，即自2003年3月12日起至2004年3月11日止；罚金限自本判决生效之次日起三个月内缴纳)。

三、继续向被告人王××、赵×追缴违法所得人民币119 295元，予以没收；扣押在案的IBM笔记本电脑1台、惠普笔记本电脑1台、电脑光盘20张、台式电脑主机1台、显示器1台、传真机1台、电视机1台、打印机1台、机顶盒13台、印章7枚、点歌键盘7个系与犯罪有关物品，予以没收。

如不服本判决，可在接到判决书的第二日起十日内，通过本院或者直接向北京市第一中级人民法院提出上诉。书面上诉的，应提交上诉状正本一份，副本二份。

审判长　×　×

人民陪审员　×　×

人民陪审员　×××

二〇〇四年二月二十七日

（院印）

本件与原本核对无异

书记员　×××

【简析】

本判决书写得较好，体现了改革刑事判决书制作的精神。

首先，在事实部分，分别写明了检察机关指控被告人犯罪的事实、被告人的辩解和辩护人的辩护意见以及法院经庭审查明、认定的事实及证据，使本案的整个案情一目了然。这是刑事判决书在叙述事实方法上的一大改革；而过去一般只写经法院查明、认定的事实，不写控辩双方的意见。这种改革体现了对当事人诉讼权利的尊重和人民法院公正裁判的形象，突出了控辩双方争议的焦点，有助于全面了解、掌握案情，从而为法院认定事实、分析证据和阐述理由打下基础，对提高办案质量有重要作用。

其次，在理由部分，针对控辩双方在认定事实上的分歧意见进行了分析论证。首先肯定检察机关对被告人犯罪事实、罪名指控成立，同时指出认定二被告违法所得数额证据不足不能成立。对被告人的辩解和辩护人的辩护意见的合理部分，包括被告人对违法所得数额提出的异议予以采纳，并据理批驳了根据不足的辩解和辩护意见。这就改变了过去在理由部分对控辩双方的意见哪些采纳和哪些不予采纳一般不予评判的态度。

本文书论证全面，针对性强，说理较充分，值得借鉴；而对证据的列举非常翔实，并进行了深入分析。

【例文 2】

××市中级人民法院
刑事附带民事判决书

（2004）×刑初字第 90 号

公诉机关：××市人民检察院。

附带民事诉讼原告人：刘×，男，1949 年 8 月 4 日出生，汉族，小学文化，农民，住下城区蒿坝村，系被害人刘×恒之父。

附带民事诉讼原告人：朱×，女，1954 年 3 月 5 日出生，汉族，小学文化，农民，住下城区蒿坝村，系被害人刘×恒之母。

诉讼代理人：金×，（浙江）××市景天律师事务所律师，代理权限：特别授权。

被告人：陶×，男，1987 年 11 月 18 日出生，汉族，小学文化，无业，住下城区家和村。因涉嫌故意杀人罪于 2004 年 7 月 6 日被（××市公安局下城区公安分局）刑事拘留，同年 7 月 16 日经下城区人民检察院批准，××市公安局下城区公安分局执行逮捕，现羁押于××市下城区看守所。

辩护人：林×，××市夏天律师事务所律师。

附带民事诉讼被告人：陶××，男，1967 年 2 月 9 日出生，汉族，小学文化，农民，住下城区武易村，系被告人陶×之父。

××市人民检察院以×检刑诉（2004）88 号起诉书指控被告人陶×犯故意杀人罪，于 2004 年 10 月 11 日向本院提起公诉。在诉讼过程中，附带民事诉讼原告人刘×、朱×向本院提起附带民事诉讼。本院依法组成合议庭，因被告人系未成年人，不公开开庭进行了合并审理。××市人民检察院指派检察员王×出庭支持公诉，附带民事诉讼原告人刘×、朱×及其委托代理人金×、附带民事诉讼被告人陶××、辩护人林×、证人王×和俞×、鉴定人孙×等到庭参加诉讼。现已审理终结。

××市人民检察院指控，2004 年 7 月 5 日上午 10 时许，被告人陶×在下城区××游戏机房因与被害人刘×恒言语不合发生争执，刘动手扼住陶的颈部被人劝止。为报复刘，陶纠集俞×赶至天目饭店找刘交涉并动手殴打了刘。陶、刘二人开始互殴，陶自感吃亏，即冲进店内厨房取来剪刀一把，朝刘胸部猛刺，致刘心脏破裂失血性休克死亡。当晚 11 时许，被告人陶×向公安机关投案。

对指控的事实，公诉机关向法庭提供的证据有：

1. 被告人陶×的供述和辩解；

2. 尸体检验报告；

3. 现场勘查笔录及照片；

4. 证人俞×等人的证言；

5. 剪刀一把等。

公诉机关认为，被告人陶×以报复为目的，拿剪刀朝被害人刘×恒胸部猛刺，故意非法剥夺他人生命，手段残忍，情节恶劣，其行为已触犯了《中华人民共和国刑法》第二百三十二条之规定，应当以故意杀人罪追究其刑事责任，请求本院依法判处。

附带民事诉讼原告人诉称，由于陶×的犯罪行为，致使原告唯一的儿子刘×恒死亡，给其带来巨大的经济损失和精神损失。故请求判令被告人陶×赔偿丧葬费、交通费、死亡赔偿金等物质损失共计20万元和精神损失10万元。其向法庭提交了户籍材料、火葬证、丧葬费单据、交通费收条及收据、户口本等证据。

被告人陶×对起诉书指控的事实基本无异议，但提出系被害人先打人致其行凶，请求对其从轻处罚。被告人陶×的辩护人提出的辩护意见是，被告人陶×系未成年人，且有自首情节；被害人自身亦有过错；被告人陶×系初犯，认罪态度好，请求对其（被告人陶×）从轻处罚。

对附带民事诉讼部分，被告人陶×表示愿意赔偿，但其个人并无独立的个人财产可供赔偿。附带民事诉讼被告人陶××表示已经赔付附带民事诉讼原告人1.5万元，再无财产可供赔偿。

经审理查明，2004年7月5日上午10时许，被告人陶×在下城区××游戏机房因与被害人刘×恒在抢同一台机器时言语不合发生争执，刘率先动手扼住陶的颈部，但被同在游戏机房的王×劝止。为报复刘，陶纠集俞×于当日中午11时赶至天目饭店找刘交涉，并在交涉未果后动手殴打了刘，随后陶、刘二人开始互殴。陶自感吃亏，即冲进店内厨房取来剪刀一把，朝刘胸部猛刺三刀，最终致使刘心脏破裂失血性休克死亡。当晚11时许，被告人陶×主动向公安机关投案，如实供述自己的罪行。

以上事实，有下列经庭审举证、质证的证据证明，本院予以确认：

1. 剪刀一把，经被告人陶×辨认，系其作案时所用的凶器。

2. 被告人陶×的户口资料和身份证，证实其出生年月为1987年11月18日。

3. 现场勘查笔录及照片，证实天目饭店一楼大厅系中心现场，天目饭店厨房剪刀系本案凶器。

4. 接受刑事案件登记表，证实被告人陶×于2004年7月5日晚11时至××市公安局下城区分局投案。

5. 证人王×的证言，证实最初的殴斗乃由被害人刘×恒先动手。

6. 证人俞×的证言，证实被告人陶×以报复为目的，用剪刀杀害被害人刘×恒。

7. 尸体检验报告一份，证实被害人刘×恒系心脏破裂失血性休克死亡。

8. 被告人陶×的供述和辩解，证实其在被害人先出手伤人的情况下，用剪刀将其杀害。另查明，附带民事诉讼原告人刘×系被害人刘×恒之父，附带民事诉讼原告人朱×系被害人刘×恒之母，因刘×恒被害死亡产生丧葬、交通等费用。在诉讼过程中附带民事诉讼被告人陶××已赔付附带民事诉讼原告人1.5万元。

认定上述事实有经庭审质证予以确认的、附带民事诉讼原告人提交的户口材料、相关丧葬费用收据等证据为证，附带民事诉讼被告人及其法定代理人均无异议，足以认定，本院予以确认。对附带民事诉讼原告人举示的交通费收条及收据，合议庭认为，此运送尸体的收条和殡仪馆丧葬费中的汽车接送费均系丧葬费支出，不应作为交通费的证据，不予认定。

本院认为，被告人陶×以报复为目的，拿刀猛刺被害人刘×恒胸部的行为，非法剥夺他人生命，其行为已构成故意杀人罪，依法应予惩处。××市检察院指控被告人陶×犯故意杀人罪的事实清楚，证据确凿，指控罪名成立，本院予以支持。被告人陶×提出系被害人先打人致其行凶，请求从轻处罚的辩解和辩护人提出被告人陶×系未成年人，有自首情节，认罪态度好，而被害人自身亦有过错，请求对被告人从轻处罚的辩护意见，经查属实，予以采纳。由于被告人陶×的犯罪行为给附带民事诉讼原告人造成的经济损失，应予赔偿。因被告人陶×系未成年人，属限制民事行为能力人，其监护人即附带民事诉讼被告人陶××亦应承担民事赔偿责任。但赔偿费用应从被告人陶×本人财产中支付，不足部分由其监护人即附带民事诉讼被告人陶××承担。附带民事诉讼原告人刘×、朱×提出的丧葬费、死亡赔偿金的诉讼请求应予支持，依照相关规定该部分赔偿金额共计7万元。附带民事诉讼原告人提出交通费的诉讼请求，其所举示的交通费证据属丧葬费用的一部分，不予支持。附带民事诉讼原告人提出的精神抚慰金不是物质损失，不属附带民事诉讼赔偿范围，不予支持。依照《中华人民共和国刑法》第二百三十二条、第十七条第三款、第六十七条第一款、第三十六条第一款和《中华人民共和国民法通则》第一百一十九条、第一百三十三条以及《最高人民法院关于审理人身损害赔偿案件适用法律若干问题的解释》第十七条第三款、第二十二条、第二十七条之规定，判决如下：

一、被告人陶×犯故意杀人罪，判处十四年有期徒刑，剥夺政治权利二年（刑期从判决执行之日起计算。判决执行以前先行羁押的，羁押一日折抵刑期一日，即自二〇〇四年七月六日起至二〇一八年七月五日止）。

二、附带民事诉讼原告人刘×、朱×的经济损失共计人民币7万元，由被告人陶×和附带民事诉讼被告人陶××共同赔偿（已赔付1.5万元，余款5.5万元于判决生效后三年内付清）。

三、驳回附带民事诉讼原告人刘×、朱×的其他诉讼请求。

四、本案凶器剪刀一把予以没收。

如不服本判决，可在接到判决书的第二日起十日内，通过本院或者直接向浙江省高级人民法院提出上诉。书面上诉的，应当提交上诉状正本一份，副本二份。

审判长　×　×

审判员　×　×

审判员　×××

二〇〇四年十一月七日

（院印）

本件与原本核对无异

书记员　×××

【简析】

本判决书突出了刑事附带民事诉讼的特点：

第一，首部列了附带民事诉讼原告人，并写明原告人向法院提起了附带民事诉讼。

第二，事实部分叙述了附带民事诉讼原告人要求被告人赔偿经济损失的诉讼请求；既写明了经法庭查明的全部犯罪事实，又写明了由于被告人的犯罪行为使原告人遭受经济损失的事实和证据。

第三，理由部分首先论证被告人的行为已构成故意杀人罪，依法追究刑事责任，接着论证被告人的犯罪行为给原告人造成的经济损失应负的民事赔偿责任及其法律依据。

第四，判决结果，除对被告人定罪处刑外，还写明了附带民事诉讼部分如何解决。刑事附带民事诉讼不同于单纯的刑事诉讼，它要在刑事诉讼过程中依照民事诉讼程序附带解决民事赔偿问题，使原告人的合法权益及时得到保护。本判决书从首部、事实、理由到判决结果都完整地反映了刑事附带民事诉讼的特点；稍有不足之处，即在判决结果中未写明给付赔偿金额的具体日期。

特别提示

人民法院的第一审刑事判决书不但包括一审刑事有罪判决书，还包括一审刑事无罪判决书。一审刑事无罪判决书是指人民法院对于审理终结的案件，根据已经查明的案件事实，依照法律的规定，确认被告人的行为不构成犯罪，不应当追究其刑事责任，宣告被告人无罪所做的书面决定。

一审刑事无罪判决书的格式和项目与刑事有罪判决书基本相同，不同的只是正文部分的具体内容和写法。刑事无罪判决书的事实和理由部分，主要在于否定原来的控诉，因此，应当着重针对原控告写明所控罪行缺少证据或证据不能证明案件事实，或者被告人的行为不构成犯罪。在判决部分，应当写明被告人无罪，或驳回原告人之诉。

第二节 人民法院第二审刑事判决书

一、第二审刑事判决书的概念

第二审刑事判决书，是第二审人民法院根据当事人的上诉或者人民检察院的抗诉，依照《刑事诉讼法》规定的第二审程序，对第一审人民法院作出的尚未发生法律效力的判决或裁定进行审查后作出的书面决定。

《刑事诉讼法》第二百一十六条规定："被告人、自诉人和他们的法定代理人，不服地方各级人民法院第一审的判决、裁定，有权用书状或者口头向上一级人民法院上诉。被告人的辩护人和近亲属，经被告人同意，可以提出上诉。附带民事诉讼的当事人和他们的法定代理人，可以对地方各级人民法院第一审的判决、裁定中的附带民事诉讼部分，提出上诉。"《刑事诉讼法》第二百一十七条规定："地方各级人民检察院认为本级人民法院第一审的判决、裁定确有错误的时候，应当向上一级人民法院提出抗诉。"

第二审人民法院对上诉、抗诉案件，应当就第一审判决认定事实是否清楚、适用法律是否正确、诉讼程序是否合法，进行全面审查，不受上诉或者抗诉范围的限制，并依法做出判决或者裁定。第二审人民法院通过第二审刑事判决，可以及时有效地纠正第一审刑事判决可能发生的轻罪重判、重罪轻判，或者将无罪定为有罪、将有罪定为无罪等错误，从而有利于准确地惩罚犯罪分子，保证人民法院正确行使审判权，有效地保护被告人的合法权益，使无罪的人不受刑事处罚，轻罪的人不受重罚；有利于上级人民法院监督和指导下级人民法院的刑事审判工作，提高办案质量。

二、第二审刑事判决书的要素内容和制作方法

第二审刑事判决书的格式与第一审刑事判决书基本相同，但也有自己的特点。

（一）首部

（1）文书编号。在上项的右下方写"（年度）×刑终字第×号"。案号用"刑终字"，说明在第二审人民法院适用第二审程序作出的是终审的即发生法律效力的判决。用"刑上字"、"刑二字"、"刑复字"等都不太确切。

（2）抗诉人和上诉人的称谓及身份事项有以下几种情况：

其一，检察机关提出抗诉的，第一项写“抗诉机关”，第二项写“原审被告人”。

其二，公诉案件的被告人提出上诉的，第一项写“原公诉机关”；第二项写“上诉人”，并用括号注明是“原审被告人”。未成年的被告人的法定代理人或者指定代理人提出上诉的，第一项写“原公诉机关”；第二项写“上诉人”，并在姓名之后用括号注明其与被告人的关系；第三项写“原审被告人”。被告人的辩护人或者近亲属经过被告人同意提出上诉的，第一项写“原公诉机关”；第二项写“上诉人”，并用括号注明其与被告人的关系；第三项写“原审被告人”。

其三，自诉案件的自诉人提出上诉的，第一项写“上诉人（原审自诉人）”，第二项写“原审被告人”；被告人提出上诉的，第一项写“上诉人（原审被告人）”，第二项写“原审自诉人”；自诉人和被告人都提出上诉的，第一项写“上诉人（原审自诉人）”，第二项写“上诉人（原审被告人）”。自诉案件的当事人的法定代理人提出上诉的，第一项写“上诉人”，并用括号注明其与被代理人的关系；第二项写被代理人，如“原审自诉人”；第三项写“原审被告人”。

其四，共同犯罪案件的个别或者部分被告人提出上诉的，第一项写“原公诉机关”，第二项写“上诉人”，并用括号注明其在原审中的诉讼地位；没有提出上诉的，在第三项写“原审被告人”，以便二审对全案进行审查，一并处理。

其五，人民检察院和当事人同时提出抗诉和上诉的，根据最高人民法院的司法解释，应按抗诉程序进行审理。因此第一项写“抗诉机关”，第二项写“上诉人”。

其六，附带民事诉讼的当事人提出上诉的，第一项写“上诉人”，第二项写“被上诉人”，即对方当事人，并分别在括号内注明其在原审中的诉讼地位。附带民事诉讼当事人的法定代理人提出上诉的，与自诉案件当事人的法定代理人的书写相同。

上列当事人的身份事项和被拘留、逮捕日期，与第一审刑事判决书的书写相同。

（3）辩护人的称谓和身份事项，与第一审刑事判决书的书写相同。无辩护人的，此项不写。

（4）写明案件来源、一审处理结果、提出上诉或者抗诉的主要理由。具体可写为：“××人民法院审理被告人×××（姓名）××（案由）一案，于×年×月×日作出（年度）×刑初字第×号刑事判决。认定×××犯××罪，判处××刑罚。被告人×××不服，提出上诉。（如系被告人×××的辩护人或者近亲属提出上诉的，则写为：‘经被告人同意，上诉人×××不服原判，向本院提出上诉。’如系检察机关提出抗诉的，可写为：‘××人民检察院不同意原判，向本院提出抗诉。’）本院依法组成合议庭，公开（或者不公开）开庭审理了本案。××人民检察院检察长（员）×××（姓名）出庭支持公诉（如未出庭，此项不写；如系抗诉案件，则应表述为‘出庭支持抗诉’），上诉人（或者原审被告人）×××及其辩护人×××、证人×××等到庭参加诉讼。本案现已审理终结。（未开庭的，写为：‘本院依法组成合议庭审理了本案，现已审理终结。’）”

（二） 事实

首先概述原判决的基本内容，写明上诉（或者抗诉）的主要理由和辩护的主要意见，以及检察院在二审中提出的新意见。依照《刑事诉讼法》第二百二十五条第（二）项和第（三）项的规定，二审改判都涉及一审认定的事实：或者原判决认定事实没有错误，但适用法律有错误或者量刑不当；或者原判决认定事实不清，证据不足。因此，第二审刑事判决书中事实的叙述，与第一审刑事判决书在要求和侧重点上都有所不同。既要针对上诉或者抗诉的主要理由重点进行叙述，又不要受上诉或者抗诉范围的限制。在叙述方法上，要区别案件的不同情况，采取不同的写法，做到突出重点，详略适当。

（1）上诉或者抗诉对原判决认定的事实没有提出异议，二审经审查也确认原判决认定的事实没有错误的，事实部分可以概括叙述。

（2）上诉或者抗诉对原判决认定的事实全部否认的，应针对上诉或者抗诉的主要理由，用二审查证核实的证据材料，逐一写明案件事实，提出认定或者否定原判决事实的根据和理由。

（3）上诉或者抗诉认为原判决认定的事实有部分不符的，二审应就没有争议的事实略述，有争议的事实详述，并针对上诉人或者抗诉人提出的否定这些事实的根据，阐明观点，说明理由。

（三） 理由

二审判决应对原判决是否正确，上诉或者抗诉是否合理，进行分析、论证。对上诉或者抗诉有理的应支持，无理的应批驳；原审判决正确的应维持，不正确的应纠正，并指出错误或者不当之处，实事求是地作出令人信服的结论。

（1）对于原判决认定事实没有错误，但适用法律确有错误，或者量刑不当，上诉或者抗诉有理的，应当依法写明原判决的不当之处及其改判的理由。

（2）对于原判决认定事实不清或者证据不足，上诉或者抗诉有理的，应写明原判决哪些事实不清（是部分还是全部）、证据不足，以及改判的根据和理由。

（3）对于原判决认定事实和适用法律均不当的，则应充分说明否定原判的根据和理由。改判的案件，除应阐明改判的根据和理由外，还要写明改判所依据的法律条文，即分别引用《刑事诉讼法》和《刑法》的有关条文，作为改判的法律依据；在顺序上，要先引用程序法，再引用实体法。

总之，针对性强，有的放矢，是第二审刑事判决书的特点。即应重点针对一审判决在认定事实或者适用法律上的错误，以及上诉、抗诉的意见和理由，进行充分论证。同时，应注意避免文字上不必要的重复。

（四） 判决结果

《刑事诉讼法》第二百二十五条第（二）项和第（三）项规定，第二审人民法院对不服第一审判决的上诉、抗诉案件，经过审理后，应当按照下列情形分别处理：“原判决认定事实没有错误，但适用法律有错误，或者量刑不当的，应当改判”；“原判决事实不清楚或者证据不足的，可以在查清事实后改判；也可以裁定撤销原判，发回原审人民法院重新审判”。从审判实践看，属于第二种情况需要变更原判决的，主要是：混淆罪与非罪的界限；混淆此罪与彼罪的界限；应按一罪处罚而按数罪并罚，或者相反，应按数罪并罚而按一罪处罚；量刑不当；具有法定从轻、减轻、免除处罚或者从重、加重处罚情节，原审法院没有考虑，等等。依照法律规定和审判实践经验，第二审刑事判决书的主文有三种情况，在书写上必须准确、完整。

(1) 原判决认定事实没有错误，但适用法律有错误，或者量刑不当的，应当改判。

第一，全部改判的，首先要撤销原审法院的判决，然后分两行写明改判的内容。可写为：“一、撤销××人民法院（年度）×刑初字第×号刑事判决；二、上诉人（原审被告人）×××________________（写明改判的内容）。”

第二，部分改判的，应分三行具体写明维持原判的哪一项、撤销原判的哪一项以及如何改判。可写为：“一、维持××人民法院（年度）×刑初字第×号刑事判决第×项（写明维持的具体内容）；二、撤销××人民法院（年度）×刑初字第×号刑事判决第×项（写明撤销的具体内容）；三、上诉人（原审被告人）×××________________（写明部分改判的内容）。”

在共同犯罪案件中，确认原判对部分被告人定罪处刑正确，对某一被告人或者部分被告人定罪处刑不当的，改判时，同样应当维持原判正确的部分，撤销原判不正确的部分，再相应予以改判。

(2) 原判决事实不清楚或者证据不足的，可以在查清事实后由第二审人民法院直接改判。可写为：“一、撤销××人民法院（年度）×刑初字第×号刑事判决；二、上诉人（原审被告人）×××________________（写明改判的内容）。”

(3) 原判决认定事实、性质（罪名）和适用法律均不当，原审被告人无罪的，应当撤销原判，宣告上诉人无罪。可写为：“一、撤销××人民法院（年度）×刑初字第×号刑事判决；二、上诉人（原审被告人）×××（姓名）无罪。”

（五）尾部

(1) 在判决结果的左下方，另起一行写明“本判决为终审判决”，没有必要加上“不准上诉”或者“当事人不得上诉”的字样。

第一，过去有适用法律类推定罪判刑的案件，一般在“本判决为终审判决”之后，续写：“由本院依法报请最高人民法院核准以后发生法律效力。”现在新《刑法》已将类推取消。

第二，本判决书的制作机关如果是高级人民法院（含解放军军事法院），改判的主文中有判处死刑的被告人的，如果属于最高人民法院未授权高级人民法院核准部分的，应在“本判决为终审判决”之后，续写“由本院依法报送最高人民法院核准以后发生法律效力”；如果属于最高人民法院已授权高级人民法院核准部分的，则应另起一行续写：“根据最高人民法院关于授权高级人民法院核准中级人民法院判处死刑缓期二年执行案件的规定，本判决并为核准以××罪判处被告人×××死刑，剥夺政治权利终身的判决。”

第三，本判决书的制作机关如果是最高人民法院或者高级人民法院，改判的主文中有判处死刑或者死刑缓期二年执行的被告人的，根据《刑法》第四十八条第二款的规定，只写“本判决为终审判决”即可，不需要再写“核准________________”的字句。

(2) 在上项的右下方，由合议庭组成人员署名。依照《刑事诉讼法》第一百七十八条关于“人民法院审判上诉和抗诉案件，由审判员三人至五人组成合议庭进行”的规定，应当由参加合议庭的审判员（或者代理审判员），按审判长、审判员的顺序分别署名；不发生由人民陪审员陪审和独任审判的情况。

尾部其他各项的书写，与第一审刑事判决书相同。

三、第二审刑事判决书的写作格式

【格式1】

××××人民法院
刑事判决书

（二审改判用）

（年度）×刑终字第×号

原公诉机关：××××人民检察院。

上诉人（原审被告人）：________________（写明姓名、性别、出生年月日、民族、籍贯、职业或工作单位和职务、住址，以及因本案所受强制措施情况等，现在何处）。

辩护人：________________（写明姓名、性别、工作单位和职务）。

××××人民法院审理被告人×××________________（写明案由）一案，于×年×月×日作出（年度）×刑初字第×号刑事判决。被告人×××不服，提出上诉。本院依法组成合议庭，公开（或不公开）开庭审理了本案。××××人民检察院检察长（或员）×××出庭支持公诉，上诉人（原审被告人）×××及其辩护人×××、证人×××等到庭参加诉讼。本案现已审理终结。（未开庭的改为：“本院依法组成合议庭审理了本案，现已审理终结。”）

________________（首先概述原判决的基本内容，其次写明上诉、辩护的主要意见，再次写明检察院在二审中提出的新意见）。

经审理查明，________________（写明原判决认定的事实、情节，哪些是正确的或者全部是正确的，通过分析主要证据加以确认；哪些是错误的或者全部是错误的，否定的理由有哪些。如果上诉、辩护等对事实、情节提出异议，应予重点分析答复)。

本院认为，＿＿＿＿＿＿＿＿＿＿［根据二审确认的事实、情节和有关法律规定，论证原审被告人是否犯罪，犯什么罪（一案多人的还应分清各被告人的地位、作用和刑事责任)，应否从宽或从严处理。指出原判决的定罪量刑哪些正确、哪些错误，或者全部错误。对于上诉、辩护中关于适用法律、定罪量刑方面的意见和理由，应当有分析地表示采纳或者予以批驳］。依照＿＿＿＿＿＿＿＿＿＿（写明判决所依据的法律条款项）的规定，判决如下：

＿＿＿＿＿＿＿＿＿＿［写明判决结果。分两种情况：

第一，全部改判的，表述为：

“一、撤销××××人民法院（年度）×刑初字第×号刑事判决；

“二、上诉人（原审被告人）×××＿＿＿＿＿＿＿＿＿＿（写明改判的内容)。”

第二，部分改判的，表述为：

“一、维持××××人民法院（年度）×刑初字第×号刑事判决的第×项，即＿＿＿＿＿＿＿＿＿＿（写明维持的具体内容)；

“二、撤销××××人民法院（年度）×刑初字第×号刑事判决的第×项，即＿＿＿＿＿＿＿＿＿＿（写明撤销的具体内容)；

“三、上诉人（原审被告人）×××＿＿＿＿＿＿＿＿＿＿（写明部分改判的内容)。”］

本判决为终审判决。

审判长　×××

审判员　×××

审判员　×××

×年×月×日

（院印）

本件与原本核对无异

书记员　×××

【格式2】

××××人民法院
刑事附带民事判决书

（二审改判用）

（年度）×刑终字第×号

上诉人（原审被告人)：＿＿＿＿＿＿＿＿＿＿（写明姓名、性别、出生年月日、民族、籍贯、职业或工作单位和职务、住址等)。

辩护人：____________________（写明姓名、性别、工作单位和职务）。

原审自诉人兼附带民事诉讼原告人：____________________（写明姓名、性别、出生年月日、民族、籍贯、职业或工作单位和职务、住址等）。

委托代理人：____________________（写明姓名、性别、工作单位和职务）。

××××人民法院审理自诉人兼附带民事诉讼原告人×××控诉被告人×××____________________（写明案由）一案，于×年×月×日作出（年度）×刑初字第×号刑事附带民事判决。被告人×××对判决的刑事部分和附带民事部分均不服，提出上诉。本院依法组成合议庭，公开（或不公开）开庭审理了本案。上诉人（原审被告人）×××及其辩护人×××、原审自诉人兼附带民事诉讼原告人×××及其委托代理人×××、证人×××等到庭参加诉讼。本案现已审理终结。（未开庭的改为："本院依法组成合议庭审理了本案，现已审理终结。"）

____________________（首先概述原判决的基本内容，其次写明上诉、辩护的主要意见）。

经审理查明，____________________（写明原判决认定的犯罪事实和造成被害人经济损失的情况，哪些是正确的或者全部是正确的，有哪些证据足以证明；哪些是错误的或者全部是错误的，否定的理由有哪些。如果上诉、辩护对事实、情况提出异议，应予重点分析答复）。

本院认为，____________________[根据二审确认的事实、情节和有关法律规定，论证被告人是否犯罪，犯什么罪，对被害人的经济损失应否负责赔偿（一案多人的还应分清各被告人的地位、作用及其刑事和民事责任），应否从宽或者从严处理。指出原判决的定罪量刑和赔偿经济损失哪些正确、哪些错误，或者全部错误。对于上诉、辩护中关于适用法律、定罪量刑和赔偿经济损失方面的意见和理由，应当有分析地表示采纳或者予以批驳]。依照____________________（写明判决所依据的法律条款项）的规定，判决如下：

____________________[写明判决结果。分两种情况：

第一，全部改判的，表述为：

"一、撤销××××人民法院（年度）×刑初字第×号刑事附带民事判决；

"二、上诉人（原审被告人）×××____________________（写明改判的刑事和附带民事的内容）。"

第二，部分改判的，表述为：

"一、维持××××人民法院（年度）×刑初字第×号刑事附带民事判决的第×项，即____________________（写明维持的具体内容）；

"二、撤销××××人民法院（年度）×刑初字第×号刑事附带民事判决的第×项，即____________________（写明撤销的具体内容）；

"三、上诉人（原审被告人）×××____________________（写明部分改判的刑事附带民事的内容）。"]

本判决为终审判决。

审判长　×××
审判员　×××
审判员　×××
×年×月×日
（院印）

本件与原本核对无异

书记员　×××

病文诊疗

【原文】

北京市高级人民法院
刑事判决书

（2010）高刑终字第 684 号

原公诉机关：北京市人民检察院第一分院。

上诉人（原审被告人）：赵××（曾用名：赵×贺）。因涉嫌犯故意伤害罪于 2010 年 4 月 8 日被羁押，同年 5 月 14 日被逮捕；现羁押在北京市第一看守所。

辩护人：郭××。

辩护人：赵×，河北辅仁律师事务所律师。

北京市第一中级人民法院审理北京市人民检察院第一分院指控原审被告人赵××犯故意伤害罪一案，于 2010 年 11 月 5 日作出（2010）一中少刑初字第 2793 号刑事判决。在法定期限内，原审被告人赵××不服，提出上诉。本院依法组成合议庭，公开开庭审理了本案。北京市人民检察院指派检察员靳××出庭履行职务。上诉人赵××及其辩护人郭××、赵×到庭参加诉讼。本案现已审理终结。

北京市第一中级人民法院刑事判决认定：

赵××于 2010 年 4 月 8 日 8 时许，在本市大兴区长子营镇××西星家具厂内，因琐事与程××（男，殁年 16 岁）发生口角并互殴。其间，赵××手持随身携带的螺丝刀刺中程的左颞部，致程××颅脑损伤死亡。赵××作案后被抓获归案。

北京市第一中级人民法院认定上述事实的证据有：

1. 证人史×证明：2010 年 4 月 8 日 8 时许，史×到喷漆房上班，看到赵××和程××两个人抱在一块儿打架，嘴里还互相骂对方，史就过去把他们两个人拉开。之后两人还互相对骂，史看见赵××手里拿着一把螺丝刀，程××手里什么都没拿，史就往外推赵××，结果赵××挣脱开史，又过去和程××打起来，史又过去拉架，当时史看见他们两人抱打在一起，赵××手里拿着一把螺丝刀，没打两下程××就倒地了，赵××转身出门。史看见程××倒在地上头流血，以为是撞的，就出去找人报告老板，然后就有人报警了。到医院后，史才知道程××是被螺丝刀扎的头部，因为是扎伤，史想应该是被赵××用螺丝刀扎的。

2. 证人李××证明：2010年4月8日早上，李××在厂子里开会的时候，赵××和程××都站在李后面，他俩就互相骂了几句，李没听清。后来开完会，李带着赵××去了车间，过了一会儿那个叫“什么东”的喷漆工去了喷漆房，李没注意赵××什么时候离开了，后来史×就出来叫李说打架了。被打的喷漆工头部出血，没看出哪儿伤，到医院后才知道是伤在左侧太阳穴位置了。

3. 证人赵×红证明：2010年4月8日8时30分许，赵×红正在板式车间门口干活，看见赵××从实木车间走出来，并且向宿舍方向去了。没一会儿，后来死的那个小伙子就被人从实木车间里抬了出来。单位的车把受伤的人送医院后，赵×红和另外一个老乡去赵××的宿舍找赵，进宿舍后，看见赵××正在屋里待着，就问赵××是怎么回事，赵××说是自己扎的人，赵×红就让赵××赶紧给其父亲打电话，之后赵××就给家里打电话，对家里人讲在单位和人打架了，把人扎了，并让家里人赶紧来厂子，赵打完电话后，赵×红和另一个老乡就出来干活去了，到中午才知道赵××被警察带走了。

4. 证人王×民证明：2010年4月8日8时10分许，王×民正在市里办事时，接到单位前台打来电话说公司有两名工人打架，并且有人受伤，王马上又和车间主任取得联系，得知车间主任已经安排车辆将受伤工人送往××医院救治，接着王又拨打了报警电话。

5. 证人郭路×证明：2010年4月8日那天许×是早上6时接的班，郭路×是不到9时去接的班。刚接班没多长时间，保安队就打电话说单位里有人打架，别让人跑了，于是他们检查进出口的人员，这时，他们负责前台接待的人员把一张身份证复印件给送过来，说这个人就是打架伤人的男子，他们知道了这个人的相貌。约9时30分许，他们发现有一个人从职工宿舍方向走过来，看上去是向单位大门过来的，他们一看照片，就是打人的叫赵××的这个人，当这个人走到办公大楼的南侧时，郭路×和许×就出来把这个人控制住了，把这个人带到了门卫室等着领导来处理，过了一会儿，警察就来了，把这个叫赵××的人带走了。赵××当时没对他们说什么，他们把赵带进门卫室后，赵就在屋里站着打电话，像是给赵的家人打的，那意思是说赵把人打了，单位不让赵走。

6. 证人赵占×证明：2010年4月8日8时许，赵××给赵占×打电话说其和别人打架，把对方给扎了，流了不少血，让他过去看看，拿钱给对方看病。到了当天下午，赵占×就从老家来北京，这时，赵××已经被公安局给带走了。赵××只给他打过一次电话。

7. 证人朱长×证明：朱长×是大兴区××医院急诊室外科医生。2010年4月8日8时39分，程××被送到他们医院。刚被送来的时候程××呈昏迷状态，左颞侧有一处皮裂伤，经过CT观察，该创口约20厘米，颅内贯通伤，颅内出血，刚来的时候有呼吸，经过抢救，该人在当天中午12时40分停止呼吸，心跳停止，宣布临床死亡。

8. 北京市公安局大兴分局物证鉴定所出具的京大公物证鉴（病理）字（2010）第90号《法医学尸体检验鉴定书》及尸体检验照片证明：死者程××左颞部可见头皮创口一处，创口长0.8厘米，创道深达颅腔，创口周围伴有头皮下血肿，枕部可见头皮下出血，额顶部正中可见皮肤擦伤多处。鉴定结论：程××符合被他人用锐器（改锥类）刺击头部致颅脑损伤死亡。

9. 北京市公安局法医检验鉴定中心出具的京公法物证字（2010）第FY1001063-WZ1011号《法医物证鉴定书》证明：在排除同卵双胞胎和其他外源性干扰的前提下，支持送检U（死者指甲2脱落细胞）、13（赵××指甲2脱落细胞）号检材为赵××所留；支持送检03-06（死者右手上血迹、裤子、外衣、毛衣上血迹）、08-10（现场血迹1、血迹2、死者指甲1脱落细胞）、14（改锥上血迹）号检材为程××所留。

10. 北京市公安局法医检验鉴定中心出具的京公法物证字（2010）第FY1004338-WZ1077号《法医物证鉴定书》证明：在排除同卵双胞胎和近亲的前提下，程×民、申×霞是程××的生物学父母亲，在上述基因座中，从遗传学角度已经得到了科学合理的确信。

11. 北京市公安局大兴分局物证鉴定所出具的京大公物证鉴（临床）字（2010）第746号《法医学人体损伤程度鉴定书》鉴定结论证明：赵××左侧面颊部、颈部左侧、颈部右侧可见皮肤擦挫伤，其身体所受损伤程度属轻微伤。

12. 北京市公安局大兴分局刑侦支队出具的《现场勘验检查笔录》及现场照片证明：案发现场位于北京市大兴区长子营镇××西星家具厂。中心现场在北侧厂房内西南部的"底漆喷漆房"，"底漆喷漆房"内分为东西两个房间，在西侧房间内地面中部有一处血泊，血泊西侧有滴落血迹。血迹已由法医提取。

13. 北京市公安局大兴分局大兴分局刑侦支队出具的物证照片证明：作案工具螺丝刀（刀尖处有血迹）一把的特征。

14. ××西星家具厂出具的《证明》证明：赵××系该厂工人，在工作期间无违纪行为，表现良好。

15. 清苑县公安局望亭派出所出具的《户籍证明信》证明：赵××系1980年2月1日出生。

16. 北京市公安局大兴分局长子营派出所出具的《长子营派出所接报警记录》证明：2010年4月8日9时5分，大兴区长子营镇××西星家具厂职工王×民报警称赵××与程××打架的情况。

17. 北京市公安局大兴分局长子营派出所出具的《到案经过》证明：2010年4月8日9时许，大兴分局长子营派出所民警接王×民报警称，在长子营镇××西星家具厂有人打架。民警立即出警，在大兴区长子营镇××西星家具厂将赵××传唤至派出所。

18. 北京市公安局大兴分局长子营派出所出具的《工作说明》证明：2010年4月8日9时许，大兴分局长子营派出所民警接王×民报警称，在长子营镇××西星家具厂有人打架，民警接报后到达现场，赵××已经被该厂保安控制在厂门卫室内，后民警将其传唤至长子营派出所。

19. 北京市公安局大兴分局长子营派出所出具的《提取说明》证明：2010年4月8日9时许，大兴分局长子营派出所民警接到报警称：长子营镇××西星家具厂有人打架，民警立即赶到现场，在西星家具厂北侧厂房内烤漆房地面上平放着一把螺丝刀，民警将该把螺丝刀提取。

20. 赵××的供述：2010年2月份，赵××到××市大兴区长子营镇××西星家具厂实木车间工作。同年4月8日8时许，他们厂子在板式车间开例会，他们都站着，赵看见站在右边的一名男同事的头发是卷的，上面还有几根立着。就用手动了几下对方的头发，并说："你这头发还真好玩，还立着。"对方说："别没大没小的。"散会后他们就各自干活去了。8时30分许，赵从实木车间喷漆房外搬东西，看见开会时骂他的那个同事从喷漆房里出来，赵就对那人说："你开会时骂谁呢？"那人说："骂你呢。"赵放下手里搬着的东西也进了喷漆房，用左手抓住对方胸前的衣领，那人也用手抓住他的衣服，两个人厮打起来。那人用手抓赵的脸和脖子。史×过来把他们拉开了。那人又骂赵，赵就又和对方打了起来，打的时候，赵从右上衣兜里拿出平时干活用的一字螺丝刀，右手拿着螺丝刀，锥尖朝前正握着螺丝刀，接着用拿着螺丝刀的手抓住对方左侧肩膀，然后用左手横着打了对方脸部一下，在打对方的时候，那人头向左侧一歪，正好扎在赵右手拿的螺丝刀上，然后史×把他们给拉开了。赵拿着螺丝刀走出了喷漆房，往回走时，赵看到自己的右手上和螺丝刀上有血。后赵听到史×喊他："你扎着他了，他躺地下了。"赵就把螺丝刀扔地上了，又回到喷漆房，看见那男的倒在地上，头东脚西，面向南侧躺在地上，赵看了一眼就回宿舍了，在宿舍等了一会儿，从宿舍出来，往保安室那边走，快到保安室的时候，过来二三个保安让赵进保安室，赵进去待了一会儿，警察来了就把赵带走了。打架时赵把螺丝刀拿出来，就是想用螺丝刀吓唬对方，赵知道螺丝刀扎到人会把人扎伤，但当时确实没有想那么多。

21. 北京市公安局大兴分局预审处出具的《辨认笔录》证明：2010年6月24日10时许，在北京市看守所，在见证人铁××的见证下，犯罪嫌疑人赵××对侦查人员事先准备好的10张男性免冠照片进行辨认，经辨认其指出第9号照片中的男子就是与其发生口角并被螺丝刀扎的那个"小东子"。

根据上述事实及证据，北京市第一中级人民法院认为，赵××持械故意伤害他人身体，致人死亡，其行为已构成故意伤害罪，且后果严重，依法应予惩处。北京市人民检察院第一分院指控赵××犯故意伤害罪的事实清楚，证据确实、充分，指控罪名成立。鉴于赵××实施犯罪时不满十八周岁，系未成年人，其亲属积极赔偿被害人一方的经济损失，取得被害人一方的谅解，认罪态度较好，故依法对其从轻处罚。故认定赵××犯故意伤害罪，判处有期徒刑十二年。

赵××上诉提出：案发当天，赵×红和另外一个老乡一起到宿舍找赵××，让其给父亲打电话赶紧来厂子，赵×红之外的那个老乡还告诉其“厂子已经报警了”；其是在向家具厂保安部投案途中被保安员叫住的，属自动投案，且如实供述了罪行，应当认定为自首，原审判决认定事实不清。

赵××的辩护人的辩护意见：赵××系未成年人，作案后未逃匿，且能打电话告诉家人到单位解决问题，在已得知单位报警的情况下主动找到保安室，在保安人员未对其采取强制措施的情况下，能够坦承自己的犯罪行为，并在保安室主动滞留到民警赶来，其间没有任何抗拒行为，应当认定为自首；被害人的死亡后果并非赵××直接故意所追求的，且被害人对案发负有一定责任；赵××系初犯，主观恶性较小，有较好的悔罪表现，其亲属已就民事赔偿问题与被害人亲属达成调解协议并履行完毕。综上，原审判决量刑过重，建议对赵××减轻处罚，在法定刑以下量刑。

北京市人民检察院的出庭意见：原审判决定性准确，证据充分，量刑并无不当；赵××作案后，无论是在和他父亲的通话中，还是在保安室，都没有主动投案的言行表示；保安员在控制赵××之前已经持有赵××身份证复印件，即已有明确的犯罪嫌疑人目标；赵××在被抓时正向厂子大门外走，不符合“自动投案”的构成要件。综上，不应认定赵××自首，建议驳回赵××的上诉，维持原判。

一审法院在判决书中列举的认定本案事实的证据，已在一审法院开庭时当庭进行了举证、质证，本院对一审判决书所列证据予以确认，一审判决书认定赵××故意伤害的事实清楚，证据确实、充分。在本院审理期间，当庭宣读并出示了由公安机关调取的下列新证据：

1. 证人郭路×证明：在公安机关上一次向郭路×调取证言时，郭提到“把这个人控制住了”，这里的“控制”具体是指：当赵××走到办公大楼的南侧距保安室（也就是门卫室）15米远时，郭路×和许×就出来叫住这个人，大致意思是“不许出去，不许离开厂子”。然后，这个人就自己走进了保安室，并站着用手机打电话，打给谁、什么内容记不清了。大约10分钟后，厂子的魏经理和邓经理来了，魏经理骂了赵××。过了一会儿，警察就来把赵××带走了。

2. 证人赵×红证明：2010年4月8日8时30分许，赵×红正在板式车间门口干活，看见赵××从实木车间走出来，并且向宿舍方向去了。没一会儿，后来死的那个小伙子就被人从实木车间里抬了出来。单位的车把受伤的人送医院后，赵×红和老乡赵新×去赵××的宿舍找赵××，进宿舍后，看见赵××正在屋里待着，就问赵××是怎么回事，赵××说是自己扎的人，赵×红和赵新×就让赵××赶紧给赵的父亲打电话，之后赵××就给家里打电话，对家里人讲在单位和人打架了，把人扎了，并让家里人赶紧来厂子。赵××打完电话，赵×红和赵新×就出来干活去了。赵新×没有对赵××说过“厂子报案”的话。

3. 证人赵新×证明：案发当天早上，赵新×在单位盯着工人装车时，看到有人从车间里抬出个人来，送往医院去了，并听周围同事说是被赵××扎的。9时许，赵新×听办公室同事蒲××、赵×芳说被扎的人伤得挺厉害的，厂子要报案，赵新×就去了赵××的宿舍，想让赵××通知一下家里人。在去赵××的宿舍路上，碰到了同村的赵×红，于是两人一起去了赵××的宿舍。当时赵××正在宿舍里坐着，他问赵××“怎么回事”，赵××说：“闹着玩儿打起来了。”赵新×让赵××“赶紧通知一下家里人”，还告诉他“人伤得挺厉害的，厂子要报案”，没注意赵×红对赵××说了什么。后来，赵××就给家人打了电话，赵新×就和赵×红出来了。

4. ××西星家具厂出具的《证明》证明：赵新×曾于2009年1月至2011年2月期间在该公司任职。

在庭审质证中，上诉人赵××及其辩护人对证人郭路×、赵新×的证言及××西星家具厂出具的《证明》均无异议，认为证人赵×红的证言缺乏真实性，与赵新×曾告诉赵××“厂子报案”的客观事实相悖，建议对此证据不予采信。

北京市人民检察院对证人郭路×、赵×红的证言及××西星家具厂出具的《证明》不持异议，认为证人赵新×的证言是在受到赵××家人的影响下作出的，不具有证据可采性，且证人赵×红的证言能够反证赵新×的证言内容不真实。

综上，庭审中质证的新证据能够证明赵××是在距离门卫室约15米远处被保安人员叫住，后其自己走进门卫室，单位领导对其进行批评，公安人员接到报警后赶到××西星家具厂门卫室将在此等候处理的赵××带走审查的事实。关于证人赵新×、赵×红的证言，虽部分陈述不一致，但赵×红的证言并不能排除赵新×证言的真实性，且赵新×、赵×红的证言与赵××的供述及其他证据可相互印证。

本院认为，上诉人赵××在与他人发生口角、争执过程中，持械故意伤害他人身体，致一人死亡，其行为已构成故意伤害罪，且犯罪后果严重，依法应予惩处。对赵××及其辩护人关于赵系自首的辩解及意见，经查，本案发生在赵××所在单位，系同单位职工因口角争执而引发，赵××作案后，在明知单位可能或已经报案的情况下没有逃离单位，而是积极打电话联系家人到单位解决问题，并听从单位保安员的要求在门卫室等候处理，在接受单位领导批评时被接报案赶到的公安人员带走审查，其间没有任何抗拒行为，且被抓获后能够如实供述犯罪事实，其行为符合最高人民法院于2010年12月22日发布实施的《关于处理自首和立功若干具体问题的意见》的相关规定，应当视为自动投案并如实供述自己的罪行，系自首，故对赵××及其辩护人的相关辩护意见，本院酌予采纳。对辩护人所提被害人对案发负有一定责任的辩护意见，经查，在案证据证明被害人在引发案件发生过程中没有过错。对辩护人的该项辩护意见不予采纳。辩护人关于赵××主观恶性较小，犯罪情节轻微，应在法定刑以下量刑的辩护意见，与赵××持械故意伤害被害人致其死亡所应承担的罪责不符，本院亦不予采纳。鉴于赵××犯罪时尚未满十八周岁，有自首情节，且其亲属积极赔偿被害人的经济损失，已取得被害人亲属一定程度的谅解，故本着有利于未成年罪犯的教育和矫正的原则，依法对赵××予以从轻处罚。北京市人民检察院关于原审判决定性准确，审判程序合法的意见，本院予以采纳。北京市第一中级人民法院根据赵××犯罪的事实，犯罪的性质、情节和对于社会的危害程度所作的刑事判决，定罪正确，审判程序合法，应予维持。鉴于经本院庭审质证的新证据可证明赵××有自动投案行为，可视为自首，故对其量刑予以改判。据此，本院依照《中华人民共和国刑事诉讼法》第一百八十九条第二款，《中华人民共和国刑法》第二百三十四条第二款、第十七条第一款、第三款、第六十七条第一款、第六十一条，《最高人民法院关于处理自首和立功具体应用法律若干问题的解释》第一条第（一）项及《关于处理自首和立功若干具体问题的意见》第一条第一款第（二）项，《最高人民法院关于审理未成年人刑事案件具体应用法律若干问题的解释》第十一条的规定，判决如下：

一、撤销北京市第一中级人民法院对赵××的量刑部分，即赵××犯故意伤害罪，判处有期徒刑十二年。

二、上诉人赵××犯故意伤害罪，判处有期徒刑十年。（刑期自判决执行之日起计算。判决执行以前先行羁押的，羁押一日折抵刑期一日，即自二〇一〇年四月八日起至二〇二〇年四月七日止。）

本判决为终审判决。

审判长　×××

代理审判员　×　×

代理审判员　×××

二〇一一年四月十五日

（院印）

本件与原本核对无异

书记员　×××

【简析】

本判决在两方面存在瑕疵：

一方面，对上诉中没有争议的原审判决书中的事实和证据大量照抄，缺乏针对性。本案上诉人和原公诉机关对于上诉人原审中的故意伤害犯罪事实并无异议，二审争议点在于上诉人是否具有自首情节，而本判决书全面列举了原审所有的案件事实和证据，不仅没有必要，显得行文拖沓不得要领，而且会压缩对真正有争议的事实和证据的说理和论证。因此，第二审刑事判决书应该围绕争议点相关的事实和证据进行论证，要做到详略得当，有针对性。

另一方面，在判决书的尾部，原审量刑不当，进行改判后，应写明撤销一审哪个字号的判决，而不应直接撤销对上诉人的量刑部分。

【修改文】

北京市高级人民法院
刑事判决书

（2010）高刑终字第684号

原公诉机关：北京市人民检察院第一分院。

上诉人（原审被告人）：赵××（曾用名：赵×贺）。因涉嫌犯故意伤害罪于2010年4月8日被羁押，同年5月14日被逮捕；现羁押在北京市第一看守所。

辩护人：郭××。

辩护人：赵×，河北辅仁律师事务所律师。

北京市第一中级人民法院审理北京市人民检察院第一分院指控原审被告人赵××犯故意伤害罪一案，于2010年11月5日作出（2010）一中少刑初字第2793号刑事判决。在法定期限内，原审被告人赵××不服，提出上诉。本院依法组成合议庭，公开开庭审理了本案。北京市人民检察院指派检察员靳××出庭履行职务。上诉人赵××及其辩护人郭××、赵×到庭参加诉讼。本案现已审理终结。

北京市第一中级人民法院刑事判决认定：

赵××于2010年4月8日8时许，在本市大兴区长子营镇××西星家具厂内，因琐事与程××（男，殁年16岁）发生口角并互殴。其间，赵××手持随身携带的螺丝刀刺中程的左颞部，致程××颅脑损伤死亡。赵××作案后被抓获归案。

北京市第一中级人民法院认定上述事实的证据有：

1. 证人史×、李××、赵×红、王×民、郭路×、赵占×、朱长×的证人证言；

2. 北京市公安局大兴分局物证鉴定所出具的京大公物证鉴（病理）字（2010）第90号《法医学尸体检验鉴定书》及尸体检验照片；

3. 北京市公安局法医检验鉴定中心出具的京公法物证字（2010）第FY1001063-WZ1011号《法医物证鉴定书》；

4. 北京市公安局法医检验鉴定中心出具的京公法物证字（2010）第FY1004338-WZ1077号《法医物证鉴定书》；

5. 北京市公安局大兴分局物证鉴定所出具的京大公物证鉴（临床）字（2010）第746号《法医学人体损伤程度鉴定书》鉴定结论；

6. 北京市公安局大兴分局刑侦支队出具的《现场勘验检查笔录》及现场照片；

7. 北京市公安局大兴分局刑侦支队出具的物证照片；

8. ××西星家具厂出具的《证明》；

9. 清苑县公安局望亭派出所出具的《户籍证明信》；

10. 北京市公安局大兴分局长子营派出所出具的《长子营派出所接报警记录》；

11. 北京市公安局大兴分局长子营派出所出具的《工作说明》；

12. 北京市公安局大兴分局长子营派出所出具的《提取说明》；

13. 赵××的供述；

14. 北京市公安局大兴分局预审处出具的《辨认笔录》等。

根据上述事实及证据，北京市第一中级人民法院认为，赵××持械故意伤害他人身体，致人死亡，其行为已构成故意伤害罪，且后果严重，依法应予惩处。北京市人民检察院第一分院指控赵××犯故意伤害罪的事实清楚，证据确实、充分，指控罪名成立。鉴于赵××实施犯罪时不满十八周岁，系未成年人，其亲属积极赔偿被害人一方的经济损失，取得被害人一方的谅解，认罪态度较好，故依法对其从轻处罚。故认定赵××犯故意伤害罪，判处有期徒刑十二年。

赵××上诉提出：案发当天，赵×红和另外一个老乡一起到宿舍找赵××，让其给父亲打电话赶紧来厂子，赵×红之外的那个老乡还告诉其“厂子已经报警了”；其是在向家具厂保安部投案途中被保安员叫住的，属自动投案，且如实供述了罪行，应当认定为自首，原审判决认定事实不清。

赵××的辩护人的辩护意见：赵××系未成年人，作案后未逃匿，且能打电话告诉家人到单位解决问题，在已得知单位报警的情况下主动找到保安室，在保安人员未对其采取强制措施的情况下，能够坦承自己的犯罪行为，并在保安室主动滞留到民警赶来，其间没有任何抗拒行为，应当认定为自首；被害人的死亡后果并非赵××直接故意所追求的，且被害人对案发负有一定责任；赵××系初犯，主观恶性较小，有较好的悔罪表现，其亲属已就民事赔偿问题与被害人亲属达成调解协议并履行完毕。综上，原审判决量刑过重，建议对赵××减轻处罚，在法定刑以下量刑。

北京市人民检察院的出庭意见：原审判决定性准确，证据充分，量刑并无不当；赵××作案后，无论是在和他父亲的通话中，还是在保安室，都没有主动投案的言行表示；保安员在控制赵××之前已经持有赵××身份证复印件，即已有明确的犯罪嫌疑人目标；赵××在被抓时正向厂子大门外走，不符合“自动投案”的构成要件。综上，不应认定赵××自首，建议驳回赵××的上诉，维持原判。

一审法院在判决书中列举的认定本案事实的证据，已在一审法院开庭时当庭进行了举证、质证，控辩双方对此均无异议，本院对一审判决书所列证据予以确认，一审判决书认定赵××故意伤害的事实清楚，证据确实、充分。

在本院审理期间，控辩双方争论的焦点在于被告人是否具有自首情节。经查明，有由公安机关调取的下列新证据：

1. 证人郭路×证明：在公安机关上一次向郭路×调取证言时，郭提到“把这个人控制住了”，这里的“控制”具体是指：当赵××走到办公大楼的南侧距保安室（也就是门卫室）15米远时，郭路×和许×就出来叫住这个人，大致意思是“不许出去，不许离开厂子”。然后，这个人就自己走进了保安室，并站着用手机打电话，打给谁、什么内容记不清了。大约10分钟后，厂子的魏经理和邓经理来了，魏经理骂了赵××。过了一会儿，警察就来把赵××带走了。

2. 证人赵×红证明：2010年4月8日8时30分许，赵×红正在板式车间门口干活，看见赵××从实木车间走出来，并且向宿舍方向去了。没一会儿，后来死的那个小伙子就被人从实木车间里抬了出来。单位的车把受伤的人送医院后，赵×红和老乡赵新×去赵××的宿舍找赵××，进宿舍后，看见赵××正在屋里待着，就问赵××是怎么回事，赵××说是自己扎的人，赵×红和赵新×就让赵××赶紧给赵的父亲打电话，之后赵××就给家里打电话，对家里人讲在单位和人打架了，把人扎了，并让家里人赶紧来厂子。赵××打完电话，赵×红和赵新×就出来干活去了。赵新×没有对赵××说过“厂子报案”的话。

3. 证人赵新×证明：案发当天早上，赵新×在单位盯着工人装车时，看到有人从车间里抬出个人来，送往医院去了，并听周围同事说是被赵××扎的。9时许，赵新×听办公室同事蒲××、赵×芳说被扎的人伤得挺厉害的，厂子要报案，赵新×就去了赵××的宿舍，想让赵××通知一下家里人。在去赵××的宿舍路上，碰到了同村的赵×红，于是两人一起去了赵××的宿舍。当时赵××正在宿舍里坐着，他问赵××“怎么回事”，赵××说：“闹着玩儿打起来了。”赵新×让赵××“赶紧通知一下家里人”，还告诉他“人伤得挺厉害的，厂子要报案”，没注意赵×红对赵××说了什么。后来，赵××就给家人打了电话，赵新×就和赵×红出来了。

4. ××西星家具厂出具的《证明》证明：赵新×曾于2009年1月至2011年2月期间在该公司任职。

在庭审质证中，上诉人赵××及其辩护人对证人郭路×、赵新×的证言及××西星家具厂出具的《证明》均无异议，认为证人赵×红的证言缺乏真实性，与赵新×曾告诉赵××“厂子报案”的客观事实相悖，建议对此证据不予采信。

北京市人民检察院对证人郭路×、赵×红的证言及××西星家具厂出具的《证明》不持异议，认为证人赵新×的证言是在受到赵××家人的影响下作出的，不具有证据可采性，且证人赵×红的证言能够反证赵新×的证言内容不真实。

综上，庭审中质证的新证据能够证明赵××是在距离门卫室约15米远处被保安人员叫住，后其自己走进门卫室，单位领导对其进行批评，公安人员接到报警后赶到××西星家具厂门卫室将在此等候处理的赵××带走审查的事实。关于证人赵新×、赵×红的证言，虽部分陈述不一致，但赵×红的证言并不能排除赵新×证言的真实性，且赵新×、赵×红的证言与赵××的供述及其他证据可相互印证。

本院认为，对赵××及其辩护人关于赵系自首的辩解及意见，经查，赵××作案后，其行为符合最高人民法院于2010年12月22日发布实施的《关于处理自首和立功若干具体问题的意见》的相关规定，应当视为自动投案并如实供述自己的罪行，系自首，故对赵××及其辩护人的相关辩护意见，本院酌予采纳。对辩护人所提被害人对案发负有一定责任的辩护意见，经查，在案证据证明被害人在引发案件发生过程中没有过错。对辩护人的该项辩护意见不予采纳。辩护人关于赵××主观恶性较小，犯罪情节轻微，应在法定刑以下量刑的辩护意见，与赵××持械故意伤害被害人致其死亡所应承担的罪责不符，本院亦不予采纳。鉴于赵××犯罪时尚未满十八周岁，有自首情节，且其亲属积极赔偿被害人的经济损失，已取得被害人亲属一定程度的谅解，故本着有利于未成年罪犯的教育和矫正的原则，依法对赵××予以从轻处罚。北京市人民检察院关于原审判决定性准确，审判程序合法的意见，本院予以采纳。北京市第一中级人民法院根据赵××犯罪的事实，犯罪的性质、情节和对于社会的危害程度所作的刑事判决，定罪正确，审判程序合法，应予维持。鉴于经本院庭审质证的新证据可证明赵××有自动投案行为，可视为自首，故对其量刑予以改判。据此，本院依照《中华人民共和国刑事诉讼法》第一百八十九条第二款，《中华人民共和国刑法》第二百三十四条第二款、第十七条第一款、第三款、第六十七条第一款、第六十一条，最高人民法院《关于处理自首和立功具体应用法律若干问题的解释》第一条第（一）项及《关于处理自首和立功若干具体问题的意见》第一条第一款第（二）项，最高人民法院《关于审理未成年人刑事案件具体应用法律若干问题的解释》第十一条的规定，判决如下：

一、撤销北京市第一中级人民法院（2010）一中少刑初学第2793号刑事判决。

二、上诉人赵××犯故意伤害罪，判处有期徒刑十年。（刑期自判决执行之日起计算。判决执行以前先行羁押的，羁押一日折抵刑期一日，即自二〇一〇年四月八日起至二〇二〇年四月七日止。）

本判决为终审判决。

审判长　×××

代理审判员　×　×

代理审判员　×××

二〇一一年四月十五日

（院印）

本件与原本核对无异

书记员　×××

范文评析

【例文】

××市中级人民法院
刑事判决书

（2006）东刑2终字第7号

原公诉机关：××县人民检察院。

上诉人（原审被告人）：陈××，又名陈彬×，男，1987年5月23日出生于山东省利津县，汉族，初中文化，农民，住山东省利津县××镇××村。因涉嫌犯抢劫罪于2005年8月8日被刑事拘留，同年9月14日被逮捕，现押于××县看守所。

辩护人：刘××，山东黄河律师事务所律师。

原审被告人：刘×娟，又名刘燕×，女，1986年2月6日出生于山东省临朐县，汉族，初中文化，农民，住临朐县××镇××村，捕前暂住××县××镇××村。因涉嫌犯抢劫罪于2005年8月8日被刑事拘留，同年9月14日被逮捕，现押于××县看守所。

原审被告人：王英×，又名王龙×，男，1989年7月25日出生于吉林省桦甸市，汉族，小学文化，农民，住桦甸市××街××社区××小区，捕前暂住××市××区西营村。因涉嫌犯抢劫罪于2005年8月8日被刑事拘留，同年9月14日被逮捕，现押于××县看守所。

××县人民法院审理××县人民检察院指控原审被告人陈××、刘×娟、王英×抢劫一案，于2005年12月17日作出（2005）垦刑初字第88号刑事判决。原审被告人陈××不服，提出上诉。本院依法组成合议庭，因涉及未成年人犯罪，故不公开开庭审理了本案，××市人民检察院指派检察员张×霞出庭履行职务，上诉人陈××及其辩护人刘××、原审被告人刘×娟、王英×、证人陈×华、佟×叶到庭参加诉讼，现已审理终结。

原审判决认定：2005年4月28日，被告人陈××、刘×娟、王英×、石×明（在逃）经过商议，决定抢劫××越洋通讯公司职工张×销售的手机。2005年4月29日上午，三被告人与石×明及王英×找来的另外两个人（姓名不详，均在逃）使用暴力手段，在××县垦利镇前榆村新辉通讯店门口抢劫张×手机15部，价值22 047元，并持刀对张×捅刺，致其轻微伤。案发后追回被抢手机11部已退还被害人。

原审判决认定上述事实的证据有：书证抓获经过、户籍证明、扣押物品清单、返还物品清单，被害人张×的陈述，证人宋×玲、边×利、周×霖、张×涛、董×兵、盖×美、岳×庆、张×龙、张××、李×成、佟×军、张×荣、李×之的证言，东垦价鉴字(2005) 50号山东省涉案物品价格鉴定结论书，(2005) 垦公（法临）字第053号关于张×伤情的检验鉴定书等证据，三被告人对抢劫犯罪事实亦供认不讳。

原审法院认为，被告人陈××、刘×娟、王英×以非法占有为目的，结伙采用暴力手段抢走被害人的财物，抢劫数额为22 047元，数额巨大，且致被害人轻微伤，其行为均已构成抢劫罪，应予惩处。被告人陈××在共同抢劫犯罪过程中具体安排，指认被抢劫对象，并主持分赃，在共同犯罪中起主要作用，系主犯。被告人刘×娟、王英×在共同犯罪中起次要作用，系从犯，应减轻处罚。被告人王英×犯罪时不满十八周岁，应当减轻处罚。被告人陈××、刘×娟、王英×系初犯、偶犯，归案后认罪态度较好，且被抢手机大部分被追回，可酌情从轻处罚。被告人王英×的近亲属为其判处罚金刑，提供了部分财产保证，可酌情从轻处罚。遂依照《中华人民共和国刑法》第二百六十三条、第二十五条第一款、第二十六条第一款、第二十七条、第十七条第二款和第三款之规定，以抢劫罪判处陈××有期徒刑十年零六个月，并处罚金人民币一万元；判处刘×娟有期徒刑八年，并处罚金人民币八千元；判处王英×有期徒刑五年，并处罚金人民币五千元。宣判后，刘×娟、王英×服判不上诉，陈××以“原判决对其年龄认定有误，请求重新认定；原判决量刑过重，请求依法改判”为由提出上诉。

在二审开庭审理中，被告人陈××没有提出辩解意见，其辩护人提出“本案中被告人陈××不应认定为主犯，应为从犯，依法应对其从轻或减轻处罚；实施犯罪时未满十八周岁，应当减轻处罚”的辩护意见，向法庭提交医院原始病历等书证五份，并申请通知了证人陈×华、佟×叶出庭作证；原审被告人刘×娟、王英×对原审判决均服判，未提出辩解意见；检察员发表的出庭意见是“上诉人陈××及原审被告人刘×娟、王英×的行为均构成抢劫罪，且陈××在共同犯罪中起主要作用，系主犯，一审判决认定事实清楚，证据确实充分；鉴于辩护人在二审期间针对陈××的年龄问题提供了新的证据，建议二审法院审理后依法作出正确的判决”。

在庭审中，上诉人、辩护人、原审被告人、检察员对该案一审判决所认定的抢劫犯罪事实均无异议，本庭当庭对该事实予以确认。

另查明，上诉人陈××出生于1987年5月23日（农历为4月26日)，实施本案抢劫犯罪时未满十八周岁。

对此事实，有辩护人提交并经法庭质证，本庭依法采信的下列证据予以证实：

1. 惠民地区人民医院的原始病历，证实姓名为“陈×滨”、住址为“利津县××乡××村”的患儿于1987年5月28日因“新生儿脐炎”入该院治疗，年龄为5天。

2. 利津县公安局××镇派出所户籍证明，证实陈××出生于1987年4月26日，与曾用名陈×滨是同一人。

3. 利津县××镇××村村委会证明，证实陈××系本村村民，因农村习惯原因，其出生日期按阴历上报为1987年4月26日，实际出生日期为1987年5月23日。

4. 利津县××镇计划生育办公室出具的《育龄妇女基础信息卡》，证实××村村民佟×君育有一子，出生日期为1987年5月23日。

5. 利津县××镇××村户口簿，第154页记载：佟×君之子名为“陈××”。

6. 出庭证人××村支部书记陈×华、文书佟×叶证言证实，在当地农村，报户口时按农历是当地习惯，当时为陈××报户口时报的1987年4月26日用的也是农历。

本院认为，上诉人陈××、原审被告人刘×娟、王英×以非法占有为目的，伙同他人采用暴力手段劫取他人财物，其行为均构成抢劫罪，应依法追究刑事责任。其抢劫数额巨大，且造成被害人轻微伤的后果，应依法严惩。在共同犯罪中，上诉人陈××起主要作用，系主犯；原审被告人刘×娟、王英×起次要作用，系从犯。上诉人陈××、原审被告人王英×犯罪时均不满十八周岁，考虑到上诉人陈××、原审被告人刘×娟、王英×均系初犯、偶犯，认罪态度好等酌定情节，对其均应减轻处罚。原审判决定罪准确，审判程序合法，但对上诉人陈××的年龄认定有误，导致量刑不当，应予纠正。依照《中华人民共和国刑事诉讼法》第一百八十九条第二款、《中华人民共和国刑法》第二百六十三条第（四）项、第二十五条第一款、第二十六条第一款，第二十七条、第十七条第二、三款之规定，判决如下：

一、维持××县人民法院（2005）垦刑初字第88号刑事判决的定罪部分及对刘×娟、王英×的量刑部分；

二、撤销××县人民法院（2005）垦刑初字第88号刑事判决对陈××的量刑部分；

三、上诉人陈××犯抢劫罪，判处有期徒刑八年，并处罚金八千元。（刑期自判决执行之日起计算。判决执行以前先行羁押的，羁押一日折抵刑期一日，即自二〇〇五年八月八日起至二〇一三年八月七日止。罚金于判决生效后一个月内一次性缴纳。）

本判决为终审判决。

审判长　×××

审判员　×××

审判员　×××

二〇〇六年三月二日

（院印）

本件与原本核对无异

书记员　×××

【简析】

该案中，上诉人、辩护人、公诉机关对该案一审判决所认定的抢劫犯罪事实均无异议，争议点在于上诉人的年龄事实认定，即上诉人是否系未成年人从而导致量刑是否适当。在判决书的事实部分，法院除了对原判决认定正确的事实、情节加以确认外，还着重写明了上诉方提出上诉人系未成年人的证据，如出生医院的原始病例、户籍证明、村委会证明、《育龄妇女基础信息卡》等，并对该争议点进行了重点分析答复。在理由部分，根据二审确认的事实和有关法律规定，论证了原审被告人的定罪量刑问题和在共同犯罪中的地位，应否从宽或从严处理。本案判决结果为部分改判，先后写明了维持原审判决和撤销原审判决的具体内容，并载明了原审判决书的字号以及维持、撤销的具体项，表述准确恰当。

特别提示

制作第二审刑事判决书应注意以下问题：

第一，不能脱离上诉理由写事实。这是第二审刑事判决书的一个重要特点。但实践中，制作者往往忽略了这一点。例如，有一份第二审刑事判决书写明上诉人“以其犯罪后向单位自首并交出赃款为理由提出上诉”。但判决在叙述事实时，对上诉人是否投案自首和是否退赃、退赃多少，却只字未提。这就使事实的叙述没有针对性，往往导致将原判认定的事实重抄一遍。

第二，论点一定要明确，不能含混不清。例如，邹×强奸（未遂）案，原审法院判处被告人有期徒刑三年。被告人不服，以“定性不准”为理由，提出上诉。二审法院经审理后，认为上诉人的行为已构成强奸（未遂）罪，决定撤销原判，改判上诉人有期徒刑一年。但在判决理由中，既没有对上诉人的上诉理由是否成立做出肯定或者否定的结论，也没有阐明改判的理由和根据，使人看后不知道二审法院究竟为什么要改判。

第三，不能使两个互相矛盾的判决同时并存。凡属二审法院改判的案件，在主文部分都要坚持先撤销原判，再写如何改判。有两类案件容易忽略这个问题。一类是，一审判实刑，二审宣告缓刑的案件，应当首先撤销原判，然后由二审宣告缓刑。但实践中，有的先维持原判，再宣告缓刑。这是不妥当的。因为缓刑是一项刑罚制度，二审将实刑改为缓刑，不能认为仅仅是执行方法改变，实际上是原判适用法律不当，根据《刑事诉讼法》第二百二十五条第（二）项的规定，应当予以改判。这就需要撤销原判，否则就会出现一审和二审两个互相矛盾的判决同时并存的现象。另一类是，检察机关起诉两个罪，一审判决认定一个罪，检察院因此提出抗诉，经二审法院审理，认为抗诉有理，确定原审被告人犯有两个罪的，也应当先撤销原判，再按数罪并罚的原则，决定应执行的刑罚；而不能先维持原判，再“加刑”。因为一个案件只能有一个生效的判决作为执行的根据。如果二审改判时不首先撤销原判，而是在维持原判的基础上“加刑”，就同样会产生两个互相矛盾的判决同时并存的问题。

第四，二审判决结果的表述要规范化。

目前，一些第二审刑事判决书的判决结果表述不规范。主要表现为以下几个方面：

（1）原判决定罪量刑均不当，全部改判后，不写撤销一审哪个字号的判决，而直接写撤销对上诉人的定罪量刑部分。

（2）部分改判的，不先写明维持原判的哪一部分，而先写撤销原判；撤销原判也不具体写明撤销原判的哪一部分。

（3）共同犯罪的案件，确认原判对部分被告人定罪处刑正确、而对某一被告人定罪或处刑不当的，不先写维持原判正确部分，而先写撤销原判不正确部分。

很多第二审刑事判决书在判决结果中将“撤销……判决”写为“撤销判决书”。

第三节 人民法院第一审民事判决书

一、第一审民事判决书的概念

第一审民事判决书是第一审人民法院依照《中华人民共和国民事诉讼法》（以下简称《民事诉讼法》）规定的第一审程序，对审理终结的第一审民事案件就实体问题作出的书面决定。民事案件是指有关民事权利和义务的案件，以及有关财产权益纠纷（其中包括婚姻、家庭等方面）的案件，也包括经济纠纷案件。

民事判决书和刑事判决书在制作方面的总要求是一致的，即语言简练，判决有理有据，使人信服。《民事诉讼法》第一百五十二规定：“判决书应当写明判决结果和作出该判决的理由。判决书内容包括：（一）案由、诉讼请求、争议的事实和理由；（二）判决认定的事实和理由、适用的法律和理由；（三）判决结果和诉讼费用的负担；（四）上诉期间和上诉的法院。判决书由审判人员、书记员署名，加盖人民法院印章。”这是制作民事判决书的法律依据。

二、第一审民事判决书的要素内容和制作方法

第一审民事判决书由首部、事实、理由、判决结果和尾部五部分组成。

(一) 首部

应依次写明标题、案号、诉讼参加人及其基本情况，以及案件由来、审判组织和开庭审理过程等，以体现审判程序的合法性。

(1) 标题中的法院名称，一般应与院印的文字一致，但基层法院应冠以省、直辖市、自治区的名称。分两行在正中写明“××人民法院民事判决书”，文书种类应写在法院名称的下一行。专门人民法院制作的民事裁判文书，应写法院的类别，海事法院的名称应冠以所在地的名称，涉外民事案件的裁判文书，还应冠以国名。

(2) 案号由年度和制作法院、案件性质、审判程序的代字以及案件的顺序号组成，年度应用阿拉伯数字。如北京市海淀区人民法院 2011 年受理的第 5 号民事案件，就写为“(2011) 海民初字第 5 号”。

(3) 写明当事人的身份事项。当事人，是指因民事权益发生争议，而以自己的名义进行诉讼，并受人民法院裁判约束，与案件审理结果有直接利害关系的人，包括原告、被告、共同诉讼人、代表人和第三人。由于当事人在诉讼中所处的法律地位不同，享有的诉讼权利和承担的诉讼义务不同，所以他们有着不同的称谓，裁判文书中所要求反映的事项也不完全相同。

当事人是自然人的，写明其姓名、性别、出生年月日、民族、籍贯、职业或者工作单位和职务、住址。住址应写明其住所所在地；住所所在地与经常居住地不一致的，写经常居住地。当事人是法人的，第一项写法人的名称和所在地址，第二项写法定代表人的姓名和职务。当事人是不具备法人条件的组织或者起字号的个人合伙的，写明其名称或者字号和所在地址，并另起一行写明代表人及其姓名、性别和职务。当事人是个体工商户的，写明业主的姓名、性别、出生年月日、民族、籍贯、住址；有字号的，在其姓名之后，用括号注明“系 ____________ (字号) 业主”。被告提出反诉的案件，可在本诉称谓后用括号注明其反诉称谓，如“原告(即反诉被告)”、“被告(即反诉原告)”。

(4) 写明诉讼代理人的身份事项。诉讼代理人，是指以被代理人的名义，在代理权限内，为了被代理人的利益实施诉讼行为，进行诉讼活动的人。按照《民事诉讼法》的规定，诉讼代理人分为法定代理人和委托代理人两种。

在诉讼代理人栏内，写明法定代理人、委托代理人的姓名、性别、职业或者工作单位和职务、住址。如果是法定代理人，在姓名之后应用括号注明其与当事人的关系；如果是当事人的近亲属作为委托代理人，也应在姓名之后，用括号注明其与当事人的关系；如果诉讼代理人是律师的，只需写明姓名和所在律师事务所的名称即可；如果法定代表人委托

了诉讼代理人的，应先列单位名称，后列法定代表人，再列委托代理人。

诉讼代理人的身份事项，应分别写在被代理的当事人的下一行，不要将诉讼代理人与当事人分开集中书写，即不应写为：

原告：×××（姓名）。

被告：×××（姓名）。

委托代理人：×××（姓名）。

委托代理人：×××（姓名）。

这样无法分辨谁是谁的委托代理人。如果用括号注明是谁的委托代理人，也显得累赘。

（5）案由、审判组织、审判方式和开庭审理过程可写为：

原告×××（姓名）诉被告×××（姓名）××（案由）一案，本院受理后，依法组成合议庭（或者依法由审判员×××独任审判）公开（或者不公开）开庭进行了审理。原告×××、被告×××、第三人×××和他们的诉讼代理人×××、×××、证人×××等到庭参加诉讼。本案现已审理终结。

（二） 事实

事实是确认当事人间是否存在民事法律关系的依据，是解决民事案件的基础。因此，判决书首先要把事实写清楚。

1. 事实部分的内容

《民事诉讼法》第一百五十二条规定，判决书的事实部分应当写明：案由、诉讼请求、争议的事实和理由；判决认定的事实。根据上述规定和审判实践经验，第一审民事判决书的事实部分包括两个方面的内容：

（1）原告的具体诉讼请求、双方争议的事实和各自的理由。即原告通过诉讼具体要求解决什么争议的问题，解决的意见和理由；被告对原告提出的诉讼请求和理由是如何答辩的；第三人的主要意见是什么。只有写明这几方面争议的事实内容，才能全面反映案情，明确双方争执的焦点。这些争议的事实是当事人双方提供的，可能有真有假，有夸大有缩小，请求和意见也不一定完全合理合法，但都应当客观地、如实地写进判决书中去。这是由民事诉讼法律关系的特点所决定的。民事案件是当事人之间关于民事权益发生的争议，当事人的诉讼地位是平等的，人民法院要依法保障当事人平等地行使诉讼权利，并反映在判决书上。

按照《民事诉讼法》的规定，在诉讼过程中，被告人有权提起反诉。因此，如果被告人反诉的，还应将反诉的事实写在判决书上，并明确标明“反诉”二字。如一买卖房屋案，某区法院的判决书对双方争议的内容是这样叙述的：

原告起诉要求被告退还预付的房价款750元。被告承认原告付款750元，但辩称已退还原告500元；并以原告在两间房内居住了三个月为由，反诉要求原告每月付15

元住房费。原告否认被告所称退钱一事，同意给付被告三个月的住房费，但认为被告所要数额过高。

这份判决书在叙述被告的陈述时，用“辩称已退还原告 500 元”和“反诉要求原告每月付 15 元住房费”，就把被告的反驳与反诉区别开来了。

（2）判决认定的事实。这是人民法院经过查证所确认的事实，一般包括当事人之间的法律关系，纠纷发生的时间、地点、原因、经过、情节，双方争议的焦点，认定事实的证据等八个要素。这些要素写明白了，事实的来龙去脉就清楚了。当然，这八个要素并不是每一个民事案件都必须具备的，要视案件的具体情况，有几个写几个。认定事实的证据不仅要列举，而且要进行分析论证。由于判决认定的事实是人民法院正确适用法律的依据，所以在叙述事实时，必须实事求是，有根有据，不能认定的事实不要写在判决书上；要注意保守国家机密，对个人隐私情节不要描述。

2. 事实部分的书写

（1）由于民事判决书的事实部分包括当事人争议的事实和判决认定的事实，因此，一般应分两个自然段书写。首先简要叙述原告的诉讼请求及其所根据的事实和被告答辩的意见，以突出双方争议的焦点。然后根据法庭查明的事实，客观地叙述纠纷的来龙去脉。有的把这种书写方法叫作“事实叙述两段法”。这种分两段叙述的方法，体现了民事案件的特点，既把当事人的诉讼请求和法院认定的事实加以区别开来，层次分明；又使前后衔接，融为一体，构成了民事判决书完整的事实部分。过去，不少人民法院的民事判决书，不写当事人争议的事实，只写法院认定的事实，这是不符合《民事诉讼法》的规定和民事诉讼法律关系的特点的，应当改正过来。

（2）对当事人的诉讼请求和理由的叙述，一般可以采用两种方法：一是根据双方当事人的原意进行综合归纳（即转述），作出准确的叙述；二是引用当事人的原话。采用第一人称叙事，不仅保持了原意，而且保持了原话，生动、具体地表达了原告的诉讼请求和被告答辩的意见。但在使用这种叙述方法时，要善于对当事人双方的诉称进行选择和提炼，力求简明扼要。

（3）抓住中心，突出重点，不要平铺直叙，轻重倒置。在叙述当事人争议的事实时，要抓住双方争议的焦点；在叙述判决认定的事实时，则要抓住要害。例如，在准予离婚的案件中，引起双方感情破裂的原因可能是多方面的，判决书就要抓住引起双方感情破裂的主要的、起决定性作用的事实和原因来叙述。主要因素详述，次要因素略述或者不述，做到详略适当，使人一看就明白判决离婚是正确的、合法的。

（三） 理由

理由是根据事实和法律，对当事人间争议是非曲直进行公正、合理的评定，是判决的重要依据。第一审民事判决书的理由由两部分构成，即判决的理由和所适用的法律。

1. 判决的理由

人民法院根据判决认定的事实、证据，针对当事人双方争议的事实和理由，依照有关法律的规定，指出其正确和错误，分清是非、责任。民事案件首先要分清是非、责任问题。所以，判决书必须把这方面的问题阐述清楚，谁是谁非，谁应承担民事责任，应承担多大民事责任，谁不应承担民事责任，纠纷如何解决，都应作出判断。对当事人正当的请求和理由予以支持，不正当的请求和理由予以驳斥，进行教育。

根据审判实践经验，书写判决的理由，应当注意以下几点：

(1) 坚持“以事实为根据，以法律为准绳”的原则。民事纠纷属于是非、责任问题，属于法律上的权利义务关系问题。解决这些纠纷，除了运用法律手段以外，主要靠说服教育的方法。因此，判决理由的论述，必须实事求是，摆事实，讲道理，以理服人。理由一定要讲清楚，讲透彻，才能达到解决纠纷、排忧解难、息讼止争的目的；切忌采用简单、生硬的方法，更不能乱扣帽子。

(2) 阐述理由要有针对性。民事案件的情况复杂，涉及社会生活各个方面。即使是同一类型的案件，其具体情节和当事人双方争议的焦点也往往各不相同。因此，要针对每起案件的特点和双方争议的焦点，具体阐明理由，切忌“无的放矢”，讲空洞的道理。所阐述的理由，针对性强，才能切中要害。

(3) 说理的逻辑要严密。阐述理由时，不仅要求观点明确，还要注意论据与论点之间的内在联系，要根据案件事实，进行合乎事理的分析，使结构严谨，条理清晰，说服力强。

(4) 分析事实要恰如其分。论断要切合案件的实际，不夸大，不缩小，使事实和理由相一致。阐述理由，用词要恰当，表达要准确，语气要平和。

2. 判决所适用的法律

这是人民法院解决具体的民事案件所依据的民事法律条文。凡是有可依之法，如《中华人民共和国民法通则》(以下简称《民法通则》)、《中华人民共和国婚姻法》(以下简称《婚姻法》)、《中华人民共和国继承法》、《中华人民共和国经济合同法》、《中华人民共和国涉外经济合同法》、《中华人民共和国商标法》、《中华人民共和国专利法》、《中华人民共和国著作权法》、《中华人民共和国海商法》等和其他民事、经济法规的，都必须准确地引用有关的法律条文。目前还没有法律明文规定，而是根据政策精神判决的，可写“据此，判决如下”，不要写“依法判决如下”。

适用法律要注意以下三个问题：

(1) 对有关法律条文要有正确的理解，防止错引和漏引。

(2) 要按条、款、项、目的顺序来引用。即条下为款，款下为项，项下为目。如果某一条文下面没有分款，而是直接分列几项的，就不要加“第一款”，只写“第×条第×项”即可。

（3）凡条文分条、款、项或者分条、项的，引用时应具体写明第几条第几款第几项（或者第几条第几项），而不要笼统地写第几条。例如，《婚姻法》第三十二条共有两款。第一款是处理离婚案件的程序规定，第二款是处理离婚案件离与不离的法律依据。因此，不论是否判决准予离婚，都应具体引用第三十二条第二款。现在，不少离婚案件的判决书都笼统地引用《婚姻法》第三十二条，这是不确切的。

（四） 判决结果

判决结果，即主文，是人民法院根据认定的事实，依照法律规定，对审理终结的案件所作出的决定。要肯定、明确和不附条件地指出当事人之间的权利义务关系，解决当事人之间的民事争议。判决结果不止一项的，可以分项写，这样既清楚明了，又便于履行和执行。书写判决结果，要求做到明确、具体、完整。

明确，就是主文要确切地指出解决当事人之间纠纷的结论。由于主文是人民法院对案件的最后处理决定，判决是执行的根据，因此，主文的表述一定要清楚、明确，不能含糊不清，似是而非，模棱两可。例如，准予离婚的案件，要明确地写明："准予×××（姓名）与×××（姓名）离婚。"不准离婚的案件，也要写明："驳回×××（姓名）的离婚诉讼请求。"

具体，就是主文决定的事项必须是具体的，有实在意义的，一是一，二是二，不要写没有实在意义的词句。

完整，就是主文决定的事项不要有遗漏。如给付之诉，要明确指出谁给付谁，给付的标的物是什么，给付的数额、时间和具体方法。但一审判决给付或者履行的时间不要写具体的年月日，只需写明自本判决生效后×日内给付或者履行即可。因为一审判决后，当事人不服可以提出上诉，判决尚未确定，写明具体的给付或者履行日期往往难以保证实现。

在主文之后，另起一行，写明诉讼费用由谁负担。如："诉讼费用×元，由被告（或者原告）×××（姓名）负担。自本判决生效后×日内交纳。"如果当事人部分败诉、部分胜诉，则按比例分担，写明："诉讼费用×元，由原告×××（姓名）负担×元，被告×××（姓名）负担×元，自本判决生效后×日内交纳。"对于共同诉讼的当事人败诉，由人民法院根据当事人的人数和他们各自对诉讼标的的利害关系，决定诉讼费用分担的，写明："诉讼费用×元，由原告（或者被告）×××（姓名）负担×元，×××（姓名）负担×元，×××（姓名）负担×元，自本判决生效后×日内交纳。"

（五） 尾部

与第一审刑事判决书基本相同。所不同的是上诉期限不同。第一审民事判决书的上诉期限为 15 日，住在国外的当事人上诉期限为 30 日。

三、第一审民事判决书的写作格式

××××人民法院
民事判决书

（一审民事案件用）

（年度）×民初字第×号

原告：____________________（写明姓名或名称等基本情况）。

法定代理人（或代表人）：____________________（写明姓名和职务）。

法定代理人（或指定代理人）：____________________（写明姓名等基本情况）。

委托代理人：____________________（写明姓名等基本情况）。

被告：____________________（写明姓名或名称等基本情况）。

法定代表人（或代表人）：____________________（写明姓名和职务）。

法定代理人（或指定代理人）：____________________（写明姓名等基本情况）。

委托代理人：____________________（写明姓名等基本情况）。

第三人：____________________（写明姓名或名称等基本情况）。

法定代表人（或代表人）：____________________（写明姓名和职务）。

法定代理人（或指定代理人）：____________________（写明姓名等基本情况）。

委托代理人：____________________（写明姓名等基本情况）。

____________________（写明当事人的姓名或名称和案由）一案，本院受理后，依法组成合议庭（或依法由审判员×××独任审判），公开（或不公开）开庭进行了审理。____________________（写明本案当事人及其诉讼代理人等）到庭参加诉讼。本案现已审理终结。

原告×××诉称，____________________（概述原告提出的具体诉讼请求和所根据的事实与理由）。

被告×××辩称，____________________（概述被告答辩的主要内容）。

第三人×××述称，____________________（概述第三人的主要意见）。

经审理查明，____________________（写明法院认定的事实和证据）。

本院认为，____________________（写明判决的理由）。依照____________________（写明判决所依据的法律条款项）的规定，判决如下：

____________________（写明判决结果）。

____________________（写明诉讼费用的负担）。

如不服本判决，可在判决书送达之日起十五日内，向本院递交上诉状，并按对方当事人的人数提出副本，上诉于××××人民法院。

审判长　×××
审判员　×××
审判员　×××
×年×月×日
（院印）

本件与原本核对无异

书记员　×××

病文诊疗

【原文】

江苏省××市武进区人民法院
民事判决书

（2013）武民初字第21号

原告：洪×。

被告：××××置业有限公司。

原告洪×诉被告××××置业有限公司（以下简称×置业公司）商品房销售合同纠纷一案，本院于2012年12月25日受理后，依法适用简易程序于2013年2月1日公开开庭进行了审理。原告洪×及其委托代理人王×明，被告×置业公司的委托代理人上官××均到庭参加了诉讼。本案现已审理终结。原告洪×诉称，要求被告支付逾期交房的违约金38 191元；本案诉讼费用由被告承担。被告×置业公司辩称，原告诉称的双方之间存在房屋买卖合同关系及被告逾期交付房屋应承担违约金的事实，被告方无异议。被告方之所以尚有38 191元的违约金未支付给原告，是因为原告尚有91 000元的房款未付清，应该予以抵消。

经审理查明，2010年3月25日，原、被告双方签订商品房买卖合同一份，合同对房屋价款、交付时间及违约责任等内容进行了约定。后因被告逾期交房，2012年6月30日，双方对房屋的交付费用及违约责任等进行了结算，结算单载明被告应向原告支付违约金123 337元，扣除开发商代收代办相关事宜等费用23 553元，以及房屋面积增加应补交费用4 307元，被告仍需支付原告违约金95 477元。同日，被告向原告开具了金额为755 906元的购房发票一张。嗣后，被告已向原告支付违约金57 286元。现原告因催要余欠违约金38 191元未着，诉来本院，要求判如所请。诉讼中，被告提供了曾开具给原告的四份收据及原告出具给被告的遗失证明一份，该组证据内容所载明的已付房款总额为

660 599 元，经与总房款 755 906 元（面积增加费用 4 307 元）相扣算后，被告认为原告尚欠房款 91 000 元未支付。

庭审中，对于该商品房买卖时的房款支付及票据开具的过程，双方认可为：先交订金、由被告方提供订金收据；再付首付、被告方提供收据；再付余款、被告方再出具收据；最后由原告用全部收据换取被告方的正式购房发票等流程内容。以上事实，有当事人的当庭陈述，原告提供的商品房买卖合同、购房发票、结算清单，被告提供的收款收据及收据遗失证明等证据予以证明。本院认为，债务应当清偿。依法成立的合同，对当事人具有法律约束力，当事人应当按照约定全面履行自己的义务。庭审中，被告辩称因原告尚欠房款 91 000 元未能支付，故要求抵扣被告应承担的违约金 38 191 元，对此辩称意见原告不予认可。结合双方履行房屋买卖合同时的房款交付及开具发票等履行内容的流程习惯，以及被告已向原告开具经结算后的全部房款的购房发票；再结合双方就房屋买卖合同的交付费用及违约责任的承担等进行了结算，并经双方确认被告尚需支付原告违约金 95 477 元、且被告依约已支付了违约金 57 286 元等情形综合考量后，本院认为，被告的辩称意见因无相应证据予以印证，本院对其辩称意见不予采纳，对原告诉请被告支付余欠违约金 38 191 元的主张予以支持。本案经调解无效，依照《中华人民共和国民法通则》第一百零八条、《中华人民共和国合同法》第六十条、《最高人民法院关于审理商品房买卖合同纠纷案件适用法律若干问题的解释》第十八条、《中华人民共和国民事诉讼法》第六十四条、第六十五条之规定，判决如下：

××××置业有限公司需要向洪×支付违约金 38 191 元。如果未按本判决指定的期间履行给付金钱义务，应当依照《中华人民共和国民事诉讼法》第二百五十三条之规定，加倍支付迟延履行期间的债务利息。案件受理费 378 元（已减半收取），由××××置业有限公司负担，并于本判决生效之日起十日内直接支付给洪×。

如不服本判决，可在判决书送达之日起十五日内，向本院递交上诉状及副本一份，上诉于江苏省××市中级人民法院，同时根据《诉讼费用交纳办法》的有关规定，向该院预交上诉案件受理费。

审判员　××

二〇一三年二月十六日

（院印）

本件与原本核对无异

书记员　××

【简析】

该判决书的主要问题在于主文部分，判决主文是人民法院根据案件事实，依照法律对案件的实体问题做出的处理和判决，判决结果要做到表述明确、具体、完整。本文中判决

××××置业有限公司需要向洪×支付违约金 38 191 元，并未明确当事人必须履行的时间和期限，这就会给执行带来困难。

【修改文】

江苏省××市武进区人民法院
民事判决书

（2013）武民初字第 21 号

原告：洪×。

委托代理人：王×明，__________________（写清姓名、职务）。

被告：××××置业有限公司。

法定代表人：×××。

委托代理人：上官××，__________________（写清姓名、职务）。

原告洪×诉被告××××置业有限公司（以下简称×置业公司）商品房销售合同纠纷一案，本院于 2012 年 12 月 25 日受理后，依法适用简易程序于 2013 年 2 月 1 日公开开庭进行了审理。原告洪×及其委托代理人王×明，被告×置业公司的委托代理人上官××均到庭参加了诉讼。本案现已审理终结。

原告洪×诉称，要求被告支付逾期交房的违约金 38 191 元；本案诉讼费用由被告承担。被告×置业公司辩称，原告诉称的双方之间存在房屋买卖合同关系及被告逾期交付房屋应承担违约金的事实，被告方无异议。被告方之所以尚有 38 191 元的违约金未支付给原告，是因为原告尚有 91 000 元的房款未付清，应该予以抵消。

经审理查明，2010 年 3 月 25 日，原、被告双方签订商品房买卖合同一份，合同对房屋价款、交付时间及违约责任等内容进行了约定。后因被告逾期交房，2012 年 6 月 30 日，双方对房屋的交付费用及违约责任等进行了结算，结算单载明被告应向原告支付违约金 123 337 元，扣除开发商代收代办相关事宜等费用 23 553 元，以及房屋面积增加应补交费用 4 307 元，被告仍需支付原告违约金 95 477 元。同日，被告向原告开具了金额为 755 906元的购房发票一张。嗣后，被告已向原告支付违约金 57 286 元。现原告因催要余欠违约金 38 191 元未着，诉来本院，要求判如所请。诉讼中，被告提供了曾开具给原告的四份收据及原告出具给被告的遗失证明一份，该组证据内容所载明的已付房款总额为 660 599 元，经与总房款 755 906 元（面积增加费用 4 307 元）相扣算后，被告认为原告尚欠房款 91 000 元未支付。

庭审中，对于该商品房买卖时的房款支付及票据开具的过程，双方认可为：先交订金、由被告方提供订金收据；再付首付、被告方提供收据；再付余款、被告方再出具收据；最后由原告用全部收据换取被告方的正式购房发票等流程内容。以上事实，有当事人的当庭陈述，原告提供的商品房买卖合同、购房发票、结算清单，被告提供的收款收据及收据遗失证明等证据予以证明。

本院认为，债务应当清偿。依法成立的合同，对当事人具有法律约束力，当事人应当按照约定全面履行自己的义务。庭审中，被告辩称因原告尚欠房款 91 000 元未能支付，故要求抵扣被告应承担的违约金 38 191 元，对此辩称意见原告不予认可。结合双方履行房屋买卖合同时的房款交付及开具发票等履行内容的流程习惯，以及被告已向原告开具经结算后的全部房款的购房发票；再结合双方就房屋买卖合同的交付费用及违约责任的承担等进行了结算，并经双方确认被告尚需支付原告违约金 95 477 元、且被告依约已支付了违约金 57 286 元等情形综合考量后，本院认为，被告的辩称意见因无相应证据予以印证，本院对其辩称意见不予采纳，对原告诉请被告支付余欠违约金 38 191 元的主张予以支持。本案经调解无效，依照《中华人民共和国民法通则》第一百零八条、《中华人民共和国合同法》第六十条、最高人民法院《关于审理商品房买卖合同纠纷案件适用法律若干问题的解释》第十八条、《中华人民共和国民事诉讼法》第六十四条、第六十五条之规定，判决如下：

××××置业有限公司需要自判决生效之日起×日内向洪×支付违约金 38 191 元。如果未按本判决指定的期间履行给付金钱义务，应当依照《中华人民共和国民事诉讼法》第二百五十三条之规定，加倍支付迟延履行期间的债务利息。案件受理费 378 元（已减半收取），由××××置业有限公司负担，并于本判决生效之日起十日内直接支付给洪×。

如不服本判决，可在判决书送达之日起十五日内，向本院递交上诉状及副本一份，上诉于江苏省××市中级人民法院，同时根据《诉讼费用交纳办法》的有关规定，向该院预交上诉案件受理费。

审判员　××

二〇一三年二月十六日

（院印）

本件与原本核对无异

书记员　××

范文评析

【例文 1】

×××市第一中级人民法院
民事判决书

（2011）一中民初字第 1499 号

原告：王×。

委托代理人：贺××，×××市××律师事务所律师。

委托代理人：李××，×××市××律师事务所律师。

被告：陈×。

委托代理人：朱××，×××市××律师事务所律师。

委托代理人：包×。

被告：××××电视总公司。

法定代表人：李×，董事长。

委托代理人：段×。

委托代理人：曹×。

原告王×诉被告陈×、××××电视总公司（简称××总公司）侵犯著作权纠纷一案，本院受理后，依法组成合议庭并于2011年7月20日公开开庭进行了审理。原告王×及其委托代理人贺××、李××，被告陈×的委托代理人朱××、包×，被告××总公司的委托代理人段×、曹×到庭参加了诉讼。本案现已审理终结。

原告王×诉称：为参加2008年北京奥运会歌曲征集评选活动，原告于2007年8月16日将原告创作完成的《我和你》歌词寄送给奥运歌曲征集办公室。2008年8月8日，原告发现奥运会开幕式的主题歌《我和你》无论歌曲名称还是歌词内容都与原告作品相似，已构成对原告作品的抄袭剽窃，构成对原告署名权的侵犯，违反了《中华人民共和国著作权法》第四十七条第（五）项的规定。被告××总公司在其发行的音像制品中收录了该歌曲，其行为亦构成对原告署名权的侵犯。据此，请求法院判令两被告停止侵权并向原告公开赔礼道歉。

被告陈×辩称：(1) 涉案作品系被告独立创作完成。被告根据开幕式导演组对涉案作品的创作及修稿要求，使用最为平实和普通的语言，采用了公有领域被广泛使用且易于全世界人民普遍理解和接受的表达方式，最终独立完成了涉案作品的创作。被告不是奥组委歌曲征集办公室的工作人员，从未参与歌曲征集活动，亦未接触过原告创作的名为《我和你》的歌词作品，不涉及剽窃的问题。(2) 涉案作品与原告创作完成的《我和你》相比，在歌词表达方式上差别极大，完全不构成相同或近似。基于上述理由，被告请求法院判决驳回原告的全部诉讼请求。

被告××总公司辩称：涉案音像制品经合法授权出版发行，被告已经尽到了合理的注意义务。原告对涉案作品著作权的归属主张缺乏法律依据。综上，请求法院判决驳回原告的全部诉讼请求。

本院经审理查明如下事实：

一、原告主张著作权的作品《我和你》与2008年北京奥运会主题歌《我和你》的相关内容。

原告王×主张著作权的作品《我和你》的具体内容为："我和你，也许从未见过面，我们的心却已紧紧相连，阳光照耀世界每一个角落，仁爱的雨露滋养我们共同的家园。蓝天连着大地，高山连着海洋，鲜花与芳草连着我和你，春日，我们播撒希望，秋日，我们收获梦想。我和你，说着不同的语言，微笑已把我们紧紧相连，星星闪耀每一条奋斗之路，和合的微风传递友谊与温暖，同一个世界连着你，同一个梦想连着我，世界与梦想连着我和你！我们播撒希望，我们收获梦想，一起铸就人类文明的辉煌！”

2008 年北京奥运会主题歌《我和你》的词作者是本案被告陈×，歌词具体内容为：“我和你，心连心，同住地球村，为梦想，千里行，相会在北京。来吧，朋友，伸出你的手。我和你，心连心，永远一家人。”

庭审中，原告王×明确表示，奥运会主题歌《我和你》中对于其作品的抄袭在于使用了其作品中“我和你”这一表达，并将其作品中的“收获梦想”改成了“为梦想”。

上述事实有原、被告提交的涉案作品及庭审笔录在案佐证。

二、原告王×用以主张其享有著作权的相关事实。

原告王×为主张其享有由其创作的作品《我和你》的著作权，提交了如下证据：

证据 1、2、4 均为原告电脑里保存的《我和你》作品的原始参考稿件的打印件及硬盘，用以证明该作品的具体内容，并主张其最早完成时间为 2007 年 7 月 10 日。

证据 3 为第四届北京 2008 年奥运会歌曲征集参选表格，用以证明原告作品《我和你》的创作理念。该证据中《参选作品简介》中显示：《我和你》歌词通过“我和你”紧密相连的这样一种状况，来阐述人与人、人与自然、人与世界的一种和谐共荣的关系，把中国文化的核心理念“和合”、“仁爱”等精神结合在里面，表达的是天人合一、家国同构、天下大同等中国文化基本精神，强调“同一个世界、同一个梦想”的奥运精神。

证据 8 为 EMS 特快专递邮单，用以证明原告王×向北京 2008 年奥运歌曲征集办公室提交了该歌曲。该邮单上显示收信人为“×××人民广播电台音乐广播北京 2008 奥运歌曲征集评选办公室”，时间为 2007 年 8 月 16 日。

此外，原告王×还提交了证据 5、6、7，但其明确表示上述证据与原告主张著作权的作品《我和你》无关。

上述事实有原告提交的证据 1～8 及庭审笔录在案佐证。

三、原告王×指控被告陈×接触过其作品的相关事实，以及用以证明被告陈×具有抄袭情形的其他事实。

2008 年 8 月 12 日，被告陈×针对奥运歌曲的相关问题接受了记者刘××的采访，其中有如下表述：

“陈×：从一开始，我参加这个工作的时候就没想过要写一首歌。

刘××：没有想到自己要创作。

陈×：对，但是我对歌的标准和要求脑子里是我有自己的概念，这倒是真的。因为我听到了我们征选这几年的歌曲，我们必须听，要纳入进来，因为我是管音乐的人，必须听。”

对于上述事实被告陈×予以认可，但认为依据上述表述无法认定其接触过原告王×主张著作权的作品。

除上述事实外，原告王×还提交了其他相关的媒体报道，认为依据相关报道可以合理推知被告陈×对原告作品具有接触的可能性。

另外，原告王×指出被告陈×创作的《我和你》与原告作品具有相同的创意及主题思想，依据上述报道可知，被告陈×之前并未写过流行音乐，因此，可以合理推定被告陈×系抄袭了原告作品。

上述事实有原告王×提交的相关报道及庭审笔录在案佐证。

四、被告陈×用以证明奥运会主题歌系其自行创作以及其中被控侵权部分在现有领域中已有所使用的相关事实。

被告陈×为证明2008年奥运歌曲《我和你》系由其独立创作，提交了该歌曲创作及修改过程的说明，以及各版本的修改稿。

被告陈×以“我和你”作为关键词在百度网及中国知网上分别进行了查询，得到多个查询结果。由查询结果可以看出，最早在1987年即已有以“我和你”为名称的歌曲。

上述事实有被告陈×提交的创作及修改说明、网络搜索打印件及庭审笔录在案佐证。

五、与被告××总公司侵权行为有关的事实。

2010年8月4日，原告王×在×××新华书店王府井书店购买了由被告××总公司出版发行的2008年北京奥运会开幕式光盘一张，其中包括奥运会主题歌《我和你》。被告××总公司对这一行为予以认可。

上述事实有原告提交的销售票据及庭审笔录在案佐证。

本院认为：

由《中华人民共和国著作权法》第四十七条第（五）项规定可知，剽窃他人作品的行为属于侵犯著作权的行为。

本案中，原告王×主张被告陈×的行为违反了上述法律规定，构成对其署名权的侵犯。对此，本院认为，原告王×这一主张是否成立取决于本案事实是否符合如下要件：原告王×系其主张著作权的作品《我和你》的作者；被告陈×创作的奥运会主题歌《我和你》与原告王×主张著作权的作品《我和你》构成实质性近似；被告陈×客观上具有接触到原告王×主张著作权的作品的可能性。

对于原告王×是否系其主张著作权的作品《我和你》的作者，本院认为，仅依据原告在本案中提交的证据尚无法确认其是否为该作品的作者。理由如下：原告王×提供的证据1、2、4系电脑硬盘中的记载及相应的打印件，因电子证据具有易于修改的特性，因此，在无其他证据佐证的情况下，对其真实性本院无法确认。原告提交的证据8，即EMS邮单，虽可以证明其向奥运会征歌办公室寄交了相关文件，但无法认定其提交的确为涉案歌曲《我和你》。对于原告提交的证据5、6、7，因原告亦认可其与原告主张著作权的作品

《我和你》无关，故亦无法证明原告王×系该作品的作者。综上，依据上述证据尚无法确认原告是否为其主张著作权的作品的作者。

在此基础上，本院进一步认为，即便能够认定原告王×确系其主张著作权作品《我和你》的作者，将该作品与奥运会主题歌《我和你》的歌词进行对比亦可以看出二者并未构成实质性近似。原告王×庭审中已明确表示其指控的是被告陈×作品中使用了“我和你”及“梦想”这一表达，对此本院认为，因上述表达过于简单，且本案现有证据可以看出上述表达系公有领域常用表达，同时上述表达在被告作品中所占比例非常小，因此，尽管被告陈×作品中亦使用了这一表达，亦无法认定其与原告王×主张著作权的作品构成实质性近似。

鉴于此，无论原告王×是否系其主张著作权作品的作者，以及被告陈×对该作品是否具有接触的可能性，被告陈×作品均不会构成对原告王×主张著作权的作品的侵犯。据此，原告王×认为被告陈×侵犯其署名权的主张不能成立，本院不予支持。相应地，其认为被告××总公司的行为侵犯其署名权的主张亦无法成立，本院不予支持。

综上，依据《中华人民共和国著作权法》第四十七条第（五）项之规定，本院判决如下：

驳回原告王×的全部诉讼请求。

案件受理费人民币七百五十元，由原告王×负担（已交纳）。

如不服本判决，原告王×、被告××××电视总公司可在本判决送达之日起十五日内，被告陈×可在本判决送达之日起三十日内向本院提交上诉状及副本，并交纳上诉案件受理费，上诉于中华人民共和国×××市高级人民法院。

审判长　×××

代理审判员　×　×

代理审判员　×××

二〇一一年九月二十日

（院印）

本件与原本核对无异

书记员　×　×

【简析】

著作权纠纷案件是一类比较疑难、复杂的民事案件，涉及的法律关系复杂，法律概念多，推理过程曲折。因此，在制作此类裁判文书时，应特别注意其特殊性，抓住主线，层层展开。这是一份比较好的判决书。

一是在事实部分，首先准确归纳了原告的诉讼请求和事实根据、被告的答辩理由，既简要，又具体。以原告提供的事实根据和被告辩解的理由为基础，循着整个事件发展的脉络，将法院认定的双方争议的事实焦点逐一写明。叙述事实有详有略，对争议的重点问题或者重要事实不惜笔墨地详述并佐之以证据证明，为论述判决理由打下了坚实的基础。

二是在判决理由部分，以事实为根据，对被告行为是否侵权，依据法律的有关规定做了详细的分析和论证。这种论证不是空洞的评判，而是针对被告的辩解理由逐一分析，得出结论。整个理由部分推理严谨、用词准确、肯定，充分表达了法院对本案纠纷的处理依据和意见。

【例文2】

××市第一中级人民法院
民事判决书

（2012）中民初字第×号

原告：蔡××。

委托代理人：杨××。

委托代理人：李×。

被告：李××。

原告蔡××诉被告李××侵犯外观设计专利权纠纷一案，本院于2012年2月15日受理后，依法组成合议庭，于2012年6月11日公开开庭审理了本案。原告蔡××的委托代理人李×到庭参加了诉讼。被告李××经本院合法传唤，无正当理由未到庭参加诉讼，本院依法缺席审理。本案现已审理终结。

原告蔡××诉称：原告是专利号为××、名称为“玩具遥控翻斗车（××）”的外观设计专利（简称本专利）的专利权人，本专利于2007年9月19日获得授权。原告将本专利产品投放市场后，因该产品外形新颖独特，深受客户的喜爱，销售量逐年增长。被告李××是××市××区××大街××号××商城主楼四楼四道42/46/88号的经营者，是被控侵权产品的生产者。原告曾发函警告被告，但被告置若罔闻，仍然继续实施侵权行为。2011年4月11日，原告的委托代理人在公证人员的监督下，以普通消费者的身份在被告李××的经营场所购买取得被控侵权产品一件。被控侵权产品与本专利的特征实质性相同，属于与本专利近似的产品。被告未经原告许可，擅自生产销售侵权产品，获取非法利润的行为已经严重侵害了原告享有的专利权。依被告的生产和销售情况，其非法获利估计在10万元以上。为了维护原告的合法权益，请求人民法院判令：

1. 被告立即停止侵权行为；

2. 赔偿原告经济损失10万元；

3. 被告赔偿原告付出的公证费、调查费、代理费共计1万元。

被告李××未向本院提交书面答辩意见。

本院经审理查明：

名称为“玩具遥控翻斗车（××）”的外观设计专利（即本专利）由蔡××于2007年

2月9日向国家知识产权局提出申请，于2007年9月19日被授权公告，专利号为××，本专利授权公告的视图包括主视图、后视图、左视图、右视图、俯视图、仰视图、立体图等七幅视图。

2011年4月11日，蔡××的委托代理人李×在位于××市××区××大街××号××商城四楼四道42/46/88号商铺以155元的价格购买了“翻斗车”（即被控侵权产品）和“特技车”各一个，现场付款后取得销售清单一张。××市方圆公证处的公证员对上述购买过程全程进行了公证，并对所购商品进行了拍照。其后，××市方圆公证处就上述公证购买行为制作了（2011）京方圆内民证字第03435号公证书（简称第03435号公证书）。第03435号公证书所附被控侵权产品的外包装上载有“喜羊羊与灰太狼翻斗车”的字样，该外包装上没有显示生产厂家，被控侵权产品系遥控玩具。

蔡××为公证购买被控侵权产品支付了570元公证费，并为本案支付代理费6 000元。

在本案庭审过程中，本院对被控侵权产品与本专利进行了现场勘验。被控侵权产品与本专利相比，二者的相同点主要在于：

1. 本专利与被控侵权产品均有4个宽大的轮子和位于顶部的小轮子，车体的主体上部是透明的驾驶舱舱体，舱体前窄后宽，舱体内有两个座位的驾驶座，驾驶座后面是封闭的空间。

2. 与透明舱连接的车体下部是不透明的外壳，外壳上分布有一些图案。

3. 车体主体的后部有两个凸起，车体主体的前面有一个接近球形的凸起。

二者的不同之处在于：

1. 本专利车体上部的驾驶舱主体呈平滑的过渡，而被控侵权产品车体上部的驾驶舱中上部有凹槽设计。

2. 被控侵权产品驾驶座后面多了一个圆盘状的设计。

3. 本专利车体主体的后部是两个锥状的凸起，被控侵权产品车体主体后部的两个凸起是三角形。

4. 车体下部外壳分布的图案不同。

在本案庭审过程中，蔡××明确：李××不是被控侵权产品的制造商，其只是销售了被控侵权产品。

上述事实，有蔡××提交的外观设计专利证书、本专利授权公告文本、专利登记簿副本、第03435号公证书、公证费发票、代理费发票及当事人陈述等证据在案佐证。

蔡××还提交了广东省广州市公证处2011年3月8日出具的（2011）××证内经字第20550号公证书及公证费发票、邮政特快专递查询单等证据，由于这些证据涉及的外观设计专利并非本专利，故与本案缺乏关联性，本院不予采信。

本院认为：

根据《最高人民法院关于审理侵犯专利权纠纷案件应用法律若干问题的解释》［法释

(2009) 21号］第十九条之规定："被诉侵犯专利权行为发生在2009年10月1日以前的，人民法院适用修改前的专利法；发生在2009年10月1日以后的，人民法院适用修改后的专利法。"本案中，原告通过公证程序购买被控侵权产品的行为发生在2011年4月11日，故本案应适用修改后的专利法的相关规定。

根据《中华人民共和国专利法》（简称《专利法》）第十一条第二款之规定："外观设计专利权被授予后，任何单位或者个人未经专利权人许可，都不得实施其专利，即不得为生产经营目的制造、许诺销售、销售、进口其外观设计专利产品。"《专利法》第五十九条第二款规定："外观设计专利权的保护范围以表示在图片或者照片中的该产品的外观设计为准，简要说明可以用于解释图片或者照片所表示的该产品的外观设计。"

原告系本专利的专利权人，有权就他人未经许可以法律禁止的方式实施其专利的行为提起诉讼。

本专利名称为"玩具遥控翻斗车"，被控侵权产品也是玩具遥控翻斗车，二者属于相同产品。经对比，二者的不同点仅在于驾驶舱的上部的过渡、驾驶座后部是否存在圆盘状设计、车体后部凸起的形状以及外部的图案等方面。就被控侵权产品与本专利的整体而言，二者的不同之处均属于细微的差别，不会给产品整体外观带来显著区别，二者的上述差别不足以影响两个产品整体外观的近似性，一般消费者容易对此产生混淆。因此，被控侵权产品与本专利构成相近似的外观设计。

被告李××在未经原告许可的情况下，销售与本专利外观设计相近似的被控侵权产品，侵犯了原告依法享有的外观设计专利权，应当承担停止侵权、赔偿损失的民事责任。

关于本案赔偿数额的确定，由于原告未就其因本案被告侵权行为所受经济损失或被告李××因侵权行为的获利数额提供证据，故本院将综合考虑本专利的权利性质、被控侵权行为的情节、持续时间以及被告的主观过错程度等因素酌情对赔偿数额予以确定。原告为制止侵权行为所支付的合理开支，被告应当一并予以赔偿。

综上，依照《中华人民共和国专利法》第十一条第二款、第五十九条第二款、第六十五条之规定，本院判决如下：

一、被告李××自本判决生效之日起立即停止侵犯原告蔡××享有的专利号为××，名称为"玩具遥控翻斗车（××）"外观设计专利权的行为；

二、被告李××自本判决生效之日起十五日内赔偿原告蔡××经济损失及为制止侵权行为所支付的合理开支共计人民币一万元整；

三、驳回原告蔡××的其他诉讼请求。

如果被告李××未按本判决指定的期间履行给付金钱义务，应当依照《中华人民共和国民事诉讼法》第二百二十九条之规定，加倍支付迟延履行期间的债务利息。

案件受理费二千五百元，由原告蔡××负担二千四百五十元（已交纳），由被告李××负担五十元（于本判决生效后七日内交纳）。

如不服本判决，各方当事人可在本判决书送达之日起十五日内，向本院递交上诉状及副本，并交纳相应的上诉案件受理费，上诉于××市高级人民法院。

审判长　××

代理审判员　××

人民陪审员　××

二〇一二年七月十九日

（院印）

本件与原本核对无异

书记员　××

【简析】

本判决书写得较为规范。事实部分内容翔实，条理清晰，层次分明；理由部分有理有力有据，逻辑性强。整体流利通畅，毫无拖沓之感。

【例文 3】

中华人民共和国××省××市中级人民法院
民事判决书

（2007）×民初字第 95 号

原告：王×。

委托代理人：吴××，××致一律师事务所律师。

被告：美国×××投资有限公司×××办事处。

负责人：赵×，该办事处首席代表。

委托代理人：吴×，××君宇律师事务所律师。

委托代理人：陈××，××君宇律师事务所律师。

被告：蔡××，又名蔡×质。

被告：美国×××投资有限公司［×× ××（USA）Investment Co.］。

法定代表人：××，该公司董事长。

原告王×因与被告美国×××投资有限公司×××办事处（以下简称×××办事处）、赵×、蔡××货物运输合同纠纷一案，于 2006 年 8 月 18 日向××市人民法院提起诉讼。2006 年 8 月 29 日，××市人民法院以×××办事处系美国企业为由，本案系涉外民商事案件，根据《最高人民法院关于涉外民商事案件诉讼管辖若干问题的规定》将案件移送本院审理。2006 年 9 月 18 日，本院将本案报请××省高级人民法院指定管辖。2007 年 2 月 1 日，××省高级人民法院指定本院审理本案。本院受理后，依法组成合议庭进行审理。

2007年4月26日，原告申请变更诉讼请求。2007年5月21日，原告追加美国×××投资有限公司（以下简称×××公司）为被告参加诉讼。2007年7月3日，本院依法公开开庭审理了本案，原告王×及其委托代理人吴××，被告×××办事处的委托代理人陈××，被告蔡××到庭参加诉讼。被告赵×、×××公司经法院传票传唤，无正当理由未到庭参加诉讼，本院依法缺席审理。本案现已审理终结。

原告王×诉称：2003年间，王×应被告×××办事处经理王×红的邀请，陆续将销往俄罗斯的货物交由×××公司承运。2004年3月2日，王×与×××公司签订一份《运输及清关服务合同》，合同由赵×、蔡××以×××公司的名义签署。合同约定：×××公司将王×的服装以货柜形式从××省××市运往俄罗斯，并代理清关手续；货物从发运日起25至30日内运到俄罗斯。超过35天，×××公司应按每天每立方米货物1美元的标准赔偿王×；如在此基础上再超过55天，仍不能交付货物，且王×不同意继续延期交货，则视为货物丢失，双方应办理丢失手续，×××公司自确认丢失后15天内赔偿。合同还约定理赔标准为每立方米货物500美元。但如王×事先通知×××公司确认实际货值，并确认收货前向×××公司交纳货值1%的保险费，则×××公司应按货值100%进行赔偿。2005年1—3月间，王×委托×××公司承运数十批次的服装往俄罗斯，王×交货时，×××公司向王×出具《检尺称重单》及《海铁提单》。但王×所托运的货物至今仍有18批，价值125 600美元（实际价值200多万元人民币）的服装没有收到。经王×多次交涉，×××公司声称货物将很快收到。王×的货物从托运至今已经一年多，王×实际已经无法利用该货物。王×也明确向×××公司表示不同意延期交货，根据双方合同的约定，该18批货物可视为丢失，×××公司应按双方事先确认的货值赔偿王×损失。请求法院判令：×××办事处、赵×、蔡××、×××公司赔偿王×货物损失人民币1 032 360元。

被告×××办事处辩称：王×、×××公司签订的《运输及清关服务合同》约定×××公司为王×代理运输至俄罗斯并代为清关。合同中还约定：王×应保证按照货物运输安全对货物进行包装，不得夹带、匿报危险品、违法物，不得运输中、俄两国禁止或者限制运输的货物。如果不是×××公司的原因导致货损，×××公司不承担责任。王×诉称未收到的18批货物是因为假冒COLUMBIA、ECCO、SPIDER等名牌产品，以致被俄罗斯远东NAHODKA（纳霍德卡）市的海关扣留并交司法机关处理，这是王×托运违法物品所造成的，并非×××公司未按合同约定将其送达目的地，×××公司不应承担赔偿责任。请求法院驳回王×的诉讼请求。

被告蔡××辩称：本人自2003年12月开始在×××办事处工作，只负责处理该企业在××相关的对俄罗斯运输业务，公司承运货物运出××以外的流程，皆不是本人的工作职责。×××办事处与王×签订的《运输及清关服务合同》盖有×××公司的公章和×××办事处法定代表人赵×的签名，本人只是作为×××办事处工作人员在该合同中签名见证。《运输及清关服务合同》的相对方系×××公司与王×，相应的法律责任应由×××

公司承担。本人并不是合同的当事人，不须承担本案合同关系的法律责任。王×起诉主体错误，请求驳回王×对蔡××的诉讼请求。

被告赵×、×××公司没有答辩，没有提交任何证据材料，也未到庭参加本案诉讼，视为放弃诉讼权利。

在审理过程中，王×、×××办事处、蔡××对下列事实均没有异议，对此本院予以确认：

一、王×多次委托×××公司承运货物，2005年1月1日，王×、×××公司签订一份《运输及清关服务合同》，约定×××公司为王×代为办理运输服装到俄罗斯并代为清关服务。

二、2005年1—3月间，王×所托运的18批货物至今没有收到，这些货物的保险价值为129 200美元，折人民币1 072 360元。

三、蔡××系×××公司、×××办事处驻××的工作人员。

本案争议的焦点为：王×托运的货物是否存在违法？

×××办事处认为：王×托运的货物是假冒产品，导致货物被俄罗斯海关扣押，这有俄罗斯法院的决议证明。因此，×××办事处不应承担任何责任。

王×认为：×××办事处提供的证据系复印件，且未依法通过公证认证，从文件内容看也无法体现与王×货物有关。×××办事处对王×所托运的货物系假冒名牌产品的主张，无法提供证据证明。且如果王×所托运的货物于2005年被海关扣押，×××办事处就不可能在2006年12月28日出具赔偿单。另，双方之前商讨货物丢失事宜时，×××办事处从未陈述过货物被海关扣押问题。

蔡××对此争议没有发表意见。

对此争议，本院认为：×××办事处对于王×托运的货物系假冒名牌产品的主张，仅提供了一份2005年9月8日俄罗斯远东NAHODKA法院《关于10714000—081/2005号违法行为的决议》复印件及译文。由于×××办事处提供的《关于10714000—081/2005号违法行为的决议》系我国领域外形成的证据，依据《最高人民法院关于民事诉讼证据的若干规定》第十一条的规定，该证据应当经所在国公证机关予以认证。经过法院释明，×××办事处在法院规定的时间内仍不能提交经公证认证的证据，王×又不予认可，本院对该证据不予采信。×××办事处对于王×托运的货物不合法的主张，缺乏事实和法律依据，不予支持。

经审理查明：2004年至2005年间，王×与×××公司签订《运输及清关服务合同》，多次委托×××公司将货物从××省××市运输到俄罗斯，并由×××公司代办清关服务。赵×、蔡××均在合同上签名。赵×系×××办事处首席代表，蔡××系经×××公司授权在××省代表×××公司从事对俄罗斯运输服务业务的人员。2005年1—3月间，王×所托运的18批货物至今没有收到，这些货物的保险价值为129 200美元。2006年12月28日，王×与蔡××签订一份赔偿协议，确认18批货物保险金额129 200美元，折人民币 1 072 360 元，暂赔王×人民币 4 万元。当日，王×收到赔偿款 4 万元。现尚欠王×赔偿款 1 032 360 元。

综上所述，本院认为：本案系王×与×××公司之间因运输合同关系而产生的纠纷。被告×××公司系美国公司，本案属于涉外民商事案件。根据《中华人民共和国民事诉讼法》第二百四十三条，《最高人民法院关于涉外民商事案件诉讼管辖若干问题的规定》第一条、第三条，《最高人民法院关于指定广东省东莞市等五个中级人民法院管辖一审涉外民商事案件的批复》的规定，本案运输合同的运输始发地、原告王×、被告蔡××的住所地均在××省××市，本院对本案具有管辖权。在诉讼中，双方共同选择中华人民共和国法律作为本案的准据法。

×××公司系外国公司，未经我国批准而在我国领域内从事运输服务，违反外贸准入的规定。×××办事处作为×××公司下设的代表处，经批准也只能从事为总部及客户提供货运代理业务的咨询及联络，不得开展经营活动并收取费用。因此，王×与×××公司之间的运输合同无效。根据《中华人民共和国合同法》第五十八条："合同无效或者被撤销后，因该合同取得的财产，应当予以返还；不能返还或者没有必要返还的，应当折价补偿。有过错的一方应当赔偿对方因此所受到的损失，双方都有过错的，应当各自承担相应的责任。"×××公司作为合同相对方，明知其不能在我国领域内从事运输服务而开展运输业务并收取费用，对于合同的无效负有主要过错，×××公司应对王×的经济损失人民币 1 032 360 元承担赔偿责任。王×对×××公司的诉讼请求，符合事实和法律依据，予以支持。王×作为货主在办理货物运输时，也应当注意审查承运人的资格，现王×未尽到谨慎义务，对于合同的无效也负有一定的过错，对其支出的运费、保险费等损失，应自行承担。×××办事处、赵×、蔡××不是运输合同的当事人，依法无须对合同无效的法律后果承担责任，王×对×××办事处、赵×、蔡××的诉讼请求，缺乏法律依据，不予支持。据此，依照《中华人民共和国民事诉讼法》第二百三十七条，《中华人民共和国合同法》第五十二条第（五）项、第五十八条，《最高人民法院关于民事诉讼证据的若干规定》第二条、第十一条之规定，判决如下：

一、被告美国×××投资有限公司应在本判决生效后十日内赔偿原告王×经济损失人民币 1 032 360 元。

如果未按本判决指定的期间履行给付金钱义务，应当依照《中华人民共和国民事诉讼法》第二百三十二条之规定，加倍支付迟延履行期间的债务利息。

二、驳回原告王×对被告美国×××投资有限公司×××办事处、赵×、蔡××的诉讼请求。

案件受理费 15 034 元，由被告美国×××投资有限公司负担。

如不服本判决，原告王×，被告美国×××投资有限公司×××办事处、赵×、蔡××可在判决书送达之日起十五日内，被告美国×××投资有限公司可在判决书送达之日起三十日内向本院递交上诉状，并按对方当事人的人数提出副本，上诉于××省高级人民法院。

审判长　×　×

审判员　×××

代理审判员　×××

二〇〇七年八月十七日

（院印）

本件与原本核对无异

书记员　×××

【简析】

本判决书事实叙述清楚，理由论证充分，文字简洁，逻辑性强。不足之处主要是没有详细写清楚认定事实的证据。

特别提示

制作第一审民事判决书应注意的问题：

1. 不要漏列和错列当事人

漏列和错列当事人就剥夺了当事人的诉讼权利。

（1）要注意把符合条件的未成年人列为当事人。

按照《民事诉讼法》的规定，凡是有诉讼权利能力的人，都可以作为民事诉讼当事人。《中华人民共和国民法通则》第九条规定：“公民从出生时起到死亡时止，具有民事权利能力，依法享有民事权利，承担民事义务。”因此，未成年人是具有民事诉讼权利能力的人。但是，由于未成年人没有行为能力或者行为能力受限制，因此他们的民事诉讼活动，法律规定应当由他们的法定代理人代为进行。

在审判实践中，一些判决书往往不把未成年人列为当事人，而把他的法定代理人列为当事人。这在遗产继承、追索抚育费、损害赔偿等案件中经常可以见到。例如，小孩的父亲死亡后，母亲与公婆为继承死者的遗产发生纠纷。母亲、小孩都是法定继承人，都应列为当事人。可是，由于小孩年幼，没有诉讼能力，就只把母亲列为原告，不把小孩列为原告。这样，就把应参加诉讼的法定继承人排斥在诉讼之外，使小孩的合法继承权及其应继承的份额得不到审判上的保护。又如，小孩互相打架，有的判决书不把加害人（打伤小孩的人）列为被告，而把加害人的父亲或者母亲列为被告。理由是，《婚姻法》第二十三条规定：“在未成年子女对国家、集体或他人造成损害时，父母有承担民事责任的义务。”这种看法，是把实体法上规定的对无民事行为能力人和限制民事行为能力人造成他人损害的特殊的赔偿责任（不一定要求赔偿者本人主观上有过错），同诉讼上规定的代理制度混同起来了。这种案件，加害人即使是小孩，亦应列为被告；加害人的父亲（或者母亲）则应列为法定代理人，并作为加害人的监护人依法承担赔偿经济损失的责任。应当明确，法定代理人并不是诉讼当事人本人，只是诉讼当事人一方。

（2）不要把死亡人列为当事人。

公民的民事权利能力，始于出生，终于死亡。人死亡后，就丧失了民事权利能力，诉讼权利能力也随之消失。但在实践中，有的案件，当事人一方在诉讼过程中死亡后，仍被作为原告或者被告列在判决书上。这显然是不恰当的。当事人死亡后，死者生前的诉讼，如果属于财产权益的争议，应当更换当事人，由死者的合法继承人继续诉讼；如果属于人身关系的诉讼（如离婚、解除收养关系），则应当将案件终结。

（3）共同诉讼的案件，不要遗漏了共同诉讼人。

《民事诉讼法》第五十二条规定：“当事人一方或者双方为二人以上，其诉讼标的是共同的，或者诉讼标的是同一种类、人民法院认为可以合并审理并经当事人同意的，为共同诉讼。”共同诉讼中的原告和被告，就是共同诉讼人。实践中，一些判决书常常遗漏了共同诉讼中的当事人。例如，赡养案件中，父母告子女不赡养，有的只列父亲为原告，母亲没列（或者只列母亲为原告，父亲没列）。因此，在判决主文中只将赡养费判至父亲或者母亲一人名下。诉讼终结后，父或母一方死亡，又要作为一个案件重新起诉。继承案件，有时遗漏了被继承人前妻的子女、被继承人的未成年子女和代位继承的孙子女等。打架引起的赔偿损失案件，双方都是二人以上参加打架，但判决书只列各方一人为原告或者被告。这就可能使当事人丧失应享有的权利或者逃避应履行的义务。

在诉讼中，必须共同进行诉讼的当事人没有参加诉讼的，人民法院应当根据《民事诉讼法》第五十二条的规定，及时通知其参加诉讼，并在判决书上追加为当事人（原告或者被告）。人民法院通知追加的原告，已明确表示放弃实体权利的，可不追加；既不愿意参加诉讼，又不放弃实体权利的，仍可追加其为原告。有的判决书将共同诉讼人笼统称为“当事人”，而没有具体写明谁是原告，谁是被告，这是不规范的。

（4）不要把不符合第三人条件的错列为第三人。

所谓第三人，是指由于有法律上的利害关系，为了保护自己的民事权益而参加到他人的诉讼中去的人，分为有独立请求权的第三人和无独立请求权的第三人两种。在制作文书时，注意不要把不具备第三人条件的也列为第三人。如在继承案件中，把追加的法定继承人或者代位继承人，即共同原告，列为第三人；在赔偿案件中，把除原告、被告以外的其他参与侵权行为的共同被告，列为第三人；在离婚案件中，为解决离婚后的住房问题，将一方当事人的父或母，列为第三人；在房屋租赁、宅基地等案件中，把证人列为第三人。这反映了对第三人的概念不清，诉讼法律关系不明确。因此，一定要严格按照《民事诉讼法》的规定，结合案件的具体情况，确定是否是第三人，防止错用和滥用。当事人中有第三人参加诉讼的，应按原告、被告、第三人的顺序依次书写。

（5）起诉或者应诉的人如果不符合当事人的条件，不能列为当事人。

按照《民事诉讼法》的规定，起诉或者应诉的人，必须符合法律规定的条件。提起诉讼的原告，必须是自己的民事权益受到侵害或者发生争议而要求保护的人；被告必须是侵害了原告的民事权益或者与之发生争议的人。起诉或者应诉的人如果不符合当事人的条件，则不能作为民事诉讼当事人，并列在判决书上。但在审判实践中，有的将与本案没有直接利害关系、不符合原告条件的，也列为原告。如兄弟俩不对母亲尽赡养义务，姐姐起诉要求两个弟弟给付母亲赡养费，于是将姐姐列为原告；妻子与别人打架，丈夫起诉，要求对方赔偿损失，于是将丈夫列为原告；房屋产权纠纷，产权人起诉，要求确认自己对房屋的所有权，法院以产权人年纪大、参加诉讼不便为理由，将其子列为原告，等等。还有的将并未侵害原告合法权益、不符合被告条件的人，也列为被告。因此，人民法院在审查起诉时，应当对当事人的资格认真进行审查。发现当事人不符合条件的，应当进行更换，并将更换后的当事人列在判决书上。

2. 诉讼代理人的称谓要写准确、具体

（1）不能将诉讼代理人称为“代理人”。用“代理人”这一称谓，容易混淆民事代理和民事诉讼代理的界限。

（2）要具体地写明是哪一种诉讼代理人。诉讼代理分为法定代理和委托代理两种。这两种诉讼代理人的性质、诉讼地位和代理权限都不完全相同，每一个案件的诉讼代理人的称谓也需要具体、明确。所以，在判决书上应具体写明是法定代理人还是委托代理人，不能统称为“诉讼代理人”。

3. 要注意分清“反诉”与“反驳”

一些判决书将反诉当作反驳对待，因而不将被告反诉的内容写进事实部分，在判决书中也不标明反诉，把被告的反诉与反驳混同起来。从诉讼性质上讲，反诉并不是反驳。反驳，是被告为维护自己的合法权益，提出各种理由来反对原告的请求，以否认和减轻自己的民事责任，并使原告败诉的一种手段。标明反诉，有利于更好地体现当事人诉讼权利平等的原则，并可防止漏判。

4. 不能把诉讼费用负担的决定，作为主文的一项写在主文里面

诉讼费不是双方当事人争议的标的；诉讼费用负担的决定，不是判决主文的内容。当事人不服一审判决，有权提起上诉；但当事人不得单独就人民法院关于诉讼费用的决定，提出上诉。

此外，人民法庭不能出具判决书，并加盖人民法庭的印章。

第四节 人民法院第二审民事判决书

一、第二审民事判决书的概念

上一级人民法院按照上诉审程序审理当事人不服一审人民法院所做的判决、裁定而提起上诉的民事案件，并对此作出的判决书，称为第二审（或终审）民事判决书。二审法院通过对民事案件的二审，可以及时有效地纠正一审民事判决或裁定可能发生的错误，切实保障当事人的合法权益，从而提高审判质量。

二、第二审民事判决书的要素内容及制作方法

第二审民事判决书一般分为如下五个部分。

（一） 首部

这部分应当依次写明：

（1）标题：写明“××人民法院民事判决书”字样。其右下方注明案号。

（2）在当事人栏内，由原告提起上诉的案件，应写“上诉人（即原审原告）：姓名，性别，年龄，籍贯，职业，住址”。由被告提起上诉的，写明“上诉人（即原审被告）：姓名，性别，年龄，民族，籍贯，职业，住址”。上诉人的对方，应写“被上诉人：姓名，性别，年龄，民族，籍贯，职业，住址”。有代理人的，分别写明“代理人：姓名及身份等项”，并应写明与当事人的关系（写在上诉人，被上诉人的次行）。

（3）案由栏内先写明：“……一案，上诉人对×××人民法院×年×月×日（年度）×民初字第×号判决不服，向本院提出上诉。”然后写开庭审理的时间、审判组织和审判方式。在行文上，可写为：“本院于×年×月×日，由审判员×××担任审判长，和审判员×××、×××组成合议庭，书记员××担任记录，依法公开（或不公开）进行审理。查明：……”或：“本院依法组成合议庭，对本案进行公开（或不公开）审理。现查明：……”独任审判的，写：“本院于×年×月×日开庭依法公开（或不公开）进行了审理。现已审理完结，查明：……”

（二） 事实

这部分应在全面审查一审案卷、材料和证据的基础上，写明审查清楚的当事人双方争

议的主要事实和认定的证据，以及原审法院判决的内容。作为上诉审判决，应着重针对上诉人所提出的问题写清楚，对于没有分歧的事实，可以采取概述的方法或者不写。

（三） 理由

这部分应当写明以下两点：

(1) 写明上诉人不服原审判决的理由，以及对这些理由的分析认定。正确的应当予以支持，错误的应当予以驳斥。

(2) 写明对原审判决的认定，原审判决正确的应予以维持，错误的应当及时纠正。

这部分的写作要求是，实事求是，有分析有论证，分清是非，以理服人。

（四） 判决结果

这部分应当按照下列情形写明处理决定：

(1) 原判决认定事实正确，适用法律恰当，应写明：“驳回上诉，维持原判。”或者：“原判正确，应予维持，上诉无理，予以驳回。”

(2) 原判决认定事实正确，适用法律不当，应依法改判。如系全部改判，应写明“原判决撤销”，然后写明改判的具体内容。如系部分改判，应具体写明改判哪部分，及具体内容。

(3) 原判决认定事实不清，证据不足，可以发回原审人民法院重新审判。应写明：“原判决撤销；发回××人民法院重新审判。”

（五） 尾部

这部分应写明以下事项：

(1)“本判决为终审判决。”

(2) 其他项目与第一审民事判决书相同，但审判人员署名应是审判长和审判员。

三、第二审民事判决书的写作格式

××××人民法院

民事判决书

（二审维持原判或者改判用）

（年度）×民终字第×号

上诉人（原审×告）：____________________（写明姓名或名称等基本情况）。

被上诉人（原审×告）：____________________（写明姓名或名称等基本情况）。

第三人：____________________（写明姓名或名称等基本情况）。

（当事人及其他诉讼参加人的列项和基本情况的写法，除双方当事人的称谓外，与第一审民事判决书样式相同。）

上诉人×××因____________________（写明案由）一案，不服××××人民法院

（年度）×民初字第×号民事判决，向本院提起上诉。本院依法组成合议庭，公开（或不公开）开庭审理了本案。____________（写明当事人及其诉讼代理人等）到庭参加诉讼。本案现已审理终结。（未开庭的，写："本院依法组成合议庭审理了本案，现已审理终结。"）____________（概括写明原审认定的事实和判决结果，简述上诉人提起上诉的请求和主要理由，被上诉人的主要答辩，以及第三人的意见）。

经审理查明，____________（写明二审认定的事实和证据）。

本院认为，____________（根据二审查明的事实，针对上诉请求和理由，就原审判决认定事实和适用法律是否正确，上诉理由能否成立，上诉请求是否应予支持，以及被上诉人的答辩是否有理等，进行有分析的评论，阐明维持原判或者改判的理由）。依照____________（写明判决依据的法律条款项）的规定，判决如下：

____________[写明判决结果。分四种情况：

第一，维持原判的，写：

"驳回上诉，维持原判。"

第二，全部改判的，写：

"一、撤销××××人民法院（年度）×民初字第×号民事判决；

"二、____________（写明改判的内容，内容多的可分项书写）。"

第三，部分改判的，写：

"一、维持××××人民法院（年度）×民初字第×号民事判决的第×项，即____________（写明维持的具体内容）；

"二、撤销××××人民法院（年度）×民初字第×号民事判决的第×项，即____________（写明撤销的具体内容）；

"三、____________（写明部分改判的内容，内容多的可分项书写）。"

第四，维持原判，又有加判内容的，写：

"一、维持××××人民法院（年度）×民初字第×号民事判决；

"二、____________（写明加判的内容）。"]

____________（写明诉讼费用的负担）。

本判决为终审判决。

审判长　×××

审判员　×××

审判员　×××

×年×月×日

（院印）

本件与原本核对无异

书记员　×××

病文诊疗

【原文】

××市第一中级人民法院
民事判决书

（2013）一中民终字第102号

上诉人（原审被告）：闫××。

被上诉人（原审原告）：×××商贸中心。

投资人：孙×，经理。

委托代理人：王×，××市××律师事务所律师。

上诉人闫××因与被上诉人×××商贸中心（以下简称商贸中心）买卖合同纠纷一案，不服××市×××区人民法院（2012）×民初字第4926号民事判决，向本院提起上诉。本院于2012年12月24日受理后，依法组成由法官常×担任审判长，法官张××、朱××参加的合议庭，于2013年1月4日公开进行了审理，并于2013年1月18日公开开庭进行了审理。上诉人闫××，被上诉人商贸中心之委托代理人王×到庭参加了诉讼。本案现已审理终结。

商贸中心在一审中起诉称：自2000年开始，商贸中心为闫××供应汽车油漆，双方存在口头买卖合同关系。双方业务关系截止到2007年。2007年1月18日，闫××为商贸中心出具欠条，内容为："今欠×××商贸中心货款27 400元，欠款人闫××。"在该欠条上同时注明："截止到2007年1月17日止，所有单子已核。"此后，商贸中心多次要求闫××还款，闫××以种种理由拒绝，故诉至法院。诉讼请求：1. 判令闫××给付商贸中心欠款27 400元；2. 判令闫××承担本案案件受理费。

闫××在一审中答辩称：不同意商贸中心的诉讼请求。闫××承认欠条为自己所写，但已经还过钱了。闫××和孙××之间还有租赁合同关系，孙××租用了其6亩地用于修车，商贸中心还欠闫××的房租，每月租金是2 150元。欠条左下方后加上去的字正是说明从2009年3月至2010年2月，整整一年的时间，商贸中心应付闫××的租金是25 800元，还有一些水、电、垃圾费等，共计28 304元。这笔租金已经和商贸中心诉求的欠款27 400元折抵了，双方之间互相算完账后商贸中心还欠闫××904元。

一审法院经审理查明：2000年至2006年间，商贸中心与闫××之间存在长期的买卖合同关系，闫××不定期从商贸中心处购买汽车油漆，但始终未签订书面买卖合同。双方买卖关系终止后进行账务核算，闫××于2007年1月18日向商贸中心出具欠条一张，载明："今欠×××商贸中心货款：贰万柒仟肆佰元整（27 400）。欠款人：闫××　截止到

2007年1月17日止，所有单子已核。07年1月18日。”闫××认可欠条上文字系其本人所写。

此外，欠条下方有闫××后加上去的文字：“09.3－10.2 /余 800；2 150×12＝25 800；800＋904；28 304”等内容。对于上述文字的理解，商贸中心称，上述文字意思为欠条原始欠款为27 400元，后双方再次对账时发现有遗漏的货款904元，两笔相加是最终欠款28 304元，闫××当初曾想将这笔货款与租金进行折抵，但商贸中心已经把租金都给了闫××，所以折抵并没有实际发生。商贸中心现在只按照欠条原始欠款主张。闫××称，上述文字的意思为双方互负债权债务的相互折抵的计算，即租金2 150元/月×12＝25 800元，加上商贸中心欠闫××的一些水、电、垃圾等费用，共计28 304元，折抵这张欠条上的货款后，商贸中心还应支付闫××904元，余800等的意思无法解释。

上述事实，有送货单、欠条及双方当事人陈述等证据在案佐证。

一审法院判决认定：商贸中心与闫××之间买卖汽车油漆，虽无书面合同，但已实际履行，且无证据显示存在违反法律、行政法规的效力性禁止性规定之处，双方形成合法有效的买卖合同关系，对当事人具有法律约束力，当事人应当按照合同约定全面履行自己的义务。

本案中，双方的争议焦点为闫××是否已经履行了支付商贸中心货款的义务。当事人对自己提出的诉讼请求所依据的事实或者反驳对方诉讼请求所依据的事实有责任提供证据加以证明。没有证据或者证据不足以证明当事人的事实主张的，由负有举证责任的当事人承担不利后果。对于合同是否履行应由负有履行义务的一方当事人负举证责任，闫××作为买卖合同的买受方，其主要合同义务是支付价款。因此，无论是直接给付货款抑或是将双方互负的债权债务进行抵消，闫××均应提供相应的证据证明其已经实际履行了合同义务。本案中，闫××未能提供有效证据予以证明，且亦未能对欠条中载明的其主张证明抵消的内容以及欠条仍在商贸中心处的原因进行充分和合理的说明，故对此应承担不利的法律后果，对闫××提出的债务已经抵消的抗辩，该院不予支持，闫××应当给付商贸中心相应货款。

商贸中心与闫××之间的其他债权债务关系，因与本案并非同一法律关系，本案不作涉及。综上所述，依照《中华人民共和国合同法》第一百零九条、第一百三十条、第一百五十九条，《中华人民共和国民事诉讼法》第六十四条之规定，判决：闫××于判决生效后十日内给付商贸中心货款二万七千四百元。如果未按判决指定的期间履行给付金钱的义务，应当依照《中华人民共和国民事诉讼法》第二百五十三条之规定，加倍支付迟延履行期间的债务利息。

闫××不服一审法院上述民事判决，向本院提起上诉。商贸中心未向本院提交书面答辩意见，但其在本院审理中口头答辩称：同意一审法院判决。

本院经审理查明的事实与一审法院查明的事实一致，本院予以确认。

上述事实，还有双方当事人在本院审理期间的陈述在案佐证。

本院认为，商贸中心与闫××之间买卖汽车油漆，虽无书面合同，但已实际履行，亦未违反国家法律、行政法规的强制性规定，且双方形成的买卖合同关系是双方真实意思表示，故合法有效。当事人应当按照合同约定全面履行各自的义务。闫××书写的欠条能够证明双方债权债务关系成立，故闫××应将所欠货款给付商贸中心。

《最高人民法院关于民事诉讼证据的若干规定》第二条规定："当事人对自己提出的诉讼请求所依据的事实或者反驳对方诉讼请求所依据的事实有责任提供证据加以证明。没有证据或者证据不足以证明当事人的事实主张的，由负有举证责任的当事人承担不利后果。"本案中，闫××称双方已就互负债务达成相互抵消的合意，但未向本院提交证据证明，故闫××的第一项上诉理由，缺乏事实依据，本院不予采信。闫××称商贸中心在本案中主张的欠款已超过诉讼时效的上诉理由，本院认为，《最高人民法院关于审理民事案件适用诉讼时效制度若干问题的规定》第四条规定："当事人在一审期间未提出诉讼时效抗辩，在二审期间提出的，人民法院不予支持，但其基于新的证据能够证明对方当事人的请求权已过诉讼时效期间的情形除外。"依据上述司法解释的规定，闫××在一审期间未提出诉讼时效的抗辩，且闫××书写的欠条亦未约定还款期限，故闫××的该项上诉理由不能成立，本院不予采信。闫××的上诉请求，缺乏事实依据，本院不予支持。

综上所述，一审判决认定事实清楚，适用法律正确，程序合法，应予维持。依照《中华人民共和国民事诉讼法》之规定，判决如下：

驳回上诉，维持原判。

如果未按本判决指定的期间履行给付金钱的义务，应当依照《中华人民共和国民事诉讼法》第二百五十三条之规定，加倍支付迟延履行期间的债务利息。

一审案件受理费二百四十三元，由闫××负担（于本判决生效后七日内交纳）。

二审案件受理费四百八十五元，由闫××负担（已交纳）。

本判决为终审判决。

审判长　常　×
审判员　张××
代理审判员　朱××
二〇一三年一月十八日
（院印）

本件与原本核对无异

书记员　×××

【简析】

本文主要存在两个问题：

首先，在事实和证据部分，缺失上诉人提起上诉的请求和主要理由。第二审民事判决书是针对第一审民事判决书认定的事实而做出的，应写明原审认定事实、判决理由和判决结果，上诉人的上诉请求和理由，被上诉人的答辩等事项。本文仅简单提到闫××不服一审法院上述民事判决，向本院提起上诉，而并未写明其上诉请求和理由。

其次，在本文的判决主文部分，引用法律规范要具体明确。本文中的表述为“依照《中华人民共和国民事诉讼法》之规定”，仅笼统提到依据的是哪一部法律，而没有具体的法律规范。应改为“依照《中华人民共和国民事诉讼法》第一百七十条第一款第（一）项之规定，判决如下”方可。

【修改文】

××市第一中级人民法院
民事判决书

（2013）一中民终字第102号

上诉人（原审被告）：闫××。

被上诉人（原审原告）：×××商贸中心。

投资人：孙×，经理。

委托代理人：王×，××市××律师事务所律师。

上诉人闫××因与被上诉人×××商贸中心（以下简称商贸中心）买卖合同纠纷一案，不服××市×××区人民法院（2012）×民初字第4926号民事判决，向本院提起上诉。本院于2012年12月24日受理后，依法组成由法官常×担任审判长，法官张××、朱××参加的合议庭，于2013年1月4日公开进行了审理，并于2013年1月18日公开开庭进行了审理。上诉人闫××，被上诉人商贸中心之委托代理人王×到庭参加了诉讼。本案现已审理终结。

商贸中心在一审中起诉称：自2000年开始，商贸中心为闫××供应汽车油漆，双方存在口头买卖合同关系。双方业务关系截止到2007年。2007年1月18日，闫××为商贸中心出具欠条，内容为：“今欠×××商贸中心货款27 400元，欠款人闫××。”在该欠条上同时注明：“截止到2007年1月17日止，所有单子已核。”此后，商贸中心多次要求闫××还款，闫××以种种理由拒绝，故诉至法院。诉讼请求：1. 判令闫××给付商贸中心欠款27 400元；2. 判令闫××承担本案案件受理费。

闫××在一审中答辩称：不同意商贸中心的诉讼请求。闫××承认欠条为自己所写，但已经还过钱了。闫××和孙××之间还有租赁合同关系，孙××租用了其6亩地用于修车，商贸中心还欠闫××的房租，每月租金是2 150元。欠条左下方后加上去的字正是说明从2009年3月至2010年2月，整整一年的时间，商贸中心应付闫××的租金是25 800元，还有一些水、电、垃圾费等，共计28 304元。这笔租金已经和商贸中心诉求的欠款27 400元折抵了，双方之间互相算完账后商贸中心还欠闫××904元。

一审法院经审理查明：2000年至2006年间，商贸中心与闫××之间存在长期的买卖合同关系，闫××不定期从商贸中心处购买汽车油漆，但始终未签订书面买卖合同。双方买卖关系终止后进行账务核算，闫××于2007年1月18日向商贸中心出具欠条一张，载明：“今欠×××商贸中心货款：贰万柒仟肆佰元整（27 400）。欠款人：闫×× 截止到2007年1月17日止，所有单子已核。07年1月18日。”闫××认可欠条上文字系其本人所写。

此外，欠条下方有闫××后加上去的文字：“09.3－10.2 /余800；2 150×12＝25 800；800＋904；28 304”等内容。对于上述文字的理解，商贸中心称，上述文字意思为欠条原始欠款为27 400元，后双方再次对账时发现有遗漏的货款904元，两笔相加是最终欠款28 304元，闫××当初曾想将这笔货款与租金进行折抵，但商贸中心已经把租金都给了闫××，所以折抵并没有实际发生。商贸中心现在只按照欠条原始欠款主张。闫××称，上述文字的意思为双方互负债权债务的相互折抵的计算，即租金2 150元/月×12＝25 800元，加上商贸中心欠闫××的一些水、电、垃圾等费用，共计28 304元，折抵这张欠条上的货款后，商贸中心还应支付闫××904元，余800等的意思无法解释。

上述事实，有送货单、欠条及双方当事人陈述等证据在案佐证。

一审法院判决认定：商贸中心与闫××之间买卖汽车油漆，虽无书面合同，但已实际履行，且无证据显示存在违反法律、行政法规的效力性禁止性规定之处，双方形成合法有效的买卖合同关系，对当事人具有法律约束力，当事人应当按照合同约定全面履行自己的义务。

本案中，双方的争议焦点为闫××是否已经履行了支付商贸中心货款的义务。当事人对自己提出的诉讼请求所依据的事实或者反驳对方诉讼请求所依据的事实有责任提供证据加以证明。没有证据或者证据不足以证明当事人的事实主张的，由负有举证责任的当事人承担不利后果。对于合同是否履行应由负有履行义务的一方当事人负举证责任，闫××作为买卖合同的买受方，其主要合同义务是支付价款。因此，无论是直接给付货款抑或是将双方互负的债权债务进行抵消，闫××均应提供相应的证据证明其已经实际履行了合同义务。本案中，闫××未能提供有效证据予以证明，且亦未能对欠条中载明的其主张证明抵消的内容以及欠条仍在商贸中心处的原因进行充分和合理的说明，故对此应承担不利的法律后果，对闫××提出的债务已经抵消的抗辩，该院不予支持，闫××应当给付商贸中心相应货款。

商贸中心与闫××之间的其他债权债务关系，因与本案并非同一法律关系，本案不作涉及。综上所述，依照《中华人民共和国合同法》第一百零九条、第一百三十条、第一百五十九条，《中华人民共和国民事诉讼法》第六十四条之规定，判决：闫××于判决生效后十日内给付商贸中心货款二万七千四百元。如果未按判决指定的期间履行给付金钱的义务，应当依照《中华人民共和国民事诉讼法》第二百五十三条之规定，加倍支付迟延履行期间的债务利息。

闫××不服一审法院上述民事判决，向本院提起上诉。其上诉理由为：……

商贸中心未向本院提交书面答辩意见，但其在本院审理中口头答辩称：同意一审法院判决。

本院经审理查明的事实与一审法院查明的事实一致，本院予以确认。

上述事实，还有双方当事人在本院审理期间的陈述在案佐证。

本院认为，商贸中心与闫××之间买卖汽车油漆，虽无书面合同，但已实际履行，亦未违反国家法律、行政法规的强制性规定，且双方形成的买卖合同关系是双方真实意思表示，故合法有效。当事人应当按照合同约定全面履行各自的义务。闫××书写的欠条能够证明双方债权债务关系成立，故闫××应将所欠货款给付商贸中心。

《最高人民法院关于民事诉讼证据的若干规定》第二条规定："当事人对自己提出的诉讼请求所依据的事实或者反驳对方诉讼请求所依据的事实有责任提供证据加以证明。没有证据或者证据不足以证明当事人的事实主张的，由负有举证责任的当事人承担不利后果。"本案中，闫××称双方已就互负债务达成相互抵消的合意，但未向本院提交证据证明，故闫××的第一项上诉理由，缺乏事实依据，本院不予采信。闫××称商贸中心在本案中主张的欠款已超过诉讼时效的上诉理由，本院认为，《最高人民法院关于审理民事案件适用诉讼时效制度若干问题的规定》第四条规定："当事人在一审期间未提出诉讼时效抗辩，在二审期间提出的，人民法院不予支持，但其基于新的证据能够证明对方当事人的请求权已过诉讼时效期间的情形除外。"依据上述司法解释的规定，闫××在一审期间未提出诉讼时效的抗辩，且闫××书写的欠条亦未约定还款期限，故闫××的该项上诉理由不能成立，本院不予采信。闫××的上诉请求，缺乏事实依据，本院不予支持。

综上所述，一审判决认定事实清楚，适用法律正确，程序合法，应予维持。依照《中华人民共和国民事诉讼法》第一百七十条第一款第（一）项之规定，判决如下：

驳回上诉，维持原判。

如果未按本判决指定的期间履行给付金钱的义务，应当依照《中华人民共和国民事诉讼法》第二百五十三条之规定，加倍支付迟延履行期间的债务利息。

一审案件受理费二百四十三元，由闫××负担（于本判决生效后七日内交纳）。

二审案件受理费四百八十五元，由闫××负担（已交纳）。

本判决为终审判决。

审判长　常　×

审判员　张××

代理审判员　朱××

二〇一三年一月十八日

（院印）

本件与原本核对无异

书记员　×××

范文评析

【例文 1】

××市第一中级人民法院
民事判决书

(2012) 一中民终字第 12172 号

上诉人(原审被告):××市××××模板厂。

法定代表人:王××,厂长。

委托代理人:沈×,××市××律师事务所律师。

被上诉人(原审原告):张×。

上诉人××市××××模板厂(以下简称××模板厂)因与被上诉人张×运输合同纠纷一案,不服××市××区人民法院(2012)×民初字第 8045 号民事判决,向本院提起上诉。本院于 2012 年 9 月 21 日受理后,依法组成由法官阴×担任审判长,法官艾×、魏××参加的合议庭,进行了审理。本案现已审理终结。

张×在一审中起诉称:2011 年 4 月 13 日,张×和××模板厂签订运输协议,张×为××模板厂运输廊坊梅花公寓 3#楼工程的模板、角模及配件,每车运费 2 000 元(顺义加工厂至廊坊工地),共计 3 车。协议签订后,张×按照约定分别于 2011 年 4 月 14 日、4 月 16 日、4 月 18 日三次将模板、角模及配件运送到目的地,总运费 6 000 元。为维护张×的合法权益,故起诉要求:1. 判令××模板厂和胡××、李××支付运输款 6 000 元;2. 判令××模板厂和胡××、李××负担诉讼费。2012 年 8 月 9 日,张×撤回对胡××、李××的起诉,一审法院予以确认,张×的诉讼请求确定为:1. 判令××模板厂支付运输款 6 000 元;2. 判令××模板厂负担诉讼费。

××模板厂在一审中答辩称:不同意支付,不予认可张×陈述的事实。

一审法院经审理查明:2011 年 4 月 13 日,张×(乙方)和××模板厂(甲方)签订《运输协议》约定:甲方委托乙方运输"廊坊梅花公寓 3#楼"工程的模板、角模及其配件,单价按 2 000 元/车计算(顺义加工厂至廊坊工地),共计 3 车。协议签订后,张×分别于 2011 年 4 月 14 日、2011 年 4 月 16 日、2011 年 4 月 18 日为××模板厂运输 3 次模板和角模。

一审判决认为:本案涉及的《运输协议》虽无××模板厂的盖章,但有其副经理和发货员的签字,并且张×履行了该协议,故《运输协议》成立,未违反法律、法规的强制性规定,属合法有效的合同。××模板厂应当按照约定及时支付运输款,现张×要求××模板厂支付运费的诉讼请求,该院予以支持。据此,依照《中华人民共和国合同法》第一百零七条之规定，判决：××模板厂支付张某运输款六千元（于本判决生效后十日内履行）。如果未按本判决指定的期间履行给付金钱义务，应当依照《中华人民共和国民事诉讼法》第二百二十九条之规定，加倍支付迟延履行期间的债务利息。

××模板厂不服一审法院上述民事判决，向本院提出上诉。其主要上诉理由为：

一、一审判决认定事实错误。

1. 作为单位履行职务行为的自然人个人，除法定代表人本人签字或法定代表人授权的人签字有效外，没有获得授权的自然人个人签字只能是效力待定，而不是当然生效。现《运输协议》上只有副经理及发货员的签字，仅表明合同成立，而效力是待定的。

2. 效力待定的合同未经被代理人追认，对被代理人不发生效力，由行为人承担责任。作为相对人可以催告被代理人在一个月内予以追认，被代理人未做表示的，视为拒绝追认。

二、一审判决适用法律错误。本案所涉合同未生效，不应适用《中华人民共和国合同法》第一百零七条的规定。上诉请求：

1. 依法撤销一审判决，驳回张×对××模板厂的诉讼请求。

2. 依法判令本案一审、二审案件诉讼费用由张×承担。

张×同意一审判决。

本院查明的事实与一审法院查明的事实一致。

上述事实还有双方当事人在二审审理期间的陈述在案佐证。

本院认为：一审关于双方所签协议效力的认定正确，本院予以确认。××模板厂上诉关于《运输协议》属效力待定，对被代理人不发生效力的理由不能成立，本院对此不予采信。

××模板厂上诉关于其公司副经理及发货员的签字不能代表公司，不属于职务行为的理由，本院认为：因双方所签协议上有××模板厂副经理和经办人的签字，且以前双方亦有业务往来，张×根据交易习惯，有理由相信××模板厂副经理和经办人的行为是代表公司的职务行为，张×在履行完协议约定的义务后，有权要求××模板厂给付运输款，一审判决处理并无不当，××模板厂的该项上诉理由亦不能成立，本院对此不予采信。

综上，一审法院认定事实清楚，适用法律正确，应予维持。本院依照《中华人民共和国民事诉讼法》第一百五十三条第一款第（一）项之规定，判决如下：

驳回上诉，维持原判。

一审案件受理费二十五元，由××市××××模板厂负担（于本判决生效后七日内交纳）。

二审案件受理费五十元，由××市××××模板厂负担（已交纳）。

本判决为终审判决。

审判长　阴　×

代理审判员　艾　×

代理审判员　魏××

二〇一二年十月十九日

（院印）

本件与原本核对无异

书记员　×××

【简析】

本文结构完整，书写规范，原审认定事实、判决理由、原审原告起诉内容、原审被告辩称内容、上诉人上诉理由、被上诉人辩称、二审法院认定事实、判决理由、判决结果均有交代，详略得当。

【例文 2】

××市第二中级人民法院
民事判决书

（2011）二中民四终字第 433 号

上诉人（原审原告）：张××。

被上诉人（原审被告）：××港物流发展有限公司。

上诉人张××因人身损害赔偿纠纷一案，不服××市××新区人民法院于 2011 年 1 月 20 日作出的（2010）××民初字第 2955 号民事判决，向本院提起上诉。本院于 2011 年 3 月 22 日立案，于 2011 年 4 月 27 日公开开庭审理了本案。上诉人张××的委托代理人邓×、田×，被上诉人××港物流发展有限公司的委托代理人祝×到庭参加了诉讼。本案现已审理终结。

原审法院查明，2008 年 4 月 11 日凌晨 4 时，原告张××驾驶个体经营的津 A×××、津 A×××挂货车到被告公司送货，在被告所属货场 3 场 11 位处装货时，被告货场机械司机刘××驾驶车牌号津港×××××号车在货场 3 场 11 位正面吊装作业过程中，将到货场装货停留在作业区的原告脚部轧伤，致原告脚部多处粉碎性骨折。原告于 2008 年 4 月 11 日到××港口医院治疗，当日转入××医院住院治疗至今，医疗费用均由被告垫付。原告系从事个体运输司机，原告所有车辆挂靠在××市津交运物流有限公司，该车自原告受伤的 2008 年 4 月至 7 月未予报停。原告未提供住院期间需二人护理的医疗机构证明。原告主张向××港物流发展有限公司借款为原告住院期间垫付护理人员护理费，但未就其主张提供证据，原告提供护理人员其妻××每月收入为 1 950 元，自 2008 年 4 月至 2010 年 7 月 11 日误工停发工资的误工证明。原告提供交通费票据客运出租发票 10 张，合计

189.7元，火车票6张，合计990元，地铁定额发票3张，合计12元，公交车资票据3张，合计6元，以上共计1 197.7元，该交通票据存在时间重复瑕疵。原告治疗期间赴上海治疗产生住宿费456元，检查、治疗费180元，餐饮票据144元，被告对原告赴上海治疗不予认可，原告未提供经被告同意及医疗机构出具的相关证据。另查明：1.××港物流发展有限公司截至2009年2月11日为原告张××垫付医疗费122 039.81元，住院用具费115元；2.原告张××自2008年4月至今在××市××医院住院治疗中；3.原告张××经其妻××截至2009年4月10日共向××港物流发展有限公司供款68 000元，双方约定待事故结案时一并扣除。被告未在本案中对此提出意见。庭审中，原告变更诉讼请求为，要求判令被告赔偿原告误工费102 879元、护理费74 100元、交通费1 950元、住院伙食补助费40 500元、财产损失20 400元（挂靠费），以上共计239 829元；诉讼费用由被告承担。

原审法院认为，被告工作人员在场区内驾驶吊装车作业时将原告脚部轧伤，属非道路交通事故。被告应对其致伤原告承担赔偿责任。原告在作业区内应遵守安全规定，而未尽安全注意义务，亦是导致其受到伤害的原因之一，依据被侵权人对损害的发生也有过错的，可以减轻侵权人责任的规定，双方应按8：2的比例承担责任。原告主张自受伤之日2008年4月至该次权利主张截止日2010年7月，共计27个月的误工费用，因原告尚在治疗期间，不违反法律规定，且原告提供了个体运输资格证明，参照××市交通运输业年度收入标准，未超出法律规定，予以支持。原告主张护理费，对其主张被告同意分段护理人数，不能举证证实，且未提供医疗机构出具的护理人数证明，故不予采信。根据原告伤情情况，原审法院认定自2008年4月11日至2010年7月11日为其妻××一人护理，护理人员提供的误工证明，不违反法律规定，予以确认，原告护理费应为1 950元×27月×1人＝52 650元，超出部分不予支持。住院伙食补助费，符合法律规定，予以支持。原告赴上海治疗产生住宿费、检查、治疗费、餐饮票据，因未提供经被告同意或医疗机构出具的相关证明，证据不足，属扩大损失部分，不予支持。原告主张交通费，原告提供的证据存在时间重复瑕疵，原审法院酌情认定500元，超出部分不予支持。财产损失，原告虽提供了纳管合同及管理单位出具的车辆停运期间缴费票据，但原告未就车辆停运期间要求挂靠公司报停提供证据，故其所产生的费用，属扩大损失部分，与被告侵权不具关联性，故不予支持。关于原告借款费用，本案不予解决，双方另案处理。被告主张原告部分诉讼请求已超过1年的诉讼时效，因本案原告尚在治疗期间，属时效连续，故对被告的主张不予采信。依据《中华人民共和国民法通则》第一百一十九条、《最高人民法院关于审理人身损害赔偿案件适用法律若干问题的解释》第二十条、第二十一条、第二十二条之规定，原审法院判决：“一、被告××港物流发展有限公司于本判决生效之日起十日内赔偿原告张××截至2010年7月11日误工费102 879元、护理费52 650元、住院伙食补助费40 500元、交通费500元，共计196 529元的80%即157 223.2元；二、驳回原告的其他诉讼请求。如果未按本判决指定的期间履行给付金线义务，应当依照《中华人民共和国民事诉讼法》第二百二十九条之规定，加倍支付迟延履行期间的债务利息。案件受理费5 308元，原告负担2 174元，被告负担3 134元（于本判决生效之日起十五日内给付原告）。”

判决后，张××不服，向本院提起上诉，提出上诉人在本案中没有任何过错，而原审法院判决上诉人承担20%的责任是不正确的；上诉人伤势严重，身体又重，护理困难，当时被上诉人同意增加护理人员，有签字为证，原审法院只判决支持一人的护理费，显然是错误的；上诉人损失的挂靠费20 400元，其责任完全是由于被上诉人造成的，原审法院认定是上诉人扩大经济损失是错误的；关于上诉人去上海治疗的费用及交通费，也是经被上诉人允许的，系实际损失，原审法院未予支持。故原审法院认定事实不清，适用法律错误，要求撤销原审判决，依法改判支持上诉人原审的全部诉讼请求，并承担诉讼费用。

被上诉人××港物流发展有限公司则认为原审法院判决认定事实清楚，适用法律正确，要求驳回上诉，维持原判。

本院经审理查明，被上诉人货场机械司机刘××驾驶车辆的车牌号应为津港×××××号，该车正面标注："十米内车、人禁入"。另查，上诉人原审期间提交的"××市贷款道路建设车辆通行费发票"上注明："养包缴67%通包缴67%，七折计征。"本院查明的其他事实与原审法院查明的一致。二审期间，上诉人未提交新证据。

本院认为，关于责任认定问题，首先，被上诉人虽然提供了《货场作业安全管理规定》及《公司货场入场须知》等文件，但大多属于其公司内部安全作业管理规定。尽管也抄送了与该公司有业务往来的运输企业，但并不包含上诉人所在工作单位。其次，被上诉人作为货场专业作业单位，其厂区内有大量的集装箱存放及吊装机械进行作业，日常工作中不仅需要制定大量的安全作业管理规定，而且关键在于制度的执行，而上诉人作为前往被上诉人公司货场提货的司机，之所以能进入禁止进入的区域内，应该说是因为被上诉人公司的管理人员并未按公司规定履行相应的管理职责。最后，从被上诉人公司正面吊装作业肇事司机的陈述看，被上诉人公司的理货员本不该在事故车辆上，而肇事司机在上诉人与该吊车上的理货员就装货事宜沟通后下车不久，在天黑视线不好且未确定上诉人处于安全位置的情况下即启动车辆倒车，导致上诉人伤情发生，其行为过失显而易见，上诉人的伤情与其过失行为之间的因果关系明确。基于此，被上诉人应对于上诉人的伤情承担全部赔偿责任。原审法院以上诉人未尽安全注意义务为由，确认上诉人承担20%的责任，与事实不符，认定有误，本院予以变更。

关于上诉人的护理费问题，上诉人脚部多处粉碎性骨折，且体重较重，初期由一人护理确实存在一定的困难，故本院考虑自2008年4月至2008年10月由被上诉人赔偿两个人的护理费，自2008年11月至2010年7月由被上诉人赔偿一个人的护理费。由于上诉人于原审期间提供的护理人员的误工证明存在瑕疵，本院根据受诉法院上一年度即2009年度居民服务和其他服务业收入标准21 300元确定上诉人的护理费数额，即2008年4月至2008年10月护理费为21 300元（21 300元÷12个月×2人×6个月）；2008年11月至

2010年7月护理费为37 275元（21 300元÷12个月×21个月），护理费合计58 575元。

关于上诉人主张的挂靠费20 400元的问题，上诉人所驾驶的车辆其挂靠于××市津交运物流有限公司，该公司每月代上诉人交纳养路费、运管费、建设费、服务费时享受一定的优惠，根据《公路养路费征收管理规定》第十八条第一款第（一）项之规定，包缴车辆享受缴费优惠后，不再办理报停手续。因此，上诉人自受伤后至2008年7月间所交纳的上述费用，应属于其合理经济损失，被上诉人应承担赔偿责任。原审法院认定该笔费用属于扩大损失部分失当，本院予以变更。

关于上诉人前往上海看病的住宿费、检查费、治疗费、餐饮费等，因上诉人未能提供医院的转院治疗证明，亦未提供证明被上诉人同意赴上海治疗证据，故该部分费用，本院不予支持。

综上所述，依据《中华人民共和国民事诉讼法》第一百五十三条第一款第（二）项、《最高人民法院关于审理人身损害赔偿案件适用法律若干问题的解释》第二十条、第二十一条、第二十二条、第二十三条第一款之规定，判决如下：

一、撤销××市××新区人民法院（2010）××民初字第2955号民事判决；

二、本判决生效之日起十日内，被上诉人××港物流发展有限公司赔偿上诉人张××截至2010年7月11日的误工费102 879元、护理费58 575元、住院伙食补助费40 500元、挂靠费20 400元、交通费500元，合计222 854元；

三、驳回上诉人张××其他上诉请求。

如果未按本判决指定的期间履行给付金线义务，应当依照《中华人民共和国民事诉讼法》第二百二十九条之规定，加倍支付迟延履行期间的债务利息。

一审案件受理费5 308元，二审案件受理费4 897元，合计10 205元，上诉人张××负担205元，被上诉人××港物流发展有限公司负担10 000元。

本判决为终审判决。

审判长　×××

审判员　×××

审判员　×××

二〇一一年六月二十一日

（院印）

本件与原本核对无异

书记员　×××

【简析】

本文重点比较突出，围绕争论焦点展开说明，内容充实，判决理由详细。行文稍显拖沓，此为不足。

特别提示

制作第二审民事判决书应该注意的问题：

1. 事实部分交代完整，结构清晰，层次分明

因为事实是二审做出改判或者维持原判的根据，所以这部分的书写一定要做到清楚明白，条理清晰。二审是建立在一审之上的，所以书写的时候要体现出二审的特点。

(1) 主要针对上诉人提出的问题进行叙述，对于原判决结果以及一审中已经认定的事实且双方均无异议的，概括叙述，做到有主有次、详略得当。

(2) 简要概括上诉人的上诉请求和主要理由，被上诉人的主要答辩，第三人意见。

(3) 对于二审法院认定的事实及证据，原判决已经认定，事实清楚且原被告双方均无异议的，应概括书写，有异议的，应把异议部分叙述清楚并加以论证分析，论证异议是否成立；原判中未体现，属遗漏的，应补充叙述；原判中有误的，对有误部分应详述，并加以论证分析。

2. 理由部分准确清晰，条理清楚

理由建立在事实基础上，为判决结果的得出提供依据，因此应根据二审查明的事实，对上诉人提出的请求和上诉理由、被上诉人的答辩事项、原审判决认定事实和法律依据是否正确，以及二审判决改判或维持原判的理由进行分析论证，做到有理有据，彰显法律的公平正义。

3. 判决结果明确了然

判决结果作为对一审的最终决定，是二审判决书中的关键所在。根据我国《民事诉讼法》第一百七十条的规定，二审民事判决书经过审理，作出最终处理决定的，主要有驳回上诉、维持原判，部分改判，全部改判，增加新的判决等情况，应根据不同情况进行书写。

第五节 人民法院第一审行政判决书

一、第一审行政判决书的概念

第一审行政判决书，是第一审人民法院依照《中华人民共和国行政诉讼法》（以下简称《行政诉讼法》）规定的第一审程序，对审理终结的第一审行政案件，就实体问题作出的书面决定。

人民法院审理行政案件，对国家行政机关的具体行政行为是否合法做出公正的判决，以确定当事人之间的行政权利义务关系，纠正行政违法行为，调整、稳定行政法律关系。

二、第一审行政判决书的要素内容和制作方法

第一审行政判决书由首部、事实、理由、判决结果和尾部五部分组成。

（一） 首部

（1）制作文书的机关名称和文书名称。如分两行写为“××省××市中级人民法院行政判决书”。

（2）被告及其法定代表人（或者代表人）、法定代理人（或者指定代理人）和委托代理人的身份事项。行政判决书中的被告，要写明被诉的行政机关名称、所在地址；另起一行写明该机关的法定代表人（指行政机关的“首长”）及其姓名和职务等。

（3）案件由来、审判组织。审判方式和开庭审理过程，可写为：“原告×××不服××××（行政机关名称）×年×月×日（年度）×字第×号处罚决定（复议决定或者其他具体行政行为），向本院提起诉讼。本院受理后，依法组成合议庭，公开（或者不公开）开庭审理了本案。______________（写明到庭的当事人、代理人等）到庭参加诉讼。本案现已审理终结。”

书写这段的目的是说明审判程序是否合法。如有的被告经两次合法传唤而未到庭的，还应写明：“被告×××经本院两次合法传唤，无正当理由拒不到庭。”

（二） 事实

事实部分应写明两方面的内容：当事人行政争议的内容；经法院审理确认的事实和证据。

（1）当事人行政争议的内容。行政诉讼是以原告不服行政机关的具体行政行为为前提

的。当事人行政争议的事实，一般应先概括写明被告所作的具体行政行为的主要内容、列举的证据和所依据的法律和法规；然后简要叙述原告不服行政机关复议或者处罚、处理决定的主要理由和诉讼请求，以及被告的答辩；如有第三人参加诉讼的，再简述第三人的意见。在行文上要力求简明扼要，如实反映出当事人之间发生行政诉讼争议的实质问题，避免不必要的前后重复和照抄起诉状、答辩状。

（2）法院认定的事实和证据。这是判决书的关键部分。事实要客观、真实，表达要准确、具体。要把行政争议发生的时间、地点、内容、情节和因果关系等交代清楚。行政诉讼不同于民事诉讼，被告负有举证责任。《行政诉讼法》第三十二条明确规定："被告对作出的具体行政行为负有举证责任，应当提供作出该具体行政行为的证据和所依据的规范性文件。"因此，判决书应强调被告的举证责任，判决认定的事实要注重证据。证据必须经法庭查对属实；在方法上，要注意叙事与举证紧密结合。

（三）理由

理由部分应写明两方面的内容：判决的理由；判决所依据的法律、法规条款。

（1）判决的理由。根据查明的事实和有关法律规定以及行政诉讼的特点，就行政机关所作的具体行政行为是否合法，原告的诉讼请求是否有理，进行分析、论证，阐明人民法院的观点。阐述理由要有针对性，具体问题具体分析，讲理讲法，恰如其分，合乎逻辑。

（2）判决所依据的法律、法规条款。表述要做到正确、具体、完整。根据《行政诉讼法》的规定，审理行政案件应以法律和行政法规、地方性法规为依据。地方性法规适用于本行政区域内发生的行政案件。同时应参照国务院各部委根据法律和国务院的行政法规、决定、命令制定、发布的规章，省、自治区、直辖市以及省、自治区人民政府所在地的市和经国务院批准的较大的市的人民政府根据法律和国务院的行政法规制定、发布的规章。如果被诉行政机关与受诉人民法院不在同一地区，人民法院审理行政案件适用地方性法规时，应当以作出具体行政行为的行政机关依法所适用的地方性法规为依据。引用法律、法规要写明所适用的具体条、款、项或者目。人民法院作出的判决或者裁定，需要参照有关的规章时，应当写明"根据《中华人民共和国行政诉讼法》第五十三条，参照×××规章（条、款、项）的规定"。第一审行政判决书除适用有关实体法外，还要分别适用《行政诉讼法》第五十四条第（一）、（二）、（三）、（四）项的规定，据以作出相应的判决。

（四）判决结果

判决结果即判决的主文，是人民法院对当事人之间的行政诉讼争议作出的实体处理结论，依照《行政诉讼法》第五十四条的规定，人民法院经过审理，根据不同情况，可分别作出以下判决：

（1）判决维持。这是肯定具体行政行为合法的判决。依照法律规定，判决维持，必须是具体行政行为证据确凿，适用法律、法规正确，符合法定程序。这是确认具体行政行为合法的三个基本条件。这三个条件是统一的、不可分割的整体；缺少其中任何一个条件，都不能判决维持具体行政行为。

（2）判决撤销或者部分撤销，并可判决被告重新作出具体行政行为。判决撤销，是否定具体行政行为合法的判决。依照法律规定，判决撤销，必须是具体行政行为的主要证据不足或者适用法律、法规错误，或者违反法定程序，或者超越职权，或者滥用职权。只有具备上述五种行为之一的，才能判决全部撤销。某种具体行政行为，部分合法、部分不合法的，则对合法部分判决予以维持，对不合法部分判决予以撤销。

判决被告重新作出具体行政行为，是判决撤销行政机关具体行政行为的一种补充。具体行政行为虽因违法被撤销，但是问题并未得到解决，还需行政机关对相对人作出处理决定。在这种情况下，可以判决被告重新作出具体行政行为。这样做既可以使行政机关纠正原违法的具体行政行为，又可以重新作出合法的具体行政行为，以维护正常的行政管理秩序。但被告不得以同一的事实和理由作出与原具体行政行为基本相同的具体行政行为。

（3）判决被告限期履行法定职责。这是指当被告不履行或者拖延履行法定职责时，判决被告必须在一定期限内履行。根据《行政诉讼法》的有关规定，对符合法定条件申请被诉行政机关颁发许可证和执照，被诉行政机关拒绝颁发或者不予答复的，申请被诉行政机关履行保护人身权、财产权的法定职责，被诉行政机关拒绝履行或者不予答复的，被诉行政机关没有依法发给抚恤金的，可以判决被告限期履行法定职责。具体期限，则应根据案件的具体情况和履行的实际可能来确定。

（4）判决变更具体行政行为。这是指当行政处罚显失公正时，判决直接改变具体行政行为。判决变更必须具备两个条件：一是依照法律、法规规定实施了拘留、罚款、吊销许可证和执照、责令停业整顿、没收财物等行政处罚的行为；二是这种行政处罚行为必须是显失公正的。只有这两个条件同时具备，才能判决变更。

在行文上，具体可作如下表述：

第一，维持行政机关具体行政行为的，写为："维持××××（行政机关名称）×年×月×日（年度）×字第×号处罚决定（复议决定或者其他具体行政行为）。"

第二，撤销行政机关具体行政行为的，写为："一、撤销××××（行政机关名称）×年×月×日（年度）×字第×号处罚决定（复议决定或者其他具体行政行为）；二、____________（写明判决被告重新作出具体行政行为的内容。如果不需重新作出具体行政行为，此项不写。如果确认被告的具体行政行为侵犯原告合法权益而应当承担行政赔偿责任，则应写明赔偿数额、交付时间等）。"

第三，部分撤销行政机关具体行政行为的，写为："一、维持××××（行政机关名称）×年×月×日（年度）×字第×号处罚决定（复议决定或者其他具体行政行为）的第×项，即____________（写明维持的具体内容）；二、撤销××××（行政机关名称）×年×月×日（年度）×字第×号处罚决定（复议决定或者其他具体行政行为）的第×项，即____________（写明撤销的具体内容）；三、____________（写明判决被告重新作出具体行政行为的内容。如果不需重新作出具体行政行为，此项不写。如果确认被告侵犯原告合法权益而应当承担行政赔偿责任，则应写明赔偿数额、交付时间等）。”

第四，判决行政机关在一定时期内履行法定职责的，写为：“责成被告××××____________（写明履行法定职责的期限和内容）。”

第五，判决变更行政处罚的，写为：“变更××××（行政机关名称）×年×月×日（年度）×字第×号处罚决定（或者复议决定），改为____________（写明更改后的处罚内容）。”

第六，单独判决行政赔偿的，写为：“被告××××赔偿原告×××____________（写明赔偿金额、交付时间或返还原物，恢复原状）。”

（五） 尾部

与第一审民事判决书不同的是，《行政诉讼法》第四十六条规定：“人民法院审理行政案件，由审判员组成合议庭，或者由审判员、陪审员组成合议庭。”因此，法院审理行政案件，一律实行合议制，不适用《民事诉讼法》关于简单的民事案件由审判员独任审判的规定。判决书应当由审理该案的合议庭组成人员署名，不产生独任审判的问题。

其他各项如写明诉讼费用的负担、交代上诉权等，与第一审民事判决书相同。

三、第一审行政判决书的写作格式

××××人民法院

行政判决书

（一审行政案件用）

（年度）×行初字第×号

原告：____________（写明起诉人的姓名或名称等基本情况）。

法定代表人（或代表人）：____________（写明姓名和职务）。

法定代理人（或指定代理人）：____________（写明姓名等基本情况）。

委托代理人：____________（写明姓名等基本情况）。

被告：____________（写明被诉的行政机关名称和所在地址）。

法定代表人（或代表人）：____________（写明姓名和职务）。

委托代理人：____________（写明姓名等基本情况）。

第三人：____________（写明姓名或名称等基本情况）。

法定代表人（或代表人）：____________（写明姓名和职务）。

法定代理人（或指定代理人）：____________（写明姓名等基本情况）。

委托代理人：____________（写明姓名等基本情况）。

原告×××不服××××（行政机关名称）×年×月×日（年度）×字第×号处罚决定

(复议决定或者其他具体行政行为),向本院提起诉讼。本院受理后,依法组成合议庭,公开(或不公开)开庭审理了本案。______(写明到庭的当事人、代理人等)到庭参加诉讼。本案现已审理终结。

______(概括写明被告所作的具体行政行为的主要内容及其事实与根据,以及原告不服的主要意见、理由和请求等)。

经审理查明,______(写明法院认定的事实和证据)。

本院认为,______(根据查明的事实和有关法律规定,就行政机关所作的具体行政行为是否合法,原告的诉讼请求是否有理,进行分析论述)。依照______(写明判决所依据的法律条款项)的规定,判决如下:

______[写明判决结果,分六种情况:

第一,维持行政机关具体行政行为的,写:

"维持××××(行政机关名称)×年×月×日(年度)×字第×号处罚决定(复议决定或者其他具体行政行为)。"

第二,撤销行政机关具体行政行为的,写:

"一、撤销××××(行政机关名称)×年×月×日(年度)×字第×号处罚决定(复议决定或者其他具体行政行为);

"二、______(写明判决被告重新作出具体行政行为的内容。如果是不需要重新作出具体行政行为的,此项不写。如果是确认被告的具体行政行为侵犯原告合法权益而须承担行政赔偿责任的,应当写明赔偿的数额和交付时间等)。"

第三,部分撤销行政机关具体行政行为的,写:

"一、维持××××(行政机关名称)×年×月×日(年度)×字第×号处罚决定(复议决定或者其他具体行政行为)的第×项,即______(写明维持的具体内容);

"二、撤销××××(行政机关名称)×年×月×日(年度)×字第×号处罚决定(复议决定或者其他具体行政行为)的第×项,即______(写明撤销的具体内容);

"三、______(相对撤销部分写明判决被告重新作出具体行政行为的内容。如果是不需要重新作出具体行政行为的,此项不写。如果是确认被告侵犯原告合法权益而须承担行政赔偿责任的,应当写明赔偿的数额和交付时间等)。"

第四,判决行政机关在一定期限内履行法定职责的,写:

"责成被告××××______(写明被告应当履行的法定职责内容和期限)。"

第五,判决变更行政处罚的,写:

"变更××××(行政机关名称)×年×月×日(年度)×字第×号处罚决定(或复议决定),改为______(写明变更后的处罚内容)。"

第六,单独判决行政赔偿的,写:

“被告××××赔偿原告×××______________（写明赔偿的金额、交付时间，或者返还原物、恢复原状等）。”]

______________（写明诉讼费用的负担）。

如不服本判决，可在判决书送达之日起十五日内，向本院递交上诉状，并按对方当事人的人数提出副本，上诉于××××人民法院。

审判长　×××

审判员　×××

审判员　×××

×年×月×日

（院印）

本件与原本核对无异

书记员　×××

病文诊疗

【原文】

湖南省长沙市××区人民法院
行政判决书

（2013）×行初字第15号

原告：曾××。

委托代理人：于××，长沙市××法律服务所法律工作者。

被告：长沙市公安局××分局。

法定代表人：黄××，局长。

委托代理人：王××。

委托代理人：张××。

原告曾××不服被告长沙市公安局××分局（以下简称××分局）作出的户口迁移审核登记具体行政行为，于2013年1月16日向本院提起行政诉讼。本院于同日立案受理后，根据《最高人民法院关于开展行政诉讼简易程序试点工作的通知》、湖南省高级人民法院《关于在部分基层法院开展行政诉讼简易程序试点工作的通知》的规定，本院是开展行政诉讼简易程序试点工作的法院之一，据此，本院决定本案适用简易程序由审判员钟×独任审判，并于2013年2月1日开庭公开进行了审理。原告曾××及其委托代理人于××、被告××分局的委托代理人王××和张××等到庭参加诉讼。本案现已审理终结。

原告曾××诉称：曾××与师××于2011年6月28日依法登记结婚。师××于2011年7月6日向辖区各级有关部门写了《落户报告》，要求将曾××的户口迁到新桥村六组自己的户口里。《落户报告》得到长沙市××区马王堆街道办事处、新桥村民委员会及新桥村六组签署的同意意见。2011年7月15日，师××填写了《村集体经济组织成员申请表（一）、（二）》，获准办理曾××落户手续。曾××于2011年9月13日取消从原籍湖南省×县公安局×××派出所开出系农业户口的《户籍证明》。曾××多次要求××分局办理落户手续，××分局借口长沙市××区人民政府征地领导小组没有核批，不予准许。××分局不从事实出发，不依法行政，侵害了曾××的合法权益。请求依法判令××分局审核准许曾××因婚迁入落户师××的非农业户口。

被告××分局辩称：曾××向××分局申请准许其因婚迁入其丈夫户籍所在地的非农业户口已获准许，并已办理落户手续。曾××未向××分局提交农业户口转非农业户口迁入的申请和相关材料。故曾××诉××分局多次借口长沙市××区人民政府征地领导小组没有核批，不准曾××迁入其丈夫师××非农业家庭户口的事实不成立，故××分局没有不依法行政侵害曾××合法权益。应依法判决驳回曾××的诉讼请求。

经审理查明：曾××系湖南省×县×××乡渔场居民，户口性质为农业家庭户口。2011年6月28日，曾××与师××登记结婚。2012年6月25日，曾××向××分局提交《申请书》和《迁入户口呈批表》。《申请书》中曾××申请落户到“我丈夫原住的地址马王堆新桥村六组的非农业户口”，曾××在《迁入户口呈批表》中“入户性质”栏的注明“农转非”。同日，××分局对曾××迁入户口的申请作出同意的审核登记，将曾××的户口迁至湖南省长沙市××区马王堆派出所荷晏委新桥村六组，其中“户别”注明为“非农业家庭户口”。曾××对此不服，诉至本院。

本院认为：《中华人民共和国户口登记条例》第三条规定，户口登记工作，由各级公安机关主管。曾××户口迁入地为长沙市××区马王堆派出所荷晏委新桥村，××分局为户口登记工作的主管机关，有权对曾××的户口迁移作出审核登记。

湖南省公安厅湘公通［2003］132号《关于贯彻落实〈湖南省深化户籍管理制度改革方案〉的通知》规定，取消过去的户口迁移审批制，实行户口迁移审核登记制度。

2008年12月16日，《湖南省人民政府关于公布取消、调整的行政审批项目和保留的行政许可项目目录的决定》（第235号）取消的131项行政审批项目中包括户口迁移审批。

根据上述规定，户口迁移实行审核登记制度，不属于行政许可。××分局依据曾××的户口迁移申请资料（包括户口迁入地、户别等），对曾××作出的同意曾××户口因婚迁入长沙市××区马王堆派出所荷晏委新桥村六组户别为非农业家庭户口的审核登记，审核登记主体合法，事实清楚，证据确凿，适用法律、法规正确，应予维持。曾××提出《申请书》和《迁入户口呈批表》中“农转非”不是其真实意思表示的理由，没有充分证据证实，本院不予采信，对曾××的诉讼请求，本院不予支持。依照《最高人民法院关于执行〈中华人民共和国行政诉讼法〉若干问题的解释》第五十六条第（四）项的规定，判决如下：

驳回曾××的诉讼请求。

本案受理费五十元，由曾××负担。

如不服本判决，可在判决书送达之日起十五日内通过本院递交上诉状，并按对方当事人的人数提出副本，上诉于湖南省长沙市中级人民法院。

审判员　钟　×

二〇一三年二月一日

（院印）

本件与原本核对无异

书记员　邹××

【简析】

本文存在的主要问题是没有列举被告主张被诉具体行政行为合法的证据。《行政诉讼法》以及《最高人民法院关于行政诉讼证据若干问题的规定》的规定，被告对作出的具体行政行为负有举证责任，因此，在叙述被告的具体行政行为之后，应当将被告主张被诉具体行政行为合法的证据一一列举，并且写明证据的名称及内容、证明目的、提供证据的时间。

【修改文】

湖南省长沙市××区人民法院
行政判决书

（2013）×行初字第15号

原告：曾××。

委托代理人：于××，长沙市××法律服务所法律工作者。

被告：长沙市公安局××分局。

法定代表人：黄××，局长。

委托代理人：王××。

委托代理人：张××。

原告曾××不服被告长沙市公安局××分局（以下简称××分局）作出的户口迁移审核登记具体行政行为，于2013年1月16日向本院提起行政诉讼。本院于同日立案受理后，根据最高人民法院《关于开展行政诉讼简易程序试点工作的通知》、湖南省高级人民法院《关于在部分基层法院开展行政诉讼简易程序试点工作的通知》的规定，本院是开展行政诉讼简易程序试点工作的法院之一，据此，本院决定本案适用简易程序由审判员钟×独任审判，并于2013年2月1日开庭公开进行了审理。原告曾××及其委托代理人于××、被告××分局的委托代理人王××和张××等到庭参加诉讼。本案现已审理终结。

原告曾××诉称：曾××与师××于2011年6月28日依法登记结婚。师××于2011年7月6日向辖区各级有关部门写了《落户报告》，要求将曾××的户口迁到新桥村六组自己的户口里。《落户报告》得到长沙市××区马王堆街道办事处、新桥村民委员会及新桥村六组签署的同意意见。2011年7月15日，师××填写了《村集体经济组织成员申请表（一）、（二）》，获准办理曾××落户手续。曾××于2011年9月13日取消从原籍湖×省×县公安局×××派出所开出系农业户口的《户籍证明》。曾××多次要求××分局办理落户手续，××分局借口长沙市××区人民政府征地领导小组没有核批，不予准许。××分局不从事实出发，不依法行政，侵害了曾××的合法权益。请求依法判令××分局审核准许曾××因婚迁入落户师××的非农业户口。

被告××分局辩称：曾××向××分局申请准许其因婚迁入其丈夫户籍所在地的非农业户口已获准许，并已办理落户手续。曾××未向××分局提交农业户口转非农业户口迁入的申请和相关材料。故曾××诉××分局多次借口长沙市××区人民政府征地领导小组没有核批，不准曾××迁入其丈夫师××非农业家庭户口的事实不成立，故××分局没有不依法行政侵害曾××合法权益。应依法判决驳回曾××的诉讼请求。

被告××分局在举证期限内向本院提交了以下证据：

________________（列举证据、证明目的）。

经审理查明：曾××系湖南省×县×××乡渔场居民，户口性质为农业家庭户口。2011年6月28日，曾××与师××登记结婚。2012年6月25日，曾××向××分局提交《申请书》和《迁入户口呈批表》。《申请书》中曾××申请落户到“我丈夫原住的地址马王堆新桥村六组的非农业户口”，曾××在《迁入户口呈批表》中“入户性质”栏的注明“农转非”。同日，××分局对曾××迁入户口的申请作出同意的审核登记，将曾××的户口迁至湖南省长沙市××区马王堆派出所荷晏委新桥村六组，其中“户别”注明为“非农业家庭户口”。曾××对此不服，诉至本院。

本院认为：《中华人民共和国户口登记条例》第三条规定，户口登记工作，由各级公安机关主管。曾××户口迁入地为长沙市××区马王堆派出所荷晏委新桥村，××分局为户口登记工作的主管机关，有权对曾××的户口迁移作出审核登记。

湖南省公安厅湘公通［2003］132号《关于贯彻落实〈湖南省深化户籍管理制度改革方案〉的通知》规定，取消过去的户口迁移审批制，实行户口迁移审核登记制度。

2008年12月16日，湖南省人民政府《关于公布取消、调整的行政审批项目和保留的行政许可项目目录的决定》（第235号）取消的131项行政审批项目中包括户口迁移审批。

根据上述规定，户口迁移实行审核登记制度，不属于行政许可。××分局依据曾××的户口迁移申请资料（包括户口迁入地、户别等），对曾××作出的同意曾××户口因婚迁入长沙市××区马王堆派出所荷晏委新桥村六组户别为非农业家庭户口的审核登记，审核登记主体合法，事实清楚，证据确凿，适用法律、法规正确，应予维持。曾××提出《申请书》和《迁入户口呈批表》中“农转非”不是其真实意思表示的理由，没有充分证据证实，本院不予采信，对曾××的诉讼请求，本院不予支持。依照最高人民法院《关于执行〈中华人民共和国行政诉讼法〉若干问题的解释》第五十六条第（四）项的规定，判决如下：

驳回曾××的诉讼请求。

本案受理费五十元，由曾××负担。

如不服本判决，可在判决书送达之日起十五日内通过本院递交上诉状，并按对方当事人的人数提出副本，上诉于湖南省长沙市中级人民法院。

审判员　钟　×

二〇一三年二月一日

（院印）

本件与原本核对无异

书记员　邹××

范文评析

【例文 1】

××市第一中级人民法院
行政判决书

（2008）×一中法行初字第×号

原告：孙××，男，25 岁，汉族，××省人，无业，住××市××区××乡××村。

委托代理人：邹××，××县××法律服务所法律服务工作者。

被告：××县人民政府。地址：××市××区××路××号。

法定代表人：向××，县长。

委托代理人：陈××，××县人民政府法制办公室干部。

委托代理人：张××，××县法律援助律师事务所律师。

原告孙××要求撤销被告××县人民政府作出的××府复［2007］22 号行政复议决定书一案，于 2008 年 3 月 25 日向本院提起诉讼。本院受理后，依法组成合议庭，于 2008 年 5 月 6 日公开开庭进行了审理。原告孙××及其委托代理人邹××、被告××县人民政府的委托代理人陈××、张××到庭参加了诉讼，本案现已审理终结。

2008年2月27日，被告××县人民政府作出××府复［2007］22号行政复议决定，维持××县人口与计划生育委员会的×计生征字（2007）第050086号征收社会抚养费决定书，在征收总额中补充列入遗漏的3 000元未婚生育社会抚养费。

原告孙××起诉称，2007年9月30日，××县人口与计划生育委员会以原告孙××违法生育第二个子女，对原告作出×计生征字（2007）第050086号征收社会抚养费决定书。原告不服，向××县人民政府申请行政复议。××县人民政府于2008年2月27日作出了××府复［2007］22号行政复议决定书。该复议决定书加重了对原告的处罚，违反了《中华人民共和国行政复议法实施条例》第五十一条的规定，作出的复议决定对原告更为不利。请求依法撤销被告××县人民政府作出的××府复［2007］22号行政复议决定书，责令被告××县人民政府重新作出复议决定。

被告××县人民政府答辩称：一、被告作出的复议决定，对原告违反国家计划生育法律、法规生育子女的事实认定清楚，证据确实充分，依法应予以维持。二、被告作出的××府复［2007］22号行政复议决定书，没有加重对原告的处罚。××县人民政府在行政复议过程中，根据原告单位××县大路镇六塘卫生院出具的《孙××2006年1月至2007年2月各项收入情况》，认定原告2006年总收入为人民币20 358.46元，依据《××市人口与计划生育条例》第五十一条第（一）项规定的按收入总额的6倍标准计算征收社会抚养费为122 150.76元。同时，由于原告的违法生育还违反了《××市人口与计划生育条例》第五十三条第一款的规定，应当向其征收社会抚养费3 000元。被告在复议时，依法对该漏项给予了补充。被告作出的××府复［2007］22号行政复议决定书事实清楚、证据确实充分，程序合法，请人民法院予以维持。

被告××县人民政府在举证期限内向本院提交了以下证据：

1. 违法生育案件立案呈批表，证明已对违法生育人孙××立案调查；

2. 2007年4月5日对陈小×的询问笔录，证明孙小×是陈小×与孙××所生；

3. 2006年10月11日××县大路镇人口和计划生育办公室工作人员对孙××的询问笔录，证明孙小×是孙××之子；

4. ××县人民医院证明，证明孙小×于2007年2月19日出生；

5. 2007年4月30日对王××的调查笔录，证明孙小×是孙××之子；

6. 2007年4月10日××县公安局大路派出所《迁出注销证明》和常住人口登记表，证明陈小×的户口是2006年10月30日迁出的；

7. 2006年7月13日的离婚证，证明孙××是在陈小×怀孕后才与其离婚的；

8. ××县大路镇六塘卫生院出具的证明，证明孙××的收入情况；

9. ××县人口和计划生育委员会《征收社会抚养费意见书》，证明对孙××征收社会抚养费的金额应当为122 150.76元；

10. ××县人口和计划生育委员会×计生征字（2007）第050086号《征收社会抚养费决定书》，证明行政复议对象存在。

被告当庭提交了大竹县莲印乡计划生育办公室的《证明》，证明无孙×此人，大竹县莲印乡计划生育办公室只对违法生育的陈小×进行了处理。

原告孙××在本院规定的举证期限内提交了如下证据：

1. 2007年5月10日×计生征字（2007）第050046号征收社会抚养费决定书；

2. ××府复［2007］10号行政复议决定书；

3. 2007年9月30日×计生征字（2007）第050086号征收社会抚养费决定书；

4. ××府复［2007］22号行政复议决定书。

原告以上述证据证明被告作出的××府复［2007］22号行政复议决定书认定事实、作出程序、适用法律均违法。

原告当庭提交了孙小×的《出生医学证明》和大竹县人口和计划生育委员会莲印计生征字（2007）第01号征收社会抚养费决定书，证明孙小×的父亲是孙×，大竹县人口和计划生育委员会已对陈小×与孙×夫妇违法生育孙小×的行为进行了处理。

上述证据经庭审质证，原告孙××对被告××县人民政府提交的证据第1、2、3、4、6、7、8项的真实性无异议，但认为不能达到被告的证明目的；对第5项证据，认为社区主任王××未出庭，对该调查笔录不予认可；对第9、10项证据，认为依据的事实错误，作出的决定也是错误的；对被告当庭提交的大竹县莲印乡计划生育办公室的《证明》，认为无原件，且与事实不符，不予认可。

被告××县人民政府对原告提交的证据第1、2、3、4项无异议；对原告当庭提交的《出生医学证明》及莲印计生征字（2007）第01号征收社会抚养费决定书的真实性无异议，但认为不能证明孙小×是孙×之子。

本院审查认为，被告当庭提交的大竹县莲印乡计划生育办公室的《证明》，未在举证时限内提交，且原告对该证据不予认可，本院不予采信；原告孙××提交的证据及被告××县人民政府提交的其他证据真实、来源合法、与本案具有关联性，本院予以确认。

根据上述合法有效的证据及当事人陈述，本院认定如下案件事实：

孙××与陈小×于1987年结婚，1992年生育一女孙×。2006年7月13日，孙××与陈小×在××县民政局登记离婚。2006年11月9日，陈小×将其户口从××县大路镇郭家村5社以投亲名义迁往四川省大竹县莲印乡尖山村5组。2007年2月19日，陈小×在××县人民医院剖腹产一男婴，取名孙小×。2007年3月13日，大竹县人口和计划生育委员会作出莲印计生征字（2007）第01号征收社会抚养费决定书，查实陈小×与孙×夫妇于2007年2月19日在广东务工期间违法违规生育孙小×，决定对陈小×与孙××夫妇征收社会抚养费16 800元。

2007年5月10日，××县人口和计划生育委员会认定孙小×系孙××与陈小×违法生育的子女，对孙××作出×计生征字（2007）第050046号征收社会抚养费决定书，决定对孙××征收社会抚养费91 613.07元。孙××不服，向××县人民政府申请复议。2007年9月25日，××县人民政府作出××府复［2007］10号行政复议决定书，撤销了××县人口和计划生育委员会作出的×计生征字（2007）第050046号征收社会抚养费决定书，并决定由××县人口和计划生育委员会在法定期限内重新作出征收社会抚养费决定。2007年9月30日，××县人口和计划生育委员会作出×计生征字（2007）第050086号征收社会抚养费决定书，决定对孙××征收社会抚养费122 150.76元。孙××不服，申请××县人民政府复议。××县人民政府复议后，于2008年2月27日作出××府复［2007］22号行政复议决定书，维持××县人口和计划生育委员会的×计生征字（2007）第050086号征收社会抚养费决定书，在征收总额中补充列入遗漏的3 000元未婚生育社会抚养费。孙××仍不服，乃向本院提起行政诉讼。

本院认为，根据《中华人民共和国行政复议法》第九条规定，公民、法人或者其他组织认为具体行政行为侵犯其合法权益的，可以自知道该具体行政行为之日起六十日内提出行政复议申请。孙××不服××县人口和计划生育委员会作出的×计生征字（2007）第050086号征收社会抚养费决定书，向××县人民政府申请复议，××县人民政府作为××县人口和计划生育委员会的本级人民政府，有权作出复议决定。

××县人口和计划生育委员会作出的×计生征字（2007）第050086号征收社会抚养费决定书，其内容为，对孙××征收社会抚养费122 150.76元。××县人民政府复议后，作出的××府复［2007］22号行政复议决定书，从内容上看，虽维持了××县人口和计划生育委员会的×计生征字（2007）第050086号征收社会抚养费决定书，但该复议决定书同时又在征收总额中增加了3 000元未婚生育社会抚养费，应视为该行政复议决定书已变更了原具体行政行为的内容。原告孙××以××县人民政府为被告，就该行政复议决定提起行政诉讼，符合法律规定。

《中华人民共和国行政复议法实施条例》第五十一条规定："行政复议机关在申请人的行政复议请求范围内，不得作出对申请人更为不利的行政复议决定。"××县人口和计划生育委员会的征收社会抚养费处理意见书中，虽载明对孙××征收社会抚养费122 150.76元，但该征收社会抚养费处理意见书系内部文书，对行政相对人不产生实际影响。而××县人口和计划生育委员会作出的、对行政相对人产生实际影响且已送达的是×计生征字（2007）第050086号征收社会抚养费决定书，该决定书对孙××征收社会抚养费金额为122 150.76元。××县人民政府作出的××府复［2007］22号行政复议决定，对孙××征收的社会抚养费总额中，补充列入3 000元未婚生育社会抚养费，增加了孙××承担的社会抚养费总额，对孙××更为不利。××县人民政府辩称没有加重对孙××的处罚的理由不能成立。因此，××县人民政府作出的复议决定，违反了《中华人民共和国行政复议法实施条例》第五十一条的规定。原告孙××提起诉讼的理由成立，本院予以支持。根据

《中华人民共和国行政诉讼法》第五十四条第（二）项第3目的规定，判决如下：

1. 撤销××县人民政府作出的××府复［2007］22号行政复议决定书；

2. 限××县人民政府在本判决生效后六十日内重新作出复议决定。

本案案件受理费五十元，由被告××县人民政府负担（原告孙××已预交的诉讼费五十元不退，被告××县人民政府在本判决生效后直接支付给原告孙××）。

如不服本判决，可在判决书送达之日起十五日内，向本院递交上诉状，并按对方当事人的人数递交上诉状副本，上诉于××市高级人民法院。

审判长　刘××

审判员　黎　×

代理审判员　李××

二〇〇八年六月十日

（院印）

本件与原本核对无异

书记员　周　×

【简析】

本文书写符合第一审行政判决书的要求，尤其是对于当事人争议的内容以及法院认定的事实和证据方面列举到位，对有异议的事实和证据逐条进行分析批驳，条理清晰，论证有力。

【例文2】

北京市第一中级人民法院
行政判决书

（2010）一中行初字第1225号

原告：××国讯通讯有限责任公司。

法定代表人：唐××，总经理。

被告：北京市××区人民政府。

法定代表人：林××，区长。

第三人：××文化体育中心有限公司。

法定代表人：赵×，董事长。

原告××国讯通讯有限责任公司不服被告北京市××区人民政府作出的海政公开字（2009）第33号-不告《政府信息不予公开告知书》（以下简称不予公开告知书），向本院提起行政诉讼。本院受理后，依法组成合议庭。依照《中华人民共和国行政诉讼法》第二十七条的规定，本院通知与不予公开告知书有法律上利害关系的××文化体育中心有限公司作为本案第三人参加诉讼。本案于2010年5月11日公开开庭审理。原告的法定代表人唐××，被告的委托代理人曾×、姜××，第三人的委托代理人向×、张××到庭参加了诉讼。本案现已审理终结。

2009年9月25日，被告作出不予公开告知书，认为原告提出的政府信息公开申请涉及法律、法规及相关规定不予公开的其他情形，具体是第三方不同意公开。故根据《中华人民共和国政府信息公开条例》（以下简称《政府信息公开条例》）相关规定，对原告申请获取的信息决定不予公开。该不予公开告知书采格式告知书形式，在申请获取的政府信息涉及情形中列了三种：1. 国家秘密、商业秘密、个人隐私；2. 法律法规及相关规定不予公开的其他情形；3. 公开可能危及国家安全、公共安全、经济安全、社会稳定。该不予公开告知书在第二种情形处勾画，并明确了具体理由。

为证明不予公开告知书合法，被告在法定期限内向本院提交了以下证据：1. 关于向申请人公开《××文化体育中心开发协议》部分内容的征求意见函，证明区政府曾经就原告申请向第三人征求意见；2. 关于向申请人公开《××文化体育中心开发协议》部分内容的复函，证明第三人答复了区政府；3. 原告申请公开《××文化体育中心开发协议》中有关征用××区×××农工商总公司所属集体土地、地上物以及其他相关补偿信息的申请表，证明原告提出信息公开申请及申请内容；4. 海政公开字（2009）第33号回执，证明曾告知将答复原告的日期；5. 京政复字（2009）317号行政复议决定书，证明相关的信息公开答复的行政复议。

原告诉称：原告于1999年与北京市××区×××农工商总公司下属企业签订房屋租赁合同，开办公司。2000年12月因××奥运场馆建设，我公司租用的房屋在征用拆迁范围内，被拆除后没有得到法律规定应有的停产停业损失补偿，因此，向北京市国土资源局××分局（以下简称××国土局）提出政府信息公开申请，××国土局公开了《征地补偿安置协议》的部分内容，其中第四条规定："甲乙双方同意土地、地上物以及其他相关补偿事宜，按照2003年9月30日签订的《北京市××区人民政府与项目公司之间的××文化体育中心开发协议》（以下简称《开发协议》）执行，乙方保证按协议安排资金及时到位，并协助甲方督促××区政府拨付有关款项至甲方。"在此情况下，原告向被告申请公开《开发协议》中征用××区×××农工商总公司所属集体土地、地上物以及其他有关补偿的信息。原告申请的信息是公众应广泛知晓的信息，不涉及商业秘密，被告以第三方不同意公开作出不予公开告知书认定事实不清，适用法律错误。原告申请的信息是被告制作、保管的政府信息，根据《政府信息公开条例》第十一条规定，设区的市级政府、县级人民政府及其部门重点公开的政府信息包括"征收或者征用土地、房屋拆迁及其补偿、补助费用的发放、使用情况"。综上，原告作为拆迁补偿对象具有知情权，被告对原告申请的政府信息应予以全部公开，请求法院判决撤销不予公开告知书，判决被告重新答复。

原告在开庭审理前向本院提交了以下证据：1. 海政公开字第33号回执；2. 不予公开告知书。证据1、2证明原告曾经向被告提出申请。3. 京政复字（2009）317号行政复议决定书，证明原告曾经申请过复议，北京市政府维持了不予公开告知书，据此提起本案诉讼；4. 京政复字（2008）243号行政复议决定书，证明××国土局作出的（2008）第1号不予公开告知书违法；5. 政府信息公开告知书，证明××国土局重新作出的告知书，已经承认本案信息公开申请属于公开范围；6. 征地补偿协议书，证明第三人实际就是开发商，原告申请公开的信息不属于保密信息；7. 京政地（2004）113号征地批复；8. 关于××体育广场中心项目征地档案不予公开复函，证明支付×××农工商总公司的补偿款是被告以会议纪要形式确定的；9. 海拆许字（2001）001号拆迁许可证，证明被告是拆迁人，拆迁范围和征地范围完全相同。

被告辩称：针对原告提出的政府信息公开申请的内容，根据《政府信息公开条例》第二十三条规定，被告已于2009年9月11日书面征求了第三人的意见，第三人书面回复不同意公开，故作出不予公开告知书。不予公开告知书适用法律法规正确，程序合法，请求法院判决予以维持。

第三人同意被告答辩意见，并认为原告所申请公开的政府信息涉及商业秘密，依法应不予公开，故请求法院判决维持不予公开告知书。

第三人未向法院提交证据。

本案开庭审理中，本院依职权向被告调取了2003年9月30日签订的《开发协议》。因《开发协议》涉及保密条款，故根据《最高人民法院关于行政诉讼证据若干问题的规定》第三十七条，该证据在开庭时未公开质证。

庭审质证中，各方当事人针对对方证据均发表了充分的质证意见。本院经审查认为，被告证据与审查不予公开告知书的合法性具有关联，且符合合法性、真实性要求，本院予以采纳。原告证据2是被诉行为，不属于证据；原告证据9与审查不予公开告知书的合法性无关联，本院不予采纳；原告的其他证据与审查不予公开告知书的合法性具有关联，且符合合法性、真实性要求，本院予以采纳。

根据以上确认的有效证据及当事人无争议的事实陈述，本院认定事实如下：

2009年9月4日，原告向被告提出政府信息公开申请，申请获取“××区政府与北京市××文化体育中心有限公司2003年9月30日签订的《开发协议》中有关征用××区×××农工商总公司所属的集体土地，土地地上物以及其他相关补偿信息”。被告受理上述申请后，认为《开发协议》涉及第三人利益，故于同年9月11日书面征求第三人意见，是否同意公开原告所申请公开的内容。同年9月16日，第三人书面函复被告，以《开发协议》第二十八条商定了对××开发项目其他全部信息和文件予以保密，且处于保密有效期为由，要求被告履行《开发协议》要求，为此协议保密。因此，作出不予公开告知书，原告不服，诉至本院。

另查，《开发协议》第二十八条第二项规定：(a) 除以下 (b) 款另有规定外，××区政府和项目公司应当各自就其或其雇员、承包商、顾问或代理人获得的，关于本协议及本项目（无论是财务上、技术上还是其他方面）的全部信息和文件，予以保密。(b) 以上 (a) 款不适用于：已经公布的或者能以其他方式公开获得的信息或文件（但不包括以违反本协议的方式公布或获得者）；已经由一方以不违反任何保密义务的方式获得的信息或文件；以不违反任何保密义务的方式从第三方获得的信息或文件；按照法律须披露的信息或文件，或为按照本协议履行一方义务而披露的信息或文件；以上（a）款在本协议届满或终止后的五年内仍然有效。

本院认为：根据《政府信息公开条例》第十四条第四款规定："行政机关不得公开涉及国家秘密、商业秘密、个人隐私的政府信息。但是，经权利人同意公开或者行政机关认为不公开可能对公共利益造成重大影响的涉及商业秘密、个人隐私的政府信息，可以予以公开。"同时，第二十三条规定："行政机关认为申请公开的政府信息涉及商业秘密、个人隐私，公开后可能损害第三方合法权益的，应当书面征求第三方的意见；第三方不同意公开的，不得公开。"因此，行政机关对涉及商业秘密的信息具有进行审查的法定职权，并对此负有举证责任。行政机关在不作审查的情况下，径行征求第三方意见，并以第三方不同意公开作为信息不予公开的理由，于法无据。本案中，被告在不予公开告知书中明确其理由为：法律、法规及相关规定不予公开的其他情形，具体是第三方不同意公开，该理由不符合上述法律规定，被告以此为由对原告申请获取的信息不予公开，缺乏法律依据。

被告、第三人在本案开庭审理时提出，原告申请公开的信息涉及商业秘密，依法属于不予公开的情形。本院认为，首先，不予公开告知书并未将此作为理由。其次，无证据证明被告在作出不予公开告知书时对此进行了审查，且其在法定举证期限内提交的证据亦不能支持其庭审中提出的上述主张，因此，被告的上述主张本院不予支持。

综上，被告作出的不予公开告知书缺乏事实及法律依据，依法应予撤销。原告的诉讼理由充分，其诉讼请求本院予以支持。依照《中华人民共和国行政诉讼法》第五十四条第（二）项第1目和第2目之规定，判决如下：

撤销被告北京市××区人民政府于2009年9月25日作出的海政公开字（2009）第33号-不告《政府信息不予公开告知书》。

案件受理费五十元，由被告××市××区人民政府负担（于本判决生效后七日内交纳）。

如不服本判决，各方当事人可在本判决书送达之日起十五日内，向本院提交上诉状，并按对方当事人人数提出副本，上诉于北京市高级人民法院。上诉人在上诉期满后七日内未提交上诉案件受理费又不提交缓交申请的，按自动撤回上诉处理。

审判长　梁××
代理审判员　贾××
代理审判员　曹××
二〇一〇年六月十八日
（院印）

本件与原本核对无异

书记员　黄××

【简析】

该判决书的格式和内容符合《法院诉讼文书样式（试行）》的要求。其主要特点是：

（1）事实部分，首先依次写明了被告认定的事实、适用的法规和作出的具体行政行为的内容，原告申诉的理由，复议机关作出复议决定的时间、文号、内容以及原、被告双方诉讼争议的焦点和各自的态度、立场、要求。然后简明扼要地写明了经法庭查明认定的事实，叙述了事件发生的经过，并对原、被告向法庭提供的证据进行了审查核实。整个事实部分结构安排规范，内容完整。

（2）理由部分一针见血地指出了被告存在的过错，法院对被告认定的事实、证据、适用的法规和程序逐项审查，并对被告的辩解予以驳斥，表明了法院的态度。层次清楚，针对性强。

（3）判决结果部分表述完整、准确，尾部合乎要求。

【例文3】

北京市第一中级人民法院
行政判决书

（2012）一中知行初字第×号

原告：星××公司，住所地：美利坚合众国××州××道×号。

法定代表人：保罗·××，副总裁兼总法律顾问助理。

委托代理人：徐××，北京市××××律师事务所律师。

委托代理人：李××，北京市××××律师事务所律师。

被告：中华人民共和国国家工商行政管理总局商标评审委员会，住所地：中华人民共和国北京市西城区三里河东路8号。

法定代表人：许××，主任。

委托代理人：姚××，中华人民共和国国家工商行政管理总局商标评审委员会审查员。

第三人：上海蓝××科技发展有限公司，住所地：中华人民共和国上海市××区××镇××路××号。

法定代表人：毛××，董事长。

委托代理人：陈××，北京市××律师事务所律师。

委托代理人：郑××。

原告星××公司不服被告中华人民共和国国家工商行政管理总局商标评审委员会（简称商标评审委员会）于2009年10月19日作出的商评字［2009］第27071号关于第1972651号“星×STARBUCK”商标异议复审裁定（简称第27071号裁定），于法定期限内向本院提起行政诉讼。本院于2010年5月27日受理后，依法组成合议庭，并依法通知上海蓝××科技发展有限公司（简称蓝××公司）作为本案第三人参加诉讼。2010年7月7日，本院依法公开开庭审理了本案。原告星××公司的委托代理人徐××、李××，被告商标评审委员会的委托代理人姚××，第三人蓝××公司的委托代理人陈××、郑××到庭参加了诉讼。本案现已审理终结。

2009年10月19日，被告商标评审委员会依照星××公司针对蓝××公司申请注册的第1972651号"星×STARBUCK"商标（简称被异议商标）提起的异议复审申请，作出第27071号裁定，认定内容如下：

一、《中华人民共和国商标法》（简称《商标法》）第十条第一款第（八）项旨在禁止"有害于社会主义道德风尚或者有其他不良影响的"标志作为商标使用。本案中，星××公司称被异议商标的申请注册违反了该条款的规定缺乏事实依据，不予支持。

二、星××公司提交的证据材料虽证明第839975号"STARBUCKS"商标（简称引证商标一）、第1367394号"星××"商标（简称引证商标二）在咖啡馆服务项目上具有一定的独创性和知名度。但本案中，星××公司提交的证据材料不足以证明在被异议商标申请日期之前，其上述引证商标已达到驰名状态，而被异议商标与引证商标指定使用商品分属不同类别的商品和服务，二者在性质上差异较大，未构成类似商品和服务，不易使相关公众产生误认。故星××公司请求依据《商标法》第十三条第二款不予核准被异议商标注册的请求不能成立。

三、《商标法》第三十一条旨在保护已经使用并有一定影响的未注册商标所有人的权利，且这种保护是以双方商标已构成在相同或者类似商品（服务）上的使用为前提的。本案中，星××公司未提供其引证商标在第2类油漆等商品上的在先使用证据或其享有其他在先权利的证据，故星××公司依据此条款的规定不予核准被异议商标注册的请求亦不能成立。

四、《商标法》第四十一条第一款是关于对不当注册商标撤销的规定，故本案被异议商标是否准予注册不属此条款的审理要求。

综上，星××公司所提异议复审理由不成立。商标评审委员会依据《商标法》第三十三条、第三十四条的规定，裁定：被异议商标予以核准注册。

原告星××公司诉称：原告的引证商标"STARBUCKS"及"星××"早在被异议商标申请日期之前已经在中国构成驰名商标，被异议商标的注册是对原告上述驰名商标的复制和模仿，其注册与使用容易使相关公众产生混淆和误认，损害商标权人的利益。被异议商标的注册将会导致社会正常经营秩序的紊乱，并与引证商标构成混淆和误认，从而产生不良影响。此外，第三人以欺骗手段或其他不正当手段注册了一系列"STARBUCK"商标，被异议商标的注册属于恶意注册，不应当被核准。综上，原告请求人民法院撤销第27071号裁定。

被告商标评审委员会辩称：针对原告主张在被异议商标申请注册日前，其“STARBUCKS”及“星××”商标已经构成驰名商标，被异议商标是对其驰名商标的复制和模仿，被告认为驰名商标认定遵循个案认定原则，原告商标在其他案件中被认定为驰名商标的结论不能当然用于本案的审理之中。在案证据表明，原告用以证明其商标达到驰名状态的材料主要形成于被异议商标申请日期之后且被异议商标指定使用的第2类油漆、着色剂、颜料等商品与原告商标指定使用的第42类咖啡馆、餐馆服务之间联系的密切度不大，相关公众将二者混淆的可能亦较小。综上，被告认为第27071号裁定认定事实清楚，适用法律正确，程序合法。被告坚持第27071号裁定意见，请求人民法院予以维持。

第三人蓝××公司未向本院提交书面意见陈述，庭审中表示同意被告意见，请求人民法院维持第27071号裁定。

本院经审理查明：

引证商标一由大写英文字“STARBUCKS”构成（详见附图），申请日期为1994年7月19日，经续展专用权期限为2006年5月14日至2016年5月13日，核定使用于国际分类第42类咖啡馆、餐馆服务上，专用权人为星××公司。引证商标二由汉字“星××”构成（详见附图），申请日期为1998年8月6日，专用权期限为2000年2月21日至2010年2月20日，核定使用于国际分类第42类餐馆、咖啡馆、咖啡店等服务上，专用权人为星××公司。

2001年10月15日，蓝××公司向中华人民共和国国家工商行政管理总局商标局（简称商标局）提出被异议商标“星×STARBUCK”（详见附图）的注册申请，指定使用于国际分类第2类油漆、着色剂、颜料等商品上。经商标局初步审定，被异议商标刊登在第861期《商标公告》上。

2003年3月27日，星××公司针对被异议商标向商标局提出异议申请。2007年8月1日，商标局作出（2007）商标异字第02935号“星×STARBUCK”商标异议裁定书，认定内容如下：被异议商标与星××公司在先获准注册的“星××”及“STARBUCKS”商标指定使用的商品及服务不类似。星××公司称蓝××公司恶意抢注其商标证据不足。综上，商标局依据《商标法》第三十三条的规定，裁定星××公司所提异议理由不成立，被异议商标予以核准注册。

星××公司不服商标局作出的上述商标异议裁定，于2007年8月29日向商标评审委员会提出商标异议复审申请。其申请复审的主要理由为：1. 星××公司的“STARBUCKS”品牌及其商标早已在包括中国在内的世界范围内享有极高的知名度，“星××”及“STARBUCKS”商标已被中国法院确认为驰名商标，“STARBUCKS及图”商标也曾在异议案件中被商标局认定为驰名商标；2. “星××”、“STARBUCKS”是星××公司独创、臆造的词汇。被异议商标包含“星×”、“STARBUCK”文字，是对星××公司驰名商标的模仿。被异议商标还侵犯了星××公司的在先商号权。综上，根据《商标法》第十条第一款第（八）项、第十三条第二款、第三十一条和第四十一条第一款的规定，被异议商标应不予核准注册。星××公司同时提交了包括（2006）沪高民三（知）终字第32号民事判决书、（2006）鲁民三终字第30号民事判决书以及商标局下发的认定“STARBUCKS”及“星××”商标为驰名商标的通知、媒体宣传报道等证据。商标评审委员会经审查，于2009年10月19日作出第27071号裁定。星××公司不服第27071号裁定，于法定期限内向本院提起行政诉讼。

上述事实有经庭审质证的被异议商标档案、引证商标档案、星××公司与蓝××公司在商标异议复审阶段向商标评审委员会提交的证据材料及当事人陈述等证据在案佐证。

本院认为，根据当事人的诉辩主张，本案的争议焦点在于：被异议商标的注册是否违反了《商标法》第十条第一款第（八）项、第十三条第二款、第三十一条及第四十一条第一款的相关规定。《商标法》第十条第一款第（八）项规定，有害于社会主义道德风尚或者有其他不良影响的标志，不得作为商标使用。该条规定的“有其他不良影响”指的是商标自身的构成要素对社会公共利益和公共秩序有消极、负面影响的情形，其立法目的在于维护社会公共秩序和利益。本案中，被异议商标不存在对社会公共利益和公共秩序有消极、负面影响的情形，未违反《商标法》第十条第一款第（八）项的规定。星××公司主张被异议商标的注册将造成与引证商标的混淆和误认，不属于《商标法》第十条第一款第（八）项规定的内涵范畴。

《商标法》第十三条第二款规定：“就不相同或者不相类似商品申请注册的商标是复制、模仿或者翻译他人已经在中国注册的驰名商标，误导公众，致使该驰名商标注册人的利益可能受到损害的，不予注册并禁止使用。”本院认为，适用《商标法》第十三条第二款的前提之一是星××公司的“STARBUCKS”及“星××”商标在被异议商标申请注册前已经达到驰名程度。本案中，商标评审委员会与蓝××公司均不认可上述两商标在被异议商标申请注册日前构成驰名商标。星××公司在行政阶段向商标评审委员会提交的（2006）沪高民三（知）终字第32号民事判决书、（2006）鲁民三终字第30号民事判决书以及商标局下发的认定“STARBUCKS”及“星××”商标为驰名商标的通知等证据，仅能证明其“STARBUCKS”及“星××”商标在该类别商品或服务项目上的注册及其“STARBUCKS”及“星××”商标在餐馆、咖啡馆、咖啡店等商品或服务上受驰名商标保护的记录等情形，但驰名商标认定实行个案认定原则。星××公司提交的证据材料多为域外证据或晚于被异议商标申请日的证据，其余证据亦不足以证明其引证商标在被异议商标申请日期之前已达到驰名程度，且被异议商标与引证商标指定使用商品分属不同类别的商品和服务，二者在性质上差异较大，未构成类似商品或服务，不易使相关公众产生误认。因此，被异议商标的注册未违反《商标法》第十三条第二款的规定。

《商标法》第三十一条规定："申请商标注册不得损害他人现有的在先权利，也不得以不正当手段抢先注册他人已经使用并有一定影响的商标。"该条旨在保护已经使用并有一定影响的未注册商标所有人的权利，且这种保护以双方商标在相同或者类似商品（服务）上使用为前提。本案中，星××公司虽主张被异议商标的申请注册侵犯了其在先的企业名称权，但在案证据并不足以证明原告在第2类油漆等商品上在先使用了引证商标。因此，星××公司的相关主张本院不予支持。

《商标法》第四十一条第一款规定："已经注册的商标，违反本法第十条、第十一条、第十二条规定的，或者是以欺骗手段或者其他不正当手段取得注册的，由商标局撤销该注册商标；其他单位或者个人可以请求商标评审委员会裁定撤销该注册商标。"该条是关于对不当注册商标撤销的规定，故本案被异议商标是否准予注册不属此条款的调整范畴。

综上，第27071号裁定主要证据充分，适用法律正确，程序合法，本院应予维持。原告星××公司的诉讼理由缺乏事实及法律依据，其诉讼请求本院不予支持。据此，依照《中华人民共和国行政诉讼法》第五十四条第（一）项之规定，本院判决如下：

维持被告中华人民共和国国家工商行政管理总局商标评审委员会作出的商评字［2009］第27071号关于第1972651号"星×STARBUCK"商标异议复审裁定。

案件受理费人民币一百元，由原告星××公司负担（已交纳）。

如不服本判决，原告星××公司可于本判决书送达之日起三十日内，被告中华人民共和国国家工商行政管理总局商标评审委员会、第三人上海蓝××科技发展有限公司可于本判决书送达之日起十五日内，向本院递交上诉状，并按对方当事人人数提出副本，同时预交上诉案件受理费人民币一百元，上诉于中华人民共和国北京市高级人民法院。

审判长　赵××

代理审判员　司××

人民陪审员　汪××

二〇一〇年十二月二十日

（院印）

本件与原本核对无异

书记员　张××

（附图略）

【简析】

本文在书写比较规范的同时，在对争议部分的论证批驳方面比较到位，归纳事实问题的争议焦点准确。

特别提示

制作第一审行政判决书应注意：

（1）准确、清楚地表述当事人情况。

（2）主文表述准确具体，详略得当。语言表述要斩钉截铁，不能模棱两可，造成歧义。

（3）结论要清楚明白，使人一目了然。

第六节 人民法院第二审行政判决书

一、第二审行政判决书的概念

第二审行政判决书，是第二审人民法院依照《行政诉讼法》规定的第二审程序，对不服第一审判决的上诉案件审理终结后，就实体问题依法作出的维持原判或者改判的书面决定。

《行政诉讼法》第五十八条规定："当事人不服人民法院第一审判决的，有权在判决书送达之日起十五日内向上一级人民法院提起上诉。"我国实行的是两审终审制。人民法院依照第二审程序审理行政案件所作的判决，是终审的判决。为此，《最高人民法院关于贯彻执行〈中华人民共和国行政诉讼法〉若干问题的意见（试行）》规定，第二审人民法院对上诉案件的审理，必须全面审查第一审人民法院认定的事实是否清楚，适用法律、法规是否正确，有无违反法定程序，不受上诉范围的限制。

通过第二审人民法院的审判活动，不仅可以纠正第一审行政判决中可能发生的错误，使当事人的合法权益得到保护，而且有利于上级人民法院监督下级人民法院的行政审判工作。因此，制作第二审行政判决书有重要的意义。

二、第二审行政判决书的要素内容和制作方法

第二审行政判决书由首部、事实、理由、判决结果和尾部五部分组成。第二审是复审，因此，制作第二审行政判决书应当充分体现上诉审的特点，强调针对性和说服力。

（一）首部

与第二审民事判决书不同的是：

（1）文书编号应用“行终字”。如“（年度）×行终字第×号”。

（2）依照《行政诉讼法》第五十九条的规定：“人民法院对上诉案件，认为事实清楚的，可以实行书面审理。”因此，第二审程序的审理方式有两种，即开庭审理和书面审理。开庭审理是原则，书面审理是例外。实行书面审理的，则应在当事人、诉讼代理人到庭参加诉讼之后，写：“本院依法组成合议庭，对本案进行了审理。现已审理终结。”实行开庭审理的表述方法与第二审民事判决书相同。

（二）事实

第二审行政判决书的事实部分，由两个方面的内容构成：

（1）上诉争议的内容。包括：原审认定的事实和判决的结果，上诉人的上诉请求及其主要理由，被上诉人的主要答辩。叙述要概括、简练，抓住争议焦点，防止照抄原审判决书、上诉状和答辩状，但又要不失原意。

（2）二审查明认定的事实和证据。要注意根据不同类型的案件书写。如果原审判决事实清楚，上诉人亦无异议的，简要地确认原判认定的事实即可；如果原审判决认定的事实清楚，但上诉人提出异议的，则应对有异议的问题进行重点叙述；如果原审判决认定的事实不清，证据不足，经二审查清事实后改判的，则应具体叙述查明的事实和有关证据，予以澄清。

（三）理由

第二审行政判决书的理由部分，也由两个方面的内容构成：

（1）维持或者改判的理由。应针对上诉请求和理由，就原审判决认定的事实是否清楚，适用法律、法规是否正确，有无违反法定程序，上诉理由是否成立，上诉请求是否予以支持，以及被上诉人的答辩是否有理等，进行分析、论证，阐明维持原判或者撤销原判予以改判的理由。理由一定要有针对性和说服力，注意事理分析和法理分析，回答上诉争议的主要问题，引出合乎逻辑的公正结论。

（2）二审判决所依据的法律条款。应分别引用《行政诉讼法》第六十一条第（一）、（二）、（三）项的规定。其中，全部改判或者部分改判的，除先引用《行政诉讼法》的有关条款外，还应同时引用改判所依据的实体法的有关条款。

（四）判决结果

《行政诉讼法》第六十一条规定："人民法院审理上诉案件，按照下列情形，分别处理：

"（一）原判决认定事实清楚，适用法律、法规正确的，判决驳回上诉，维持原判；

"（二）原判决认定事实清楚，但是适用法律、法规错误的，依法改判；

"（三）原判决认定事实不清，证据不足，或者由于违反法定程序可能影响案件正确判决的，裁定撤销原判，发回原审人民法院重审，也可以查清事实后改判。"

《最高人民法院关于贯彻执行〈中华人民共和国行政诉讼法〉若干问题的意见（试行）》规定，第二审人民法院审理上诉案件，需要改判时，应当撤销、部分撤销一审判决，并依法判决维持、撤销或者变更被诉的具体行政行为。

根据上述规定，二审判决结果可分以下四种情况书写：

第一，维持原判的，写为：

"驳回上诉，维持原判。"

第二，对原审判决部分维持、部分撤销的，写为：

"一、维持××人民法院（年度）×行初字第×号行政判决第×项，即____________________（写明维持的具体内容）；

"二、撤销××人民法院（年度）×行初字第×号行政判决第×项，即____________________（写明撤销的具体内容）；

"三、______________（写明对撤销部分作出改判的内容。如无须作出改判的，此项不写）。"

第三，撤销原审判决，维持行政机关的具体行政行为的，写为：

"一、撤销××人民法院（年度）×行初字第×号行政判决；

"二、维持××（行政机关名称）×年×月×日（年度）×字第×号处罚决定（复议决定或者其他具体行政行为）。"

第四，撤销原审判决，同时撤销或者变更行政机关的具体行政行为的，写为：

"一、撤销××人民法院（年度）×行初字第×号行政判决；

"二、撤销（或者变更）××（行政机关名称）×年×月×日（年度）×字第×号处罚决定（复议决定或者其他具体行政行为）；

"三、______________（写明二审法院改判结果的内容。如无需作出改判的，此项不写）。"

（五）尾部

与第二审民事判决书相同。

三、第二审行政判决书的写作格式

××××人民法院
行政判决书

（二审维持原判或改判用）

（年度）×行终字第×号

上诉人（原审××）：______________（写明姓名或名称等基本情况）。

被上诉人（原审××）：______________（写明姓名或名称等基本情况）。

（当事人及其他诉讼参加人的列项和基本情况的写法，除当事人的称谓外，与第一审行政判决书样式相同。）

上诉人×××因______________（写明案由）一案，不服××××人民法院（年度）×行初字第×号行政判决，向本院提起上诉。本院依法组成合议庭，公开（或不公开）开庭审理了本案。______________（写明到庭的当事人、诉讼代理人等）到庭参加诉讼。本案现已审理终结。（未开庭的，写："本院依法组成合议庭，对本案进行了审理，现已审理终结。"）

______________（概括写明原审认定的事实和判决结果，简述上诉人的上诉请求及其主要理由和被上诉人的主要答辩内容）。

经审理查明，______________（写明二审认定的事实和证据）。

本院认为，______________（针对上诉请求和理由，就原审判决认定的事实是否清楚，适用法律、法规是否正确，有无违反法定程序，上诉理由是否成立，上诉请求是否应予支持，以及被上诉人的答辩是否有理等，进行分析论证，阐明维持原判或者撤销原判予以改判的理由）。依照______________（写明判决所依据的法律条款项）的规定，判决如下：

______________［写明判决结果。分四种情况：

第一，维持原审判决的，写：

"驳回上诉，维持原判。"

第二，对原审判决部分维持、部分撤销的，写：

"一、维持××××人民法院（年度）×行初字第×号行政判决第×项，即______________（写明维持的具体内容）；

"二、撤销××××人民法院（年度）×行初字第×号行政判决第×项，即______________（写明撤销的具体内容）；

"三、______________（写明对撤销部分作出的改判内容。如无需作出改判的，此项不写）。”

第三，撤销原判决，维持行政机关的具体行政行为的，写：

“一、撤销××××人民法院（年度）×行初字第×号行政判决；

“二、维持××××（行政机关名称）×年×月×日（年度）×字第×号处罚决定（复议决定或其他具体行政行为）。”

第四，撤销原审判决，同时撤销或变更行政机关的具体行政行为的，写：

“一、撤销××××人民法院（年度）×行初字第×号行政判决；

“二、撤销（或变更）××××（行政机关名称）×年×月×日（年度）×字第×号处罚决定（复议决定或其他具体行政行为）；

“三、______________（写明二审法院改判结果的内容。如无须作出改判的，此项不写）。”］

______________（写明诉讼费用的负担）。

本判决为终审判决。

审判长　×××
审判员　×××
审判员　×××
×年×月×日
（院印）

本件与原本核对无异

书记员　×××

病文诊疗

【原文】

××市高级人民法院
行政判决书

（2012）高行终字第1817号

上诉人（原审原告）：××纸业（中国）投资有限公司。

法定代表人：黄××，董事长。

委托代理人：沈××。

被上诉人（原审被告）：国家工商行政管理总局商标评审委员会。

法定代表人：何××，主任。

委托代理人：徐××，该委员会审查员。

上诉人××纸业（中国）投资有限公司（简称××纸业公司）因商标申请驳回复审行政纠纷一案，不服××市第一中级人民法院（2012）一中知行初字第1682号行政判决，向本院提出上诉。本院2012年11月12日受理本案后，依法组成合议庭进行了审理。本案现已审理终结。

××市第一中级人民法院认定：第3161255号“金××JINLIMEI及图”商标（简称引证商标）的申请日为2002年4月27日，指定使用在第16类笔记本、手册、贺卡等商品上。××纸业公司于2006年12月12日向国家工商行政管理总局商标局（简称商标局）申请注册第5779727号“××”商标（简称申请商标），指定使用在第16类卡纸板、包装纸、纸质奶油容器、纸等商品上。商标局于2009年5月5日就申请商标作出了商标部分驳回决定，驳回申请商标在纸、印刷品、硬纸管商品上的申请注册。××纸业公司不服商标局的驳回决定，于2009年6月5日向国家工商行政管理总局商标评审委员会（简称商标评审委员会）提出商标驳回复审申请。2011年8月1日，商标评审委员会作出商评字[2011]第××号《关于第5779727号“××”商标驳回复审决定书》。

××市第一中级人民法院认为：引证商标仍为有效在先商标。申请商标指定使用的印刷品等商品与引证商标核定使用的笔记本等商品属于类似商品。申请商标与引证商标标志均包含中文“××”，二者在整体外观、呼叫等方面相近，并存使用在类似商品上，易使相关公众对商品的来源产生混淆误认，已构成使用在类似商品上的近似商标。××纸业公司提出等待商标局对引证商标作出是否撤销的决定后再进行本案的审理缺乏法律依据，不予支持。

××市第一中级人民法院依照《中华人民共和国行政诉讼法》第五十四条第（一）项的规定，判决：维持商标评审委员会作出的第××号决定。

××纸业公司不服原审判决，向本院提出上诉，请求撤销原审判决及第××号决定。其上诉理由是：在评审阶段××纸业公司已针对引证商标向商标局提出撤销申请，商标评审委员会应当中止本案审理。申请商标与引证商标整体差异极大，不致造成消费者的混淆，不属于近似商标。

商标评审委员会服从原审判决。

经审理查明：

引证商标为台州市金××文具有限公司于2002年4月27日向商标局申请注册的第3161255号“金××JINLIMEI及图”商标（见下图），该商标指定使用在第16类笔记本、手册、贺卡、文具、夹子（文具）、订书钉、订书机、碎纸机、回形针、铅笔刀商品上。该商标专用期至2013年7月20日。

附图一（略）

××纸业公司于2006年12月12日向商标局申请注册第5779727号“××”商标

（见下图），该商标指定使用在第16类卡纸板、包装纸、纸质奶油容器、锥形纸袋、包装用塑料膜、纸板盒或纸盒液体食品包装物、纸、印刷品、硬纸管商品上。

附图二（略）

商标局于2009年5月5日就申请商标作出了商标部分驳回决定，因申请商标与引证商标在纸、印刷品、硬纸管商品上构成近似商标，故驳回申请商标在纸、印刷品、硬纸管商品上的申请注册。

××纸业公司不服商标局的驳回决定，于2009年6月5日向商标评审委员会提出商标驳回复审申请，主要复审理由有：申请商标与引证商标在整体外观方面区别较大，未构成近似商标。并且，××纸业公司对引证商标提出连续三年不使用的撤销申请，请求待引证商标权利确定后再进行审理。

2011年8月1日，商标评审委员会作出了第××号决定。该决定认定：申请商标指定使用的印刷品等商品与引证商标核定使用的笔记本等商品属于类似商品。申请商标与引证商标均包含中文"××"，在整体外观、呼叫等方面相近，并存使用在类似商品上，易使相关公众对商品的来源产生混淆误认，已构成使用在类似商品上的近似商标。据此，依据《中华人民共和国商标法》（简称《商标法》）第二十八条的规定，对申请商标在复审商品上的注册申请予以驳回。

××纸业公司不服第××号决定，起诉至××市第一中级人民法院。

以上事实有申请商标档案、引证商标档案、第××号决定、商标部分驳回决定通知书及当事人陈述等证据在案佐证。

本院认为：

《商标法》第二十八条规定，同他人在同一种商品或者类似商品上已经注册的或者初步审定的商标相同或者近似的，由商标局驳回申请，不予注册。

在商标驳回复审案件审理中，商标评审委员会根据审理时的事实状态进行审查，在引证商标仍为有效的情况下，商标评审委员会作出第××号决定并无不当。直至本案二审审理期间，××纸业公司仍未提供引证商标被撤销的证据，故引证商标仍为有效的在先商标。××纸业公司关于中止本案审理的请求缺乏事实和法律依据，本院不予支持。对于××纸业公司有关申请商标与引证商标不构成近似商标的上诉主张，本院也不予支持。

综上所述，原审判决及第××号决定证据充分，适用法律正确，程序合法，应予维持。××纸业公司的上诉理由缺乏事实和法律依据，不能成立，其上诉请求本院不予支持。依照《中华人民共和国行政诉讼法》第六十一条第（一）项之规定，判决如下：

驳回上诉，维持原判。

一、二审案件受理费各一百元，均由××纸业（中国）投资有限公司负担（均已交纳）。

本判决为终审判决。

审判长　××

代理审判员　××

代理审判员　××

二○一三年一月九日

（院印）

本件与原本核对无异

书记员　××

【简析】

本文存在的主要问题是判决理由的论述不全面。第二审行政判决书的判决理由与第一审行政判决书相类似，这部分是行政判决书的核心部分，应依据法律规范、法学理论和逻辑推理阐述判决的理由和法律规范。而本文在判决理由部分只对不予支持××纸业公司关于中止本案审理的请求的理由进行了论述，对于是否支持××纸业提出的申请商标与引证商标不构成近似商标的上诉主张缺乏法律规范和法理的论述。

【修改文】

××市高级人民法院
行政判决书

（2012）高行终字第1817号

上诉人（原审原告）：××纸业（中国）投资有限公司。

法定代表人：黄××，董事长。

委托代理人：沈××。

被上诉人（原审被告）：国家工商行政管理总局商标评审委员会。

法定代表人：何××，主任。

委托代理人：徐××，该委员会审查员。

上诉人××纸业（中国）投资有限公司（简称××纸业公司）因商标申请驳回复审行政纠纷一案，不服××市第一中级人民法院（2012）一中知行初字第1682号行政判决，向本院提出上诉。本院2012年11月12日受理本案后，依法组成合议庭进行了审理。本案现已审理终结。

××市第一中级人民法院认定：第3161255号“金××JINLIMEI及图”商标（简称引证商标）的申请日为2002年4月27日，指定使用在第16类笔记本、手册、贺卡等商品上。××纸业公司于2006年12月12日向国家工商行政管理总局商标局（简称商标局）申请注册第5779727号“××”商标（简称申请商标），指定使用在第16类卡纸板、包装纸、纸质奶油容器、纸等商品上。商标局于2009年5月5日就申请商标作出了商标部分驳回决定，驳回申请商标在纸、印刷品、硬纸管商品上的申请注册。××纸业公司不服商标局的驳回决定，于2009年6月5日向国家工商行政管理总局商标评审委员会（简称商标评审委员会）提出商标驳回复审申请。2011年8月1日，商标评审委员会作出商评字[2011]第××号《关于第5779727号“××”商标驳回复审决定书》。

××市第一中级人民法院认为：引证商标仍为有效在先商标。申请商标指定使用的印刷品等商品与引证商标核定使用的笔记本等商品属于类似商品。申请商标与引证商标标志均包含中文“××”，二者在整体外观、称呼等方面相近，并存使用在类似商品上，易使相关公众对商品的来源产生混淆误认，已构成使用在类似商品上的近似商标。××纸业公司提出等待商标局对引证商标作出是否撤销的决定后再进行本案的审理缺乏法律依据，不予支持。

××市第一中级人民法院依照《中华人民共和国行政诉讼法》第五十四条第（一）项的规定，判决：维持商标评审委员会作出的第××号决定。

××纸业公司不服原审判决，向本院提出上诉，请求撤销原审判决及第××号决定。其上诉理由是：在评审阶段××纸业公司已针对引证商标向商标局提出撤销申请，商标评审委员会应当中止本案审理。申请商标与引证商标整体差异极大，不致造成消费者的混淆，不属于近似商标。

商标评审委员会服从原审判决。

经审理查明：

引证商标为台州市金××文具有限公司于2002年4月27日向商标局申请注册的第3161255号“金××JINLIMEI及图”商标（见下图），该商标指定使用在第16类笔记本、手册、贺卡、文具、夹子（文具）、订书钉、订书机、碎纸机、回形针、铅笔刀商品上。该商标专用期至2013年7月20日。

附图一（略）

××纸业公司于2006年12月12日向商标局申请注册第5779727号“××”商标（见下图），该商标指定使用在第16类卡纸板、包装纸、纸质奶油容器、锥形纸袋、包装用塑料膜、纸板盒或纸盒液体食品包装物、纸、印刷品、硬纸管商品上。

附图二（略）

商标局于2009年5月5日就申请商标作出了商标部分驳回决定，因申请商标与引证商标在纸、印刷品、硬纸管商品上构成近似商标，故驳回申请商标在纸、印刷品、硬纸管商品上的申请注册。

××纸业公司不服商标局的驳回决定，于2009年6月5日向商标评审委员会提出商标驳回复审申请，主要复审理由有：申请商标与引证商标在整体外观方面区别较大，未构成近似商标。并且，××纸业公司对引证商标提出连续三年不使用的撤销申请，请求待引证商标权利确定后再进行审理。

2011 年 8 月 1 日，商标评审委员会作出了第××号决定。该决定认定：申请商标指定使用的印刷品等商品与引证商标核定使用的笔记本等商品属于类似商品。申请商标与引证商标均包含中文“××”，在整体外观、呼叫等方面相近，并存使用在类似商品上，易使相关公众对商品的来源产生混淆误认，已构成使用在类似商品上的近似商标。据此，依据《中华人民共和国商标法》（简称《商标法》）第二十八条的规定，对申请商标在复审商品上的注册申请予以驳回。

××纸业公司不服第××号决定，起诉至××市第一中级人民法院。

以上事实有申请商标档案、引证商标档案、第××号决定、商标部分驳回决定通知书及当事人陈述等证据在案佐证。

本院认为：

《商标法》第二十八条规定：“申请注册的商标，凡不符合本法有关规定或者同他人在同一种商品或者类似商品上已经注册的或者初步审定的商标相同或者近似的，由商标局驳回申请，不予公告。”

在商标驳回复审案件审理中，商标评审委员会根据审理时的事实状态进行审查，在引证商标仍为有效的情况下，商标评审委员会作出第××号决定并无不当。直至本案二审审理期间，××纸业公司仍未提供引证商标被撤销的证据，______________（法理论证），故引证商标仍为有效的在先商标。××纸业公司关于中止本案审理的请求缺乏事实和法律依据，______________（理由），本院不予支持。对于××纸业公司有关申请商标与引证商标不构成近似商标的上诉主张，______________（理由），本院也不予支持。

综上所述，原审判决及第××号决定证据充分，适用法律正确，程序合法，应予维持。××纸业公司的上诉理由缺乏事实和法律依据，不能成立，其上诉请求本院不予支持。依照《中华人民共和国行政诉讼法》第六十一条第（一）项之规定，判决如下：

驳回上诉，维持原判。

一、二审案件受理费各一百元，均由××纸业（中国）投资有限公司负担（均已交纳）。

本判决为终审判决。

审判长　××

代理审判员　××

代理审判员　××

二〇一三年一月九日

（院印）

本件与原本核对无异

书记员　××

范文评析

【例文1】

中华人民共和国最高人民法院
行政判决书

（2008）行终字第1号

上诉人（一审原告）：昆明×××商贸有限责任公司。

法定代表人：陈××，该公司总经理。

委托代理人：马××，北京市××律师事务所律师。

委托代理人：李××，北京市××律师事务所律师。

被上诉人（一审被告）：昆明市规划局。

法定代表人：周××，该局局长。

委托代理人：熊×，云南××律师事务所律师。

委托代理人：金×，云南××律师事务所律师。

一审第三人：昆明市××区人民政府××街道办事处。

法定代表人：华××，该办事处主任。

委托代理人：陈×，××（昆明）律师事务所律师。

委托代理人：袁××，××（昆明）律师事务所律师。

上诉人昆明×××商贸有限责任公司（以下简称昆明×××公司）因诉昆明市规划局2006年10月12日作出的昆规法罚［2006］0063号违法建设行政处罚决定一案，不服云南省高级人民法院（2007）云高行初字第2号行政判决，向本院提出上诉。本院依法组成由李××担任审判长、审判员齐××、代理审判员王××参加的合议庭进行了审理。书记员李×担任记录。本案现已审理终结。

云南省高级人民法院根据当事人举证并经庭审质证，认定以下事实：2006年10月12日，被告昆明市规划局依据昆明市《"12345"市政府市长热线受理交办件》和中共昆明市委、昆明市人民政府《信（访）事项转办函》，经现场勘查测绘后以第三人××街道办事处在小龙路建设的建筑面积为14 953.44平方米的六层综合楼（地下一层，建筑面积2 469.28平方米；地上五层，建筑面积12 484.16平方米），未经规划行政主管部门审批，违反《中华人民共和国城市规划法》第三十二条、《云南省城市规划管理条例》第二十七条的规定，属于违法建设为由，依据《中华人民共和国城市规划法》第四十条、《云南省城市规划管理条例》第四十一条的规定，作出了昆规法罚［2006］0063号违法建设行政处罚决定，限第三人××街道办事处于2006年10月31日前自行拆除违法所建的综合楼工程。原告昆明×××公司不服，以小龙路综合楼是自己投资建设的，被告昆明市规划局的处罚决定认定事实不清、程序违法且越权行政，侵犯了原告昆明×××公司的合法权益为由向该院提起行政诉讼。诉求依法撤销被告昆明市规划局昆规法罚［2006］0063号《违法建设行政处罚决定书》，判令将处罚措施变更为罚款并补办手续，判令被告承担全部诉讼费用。在诉讼过程中，被告昆明市规划局于2007年10月11日以市规（2007）217号《昆明市规划局关于撤销〈违法建设行政处罚决定书〉（昆规法罚［2006］0063号）的决定》，撤销了被诉具体行政行为。

云南省高级人民法院经审理认为：根据《中华人民共和国行政处罚法》第三十一条规定："行政机关在作出行政处罚决定之前，应当告知当事人作出行政处罚决定的事实、理由及依据，并告知当事人依法享有的权利。"被告昆明市规划局作出昆规法罚［2006］0063号行政处罚决定之前，没有告知第三人××街道办事处作出处罚决定的事实、理由及依据和第三人××街道办事处依法享有的权利，程序违法。根据《中华人民共和国城市规划法》第四十条规定："在城市规划区内，未取得建设工程规划许可证件或者违反建设工程规划许可证件的规定进行建设，严重影响城市规划的，由县级以上地方人民政府城市规划行政主管部门责令停止建设，限期拆除或者没收违法建筑物、构筑物或者其他设施；影响城市规划，尚可采取改正措施的，由县级以上地方人民政府城市规划行政主管部门责令限期改正，并处罚款。"据此，未取得建设工程规划许可证件或者违反建设工程规划许可证件的规定进行建设的处罚对象是违法建设的建设者，且只有在违法建设达到"严重影响城市规划"的情况下才能作出限期拆除的处罚决定。被告昆明市规划局提供的证据不足以证明本案小龙路综合楼的建设者是第三人××街道办事处及小龙路综合楼的建设已经达到"严重影响城市规划"的事实，作出被诉具体行政行为的主要证据不足。本案的被诉具体行政行为证据不足，程序违法，应予撤销，但在诉讼过程中被告昆明市规划局已经作出了撤销决定，根据《最高人民法院关于执行〈中华人民共和国行政诉讼法〉若干问题的解释》第五十条第三款"被告改变原具体行政行为，原告不撤诉，人民法院经审查认为原具体行政行为违法的，应当作出确认其违法的判决；认为原具体行政行为合法的，应当判决驳回原告的诉讼请求"的规定，人民法院应当作出确认其违法的判决。被诉具体行政行为在诉讼过程中已由被告昆明市规划局自行撤销，因此，原告昆明×××公司"请求判令将昆明市规划局的处罚措施变更为罚款并补办手续"的主张不能成立。判决确认被告昆明市规划局2006年10月12日作出昆规法罚［2006］0063号《违法建设行政处罚决定书》违法。驳回原告昆明×××商贸有限责任公司要求判令将昆明市规划局的处罚措施变更为罚款并补办手续的诉讼请求。

昆明×××公司不服一审判决向本院提起上诉称：涉案工程系政府工程和政府招商引资项目，没有达到"严重影响城市规划"必须拆除处理的地步，被诉行政行为显失公正，一审判决仅确认被诉行政处罚决定违法是不够的，应当从保护当事人信赖利益的角度对显失公正的处罚决定予以变更。诉求撤销一审的第二项判决，判令昆明市规划局将其处罚决定变更为罚款并补办手续。

被上诉人昆明市规划局答辩称：本案建设项目属没有经过规划审批的违法建筑，一审法院确认被撤销的具体行政行为违法，驳回被答辩人变更处罚措施请求，适用法律正确。请求二审法院维持一审判决。

一审第三人昆明市××区人民政府××街道办事处称：对昆明×××公司的上诉请求无异议，但其称涉案工程系××区政府主导的综合整治改造和拆迁安置项目与本案客观事实不符。

当事人向一审法院提供的相关证据主要有：昆明市《"12345"市政府市长热线受理交办件》，云南省建筑材料公司职工的《紧急报告》，《信（访）事项转办函》，第三人××街道办事处的《组织机构代码证》，第三人××街道办事处出具的《委托书》和董××的身份证，总平面布置及测绘图，《违法建设行政处罚决定书》，《接受规划检查通知书》，《昆明市违法建设（建筑）停工通知书（存根）》及《送达回证》，《关于协调解决"小龙四方街花鸟市场"有关问题的情况反映》，《昆明市规划局关于撤销〈违法建设行政处罚决定书〉（昆规法罚［2006］0063号）的决定》等。

上述证据随卷移送本院。经审查，可以作为认定本案事实的根据，本院根据上述证据所认定的事实与原判决无异。

本院认为：根据《中华人民共和国行政处罚法》第三十一条规定："行政机关在作出行政处罚决定之前，应当告知当事人作出行政处罚决定的事实、理由及依据，并告知当事人依法享有的权利。"被上诉人昆明市规划局作出昆规法罚［2006］0063号行政处罚决定之前，没有告知第三人××街道办事处作出处罚决定的事实、理由及依据和第三人××街道办事处依法享有的权利，一审判决认定程序违法，并无不当。

《中华人民共和国城市规划法》第四十条规定："在城市规划区内，未取得建设工程规划许可证件或者违反建设工程规划许可证件的规定进行建设，严重影响城市规划的，由县级以上地方人民政府城市规划行政主管部门责令停止建设，限期拆除或者没收违法建筑物、构筑物或者其他设施；影响城市规划，尚可采取改正措施的，由县级以上地方人民政府城市规划行政主管部门责令限期改正，并处罚款。"据此，未取得建设工程规划许可证件或者违反建设工程规划许可证件的规定进行建设的处罚对象是违法建设的建设者，且只有在违法建设达到"严重影响城市规划"的情况下才能作出限期拆除的处罚决定。被上诉人昆明市规划局提供的证据不足以证明小龙路综合楼的建设者是第三人××街道办事处及小龙路综合楼的建设已经达到"严重影响城市规划"的事实，一审判决认定作出被诉具体行政行为的主要证据不足，有事实和法律依据。

一审诉讼过程中，昆明市规划局作出了撤销原具体行政行为的决定，昆明×××公司不撤诉，云南省高级人民法院作出确认被诉具体行政行为违法的判决，符合《最高人民法院关于执行〈中华人民共和国行政诉讼法〉若干问题的解释》第五十条第三款的规定。上诉人昆明×××公司要求判令昆明市规划局将其处罚决定变更为罚款并补办手续，因被诉具体行政行为在诉讼过程中已由昆明市规划局自行撤销，一审判决驳回其该项诉讼请求，并无不妥，上诉人的上诉理由不能成立。

综上，一审判决认定事实清楚，适用法律、法规正确，审判程序合法。根据《中华人民共和国行政诉讼法》第六十一条第（一）项之规定，判决如下：

驳回上诉，维持原判。

二审案件受理费五十元，由上诉人昆明×××商贸有限责任公司负担。

本判决为终审判决。

审判长　李××

审判员　齐××

代理审判员　王××

二〇〇九年一月十三日

（院印）

本件与原本核对无异

书记员　李　×

【简析】

本判决书格式规范，事实清楚，有较强的说服力。

（1）判决书首部上诉人、被上诉人、委托代理人、法定代理人的基本情况规范，案件的来源清楚，上诉人上诉的时间和各方当事人的态度明确，符合《法院诉讼文书样式（试行）》的要求。

（2）事实部分突出叙述了经法院审理查明的事实，段落清晰，结构紧凑，内容完整，体现了法院在行政诉讼中重点审查具体行政行为合法性的特点。

（3）理由部分注意运用实体法说明。引用法律、法规条款具体，立论扎实，说服力强。

【例文 2】

中华人民共和国最高人民法院
行政判决书

（2002）行终字第 2 号

上诉人（一审原告）：陕西省××物业管理有限责任公司。

法定代表人：张××，该公司总经理。

委托代理人：鹿××，该公司法律顾问。

被上诉人（一审被告）：陕西省××市人民政府。

法定代表人：冯××，该市市长。

委托代理人：武××，陕西省××市政府法制局干部。

委托代理人：贠××，陕西省××市安居工程领导小组办公室干部。

被上诉人（一审第三人）：××市房地产开发总公司。

法定代表人：刘××，该公司总经理。

委托代理人：罗××，该公司职员。

陕西省××物业管理有限责任公司（以下简称陕西××公司）因其诉陕西省××市人民政府行政赔偿一案，不服陕西省高级人民法院（2001）陕行初字第2号行政赔偿判决，向本院提起上诉。本院依法组成由审判员岳××担任审判长，审判员段××、代理审判员王××参加评议的合议庭，进行了审理，书记员陈××担任记录。本案现已审理终结。

一审法院经审理查明：1996年5月15日，陕西省××市安居工程领导小组办公室（以下简称市安居办）作出市安居办字（1996）17号《关于将××门安居工程住宅小区前期物业管理工作委托给陕西省××物业管理有限责任公司管理的通知》，决定将××市××门安居工程住宅小区（以下简称××门小区）的前期物业管理工作委托给陕西××公司，并要求住户入住后，尽快组建小区管理委员会，有关具体委托事项，由小区管理委员会按有关规定办理，1998年8月13日，市安居办作出市安居办字（1998）13号《关于终止××门安居工程住宅小区前期物业管理工作委托陕西××物业管理有限责任公司的通知》（以下简称13号通知），载明：终止陕西××公司对××门小区的前期物业管理的委托，委托××市房地产开发总公司对××门小区实施物业管理；陕西××公司承建的供暖工程、天然气气化到户工程、有线电视闭路天线工程等工程合同继续执行；限陕西××公司于1998年8月31日前完成移交工作。同年8月14日，××市房地产开发总公司为了对××门小区实施物业管理，成立了××××物业管理有限责任公司（以下简称××××公司）。由于陕西××公司拒绝向××××公司移交物业管理权，同年9月18日，××市房改办公室、市安居办、××市物业管理领导小组办公室、××市××门小区管理委员会（以下简称小区管委会）联合发出《致××门住宅小区住户的一封公开信》称，陕西××公司已由13号通知终止其对××门小区的管理职能，日期自1998年9月1日起。其后，陕西××公司仍对原属其管理的住户进行物业管理，××××公司自1998年9月亦对小区后期入住的住户开展物业管理，形成两个物业公司共同管理同一个住宅小区的局面。

1998年9月25日，陕西××公司向陕西省高级人民法院提起行政诉讼，请求撤销市安居办作出的13号通知。诉讼中，市安居办以市安居办字（1999）39号文件撤销了13号通知。陕西省高级人民法院经审理认为：选聘或续聘物业管理公司应由住宅小区管理委员会决定，市安居办作出的13号通知超出行政授权的范围，之后又自行撤销13号通知是正确的。据此作出（1998）陕行初字第1号行政判决，确认13号通知违法。其后，陕西××公司向陕西省高级人民法院提起行政赔偿诉讼，请求依法取缔××××公司和小区管委会，判令××市人民政府赔偿其因13号通知而无法收取的物业管理费、维修费和水电费等损失。

一审法院经审理认为：陕西××公司收取小区住户的综合管理服务费、物业维修养护费、水电费是基于其与住户建立的物业管理关系而产生的权利义务关系，属民事法律调整的范畴。13号通知虽然决定终止陕西××公司对小区物业管理的委托，但该文已被废止和撤销，且陕西××公司也未停止其物业管理的行为。因此，在陕西××公司与小区住户的物业管理服务关系未实际解除之前，其应收取的费用，应由住户交纳，不属行政赔偿的范围。陕西××公司要求判令取缔××××公司和小区管委会之请求，不属于本案审查范围。依照《最高人民法院关于审理行政赔偿案件若干问题的规定》第三十三条之规定判决：驳回陕西××公司的行政赔偿请求。

陕西××公司不服一审判决，向本院提起上诉称：××××公司和小区管委会是13号通知产生的侵权后果，应予以取缔。13号通知给其造成的经济损失包括：小区居民欠缴的综合管理服务费和物业维修养护费6 171 880元；居民欠交的水电费4 312 386.59元；在其承建小区附属工程过程中，因市安居办违约而造成其贷款利息损失498 960元；因市安居办未把小区内的经营性设施交其经营而造成的亏损9 365 005元；13号通知生效后我公司承租营业用房的费用250 403元。请求撤销一审判决；取缔××××公司和小区管委会；判令被上诉人赔偿其上述直接经济损失计20 598 634.59元，并承担全部诉讼费用。

被上诉人××市人民政府答辩称：13号通知关于终止陕西××公司前期物业管理委托，并将小区管理工作移交给××市房地产开发总公司的内容未得到实施。陕西××公司要求的巨额赔偿不属直接经济损失。其提出的取缔××××公司和小区管委会的上诉请求，既超出了××市人民政府的职权范围，也超出了诉讼范围。××市房改办等四部门联合发出的公开信不是行政行为，只是提请住户不应向陕西××公司交纳有关费用，是否交纳，由业主决定。陕西××公司收取住户综合管理服务费和物业维修养护费等事项，是其与住户之间的民事关系，与13号通知无关。一审判决正确，应予维持。

被上诉人××市房地产开发总公司答辩称：自1998年9月以来，陕西××公司一直拒绝向其移交物业管理有关手续，致使其无法进行正常的物业管理。其提出取缔××××公司没有法律依据。请求维持一审判决。

当事人向一审法院提供的相关证据有：市安居办字（1996）17号《关于将××门安居工程住宅小区前期物业管理工作委托给陕西省××物业管理有限责任公司管理的通知》、市安居办字（1998）13号《关于终止××门安居工程住宅小区前期物业管理工作委托陕西××物业管理有限责任公司的通知》，××市房改办公室、市安居办、××市物业管理领导小组办公室、小区管委会共同署名的《致××门住宅小区住户的一封公开信》，陕西××公司给市安居办呈送的《关于请求起用××教师小区居民生活保障性服务设施的报告》，陕西××公司1999年度审计报告和税务机关企业年度亏损认定审批表，水、电费发票及交费证明，《××门安居工程教师住宅小区天然气工程委托建设协议》，《××小区管理服务中心综合楼建设的协议书》，陕西××公司要求市安居办尽快支付天然气工程建设启动资金的催款函，贷款合同，房租票据，陕西××公司收取物业管理费和水电费收据等。上述证据随卷移送本院。经审查，以上证据可以作为认定本案事实的根据。

本院认为：行政赔偿请求的成立，除被诉具体行政行为被法院确认违法外，还应符合《中华人民共和国国家赔偿法》（以下简称《国家赔偿法》）及相关规定所确立的要件。上诉人陕西××公司上诉称：市安居办作出的13号通知侵犯其合法权益，给其造成巨大经济损失。其所列损失项目中，综合管理服务费、物业维修养护费、水电费、小区附属工程贷款利息等均系平等民事主体之间债权债务关系之标的，应受民事法律调整；营业房租金系物业管理公司进行经营活动的正常成本，不属于《国家赔偿法》规定的损失范围。上诉人诉称，13号通知生效后，该公司另行承租营业用房的租金应由被上诉人赔偿的理由不能成立。建设部（94）建房物字第21号文第四条关于“各有关部门应努力创造条件，鼓励物业管理公司利用小区内经营性用房开展多种经营及方便居民生活的多项服务，以经营收入来弥补管理经费的不足”的规定，系一般指导性条文。该规定既未给有关行政部门设定将小区经营性设施交物业管理公司经营的法定义务，亦未给物业管理公司创设相应的法定权利，故上诉人陕西××公司就市安居办未将小区经营性设施交其经营造成其经营亏损而提出的赔偿请求，不属于《国家赔偿法》规定的行政赔偿范围。上诉人陕西××公司提出的取缔××××公司和小区管委会的请求不属于行政赔偿请求，亦不属于本案审查范围。综上，上诉人陕西××公司提出行政赔偿请求的上诉理由不能成立，一审判决认定事实基本清楚，适用法律、法规正确。依照《中华人民共和国行政诉讼法》第六十一条第（一）项规定，判决如下：

驳回上诉，维持原判。

本判决为终审判决。

审判长　岳××

审判员　段××

代理审判员　王××

二〇〇二年九月十日

（院印）

本件与原本核对无异

书记员　陈××

【简析】

该判决书较好地体现了第二审行政判决书的要求：

一是格式方面，格式规范，清楚地写明了上诉人、被上诉人、上诉理由、被上诉人辩称事项及举证等一系列要素，体现出了程序的完整性。

二是内容方面，系统完整地阐述了事实、理由，说理清楚，依据充分，体现了法律的公平正义。

【例文3】

广西壮族自治区××市中级人民法院
行政判决书

（2009）×中行终字第24号

原告（被上诉人）：黄××。

委托代理人（一、二审）：阮××，广东××律师事务所律师。

委托代理人（一审）：胡××。

被告（上诉人）：××市工商行政管理局。地址：××市人民东路196号。

法定代表人：廖××，局长。

委托代理人（一审）：陈××，××市工商行政管理局公平交易与消费者权益保护科副科长。

委托代理人（一审）：梁××，××市工商行政管理局公平交易与消费者权益保护科科员。

委托代理人（二审）：李××，××律师事务所律师。

黄××不服××市工商行政管理局行政处罚一案，不服广西壮族自治区××市玉州区人民法院（2008）玉区法行初字第23号判决书，向本院提起上诉。本院依法组成由审判员××担任审判长，审判员××、代理审判员××参加评议的合议庭，进行了审理，书记员××担任记录。本案现已审理终结。

一审法院审理查明：原告黄××在朋友苏×的介绍下，于2008年6月×日以××市×××冰都食品经营部的名义与××通公司签订了一份《代理产品合同书》，同日黄××根据该合同约定将23 976元汇入施××个人账户，购得30张××通world软件，取得了××通公司三级代理商资格。之后，黄××介绍秦××、温××、唐×、李×、朱××分别与××通公司签订了《代理产品合同书》，并认购了××通world软件产品。其中秦××、唐×、李×、朱××分别汇款23 976元给施××个人账户，各自购得××通world软件30张，成为了三级代理商。温××则介绍刘×签订合同后，刘×汇款23 976元给施××，购得××通world软件30张，也成为三级代理商。2008年8月6日，上诉人××市工商行政管理局的执法人员接到举报后，会同××市公安局××派出所的民警将黄××及温××、刘×从凯旋门大酒店带到××市工商行政管理局进行询问调查。经调查收集相关证据后，××市工商行政管理局于2008年9月9日作出了71号行政处罚决定，认定黄×

××构成《禁止传销条例》第七条规定的参加传销行为，对黄××作出立即改正违法行为并处以 2 000 元罚款的处罚决定。黄××不服，在自行缴纳罚款后向法院提起行政诉讼。

上述事实有下列证据证明：

1. 被告提供的证据：立案审批表、举报记录、71 号处罚决定、行政处罚决定告知书、送达回证、黄××及温××、刘×三人各自的身份证复印件、黄××问话笔录共三份、温××问话笔录共二份、刘×问话笔录一份、黄××加入××通公司申请表、黄××与××通公司签订的合同、黄××在××通公司中层级表、黄××购买的部分注册卡、××通代理机制奖励模式、黄××自书材料、黄××绘制的网络图、香港××通公司深圳代表处执照及税务登记证、××通产品代理授权书、××市×××冰都食品经营部执照及委托书、××通国际手机广告传媒市场疑问回复、扣留及解除黄××有关手续、温××加入××通公司申请表、刘×加入××通公司申请表、温××提供的××通公司奖励机制、温××加入××通公司委托书、黄××下级朱××与××通公司签订的代理合同、黄××建行借记卡客户凭条、处罚决定审批表及调查报告、罚没款收据、案件移交公安部门的手续。上述证据证明原告黄××经苏×介绍购买了××通 world 软件 30 张后，又介绍温××等人购买××通产品的事实，而未能证明黄××因介绍他人购买××通产品取得了非法利益的事实。

2. 原告提供的证据：其与××通公司签订的代理产品合同书、香港××通国际科技有限公司深圳代表处外国（地区）企业常驻代表机构登记证及税务登记证等，证明原告按照其所签订的合同约定可以从事介绍他人购买××通产品的代理行为。证人温××出庭作证的证词，证明其经原告黄××介绍自行与××通公司签订了代理产品合同后购买××通产品的主要事实。

广西壮族自治区××市玉州区人民法院经审理认为：原告黄××以××市×××冰都食品经营部的名义与××通公司签订了《代理产品合同书》后取得了××通产品的代理资格，在××市工商行政管理局不提出质疑或提供相应证据对抗黄××提供的××通公司深圳代表处外国（地区）企业常驻代表机构登记证及税务登记证等证据证明力存在的情况下，黄××可以进行介绍他人购买××通产品的代理行为。而在经商活动中，产品代理商的分级普遍存在并得到认同，在经商活动中形成网络的分级代理商之间的关系不能当然地等同于传销行为的上下线关系。本案中，黄××向温××等人介绍××通产品后，均由温××等人各自与××通公司签订合同并购买××通产品，而××市工商行政管理局不能提供充足证据证明黄××向温××等人介绍××通产品的同时要求被介绍人购买该产品的事实，因此，难以认定黄××与其介绍的温××等人之间形成了事实上的构成传销行为的上下线关系，此外，××市工商行政管理局提供的证据也无法证明黄××因介绍温××等人购买××通产品而牟取了非法利益的事实。综上所述，原告黄××经人介绍购买××通产品后又介绍他人购买的行为不具备参加传销行为的特征，××市工商行政管理局认定黄××已构成参加传销行为认定事实不清，主要证据不足。

广西壮族自治区××市玉州区人民法院依照《中华人民共和国行政诉讼法》第五十四条第（二）项第1目的规定，作出如下判决：

撤销××市工商行政管理局于2008年9月9日作出的×工商处字（2008）71号《行政处罚决定书》。

上诉人诉称：

71号行政处罚决定认定事实清楚、证据充分、程序合法、适用法律正确，处罚幅度也在合理范围内，一审判决认定黄××的行为构成参加传销行为事实不清、主要证据不足是错误的。

1. 黄××的行为确实已经构成了参加传销。黄××在苏×的介绍下以认购××通world软件的方式，交纳23 976元，一次性购注册会员卡30张，取得了从事××通产品代理的资格，成为三级代理商（编号YLW888）。其后，他发展了人员，取得了非法利益。至案发时，黄××直接介绍朱××、温××等5人交纳入门费加入××通，其中朱××等4人通过农行各向施××交纳23 976元，一次性购注册会员卡30张，分别获得三级代理商资格；温××向施××交纳4 496元，一次性购注册会员卡5张，获得零售经销点资格。温××又介绍刘×加入，刘×向施××交纳23 976元，一次性购注册会员卡30张，也获得三级代理商资格。黄××介绍五人加入××通获得直接提成8 121.92元，但黄××至案发一直未向××通公司申请将其提成汇入指定的银行账户，而是将投资××通公司的部分所得直接在网上购买了××通公司的3个手机（每款手机1 950元，共计5 850元），余款2 271.92元留在账号上未兑换提取现金。

2. 71号处罚决定对黄××的处罚证据充分，没有违反程序。

3. 71号处罚决定对黄××处罚幅度是合理的。黄××在参加传销的同时也存在介绍他人参加传销的情形，按照《禁止传销条例》第二十四条第二款、第三款的规定，介绍传销可处10万元以上50万元以下的罚款，参加传销可处2 000元以下罚款，上诉人本着教育与处罚相结合的原则，没有择其重者按介绍传销处罚，而是择其轻者按参加传销处罚2 000元，幅度是合理的。上诉人请求撤销一审判决，维持71号处罚决定。

被上诉人辩称：

黄××与其他人之间不存在上下线关系，与××通公司之间也不存在上下线关系，是平等的民事关系。黄××取得代理资格是附条件的民事法律行为。黄××与其他人之间不存在团队计酬的关系，黄××有权采取挂靠的关系进行经营。××通公司的运营模式是法律允许的分销代理，××通公司是合法注册的公司，有经营权。一审判决适用法律正确，认定事实清楚，请求驳回上诉人的上诉，维持一审判决。

广西壮族自治区××市中级人民法院经公开审理查明：被上诉人黄××在苏×的介绍下，通过××通公司深圳代表处于2008年6月23日以××市×××冰都食品经营部的名义与××通公司签订了《代理产品合同书》（编号YL16888）、《代理招商委托协议书》各一份。同日黄××将23 976元汇入××通公司深圳代表处负责人施××个人账户，购得30张××通world软件，取得了××通三级代理商资格。之后，黄××介绍秦××、温××、唐×、李×、朱××分别与××通公司签订了《代理产品合同书》、《代理招商委托协议书》，并认购了××通world软件产品。其中秦××、唐×、李×、朱××分别汇款23 976元给××通公司深圳代表处负责人施××个人账户，各自购得××通world软件30张，成为三级代理商。温××汇款4 496元给××通公司深圳代表处负责人施××个人账户购得××通world软件5张，获得零售经销点资格。温××又介绍刘×签订合同，刘×汇款23 976元给××通公司深圳代表处负责人施××，购得××通world软件30张，也成为三级代理商。黄××购得××通world软件30张，成为三级代理商后，再没有进行产品销售，除点击××通公司每天发送的每张卡30条短信获得每条奖励0.1元外，黄××介绍五人加入××通公司，按照××通代理机制奖励模式同级对同级提成8%、高级对低级提成10%的规定，共获得直接提成8 121.92元，但黄××一直未向××通公司申请将其提成汇入指定的银行账户，而是将投资××通公司部分所得用××通通币直接在网上购买××通3个手机（每款手机1 950元，共计5 850元），余款2 271.92元留在账号上未兑换提取现金。2008年8月6日，上诉人××市工商行政管理局的执法人员接到举报后，会同××市公安局××派出所的民警将黄××及温××、刘×从凯旋门大酒店带到××市工商行政管理局进行询问调查。经调查收集相关证据后，××市工商行政管理局于2008年9月9日作出了×工商处字（2008）71号《行政处罚决定书》，认定黄××构成《禁止传销条例》第七条参加传销行为，对黄××作出立即改正违法行为并处以2 000元罚款的处罚决定。黄××不服该处罚决定，在自行到银行缴纳罚款后向一审法院提起行政诉讼。一审法院审理后于2008年12月15日作出一审判决。上诉人××市工商行政政管理局不服一审判决向本院提起上诉。上诉人××市工商行政管理局作出处罚后于2008年10月30日以黄××涉嫌构成犯罪，将案件移送××市公安局。××市公安局于2008年11月17日作出×市公立（2008）35号立案决定书，对黄××涉嫌非法经营案立案侦查，案件还在侦查中。

上述事实有下列证据证明：

1. 双方一致提供的证据：《代理产品合同书》、《代理招商委托协议书》、××通产品代理授权书、罚款收据、××市×××冰都食品经营部委托书、××市×××冰都食品经营部营业执照、××通公司深圳代表处登记证及税务登记证。上述证据真实，与本案有关联性，可作为本案定案依据。

2. ××市工商行政管理局提供的证据：立案审批表、举报记录、行政处罚决定告知书、送达回证、代理商申请表三份、存款回单、黄××代理商的下级报表、苏×代理商的下级报表、代理会员卡部分账号、××通代理机制奖励模式、黄××绘制的代理业务网络图、××市×××冰都食品经营部委托书（温××）、××通招商代理的宣传资料、行政处罚案件有关事项审批表、扣留财物通知书、财物清单、送达回证、黄××客户凭条、行政处罚决定审批表、黄××传销案调查终结报告、案件移送函。上述证据可证明黄××经人介绍以认购××通 world 软件的方式变相交纳费用取得加入和发展其他人员加入的资格，并以其所介绍的人员认购××通 world 软件的款额计算非法利益的事实，符合证据采信特征，可作为本案定案依据。××市工商行政管理局对黄××、温××、刘×的询问调查笔录以及黄××代理××通产品的陈述、黄××绘制的代理业务网络图是依照法定程序收集的证据，且黄××未能提供相反的证据证明上述证据违反法定程序，因而可以作为本案定案依据。

3. 本院依职权调取的证据：××市公安局经济犯罪侦查支队的《证明》、立案决定书、案件移送函。上述证据真实、合法，可作为本案定案依据。

广西壮族自治区××市中级人民法院经审理认为：黄××及其介绍的温××等五人分别经××市×××冰都食品经营部委托，与××通公司签订《代理产品合同书》、《代理招商委托协议书》购买了××通 world 软件，成为三级代理商或零售经销点，取得招商资格，但除了签订《代理产品合同书》、《代理招商委托协议书》外，还需要填写代理商申请表，需要介绍人，并且黄××等人购买的产品没有再次进行销售，实际上是以变相购买商品的方式取得加入资格和发展人员的资格。黄××介绍其他人加入××通公司，从被介绍人认购××通 world 软件的款额中得到××通公司 8%～10%共 8 121.92 元的提成，牟取了非法利益。黄××虽没有要求其他人参加，但××通公司以每天向 world 软件购买者的每张卡发送 30 条短信获得回复后每条短信奖励 0.1 元等方法为利诱，引诱社会公众参加。因此，应当认定黄××与其介绍的人之间形成了事实上的上下线关系。黄××实际上又已从其介绍的下线认购商品的款额中得到了报酬，牟取了非法利益，其行为符合《禁止传销条例》第七条第（二）项及第（三）项的规定，被上诉人黄××参加传销的事实清楚。综上所述，71 号处罚决定认定黄××构成参加传销行为的事实清楚、证据确实充分、适用法律法规正确、程序合法，具备合法性，依法应当予以维持；一审判决认定事实不清、主要证据不足，应当予以撤销；被上诉人黄××辩称其取得××通代理资格是附条件民事法律行为，与其他人之间不存在上下线关系、不存在团队计酬、不构成参加传销行为的理由均不成立，本院依法不予采信和支持。

广西壮族自治区××市中级人民法院依照《中华人民共和国行政诉讼法》第五十四条第（一）项、第六十一条第（三）项之规定，判决如下：

一、撤销××市玉州区人民法院于 2008 年 12 月 15 日作出的（2008）玉区法行初字第 23 号行政判决；

二、维持上诉人××市工商行政管理局于 2008 年 9 月 9 日作出的×工商处字（2008）71 号《行政处罚决定书》。

审判长　××

审判员　××

审判员　××

二〇〇九年六月十二日

（院印）

本件与原本核对无异

书记员　××

【简析】

该判决书列举事实充实，具有说服力。对双方辩论焦点进行了全面论述，对新证据以及法院依职权提取的证据进行了认定，体现了判决的公正。

特别提示

第二审行政判决书的结构、项目以及内容与第一审行政判决书基本相同，但是内容的侧重点以及具体的写法不完全相同。

在制作第二审行政判决书时，叙述二审行政判决书的事实要体现出上诉审的特点，针对上诉人提出的问题及一审认定的事实进行重点叙述。在行文中，阐述理由亦需加强针对性和说服力，避免照抄原判理由，反对公式化的空洞语言。要围绕原判决是否正确，上诉是否有理进行具体的分析论证。

第七节　人民法院裁定书

一、裁定书的概念

裁定是人民法院在审理案件或者执行判决过程中，就程序问题或者部分实体问题所作的处理决定。裁定有书面和口头两种形式。凡用书面形式表达的，称之为裁定书。

裁定书是人民法院常用的一种重要司法文书，其作用在于保障诉讼顺利进行，保障人民法院的判决得以实现。生效的裁定书与生效的判决书一样，都具有法律上的强制力。

裁定的种类很多：按案件性质分，有刑事裁定、民事裁定和行政裁定；按裁定的作用分，有程序问题的裁定和实体问题的裁定；按诉讼程序分，有一审裁定和二审裁定等。

裁定的使用范围较广，按照法律规定，在下列情况下都可以使用裁定：

延期审理，退回补充侦查，中止、终止案件，撤销原判、发回重审等有关程序的裁定。

驳回自诉，驳回上诉，抗诉，减刑，假释，核准死刑，停止执行死刑，减少或者免除罚金以及诉讼保全和先行给付，准予或者不准撤诉，补正判决书中的失误等有关实体问题的裁定。

按照法律规定，有的裁定准许上诉，有的则不准上诉。一般来讲，凡是终结案件或者对当事人的实体利益具有较大影响的裁定，例如，驳回起诉的裁定等准许当事人上诉；关于诉讼保全和先行给付等裁定则不准许上诉。法律规定，裁定的上诉、抗诉法定期限，刑事案件为五日，民事案件为十日。

二、裁定书的要素内容和制作方法

裁定书有多种，内容不完全相同。现将常用的几种内容及写作要求加以简要介绍。

（一） 解决程序问题使用的裁定书

这种裁定书由以下五个部分组成。

（1）名称与案号。写明“××人民法院刑事（或民事）裁定书”，然后注明编号“（年度）×刑（民）×字第×号”。

（2）被告人的姓名、性别、年龄、民族、籍贯、职业、住址。刑事裁定书应写明是否在押。

（3）裁定案由及裁定的法律根据。应写明案件的性质，由何人提出裁定以及裁定所要解决的问题，人民法院裁定的法律根据。

（4）裁定的具体内容。这是裁定书的主体部分。在制作时应当注意：一要审查申请裁定的有关材料，写明关键问题；二要根据具体情况分别予以裁定；三要写明理由和具体裁定事项。譬如，退回人民检察院补充侦查的裁定，应当写明退回补充侦查的理由以及补充侦查的具体问题。

（5）署名并写明时间。这是裁定书的尾部。应由合议庭的审判长和审判员或人民陪审员在原本上签名，书记员签名盖章。写明裁定的时间和制成裁定书正本的时间。同时注明“本件与原本核对无异”字样。

（二） 二审所使用的裁定书

这种裁定书由以下七部分构成。

（1）名称与编号。应写明“×××人民法院刑事（民事、行政）裁定书”，案号写明“刑二字（或刑申字）第×号”。

（2）上诉人、抗诉人、申诉人以及辩护人、代理人的个人情况。个人情况的写法同前。

（3）二审裁定的案由。写明二审裁定处理的是上诉、抗诉、申诉的何案、何人，该案由哪个法院在何时以何字号判决。

（4）审判组织情况。说明人民法院依法组成合议庭的情况；人民检察院是否派员出庭支持抗诉；案件是否公开审理，若系书面审理，则不需写此项。

（5）经二审查明的情况。这是裁定书的主体部分，主要内容如下：

其一，对一审判决认定的事实、证据，适用的法律，在全面审查后作出实事求是的结论。坚持有错必纠的方针，对于错误的，应当否定；对于正确的，必须予以肯定。

其二，对于上诉、抗诉、申诉的理由进行恰如其分的论证。对于原判事实清楚、适用法律适当的，应当驳回上诉、抗诉，反之，就应当发回重新审判。

其三，援引法律条款，写明援引何种法律，第几条几款。

（6）原判决事实不清，适用法律不当的，写明撤销原判决，发回×××人民法院重新审判。原判决正确的，写明驳回上诉（抗诉、申诉），维持原判。

（7）署名与时间。这部分与第一种裁定书相同，只是审判庭的组成人员全部是审判员。

（三） 刑罚执行过程中减刑、假释所使用的裁定书

这种裁定书由六部分组成：

（1）名称与编号。写明“×××人民法院裁定书”，在名称之下写明“×字×号”。

（2）写明罪犯的姓名、性别、年龄、民族、籍贯、职业、服刑场所。

（3）对罪犯的判刑情况及减刑或假释的理由根据，应写明何人、何罪、何时、在何处，何号判决、判处何种刑罚和刑期。执行机关提出减刑或假释意见的理由和根据，应当写明执行机关，罪犯表现情况，何时提出减刑或假释意见等。

（4）人民法院审核查实的罪犯表现和减刑、假释的法律根据。

（5）主文。

减刑裁定书的主文是：“对罪犯×××准予减刑×年。”

假释裁定书的主文是：“准予假释。”

（6）署名和时间。这部分与第二种裁定书的第七部分相同。

（四） 核准死刑使用的裁定书

这种裁定书由以下七部分组成：

（1）名称与编号。应写明“×××人民法院刑事裁定书”，编号写明“（年度）×刑核字第×号”。

（2）被告人的个人情况。与第一种裁定书的第二项相同。

（3）死刑案件的具体情况。首先写明一审判处死刑的具体情况，应写明何案、何时、在何处、何号判决判处死刑并剥夺政治权利终身。对于高级人民法院复核的二审判处死刑案件的，应当写明高级人民法院的名称及何时、何种字号报送的。

（4）写明“依法组成合议庭”进行复核。

（5）核准死刑的理由和根据。应写明犯罪事实和有关法律规定。用词要准确，言简意赅。

（6）裁定主文。写明“核准×原审或二审人民法院对被告人×××判处死刑，剥夺政治权利终身的刑事判决”。

（7）署名与时间。这部分与第二种裁定书的第七部分相同。

三、裁定书的写作格式

【格式1】

××××人民法院
刑事裁定书

（二审维持原判决用）

（年度）×刑终字第×号

原公诉机关：××××人民检察院。

上诉人（原审被告人）：__________（写明姓名、性别、出生年月日、民族、籍贯、职业或工作单位和职务、住址和因本案所受强制措施情况等，现在何处）。

辩护人：__________（写明姓名、性别、工作单位和职务）。

××××人民法院审理被告人__________（写明姓名和案由）一案，于×年×月×日作出（年度）×刑初字第×号刑事判决。被告人×××不服，提出上诉。本院依法组成合议庭，公开（或不公开）开庭审理了本案。××××人民检察院检察长（或员）×××出庭支持公诉，上诉人（原审被告人）×××及其辩护人×××、证人×××等到庭参加诉讼。本案现已审理终结。（未开庭的改为：“本院依法组成合议庭，审理了本案。现已审理终结。”）

__________（首先概述原判决的基本内容，其次写明上诉、辩护的主要意见，再次写明检察院在二审提出的新意见）。

经审理查明，__________（肯定原判决认定的事实、情节是正确的，证据确凿、充分。如果上诉、辩护等对事实、情节提出异议，应予重点分析否定）。

本院认为，__________（根据二审确认的事实、情节和有关法律规定，分析、批驳上诉、辩护等对原判决定罪量刑方面的主要意见和理由，论证原审判决结果的正确性）。依照__________（写明裁定所依据的法律条款项）的规定，裁定如下：

驳回上诉，维持原判。

本裁定为终审裁定。

审判长　×××
审判员　×××
审判员　×××
×年×月×日
（院印）

本件与原本核对无异

书记员　×××

【格式 2】

××××人民法院
刑事附带民事裁定书

（二审维持原判决用）

（年度）×刑终字第×号

上诉人（原审自诉人兼附带民事诉讼原告人）：__________（写明姓名、性别、出生年月日、民族、籍贯、职业或工作单位和职务、住址等）。

委托代理人：__________（写明姓名、性别、工作单位和职务）。

原审被告人：__________（写明姓名、性别、出生年月日、民族、籍贯、职业或工作单位和职务、住址等）。

辩护人：__________（写明姓名、性别、工作单位和职务）。

××××人民法院审理自诉人兼附带民事诉讼原告人×××控诉被告人×××__________（写明案由）一案，于×年×月×日作出（年度）×刑初字第×号刑事附带民事判决。自诉人兼附带民事诉讼原告人×××对判决的刑事部分和附带民事部分均不服，提出上诉。本院依法组成合议庭，公开（或不公开）开庭审理了本案。上诉人（原审自诉人兼附带民事诉讼原告人）×××及其委托代理人×××、被告人×××及其辩护人×××、证人×××等到庭参加诉讼。本案现已审理终结。（未开庭的改为：“本院依法组成合议庭，审理了本案，现已审理终结。”）

__________（首先概述原判决的基本内容，其次写明上诉、辩护的主要意见）。

经审理查明，__________（肯定原判决认定的犯罪事实和造成被害人经济损失的情况是正确的，证据确凿、充分。如果上诉、辩护对事实、情况提出异议，应予重点分析否定）。

本院认为，__________（根据二审确认的事实、情况和有关法律规定，分析、批驳上诉、辩护对原判决定罪量刑和责令赔偿经济损失方面的主要意见和理由，论证原判决是正确的）。依照__________（写明裁定所依据的法律条款项）的规定，裁定如下：

驳回上诉，维持原判。

本裁定为终审裁定。

审判长　×××

审判员　×××

审判员　×××

×年×月×日

（院印）

本件与原本核对无异

书记员　×××

【格式3】

××××人民法院
刑事裁定书

（二审发回重审用）

（年度）×刑终字第×号

原公诉机关：××××人民检察院。

上诉人（原审被告人）：__________（写明姓名、性别、出生年月日、民族、籍贯、职业或工作单位和职务、住址和因本案所受强制措施情况等，现在何处）。

辩护人：__________（写明姓名、性别、工作单位和职务）。

××××人民法院审理被告人__________（写明姓名和案由）一案，于×年×月×日作出（年度）×刑初字第×号刑事判决，认定被告人×××犯××罪，判处__________（简写判处结果）。被告人×××不服，以__________（简写上诉的主要理由）为由，提出上诉。本院依法组成合议庭审理了本案（经过开庭审理的，还应写明庭审形式和到庭参加诉讼的人员）。

本院认为，__________（简述原判事实不清，证据不足，或者严重违反法律程序的情况）。依照__________（写明裁定所依据的法律条款项）的规定，裁定如下：

一、撤销××××人民法院（年度）×刑初字第×号刑事判决；

二、发回××××人民法院重新审判。

审判长　×××

审判员　×××
审判员　×××
×年×月×日
（院印）

本件与原本核对无异

书记员　×××

【格式4】

××××人民法院
刑事附带民事裁定书

（二审发回重审用）

（年度）×刑终字第×号

上诉人（原审被告人）：__________（写明姓名、性别、出生年月日、民族、籍贯、职业或工作单位和职务、住址等）。

辩护人：__________（写明姓名、性别、工作单位和职务）。

原审自诉人兼附带民事诉讼原告人：__________（写明姓名、性别、出生年月日、民族、籍贯、职业或工作单位和职务、住址等）。

委托代理人：__________（写明姓名、性别、工作单位和职务）。

××××人民法院审理自诉人兼附带民事诉讼原告人×××控诉被告人×××__________（写明案由）一案，于×年×月×日作出（年度）×刑初字第×号刑事附带民事判决，认定被告人×××犯××罪，判处__________（简写判处的刑事和附带民事内容）。被告人不服，以__________（简写上诉的主要理由）为由，提出上诉。本院依法组成合议庭审理了本案（经过开庭审理的，写为公开或不公开开庭审理了本案等）。

本院认为，__________（简述原判事实不清，证据不足，或者严重违反法律程序的情况）。依照__________（写明裁定所依据的法律条款项）的规定，裁定如下：

一、撤销××××人民法院（年度）×刑初字第×号刑事附带民事判决；

二、发回××××人民法院重新审判。

审判长　×××
审判员　×××
审判员　×××
×年×月×日
（院印）

本件与原本核对无异

书记员　×××

【格式5】

××××人民法院
刑事裁定书

（二审维持、变更、撤销原裁定用）

（年度）×刑终字第×号

上诉人（原审自诉人）：__________（写明姓名、性别、出生年月日、民族、籍贯、职业或工作单位和职务、住址等）。

原审被告人：__________（写明姓名、性别、出生年月日、民族、籍贯、职业或工作单位和职务、住址等）。

××××人民法院审理自诉人×××控诉被告人×××__________（写明案由）一案，于×年×月×日作出（年度）×刑初字第×号刑事裁定，驳回自诉人×××的控诉。自诉人×××不服，提出上诉。本院依法组成合议庭审理了本案，现已审理终结。__________（首先概述原裁定的主要内容，其次简述上诉人的上诉请求，再次写明二审查明的情况和分析论断）。依照__________（写明裁定所依据的法律条款项）的规定，裁定如下：__________［写明裁定结果。分三种情况：

第一，驳回上诉，维持原裁定的，表述为：

"驳回上诉，维持原裁定。"

第二，变更原裁定的，表述为：

"一、撤销××××人民法院（年度）×刑初字第×号刑事裁定；

"二、__________（写明变更裁定的具体内容）。"

第三，撤销原裁定，发回重审的，表述为：

"一、撤销××××人民法院（年度）×刑初字第×号刑事裁定；

"二、发回××××人民法院重新审判。"］

本裁定为终审裁定。

审判长　×××
审判员　×××
审判员　×××
×年×月×日
（院印）

本件与原本核对无异

书记员　×××

【格式6】

中华人民共和国最高人民法院
刑事裁定书

（核准死刑用）

（年度）最刑核字第×号

被告人：__________（写明姓名、性别、出生年月日、民族、籍贯、职业或工作单位和职务、住址等，现在何处）。

××××中级人民法院于×年×月×日以（年度）×刑初字第×号刑事判决，认定被告人×××犯××罪，判处死刑，剥夺政治权利终身。__________（此处简写上诉、抗诉后经二审维持原判，或者没有上诉、抗诉经高级法院复核同意原判的情况）。××××高级人民法院依法报送本院核准。本院依法组成合议庭进行了复核。经合议庭评议后，审判委员会第××次会议进行了讨论并作出决定。本案现已复核终结。

本院确认__________（写明经复核肯定原判认定的犯罪事实、情节及其具体证据的内容）。

被告人×××__________（阐明同意判处死刑的理由）。依照__________（写明裁定所依据的法律条款项）的规定，裁定如下：

核准××××中级人民法院（年度）×刑初字第×号以××罪判处被告人×××死刑，剥夺政治权利终身的刑事判决。

本裁定送达后即发生法律效力。

审判长　×××
审判员　×××
审判员　×××
×年×月×日
（院印）

本件与原本核对无异

书记员　×××

【格式7】

××××高级人民法院
刑事裁定书

（根据授权核准死刑用）

（年度）×刑核字第×号

被告人：__________（写明姓名、性别、出生年月日、民族、籍贯、职业或工作单位和职务、住址等，现在何处）。

××××中级人民法院于×年×月×日以（年度）×刑初字第×号刑事判决，认定被告人×××犯××罪，判处死刑，剥夺政治权利终身。在法定期限内没有上诉、抗诉。××××中级人民法院依法报送本院核准。本院依法组成合议庭进行了复核。经合议庭评议后，审判委员会进行了讨论并作出决定。本案现已复核终结。

本院确认＿＿＿＿＿（写明经复核肯定原判认定的犯罪事实、情节及其具体证据的内容）。

被告人×××＿＿＿＿＿（阐明同意判处死刑的理由）。依照＿＿＿＿＿（写明裁定所依据的法律条款项）的规定，裁定如下：

核准××××中级人民法院（年度）×刑初字第×号以××罪判处被告人×××死刑，剥夺政治权利终身的刑事判决。

本裁定送达后即发生法律效力。

审判长　×××

审判员　×××

审判员　×××

×年×月×日

（院印）

本件与原本核对无异

书记员　×××

【格式8】

××××高级人民法院
刑事裁定书

（核准死刑缓期执行用）

（年度）×刑核字第×号

被告人：＿＿＿＿＿（写明姓名、性别、出生年月日、民族、籍贯、职业或工作单位和职务、住址等，现在何处）。

××××中级人民法院于×年×月×日以（年度）×刑初字第×号刑事判决，认定被告人×××犯××罪，判处死刑，缓期二年执行，劳动改造，以观后效，剥夺政治权利终身。在法定期限内没有上诉、抗诉。××××中级人民法院依法报送本院核准。本院依法组成合议庭进行了复核。经合议庭评议后，审判委员会进行了讨论并作出决定。本案现已复核终结。

本院确认＿＿＿＿＿（写明经复核肯定原判认定的犯罪事实、情节及其具体证据的内容）。

被告人×××＿＿＿＿＿（阐明同意判处死刑缓期执行的理由）。依照＿＿＿＿＿（写明裁定所依据的法律条款项）的规定，裁定如下：

核准××××中级人民法院（年度）×刑初字第×号以××罪判处被告人×××死刑，缓期二年执行，劳动改造，以观后效，剥夺政治权利终身的刑事判决。

本裁定送达后即发生法律效力。

审判长　×××

审判员　×××

审判员　×××

×年×月×日

（院印）

本件与原本核对无异

书记员　×××

【格式9】

中华人民共和国最高人民法院
刑事裁定书

（复核死刑发回重审用）

（年度）最刑核字第×号

被告人：＿＿＿＿＿（写明姓名、性别、出生年月日、民族、籍贯、职业或工作单位和职务、住址等，现在何处）。

××××中级人民法院于×年×月×日以（年度）×刑初字第×号刑事判决，认定被告人×××犯××罪，判处死刑，剥夺政治权利终身。＿＿＿＿＿（简要写明上诉、抗诉后经二审维持原判，或者没有上诉、抗诉经高级法院复核同意原判的情况）。××××高级人民法院依法报送本院核准。本院依法组成合议庭进行了复核。本案经合议庭评议（审判委员会第××次会议进行了讨论）并作出决定。

本院认为，＿＿＿＿＿（概述原判决事实不清，证据不足，或者适用法律有错误，或者量刑不当的情况）。依照＿＿＿＿＿（写明裁定所依据的法律条款项）的规定，裁定如下：

一、撤销××××中级人民法院（年度）×刑初字第×号刑事判决（二审终审的要同时撤销二审法院维持原判的刑事裁定）；

二、发回××××中级人民法院重新审判。

审判长　×××

审判员　×××

审判员　×××

×年×月×日

（院印）

本件与原本核对无异

书记员　×××

【格式10】

××××高级人民法院
刑事裁定书

（复核死刑发回重审用）

（年度）×刑核字第×号

被告人：__________（写明姓名、性别、出生年月日、民族、籍贯、职业或工作单位和职务、住址等，现在何处）。

××××中级人民法院于×年×月×日以（年度）×刑初字第×号刑事判决，认定被告人×××犯××罪，判处死刑，剥夺政治权利终身。在法定期限内没有上诉、抗诉。××××中级人民法院依法报送本院核准。本院依法组成合议庭进行了复核。本案经合议庭评议（审判委员会进行了讨论）并作出决定。

本院认为，__________（概述原判决事实不清，证据不足，或者适用法律有错误，或者量刑不当的情况）。依照__________（写明裁定所依据的法律条款项）的规定，裁定如下：

一、撤销××××中级人民法院（年度）×刑初字第×号刑事判决；

二、发回××××中级人民法院重新审判。

审判长　×××

审判员　×××

审判员　×××

×年×月×日

（院印）

本件与原本核对无异

书记员　×××

【格式11】

××××高级人民法院
刑事裁定书

（复核死刑缓期执行发回重审用）

（年度）×刑核字第×号

被告人：__________（写明姓名、性别、出生年月日、民族、籍贯、职业或工作单位和职务、住址等，现在何处）。

××××中级人民法院于×年×月×日以（年度）×刑初字第×号刑事判决，认定被告人×××犯××罪，判处死刑，缓期二年执行，劳动改造，以观后效，剥夺政治权利终身。在法定期限内没有上诉、抗诉。××××中级人民法院依法报送本院核准。本院依法组成合议庭进行了复核。本案经合议庭评议（审判委员会进行了讨论）并作出决定。

本院认为，__________（概述原判决事实不清，证据不足，或者适用法律有错误，或者量刑不当的情况）。依照__________（写明裁定所依据的法律条款项）的规定，裁定如下：

一、撤销××××中级人民法院（年度）×刑初字第×号刑事判决；

二、发回××××中级人民法院重新审判。

审判长　×××

审判员　×××

审判员　×××

×年×月×日

（院印）

本件与原本核对无异

书记员　×××

【格式12】

××××人民法院
刑事裁定书

（驳回自诉用）

（年度）×刑初字第×号

自诉人：__________（写明姓名、性别、出生年月日、民族、籍贯、职业或工作单位和职务、住址等）。

被告人：__________（写明姓名、性别、出生年月日、民族、籍贯、职业或工作单位和职务、住址等）。

自诉人×××于×年×月×日以被告人×××犯××罪，向本院提起控诉。本院受理后，依法审理了本案。

本院认为，__________（简写驳回自诉的理由）。依照__________（写明裁定所依据的法律条款项）的规定，裁定如下：

驳回自诉人×××对被告人×××的控诉。

如不服本裁定，可在接到裁定书的第二日起五日内，通过本院或者直接向××××人民法院提出上诉。书面上诉的，应交上诉状正本一份，副本×份。

审判员　×××

×年×月×日

（院印）

本件与原本核对无异

书记员　×××

【格式13】

××××人民法院
刑事裁定书

（减、免罚金用）

（年度）×刑×字第×号

罪犯__________（写明姓名和案由）一案，已经本院审理终结，于×年×月×日作出（年度）×刑×字第×号刑事判决（或裁定），已经发生法律效力。其中判处被告人×××罚金人民币××元部分，在执行期间，由于__________（写明罪犯遭遇不能抗拒的灾祸等具体情况）缴纳罚金确有困难。经罪犯本人提出申请，本院查证属实。依照__________（写明裁定所依据的法律条款项）的规定，裁定如下：

__________（写明对罪犯×××减少或免除罚金的具体内容）。

本裁定送达后即发生法律效力。

审判长　×××

审判员　×××

审判员　×××

×年×月×日

（院印）

本件与原本核对无异

书记员　×××

【格式14】

××××人民法院
刑事裁定书

（终止审理用）

（年度）×刑×字第×号

公诉机关：××××人民检察院。

被告人：__________（写明姓名、性别、出生年月日、民族、籍贯，现已死亡）。

××××人民检察院于×年×月×日以被告人×××犯××罪向本院提起公诉。本院依法组成合议庭（或依法由审判员×××独任审判）对本案进行审理。在审理过程中，被告人×××于×年×月×日死亡。依照__________（写明裁定所依据的法律条款项）之规定，裁定如下：

__________（写明裁定结果，分两种情况：

第一，根据已有材料能够确认被告人有罪的，表述为：

“本案终止审理，不追究被告人×××的刑事责任。”

第二，根据已有材料尚难认定被告人有罪的，表述为：

“本案终止审理。”）

本裁定送达后即发生法律效力。

审判长　×××

审判员　×××

审判员　×××

×年×月×日

（院印）

本件与原本核对无异

书记员　×××

【格式15】

××××人民法院
刑事裁定书

（补正裁判文书失误用）

（年度）×刑×字第×号

被告人__________（写明姓名和案由）一案，经本院审理，于×年×月×日作出（年度）×刑×字第×号刑事判决书（裁定书或调解书）。现发现其中有错误（遗漏）字句，特此补充裁定如下：原××书__________（写明错、漏的原字句及其所在页次和行数）；现更正为__________（写明改正、补充的字句）。

本裁定书与被补正的××书同时发生法律效力。

审判长　×××

审判员　×××

审判员　×××

×年×月×日

（院印）

本件与原本核对无异

书记员　×××

【格式16】

××××人民法院
刑事裁定书

（减刑、假释用）

（年度）×刑执字第×号

罪犯：__________［写明姓名、性别、出生年月日（或年龄）、民族、籍贯和服刑处所］。

×年×月×日××××人民法院作出（年度）×刑初字第×号刑事判决，认定罪犯×××犯××罪，判处__________（写明主刑的刑种、刑期和附加剥夺政治权利及其刑期等）。__________（此处写明上诉、抗诉后二审法院的裁判结果。未经二审的写“判决发生法律效力后”）交付执行。__________（此处续写执行中的刑种、刑期变更情况。没有就不写）。

执行机关__________（写明机关名称）于×年×月×日以该犯在服刑期间确有悔改表现（立功表现或有特殊情节），提出减刑（或假释）意见书，报送本院审理。本院依法组成合议庭，对该犯在服刑期间的表现进行了审核，现已审理终结。

本院认为，__________（写明该犯在服刑期间的具体悔改、立功表现或其他特殊情节，以及减刑或假释的理由）。依据__________（写明裁定所依据的法律条款项）的规定，裁定如下：

__________（写明罪犯姓名和对其减刑的具体内容或宣告假释）。

本裁定送达后即发生法律效力。

审判长　×××

审判员　×××

审判员　×××

×年×月×日

（院印）

本件与原本核对无异

书记员　×××

【格式17】

××××人民法院
民事裁定书

（不予受理起诉用）

（年度）×××字第×号

起诉人：__________（写明姓名或名称等基本情况）。

×年×月×日，本院收到×××的起诉状，__________（写明起诉的事由）。

经审查，本院认为，__________（写明不符合起诉条件而不予受理的理由）。依照《中华人民共和国民事诉讼法》第一百二十三条的规定，裁定如下：对×××的起诉，本院不予受理。

如不服本裁定，可在裁定书送达之日起十日内，向本院递交上诉状，上诉于××××人民法院。

审判员　×××

×年×月×日

（院印）

本件与原本核对无异

书记员　×××

【格式18】

××××人民法院
民事裁定书

（对管辖权提出异议的案件用）

（年度）×民初字第×号

原告：__________（写明姓名或名称等基本情况）。

被告：__________（写明姓名或名称等基本情况）。

（当事人及其他诉讼参加人的列项和基本情况的写法，与第一审民事判决书样式相同。）

本院受理__________（写明当事人姓名或名称和案由）一案后被告×××在提交答辩状期间对管辖权提出异议，认为__________（写明异议的内容及理由）。

经审查，本院认为，__________（写明异议成立或异议不成立的根据和理由）。依照《中华人民共和国民事诉讼法》第一百二十七条之规定，裁定如下：

__________（写明裁定结果。分两种情况：

第一，异议成立的，写：

“被告×××对管辖权提出的异议成立，本案移送××××人民法院处理。”

第二，异议不成立的，写：

“驳回被告×××对本案管辖权提出的异议。”）

如不服本裁定，可在裁定书送达之日起十日内，向本院递交上诉状，并按照对方当事人的人数提出副本，上诉于××××人民法院。

审判员　×××

×年×月×日

（院印）

本件与原本核对无异

书记员　×××

【格式19】

××××人民法院
民事裁定书

（驳回起诉用）

（年度）×民初字第×号

原告：__________（写明姓名或名称等基本情况）。

被告：__________（写明姓名或名称等基本情况）。

（当事人及其他诉讼参加人的列项和基本情况的写法，与第一审民事判决书样式相同。）

__________（写明当事人姓名或名称和案由）一案，本院依法进行了审理，现已审理终结。

__________（简述原告起诉的理由和诉讼请求）。

本院认为，__________（写明驳回起诉的理由）。依照__________（写明裁定所依据的法律条款项）之规定，裁定如下：

驳回×××的起诉。

__________（写明诉讼费用的负担）。

如不服本裁定，可在裁定书送达之日起十日内，向本院递交上诉状，并按对方当事人的人数提出副本，上诉于××××人民法院。

审判长　×××

审判员　×××

审判员　×××

×年×月×日

（院印）

本件与原本核对无异

书记员　×××

【格式20】

××××人民法院
民事裁定书

（诉前财产保全用）

（年度）×民保字第×号

申请人：__________（写明姓名或名称等基本情况）。

被申请人：__________（写明姓名或名称等基本情况）。

申请人×××因__________（写明申请诉前财产保全的原因），于×年×月×日向本院提出申请，要求对被申请人__________（写明申请采取财产保全措施的具体内容）。申请人已向本院提供__________（写明担保的财产名称、数量或数额等）担保。

经审查，本院认为，__________（写明采取财产保全的理由）。依照__________（写明裁定所依据的法律条款项）之规定，裁定如下：

__________（写明对被申请人的财产采取查封、扣押、冻结或者法律规定的其他保全措施的内容）。

申请人应当在裁定书送达之日起十五日内向本院起诉，逾期不起诉的，本院将解除财产保全。

本裁定送达后立即执行。

如不服本裁定，可以向本院申请复议一次。复议期间不停止裁定的执行。

审判员　×××

×年×月×日

（院印）

本件与原本核对无异

书记员　×××

【格式21】

××××人民法院
民事裁定书

（诉讼财产保全用）

（年度）×民初字第×号

原告：__________（写明姓名或名称等基本情况）。

被告：__________（写明姓名或名称等基本情况）。

（当事人及其他诉讼参加人的列项和基本情况的写法，与第一审民事判决书样式相同。）

本院在审理__________（写明当事人的姓名或名称和案由）一案中，×告×××于×年×月×日向本院提出财产保全的申请，要求__________（概括写明申请人的具体请求内容），并已提供担保（未提供担保的不写此句）。（法院依职权采取财产保全的，把“×告×××……”一段删去，改为写明需要采取财产保全的事实根据。）

本院认为，×告×××的申请符合法律规定。[法院依职权采取的，改为：“本院为了__________（写明需要采取财产保全的理由）。”] 依照__________（写明裁定所依据的法律条款项）的规定，裁定如下：

__________（写明采取财产保全的具体内容）。

本裁定书送达后立即执行。

如不服本裁定，可以向本院申请复议一次。复议期间不停止裁定的执行。

审判长　×××

审判员　×××

审判员　×××

×年×月×日

（院印）

本件与原本核对无异

书记员　×××

【格式22】

××××人民法院
民事裁定书

（解除财产保全用）

（年度）×民×字第×号

原告（或申请人）：__________（写明姓名或名称等基本情况）。

被告（或被申请人）：__________（写明姓名或名称等基本情况）。

本院于×年×月×日作出（年度）×民×字第×号财产保全的裁定，现因__________（写明解除财产保全的理由），依照__________（写明裁定所依据的法律条款项）之规定，裁定如下：

解除对×××的__________（写明财产的名称、数量或数额等）的查封（或扣押、冻结等）。

审判长　×××

审判员　×××

审判员　×××

×年×月×日

（院印）

本件与原本核对无异

书记员　×××

【格式 23】

××××人民法院
民事裁定书

（先予执行用）

（年度）×民初字第×号

原告：__________（写明姓名或名称等基本情况）。

被告：__________（写明姓名或名称等基本情况）。

（当事人及其他诉讼参加人的列项和基本情况的写法，与第一审民事判决书样式相同。）

本院在审理__________（写明当事人的姓名或名称和案由）一案中，×告×××于×年×月×日向本院提出先予执行的申请，要求__________（概括写明请求的具体内容），并已提供担保（未提供担保的不写此句）。

本院认为，__________（写明决定先予执行的理由）。依照__________（写明裁定所依据的法律条款项）之规定，裁定如下：

__________（写明先予执行的内容及其时间和方式）。

本裁定书送达后立即执行。

如不服本裁定，可以向本院申请复议一次。复议期间不停止裁定的执行。

审判长　×××

审判员　×××

审判员　×××

×年×月×日

（院印）

本件与原本核对无异

书记员　×××

【格式 24】

××××人民法院
民事裁定书

（按撤诉处理用）

（年度）×民初字第×号

原告：__________（写明姓名或名称等基本情况）。

被告：__________（写明姓名或名称等基本情况）。

（当事人及其他诉讼参加人的列项和基本情况的写法，与第一审民事判决书样式相同。）

本院在审理__________（写明当事人的姓名或名称和案由）一案中，因__________（写明原告不预交诉讼费；或者经传票传唤，无正当理由拒不到庭；或者到庭后未经法庭许可而中途退庭等情况），依照__________（写明裁定所依据的法律条款项）之规定，裁定如下：

本案按撤诉处理。

本案受理费××元，由原告×××负担。

审判长　×××
审判员　×××
审判员　×××
×年×月×日
（院印）

本件与原本核对无异

书记员　×××

【格式25】

××××人民法院
民事裁定书

（准许或不准撤诉用）

（年度）×民初字第×号

原告：__________（写明姓名或名称等基本情况）。

被告：__________（写明姓名或名称等基本情况）。

（当事人及其他诉讼参加人的列项和基本情况的写法，与第一审民事判决书样式相同。）

本院在审理__________（写明当事人的姓名或名称和案由）一案中，原告×××于×年×月×日向本院提出撤诉申请。

本院认为，__________（写明准许或不准撤诉的理由）。依照__________（写明裁定所依据的法律条款项）之规定，裁定如下：

__________［写明裁定结果。分两种情况：

第一，准许撤诉的，写：

“准许原告×××撤回起诉。

“__________（写明诉讼费用的负担）。”

第二，不准撤诉的，写：

“不准原告×××撤回起诉，本案继续审理。”]

审判长　×××

审判员　×××

审判员　×××

×年×月×日

（院印）

本件与原本核对无异

书记员　×××

【格式26】

××××人民法院
民事裁定书

（二审发回重审用）

（年度）×民终字第×号

上诉人（原审××）：__________（写明姓名或名称等基本情况）。

被上诉人（原审××）：__________（写明姓名或名称等基本情况）。

（当事人及其他诉讼参加人的列项和基本情况的写法，与第二审维持原判或者改判用的民事判决书样式相同。）

上诉人×××因__________（写明案由）一案，不服××××人民法院（年度）×民初字第×号民事判决，向本院提起上诉。本院依法组成合议庭，公开（或不公开）开庭审理了本案。__________（写明到庭的当事人、诉讼代理人等）到庭参加诉讼。（未开庭的，写：“本院依法组成合议庭审理了本案。”）

本院认为，__________（概括指出发回重审的理由。如原判决认定事实错误或事实不清，证据不足，或者违反法定程序可能影响案件正确判决等）。依照__________（写明裁定所依据的法律条款项）之规定，裁定如下：

一、撤销××××人民法院（年度）×民初字第×号民事判决；

二、发回××××人民法院重审。

审判长　×××

审判员　×××

审判员　×××

×年×月×日

（院印）

本件与原本核对无异

书记员　×××

【格式27】

××××人民法院
民事裁定书

（对管辖权有异议的上诉案件用）

（年度）×民终字第×号

上诉人（原审××）：________（写明姓名或名称等基本情况）。

被上诉人（原审××）：________（写明姓名或名称等基本情况）。

（当事人及其他诉讼参加人的列项和基本情况的写法，与第二审维持原判或者改判用的民事判决书样式相同。）

上诉人×××不服××××人民法院（年度）×民初字第×号民事裁定，向本院提出上诉。________（概述上诉请求与理由、被上诉人的答辩）。

本院经审查认为，________（简要写明二审驳回上诉或者撤销原裁定的事实根据和理由）。

依照________（写明裁定所依据的法律条款项）之规定，裁定如下：

________［写明裁定结果。分两种情况：

第一，维持原裁定的，写：

“驳回上诉，维持原裁定。”

第二，撤销原裁定的，写：

“一、撤销××××人民法院（年度）×民初字第×号民事裁定；

“二、本案由××××人民法院管辖。（在本辖区外的写：‘本案移送××××人民法院处理。’）”］

本裁定为终审裁定。

审判长　×××

审判员　×××

审判员　×××

×年×月×日

（院印）

本件与原本核对无异

书记员　×××

【格式 28】

××××人民法院
民事裁定书

（中止或终结诉讼用）

（年度）×民初字第×号

原告：＿＿＿＿＿（写明姓名或名称等基本情况）。

被告：＿＿＿＿＿（写明姓名或名称等基本情况）。

（当事人及其他诉讼参加人的列项和基本情况的写法，与第一审民事判决书样式相同。如果当事人已经死亡，其基本情况只写姓名、性别和死亡年月日。）

本院在审理＿＿＿＿＿（写明当事人姓名或名称和案由）一案中，＿＿＿＿＿（写明中止或终结诉讼的事实根据）。依照＿＿＿＿＿（写明裁定所依据的法律条款项）之规定，裁定如下：

＿＿＿＿＿［写明裁定结果。分两种情况：

第一，中止诉讼的，写：

“本案中止诉讼。”

第二，终结诉讼的，写：

“本案终结诉讼。

“＿＿＿＿＿（写明诉讼费用的负担）。”］

审判长　×××

审判员　×××

审判员　×××

×年×月×日

（院印）

本件与原本核对无异

书记员　×××

【格式 29】

××××人民法院
民事裁定书

（对原审不予受理的上诉案件用）

（年度）×民×字第×号

上诉人：＿＿＿＿＿（写明姓名或名称等基本情况）。

上诉人×××不服××××人民法院（年度）×民×字第×号不予受理起诉的民事裁定，向本院提起上诉。上诉人×××称，__________（概述上诉请求与理由）。

本院经审查认为，__________（简要写明驳回上诉或者撤销原裁定的理由）。依照__________（写明裁定所依据的法律条款项）之规定，裁定如下：

__________[写明裁定结果。分两种情况：

第一，维持原裁定的，写：

“驳回上诉，维持原裁定。”

第二，撤销原裁定的，写：

“一、撤销××××人民法院（年度）×民×字第×号民事裁定；

“二、本案由××××人民法院立案受理。”]

本裁定为终审裁定。

审判长　×××

审判员　×××

审判员　×××

×年×月×日

（院印）

本件与原本核对无异

书记员　×××

【格式30】

××××人民法院
民事裁定书

（对原审驳回起诉的上诉案件用）

（年度）×民终字第×号

上诉人（原审××）：__________（写明姓名或名称等基本情况）。

被上诉人（原审××）：__________（写明姓名或名称等基本情况）。

（当事人及其他诉讼参加人的列项和基本情况的写法，与第二审维持原判或者改判用的民事判决书样式相同。）

上诉人×××因__________（写明案由）一案，不服××××人民法院（年度）×民初字第×号驳回起诉的民事裁定，向本院提起上诉。本院依法组成合议庭，公开（或不公开）开庭审理了本案。__________（写明到庭的当事人和诉讼代理人等）到庭参加诉讼。（未开庭的，写：“本院依法组成合议庭审理了本案。”）

__________（概述原审裁定的主要内容和上诉人的上诉请求与理由、被上诉人的答辩等）。

本院经审查认为，__________（简要叙述二审驳回上诉或者撤销原裁定的事实和理由。着重对原审裁定是否正确，上诉是否有理，进行分析评论）。依照__________（写明裁定所依据的法律条款项）之规定，裁定如下：

__________[写明裁定结果。分两种情况：

第一，维持原裁定的，写：

“驳回上诉，维持原裁定。

“__________（写明诉讼费用的负担）。”

第二，撤销原裁定的，写：

“一、撤销××××人民法院（年度）×民初字第×号民事裁定；

“二、发回××××人民法院重审。”]

本裁定为终审裁定（发回重审的，此句不写）。

审判长　×××

审判员　×××

审判员　×××

×年×月×日

（院印）

本件与原本核对无异

书记员　×××

【格式31】

××××人民法院
民事裁定书

（准许或不准撤回上诉用）

（年度）×民终字第×号

上诉人（原审××）：__________（写明姓名或名称等基本情况）。

被上诉人（原审××）：__________（写明姓名或名称等基本情况）。

（当事人及其他诉讼参加人的列项和基本情况的写法，与第二审维持原判或者改判用的民事判决书样式相同。）

上诉人×××因__________（写明案由）一案，不服××××人民法院（年度）×民初字第×号民事判决（或裁定），向本院提起上诉。本院在审理本案过程中，上诉人×××又以__________（简述申请撤回上诉的理由），于×年×月×日申请撤回上诉。

本院经审查认为，__________（简述准许撤回上诉或者不准撤回上诉的理由）。依照__________（写明裁定所依据的法律条款项）之规定，裁定如下：

__________［写明裁定结果。分两种情况：

第一，准许撤回上诉的，写：

“准许上诉人×××撤回上诉，双方均按原审判决执行。

“__________（写明诉讼费用的负担）。”

第二，不准撤回上诉的，写：

“不准上诉人×××撤回上诉，本案继续审理。”］

本裁定为终审裁定（不准撤回上诉的，此项不写）。

审判长　×××

审判员　×××

审判员　×××

×年×月×日

（院印）

本件与原本核对无异

书记员　×××

【格式32】

××××人民法院
行政裁定书

（不予受理起诉用）

（年度）×行×字第×号

起诉人：__________（写明姓名或名称等基本情况）。

×年×月×日，本院收到×××的起诉状，__________（概括写明起诉的事由）。

经审查，本院认为，__________（写明不予受理的理由）。依照__________（写明引用的法律条款项）之规定，裁定如下：

对×××的起诉，本院不予受理。

如不服本裁定，可在裁定书送达之日起十日内，向本院递交上诉状，上诉于××××人民法院。

审判长　×××

审判员　×××

审判员　×××

×年×月×日

（院印）

本件与原本核对无异

书记员　×××

【格式33】

××××人民法院
行政裁定书

（驳回起诉用）

（年度）×行初字第×号

原告：__________（写明姓名或名称等基本情况）。

被告：__________（写明行政机关名称和所在地址）。

第三人：__________（写明姓名或名称等基本情况）。

（当事人及其他诉讼参加人的列项和基本情况的写法，与第一审行政判决书样式相同。）

原告×××不服××××（行政机关名称）×年×月×日×××字第×号处罚决定（复议决定或其他具体行政行为），向本院提起诉讼。本院受理后，依法组成合议庭，公开（或不公开）开庭审理了本案。

__________（简述原告起诉的事由）。

本院认为，__________（写明驳回起诉的理由）。依照__________（写明引用的法律条款项）之规定，裁定如下：

驳回原告×××的起诉。

如不服本裁定，可在裁定书送达之日起十日内，向本院递交上诉状，并按对方当事人的人数提出副本，上诉于××××人民法院。

审判长　×××

审判员　×××

审判员　×××

×年×月×日

（院印）

本件与原本核对无异

书记员　×××

【格式34】

××××人民法院
行政裁定书

（停止执行具体行政行为或驳回申请用）

（年度）×行×字第×号

原告：__________（写明姓名或名称等基本情况）。

被告：__________（写明行政机关名称和地址）。

第三人：__________（写明姓名或名称等基本情况）。

（当事人及其他诉讼参加人的列项和基本情况的写法，与第一审行政判决书样式相同。）

原告×××不服××××（行政机关名称）×年×月×日×××字第×号处罚决定（复议决定或其他具体行政行为），向本院提起诉讼，本院已依法受理。现原告以__________（简写申请停止执行具体行政行为的理由）为由，向本院申请停止执行__________（写明申请停止执行具体行政行为的名称）。

经审查，本院认为，__________（写明应当停止执行具体行政行为或者驳回申请的理由）。依照《中华人民共和国行政诉讼法》第四十四条（裁定停止执行的，尚需写明“第×项”）之规定，裁定如下：

__________［写明裁定结果。分两种情况：

第一，停止执行的，写：

“在本案诉讼期间，停止执行__________（写明停止执行具体行政行为的名称）。”

第二，驳回申请的，写：

“驳回原告×××的申请。”］

如不服本裁定，可以向本院申请复议一次，复议期间不停止裁定的执行。

审判长　×××

审判员　×××

审判员　×××

×年×月×日

（院印）

本件与原本核对无异

书记员　×××

【格式 35】

××××人民法院
行政裁定书

（准许或不准撤诉用）

（年度）×行初字第×号

原告：__________（写明姓名或名称等基本情况）。

被告：__________（写明行政机关名称和所在地址）。

第三人：__________（写明姓名或名称等基本情况）。

（当事人及其他诉讼参加人的列项和基本情况的写法，与第一审行政判决书样式相同。）

原告×××不服××××（行政机关名称）×年×月×日×××字第×号处罚决定（复议决定或其他具体行政行为），向本院提起诉讼，本院已依法受理。在审理过程中，原告×××__________（简要写明原告提出的撤诉请求和理由）。

经审查，本院认为，__________（写明准许撤诉或不准撤诉的理由）。依照《中华人民共和国行政诉讼法》第五十一条之规定，裁定如下：

__________（写明裁定结果。分两种情况：

第一，准许撤诉的，写：

“准许原告×××撤回起诉。”

第二，不准撤诉的，写：

“不准原告×××撤诉，本案继续审理。”）

__________（准许撤诉的，写明诉讼费用的负担；不准撤诉的，此项不写）。

审判长　×××

审判员　×××

审判员　×××

×年×月×日

（院印）

本件与原本核对无异

书记员　×××

【格式36】

××××人民法院
行政裁定书

（二审发回重审用）

（年度）×行终字第×号

上诉人（原审××）：__________（写明姓名或名称等基本情况）。

被上诉人（原审××）：__________（写明姓名或名称等基本情况）。

（当事人及其他诉讼参加人的列项和基本情况的写法，与第二审维持原判或改判用的行政判决书样式相同。）

上诉人×××因__________（写明案由）一案，不服××××人民法院（年度）×行初字第×号行政判决，向本院提起上诉。本院依法组成合议庭，公开（或不公开）开庭审理了本案。（未开庭的，写：“本院依法组成合议庭，审理了本案。”）

本院认为，__________（简写发回重审的理由）。依照《中华人民共和国行政诉讼法》第六十一条第（三）项之规定，裁定如下：

一、撤销××××人民法院（年度）×行初字第×号行政判决；
二、发回××××人民法院重审。

审判长　×××
审判员　×××
审判员　×××
×年×月×日
（院印）

本件与原本核对无异

书记员　×××

【格式37】

××××人民法院
行政裁定书

（二审准许或不准撤回上诉用）

（年度）×行终字第×号

上诉人（原审××）：__________（写明姓名或名称等基本情况）。

被上诉人（原审××）：__________（写明姓名或名称等基本情况）。

（当事人及其他诉讼参加人的列项和基本情况的写法，与第二审维持原判或改判用的行政判决书样式相同。）

上诉人×××因__________（写明案由）一案，不服××××人民法院（年度）×行初字第×号行政判决，向本院提起上诉。在本院审理过程中，上诉人×××又以__________（简要写明申请撤回上诉的理由）为由，申请撤回上诉。经审查认为，__________（写明准许撤回上诉或者不准撤回上诉的理由）。现裁定如下：

__________（写明裁定结果，分两种情况：

第一，准许撤回上诉的，写：

"准许上诉人×××撤回上诉，双方当事人按原审判决执行。"

第二，不准撤回上诉的，写：

"不准上诉人×××撤回上诉，本案继续审理。"）

__________（准许撤回上诉的，写明诉讼费用的负担；不准撤回上诉的，此项不写。）

本裁定为终审裁定（不准撤回上诉的，此项不写）。

审判长　×××
审判员　×××
审判员　×××

×年×月×日

（院印）

本件与原本核对无异

书记员　×××

【格式38】

××××人民法院
行政裁定书

（二审维持或撤销一审裁定用）

（年度）×行终字第×号

上诉人（原审××）：__________（写明姓名或名称等基本情况）。

被上诉人（原审××）：__________（写明姓名或名称等基本情况）。

（当事人及其他诉讼参加人的列项和基本情况的写法，与第二审维持原判或改判用的行政判决书样式相同。）

上诉人×××不服××××人民法院（年度）×行初字第×号行政裁定，向本院提起上诉。本院依法组成合议庭，审理了本案。

本院认为，__________（写明二审裁定的理由）。依照__________（写明引用的法律条款项）之规定，裁定如下：

__________［写明裁定结果。分两种情况：

第一，驳回上诉，维持原裁定的，写：

“驳回上诉，维持原裁定。”

第二，撤销原裁定，应予立案受理的，写：

“一、撤销××××人民法院（年度）×行初字第×号行政裁定；

“二、本案由××××人民法院立案受理。”］

本裁定为终审裁定。

审判长　×××

审判员　×××

审判员　×××

×年×月×日

（院印）

本件与原本核对无异

书记员　×××

病文诊疗

【原文】

××市中级人民法院
刑事裁定书

（年度）中刑假字第2756号

罪犯刘××，男，29岁，汉族，北京市人，现在××市第二监狱服刑。

2006年12月31日，××县人民法院作出（2006）平法刑字第184号刑事判决，认定罪犯刘××犯盗窃罪，判处有期徒刑六年，判决发生法律效力后交付执行。2009年9月10日，本院以（2009）中刑减字第2011号刑事裁定书，对其减刑一年三个月。

××市劳改工作管理局于×年×月×日以该犯在服刑期间确有悔改表现，提出假释意见书，报送本院审理。本院依法组成合议庭，对该犯在服刑期间的表现进行了审核，现已审理终结。

本院认为，罪犯刘××在服刑劳动改造期间，认罪伏法，遵守监规纪律，积极参加学习和劳动。自2009年9月减刑后，仍继续努力改造自己，又先后两次获劳改积极分子奖励，确有悔改表现。依照《中华人民共和国刑法》第八十一条、第八十三条和《中华人民共和国刑事诉讼法》第二百六十二条第二款之规定，裁定如下：

对罪犯刘××予以假释（假释考验期限自假释之日起，至×年6月7日刑满止）。

本裁定送达后即发生法律效力。

审判长　×××
审判员　×××
代理审判员　×××
×年×月×日
（院印）

本件与原本核对无异

书记员　×××

【简析】

本裁定书的不足之处是：对刘××在服刑期间“确有悔改表现”的事实叙述比较笼统、简单，不符合《法院诉讼文书样式（试行）》提出的在假释裁定书中叙述罪犯表现，应当用经过查证属实的具体事实说话，不写空话、套话的要求。根据《最高人民法院关于办理减刑、假释案件具体应用法律若干问题的规定》，减刑、假释裁定书，应当扼要写明罪犯确有悔改或者立功表现的事实。这是写好这类裁定书的关键所在。

【修改文】

××市中级人民法院
刑事裁定书

(年度)中刑假字第 2756 号

罪犯刘××,男,29 岁,汉族,北京市人,现在××市第二监狱服刑。

2006 年 12 月 31 日,××县人民法院作出(2006)平法刑字第 184 号刑事判决,认定罪犯刘××犯盗窃罪,判处有期徒刑六年,判决发生法律效力后交付执行。2009 年 9 月 10 日,本院以(2009)中刑减字第 2011 号刑事裁定书,对其减刑一年三个月。

××市劳改工作管理局于×年×月×日以该犯在服刑期间确有悔改表现,提出假释意见书,报送本院审理。本院依法组成合议庭,对该犯在服刑期间的表现进行了审核,现已审理终结。

本院认为,罪犯刘××在服刑劳动改造期间,认罪伏法,遵守监规纪律,积极参加学习和劳动,……(写明该犯在服刑期间的具体悔改、立功表现或其他特殊情节,以及减刑或假释的理由。)据此,依照《中华人民共和国刑法》第八十一条、第八十三条和《中华人民共和国刑事诉讼法》第二百六十二条第二款之规定,裁定如下:

对罪犯刘××予以假释(假释考验期限自假释之日起,至×年 6 月 7 日刑满止)。

本裁定送达后即发生法律效力。

审判长　×××
审判员　×××
代理审判员　×××
×年×月×日
(院印)

本件与原本核对无异

书记员　×××

范文评析

【例文 1】

××省长宁县人民法院
刑事裁定书

(年度)长刑初字第×号

自诉人:陈××,男,1968 年 10 月 14 日出生,汉族,××省台安县人,农民,现住××省长宁县红旗乡。

被告人：贺××，1970年12月5日出生，满族，××省盖州市人，农民，现住××省长宁县红旗乡。

自诉人陈××于×年×月×日以被告人贺××犯故意伤害罪，向本院提起控诉。本院受理后，依法审理了本案。

本院认为，自诉人述被告人贺××对其故意伤害，但提不出确凿证据。经本院就地调查，在场目睹的群众，也不能证实被告人贺××有伤害自诉人的行为。因此，本案证据不足。依照《中华人民共和国刑事诉讼法》第一百七十一条第（二）项之规定，裁定如下：

驳回自诉人陈××对被告人贺××的控诉。

如不服本裁定，可在接到裁定书的第二日起五日内，通过本院或者直接向××中级人民法院提出上诉。书面上诉的，应交上诉状正本一份，副本一份。

审判员　×××

×年×月×日

（院印）

本件与原本核对无异

书记员　×××

【简析】

本文格式规范，内容完整，理由充分，符合刑事裁定书制作要求。

【例文2】

××省××市中级人民法院
刑事裁定书

（2013）×中刑二终字第91号

原公诉机关：××省××县人民检察院。

上诉人（原审被告人）：肖××。因倒卖车票于2007年3月30日被××市人民政府劳动教养管理委员会决定劳动教养一年。因涉嫌犯合同诈骗罪于2012年6月7日被××省××县公安局刑事拘留，同年7月6日被逮捕，现押于××市看守所。

××省××县人民法院审理××省××县人民检察院指控原审被告人肖××犯合同诈骗罪一案，于2012年11月22日作出（2012）华刑初字第165号刑事判决。原审被告人肖××不服，提出上诉。本院依法组成合议庭，经过阅卷，讯问上诉人，认为本案基本事实清楚，决定不开庭审理。现已审理终结。

原判认定：2009年至2011年12月期间，被告人肖××以支付高息为诱饵，编造做生意缺资金周转等理由，在明知自己无履行合同能力的情况下，多次与他人签订短期借款合同，骗得被害人李××等多人共计120.4万元用于放高利贷，造成所骗资金无法归还。2011年12月份，被告人肖××潜逃。具体事实如下：

1. 2009年10月7日，被告人肖××以做生意为名，向李××借款6万元，在未经其弟弟肖×同意的情况下，将肖×位于××县城关镇时代门诊巷内的一套住房的房产证（证号为：0133005）抵押给了李××。2010年8月2日，被告人肖××在××县房产局谎称0133005号房产证遗失，重新办理了肖×的房产证一本（证号为：0137326）。2011年1月10日，肖××又以搞房产需要资金周转为名，经危××介绍向张×借款2万元，又将肖×的房产证（证号：0137326）抵押给了张×。从而骗得李××现金6万元，张×现金2万元。

2. 2011年2月22日、6月23日，被告人肖××以做生意为由，骗取被害人李××现金共计3万元。

3. 2010年3月28日至2011年8月22日期间，被告人肖××以高速公路搞工程需要资金等为由，骗得被害人危××现金共计12.5万元。

…………

2012年6月6日，被告人肖××主动到××县公安局投案，并如实供述了自己的犯罪事实。

原判认定上述事实的证据有经庭审举证、质证的被告人肖××的供述、××市人民政府劳动教养管理委员会长劳教［2007］1009号劳动教养决定书、××县房地产管理局说明及相关档案材料、借条、证明等书证；证人肖××、施××、徐××、刘××的证言；被害人李××、张×、危××、余××、罗××、吴××、彭××、王×（1972年7月1日生）、王×（1972年1月29日生）、盛××、李×、郭××、王萍、邓××、赵××、杨××、熊××、陈××的陈述等证据证明。

原判认为，被告人肖××以非法占有为目的，在签订、履行合同过程中，骗取对方当事人财物，数额特别巨大，其行为已构成合同诈骗罪。其主动投案，并如实地供述了自己的犯罪事实，是自首，可以从轻处罚。依照《中华人民共和国刑法》第二百二十四条第一款第（五）项、第六十七条第一款之规定，判决：被告人肖××犯合同诈骗罪，判处有期徒刑十年，并处罚金人民币五万元。

原审被告人肖××不服，上诉提出：1. 有投案自首情节；2. 在一审宣判前其弟肖×已帮自己偿还了危××、张×的借款共计14.5万元，一审判决没有认定；3. 自己在余××处只借了6万元，另6万元是帮他人作的担保，不应当计算为其犯罪金额。请求二审再从轻判处。

经二审审理查明，原判认定上诉人肖××自2009年至2011年12月，在明知自己无履行合同能力的情况下，以支付高息为诱饵，多次与他人签订短期借款合同，骗得被害人危××、余××、李××等18人的现金共计人民币120.4万元的事实清楚，证据确实、充分，予以确认。

本院认为，上诉人肖××以非法占有为目的，以支付高息为诱饵，与他人签订短期借款合同骗取钱财，数额特别巨大，其行为已构成合同诈骗罪。上诉人肖××提出在一审判决前其弟已代为偿还了被害人危××、张×的借款共计人民币14.5万元，而一审判决书中没有体现，经查，案卷中没有任何证据证明该事实；提出只借了余××6万元借款，另6万元是为他人作的担保，不应当认定为其犯罪金额，经查，此上诉意见与被害人余××所作的证言及上诉人肖××本人以前的供述不符，均不予采纳；还提出有投案自首情节的上诉意见属实，对此原判已认定，并在量刑上予以考虑。故请求本院再从轻判处的意见不予采纳。原判定罪准确，量刑适当，审判程序合法。依照《中华人民共和国刑事诉讼法》第二百二十五条第一款第（一）项之规定，裁定如下：

驳回上诉，维持原判。

本裁定系终审裁定。

审判长　×××
代理审判员　×××
代理审判员　×××
二〇一三年一月二十日
（院印）

本件与原本核对无异

书记员　×××

【简析】

本文在格式规范的基础上，事实、证据充分，说理清晰，对于上诉理由有针对性地进行论证、批驳，充实而不冗杂。

【例文3】

××省××市中级人民法院
刑事裁定书

（2013）×市刑终字第6号

原公诉机关：××省××市人民检察院。

上诉人（原审被告人）：杨××，男，1969年2月25日出生，汉族。××省××县××村农民，捕前住原籍。因盗窃，1991年4月25日被收审，同年9月27日被逮捕。现押于××市看守所。

××省××市人民法院审理被告人杨××盗窃一案。于2008年12月24日作出（2008）法刑初字第84号刑事判决。认定被告人杨××犯盗窃罪，判处有期徒刑六年。剥夺政治权利一年。被告人杨××不服，以把路边没人管的木材拉回家不是盗窃、木材的方数和价值不对、量刑重为由，提出上诉。本院依法组成合议庭审理了本案。

本院认为，原判认定杨××所盗木材数量、价值和具体实施盗窃犯罪行为的事实不清，证据不足。依照《中华人民共和国刑事诉讼法》第二百二十五条第一款第（三）项之规定，裁定如下：

一、撤销××省××市人民法院（2008）法刑初字第84号刑事判决；

二、发回××省××市人民法院重新审判。

审判长　×××

审判员　×××

审判员　×××

×年×月×日

（院印）

本件与原本核对无异

书记员　×××

【简析】

本文简单清楚，完整地交代了各个要素内容，结构完整，但是在裁定理由方面稍显不足。

【例文4】

中华人民共和国最高人民法院
刑事裁定书

（2009）刑三复字第11636599号

被告人：熊××。2009年1月13日被逮捕。现在押。

××省××市中级人民法院审理××市人民检察院指控被告人熊××犯故意杀人罪一案，于2009年2月9日以（2009）随刑初字第7号刑事判决，认定被告人熊××犯故意杀人罪，判处死刑，剥夺政治权利终身。宣判后，熊××提出上诉。××省高级人民法院经依法开庭审理，于2009年3月3日以（2009）鄂刑二终字第25号刑事裁定，驳回上诉，维持原判，并依法报请本院核准。本院依法组成合议庭，对本案进行了复核。现已复核终结。

经复核确认：被告人熊××在××省××市曾都区洛阳镇街道居委会2组经营废品购

销。2007年下半年，熊××与该镇九口堰村8组女村民朱××（被害人，殁年43岁）相好。2008年9月，熊××与其妻刘××离婚。后熊××提出与朱××结婚被拒绝，与刘××复婚亦无望，加之废品经销有所亏损，熊××遂产生报复杀人的恶念。2008年年底至2009年1月初，熊××先后准备了斧头、铁叉、仿铜锁等作案工具，并决定于2009年1月4日实施杀人行为。为了壮胆，也为其实施杀人计划排除障碍，熊××决定先杀死吃住在其废品站内的雇工王××（被害人，殁年54岁）、龙××（被害人，殁年49岁）。1月4日7时许，熊××将王××、龙××灌醉，先将王骗至废品站院内的猪圈里，持斧头猛砸王的头部，将王打倒后又持铁叉刺王的胸部，致王××心脏被刺破大出血而死亡；熊××随后又以同样方法致龙××心脏被刺破大出血而死亡。曾在熊××废品站打过零工的本镇王家桥村女村民丁×（被害人，殁年63岁）在刘××离婚后为刘介绍过对象，熊××认为丁×妨碍了其与刘的复婚而决定杀死丁×。7时30分许，熊××将丁×骗至其废品站的饭厅，持斧头猛砸丁×的头部，将丁×打倒后又持铁叉刺丁×的胸部，致丁×颅脑功能严重障碍而死亡。熊××因怀疑在其废品站分店打工的王家桥村村民张××（被害人，殁年54岁）侵占其钱款而决定杀死张。8时30分许，熊××以吃早饭为名将张××骗至废品站，并在厨房旁的卧室里持斧头猛砸张的头部，将张打倒后又持铁叉刺张的胸部，致张××颅脑功能严重障碍而死亡。9时30分许，熊××以帮工为名骑摩托车将常在其废品站打零工的本镇黄金堂村女村民徐××（被害人，殁年56岁）接至废品站。13时许，熊××叫徐××到厨房做饭，当徐走到厨房旁的卧室时，熊××用斧头猛砸徐的头部，致徐××颅脑功能严重障碍而死亡。14时30分许，熊××正在清扫地面血迹时，本镇怡和路居委会6组女居民周××（被害人，殁年69岁）前来卖废品。因周发现地上有血迹，熊××恐罪行败露而决定杀人灭口，持斧头猛砸周的头部，致周××颅脑功能严重障碍而死亡。上述四被害人的尸体先后被熊××拖至厨房边的楼梯下，堆放在一起，并用编织袋遮盖。20时许，熊××携带斧头、铁叉及仿铜锁前往朱××家。24时许，因朱××表示不能与熊××结婚，熊××即持斧头猛砸朱的头部，后又持铁叉刺朱的颈、胸部，致朱××颅脑功能严重障碍而死亡。此时，朱××之孙邹××（被害人，殁年2岁）醒后啼哭，熊××又持斧头、铁叉对邹下手，致邹××颅脑功能严重障碍而死亡。为延迟被发现的时间，熊××还扯断朱家的电话线、拿走朱××的手机并用仿铜锁锁上朱家的厨房门，后逃离现场。

上述事实，有第一审、第二审开庭审理中经质证确认的斧头、铁叉、仿铜锁，证人叶××、吴××、刘××等的证言，尸体鉴定结论、DNA鉴定结论，现场勘验、检查笔录等证据证实。被告人熊××亦供认。足以认定。

本院认为，被告人熊××因生意和婚姻家庭受挫，竟于一天内连杀八人，其行为已构成故意杀人罪。熊××滥杀无辜，主观恶性极深，杀人手段特别残忍，犯罪情节特别恶劣，罪行极其严重，应依法惩处。第一审判决、第二审裁定认定的事实清楚，证据确实、充分，定罪准确，量刑适当。审判程序合法。依照《中华人民共和国刑事诉讼法》第一百九十九条、《最高人民法院关于复核死刑案件若干问题的规定》第二条第一款之规定，裁定如下：

核准××省高级人民法院（2009）×刑二终字第25号维持第一审以故意杀人罪判处被告人熊××死刑，剥夺政治权利终身的刑事裁定。

本裁定自宣告之日起发生法律效力。

审判长　×××

审判员　×××

审判员　×××

二〇〇九年三月三十一日

（院印）

本件与原本核对无异

书记员　×××

【简析】

本裁定书对第一审、第二审认定事实、证据进行了概括叙述，对于复核确认的事实进行了详细叙述，详略得当。在充分的事实基础上进行法理分析，简练准确地表达了裁定结果。

【例文5】

××省高级人民法院
刑事裁定书

（2012）×高法刑一复字第115号

被告人：李××。因本案于2011年11月17日被刑事拘留，同年12月21日被逮捕。现押于××市看守所。

××省××市中级人民法院审理××省××市人民检察院指控被告人李××犯抢劫罪，附带民事诉讼原告人赖×龙、吴×红提起附带民事诉讼一案，于2012年10月22日作出（2012）东中法刑一初字第279号刑事附带民事判决，认定被告人李××犯抢劫罪，判处死刑，缓期二年执行，剥夺政治权利终身，并处没收个人全部财产。本案在法定期限内没有上诉、抗诉。××省××市中级人民法院依法报送本院核准。本院依法组成合议庭进行了复核。现已复核终结。

经复核查明：2008年11月9日，被告人李××与周××、曹××（均另案处理）在×

×省××市樟木头镇樟洋社区玩耍时，曹××提议抢他人财物，李、周表示同意。当日17时许，由李××携带弹簧刀，三人一起窜至樟木头镇樟洋社区三区伺机作案，并商定由曹××、周××“望风”，李××动手抢。17时30分许，见被害人赖×城手持一部诺基亚N70手机（价值人民币1 200元）路过，曹××示意李××动手。李××上前趁赖不备抢走其手机后，迅速往社区小巷逃跑，赖×城随后紧追，曹××和周××尾随其后。李××逃至该社区三区141号门前路段时，被赖×城追上，赖从后将李××抱住，两人发生拉扯，李××遂掏出弹簧刀捅刺赖×城胸部一刀致赖倒地。李××逃离现场后，将所抢手机交给曹××，后该手机由周××保管、使用。赖×城经抢救无效于当日19时13分死亡。经法医鉴定，被害人赖×城系被他人用锐器刺中胸部致心脏破裂引起失血性休克死亡。

认定上述事实的证据有：现场勘查笔录及现场照片证实案发现场位于××市樟木头镇樟洋社区三区141号门前路段；法医学尸体检验鉴定书及尸检照片证实被害人赖×城系被他人用锐器刺中胸部致心脏破裂引起失血性休克死亡；证人万××证实在案发后同案人曹××告诉她是李××抢劫并捅死被害人；同案人周××、曹××均供述其二人和李××一起作案，抢劫时李××用刀捅死被害人的情况；被告人李××归案后对其抢劫并用刀捅刺被害人的事实供认不讳。上述证据足以证明被告人李××抢劫致被害人死亡的犯罪事实。

本院认为，被告人李××以非法占有为目的，携带凶器抢夺他人财物，并使用暴力手段抗拒抓捕，其行为已构成抢劫罪。被告人李××在共同犯罪中实施暴力行为，是致被害人死亡的凶手，系主犯，罪行极其严重，应依法严惩。鉴于被告人李××归案后如实供述自己的罪行，依法可从轻处罚，对其判处死刑可不立即执行。原判认定事实清楚，证据确实、充分，定罪准确，量刑适当，审判程序合法。依照《中华人民共和国刑事诉讼法》第二百零一条之规定，裁定如下：

核准××省××市中级人民法院（2012）东中法刑一初字第279号以抢劫罪判处被告人李××死刑，缓期二年执行，剥夺政治权利终身，并处没收个人全部财产的刑事判决。

本裁定宣告后即发生法律效力。

审判长　×××

审判员　×××

代理审判员　×××

二〇一二年十一月三十日

（院印）

本件与原本核对无异

书记员　×　×

【简析】

本裁定书在裁定结果的主刑部分，写明“判处死刑，缓期二年执行，剥夺政治权利终身”，表述准确、完整，符合《刑法》规定和制作要求。

【例文 6】

××省××市中级人民法院
刑事裁定书

（2013）×刑监字第 3 号

原审被告人何××贪污一案，××省××市郊区人民法院于×年 2 月 15 日以（年度）郊刑初字第 8 号刑事判决，认定被告人何××犯贪污罪，判处有期徒刑五年。判决已经发生法律效力。被告人何××及其妻李××向××市人民代表大会常务委员会及有关部门提出申诉。经我院对该案进行审查后，发现原判认定事实不清，证据不足，依照《中华人民共和国刑事诉讼法》第二百四十三条第二款之规定，由本院院长提交审判委员会第 25 次会议讨论并作出决定。裁定如下：

本案由本院进行提审。

院长　×××

二〇一三年三月十八日

（院印）

本件与原本核对无异

书记员　×××

【简析】

本裁定书语言简练，一目了然，但裁定原因部分稍有欠缺。

【例文 7】

××市中级人民法院
刑事裁定书

（2012）×刑再字第 4 号

抗诉机关：××省人民检察院。

原审上诉人（一审被告人）：黄××。曾任××市银城大市场房地产开发置业有限公司总经理。因涉嫌犯受贿罪，2009 年 6 月 3 日被刑事拘留，同年 6 月 17 日被逮捕。现在××省星城监狱服刑。

辩护人：孙××，湖南××律师事务所律师。

××省××市××区人民法院审理××区人民检察院提起公诉的被告人黄××犯受贿

罪、贪污罪一案，于2009年11月25日作出（2009）×刑初字第413号刑事判决，××区人民检察院及黄××先后提起抗诉和提出上诉。本院于2010年5月7日作出（2010）×法刑二终字第13号刑事判决。判决发生法律效力后，××省人民检察院于2012年5月9日以×检诉一刑抗字（2012）4号刑事抗诉书向××省高级人民法院提出抗诉。××省高级人民法院于2012年8月6日作出（2012）×高法刑监字第0196号指令再审决定书，指令本院再审。本院依法另行组成合议庭公开开庭进行了审理，××市人民检察院指派检察员聂××出庭履行职务，原审上诉人黄××及其辩护人孙××到庭参加诉讼，本案现已审理终结。

一审法院审理查明，2000年1月至2007年7月期间，被告人黄××利用担任银城大市场总经理的职务之便，为他人谋取利益，多次收受他人贿赂，其中分别收受彭×然60 000元、刘×恒20 000元、杨×平10 000元、郭×清20 000元、刘×飞40 000元、许××40 000元，共计190 000元。

一审法院认为，被告人黄××身为国家工作人员，利用职务之便多次非法收受他人财物，为他人谋取利益，数额特别巨大，其行为已构成受贿罪。公诉机关指控被告人黄××犯贪污罪的事实，其中虚列支出重复报销个人养老保险金、冒领失业保险金共计28 620元和报销个人负责的房租10 560元的事实，因行为不具备贪污罪的构成要件而不能定罪科刑，属于非法所得应予没收上缴国库；其中被告人虚报冒领应由个人负责的餐费、烟酒费、招待费共计268 698元的事实，因被告人作为公司经理，不能排除其公务开支的权力和可能性，公诉机关提供的证据无唯一性和排他性证明应由黄××个人负责支付，按照疑罪从无的原则不予认定。公诉机关指控被告人黄××收受严×顺20 000元的事实因证据不足不予认定。被告人黄××协助公安机关侦破案件具有立功表现，可以从轻或减轻处罚。被告人退缴了部分赃款，具有悔罪表现，可酌情从轻处罚。依照《中华人民共和国刑法》第三百八十五条第一款、第三百八十六条、第三百八十三条第一款第（一）项、第二款、第五十九条、第六十八条、第六十四条之规定，判决：

一、被告人黄××犯受贿罪，判处有期徒刑七年，并处没有财产300 000元；

二、对被告人黄××的违法所得19 000元、非法所得39 180元予以追缴，上缴国库。

××区人民检察院抗诉认为：1. 原审判决认定事实不清，被告人黄××采取虚列支出的手段占有养老保险金、失业保险金及房租共计39 180元属贪污犯罪行为，虽然公司的其他人员知道公款的实际用途，但隐瞒了公款的所有者和上级监督者，其行为仍具有隐蔽性；被告人黄××采取虚报冒领的手段报销应由个人负责的费用共计268 698元的事实应认定为贪污，无人能够证实用于公务开支，且违反公司财务制度和惯例。被告人黄××收受严×顺20 000元证据确实充分，应认定为受贿犯罪事实。2. 原审判决适用法律错误，应以受贿、贪污两罪科刑。3. 原判量刑畸轻。请求二审法院依法改判。

上诉人黄××上诉提出：1. 原判认定部分事实不清，采信证据不当，侦查机关获取证据违法，上诉人没有收受刘×飞、许××各40 000元；郭×清的20 000元已作为贺礼退还了。2. 原判定性不准，上诉人收受彭×然的60 000元及刘×恒的20 000元没有利用职务之便为其牟取利益，且系亲戚朋友之间的经济往来，不应认定为受贿金额。3. 原判适用法律错误，上诉人具有自首和重大立功表现，应当减轻处罚。请求二审改判。

上诉人黄××的辩护人提出，黄××在××市纪委办案期间已如实交代了违法违纪事实；黄××在二审期间有立功表现；黄××没有收受许××和刘×飞各40 000元，共计80 000元。

本院二审经审理查明：2000年1月至2007年7月，上诉人黄××利用担任银城大市场总经理的职务之便，为他人谋取利益，多次收受他人财物，金额共计190 000元。

另查明，在二审期间，黄××检举杨×明盗窃的漏罪，具有新的立功表现。

上述事实，有证人证言、建筑施工合同书、任职文件、到案说明材料、户籍材料、扣押物品清单、冻结存款通知书、协助冻结房地产通知书证明、视听资料、公安机关说明材料、狱内线索查证通知书、黄××的供述等证据证实。

本院二审认为，上诉人黄××身为国家机关工作人员，利用担任银城大市场总经理、董事长的职务之便，多次非法收受他人财物，为他人谋取利益，其行为已构成受贿罪。上诉人黄××在被羁押期间，两次检举揭发他人的犯罪事实，经查证属实，具有立功表现，可以从轻或者减轻处罚。黄××通过其家属退缴了部分赃款，有一定的悔罪表现，可酌情从轻处罚。××区人民检察院抗诉提出，原审判决认定事实不清，黄××采取虚列支出的手段占有养老保险金、失业保险金及房租共计39 180元，采取虚报冒领的手段报销应由个人负责的费用共计268 698元，属贪污犯罪行为，黄××收受严×顺20 000元，应予以认定，原判量刑畸轻的意见，本院不予支持。上诉人黄××提出，原判认定事实部分不清，采信证据不当，侦查机关获取证据违法，他没有收受刘×飞、许××各40 000元，郭×清的20 000元已作为贺礼退还的意见，原判定性不准，他分别收受彭×然60 000元和刘×恒20 000元，没有利用职务之便，也未为他们牟利，是亲戚朋友之间的人情往来，不应认定为受贿的意见，均不成立，本院不予采纳。上诉人黄××上诉提出，在××市纪委办案期间，如实交代了违法违纪事实，应认定为自首，在二审期间有新的立功表现，应认定黄××具有重大立功表现，应减轻处罚的意见，本院认为，黄××在一审、二审庭审中翻供，不能认定为自首，黄××在一审期间揭发他人抢劫犯罪的行为只能认定为一般立功，不能认定为重大立功。黄××在二审期间具有立功表现，本院予以认定，但亦只能认定为一般立功，不能认定为重大立功。综上所述，原审判决认定事实清楚，定罪及适用法律正确，量刑适当，审判程序合法。因上诉人黄××在二审期间具有新的立功表现，在原判的基础上可以适当从轻处罚。依照《中华人民共和国刑法》第三百八十五条第一款、第三百八十六条、第三百八十三条第一款第（一）项和第二款、第六十八条、第六十四条以及《中华人民共和国刑事诉讼法》第一百八十九条第（二）项之规定，判决：

一、维持××省××市××区人民法院（2009）赫刑初字第413号刑事判决第一项中对上诉人黄××的定罪部分和第二项；撤销其量刑部分；

二、上诉人黄××犯受贿罪，判处有期徒刑六年，并处没收财产三十万元。

××省人民检察院抗诉提出，原审被告人黄××揭发杨×明漏罪的线索是从管教干警处获知后贿买得来，根据《最高人民法院、最高人民检察院关于办理职务犯罪案件认定自首、立功等量刑情节若干问题的意见》关于立功的认定和处理规定，据以立功的线索、材料来源系本人通过非法手段或者非法途径获取或是负有查禁犯罪活动职责的国家机关工作人员利用职务便利提供的，不能认定立功。因此，原一、二审法院据此认定黄××举报杨×明抢劫漏罪事实构成立功是错误的，二审立功情节不足以减至六年有期徒刑，致重罪轻判，请依法判处。

原审被告人黄××辩称，他检举杨×明抢劫犯罪线索是与杨×明在监房内闲谈时获取的，没有贿买行为，请求维持原判。

辩护人提出，抗诉机关提供的证据不足以证明黄××揭发杨×明漏罪的线索是从管教干警处获知后贿买得来的，抗诉理由不成立。

再审查明，原审被告人黄××因涉嫌贪污、受贿关押在××市看守所。黄××从管教干警曾×根处得知同监犯杨×明还有漏罪线索后，遂从杨×明处获取了杨在珠海抢劫的犯罪线索。2009年10月20日，黄××向曾×根举报同监犯杨×明入室抢劫的事实。该事实经公安机关查证属实。事后，曾×根以办案费的名义从黄××亲属处拿了20 000元并告知杨×明，曾×根按杨×明的意思给杨的老婆3 000元，上1 000元伙食账，余款由曾×根保管。

上述事实有：

杨×明2011年5月30日在××市看守所向××市检察院干警的证言，证明其2008年8月份因贩卖毒品被关押在××市看守所。2009年10月份的一天，曾×根在珠海查实宋×志举报线索回沅江后又要杨×明交代了1998年下半年伙同他人在××市抢劫事实，曾×根做了笔录，他在笔录上签名并按了指模。之后，曾×根向他讲，此线索给黄××。黄调到同监房后，他将抢劫事实告诉了黄××，黄××讲，事情搞好后满足他的要求。曾×根事后告诉他，黄××家给了20 000元。他要曾×根付3 000元给他爱人，上1 000元的监票，其余由曾×根保管。还证明，他与黄××没有直接商量钱的事。

曾×根2011年7月26日在××市第二看守所向××市检察院干警的证言，证明2009年黄××因经济问题关押于沅江看守所。他在教育室对黄××教育时，黄想立功，他对黄讲，“杨×明多的是线索”并要黄××以后再告知他。过了几天，在教育室黄向他讲了杨×明在××市金鼎镇抢劫事实，他当场做了一份笔录。之后，他提杨×明至教育室，杨交代了在××市金鼎街抢劫事实的过程，他做了笔录后问杨是如何谈妥的，杨讲是黄××给20 000元。

杨×茂于2011年6月14日在××市检察院询问室的证言，证明2009年10月份的一天，在××市看守所，他与黄××见面时，黄讲在监室里发现了一个抢劫犯罪线索，已向管教干警曾×根报告了并要他配合曾查实。曾×根与他在××市看守所见面后告知黄××检举杨×明在××市金鼎镇抢劫事实的过程，并要他准备20 000元至30 000元的办案费用。他拿到杨×明在××市金鼎镇抢劫事实的材料后给了曾×根20 000元。

黄××于2011年6月10日在××省星城监狱向××市人民检察院干警证明，2009年6月份的一天，他从××市第二看守所转至××市看守所关押在过渡监房，8月份的一天调至第六监房认识了杨×明，闲谈时杨×明对他讲了杨自己在珠海犯的一件抢劫案。然后他将杨×明抢劫案的过程报告了曾×根，曾做了笔录后又提押杨×明进行了核实。曾×根找他要办案费用到珠海核实立功材料，他将弟弟杨×茂的手机号码告知了曾×根。杨×茂与他会见时，他对杨讲，给些费用用于曾×根到珠海核实立功材料。

××市公安局金鼎派出所出示的情况说明材料，证明该所根据黄××检举材料的线索，破获了一件十多年前的杨×明入室抢劫案。

再审查明的其他事实、证据与原一、二审查明的事实、证据一致。

本院认为，原审上诉人黄××身为国家公职人员，利用担任××市银城大市场总经理职务之便，多次非法收受他人财物，为他人谋取利益，数额特别巨大，其行为已构成受贿罪。归案后，黄××通过其亲属退缴了部分赃款，具有悔罪表现，可酌情从轻处罚。黄××举报他人犯罪线索，经公安机关查证属实，具有立功表现，予以减轻处罚。关于抗诉机关提出的黄××揭发杨×明漏罪的线索是从管教干警处获知后贿买得来，原一、二审法院据此认定黄××举报杨×明抢劫漏罪事实构成立功是错误的，二审立功情节不足以减至六年有期徒刑，致重罪轻判的理由。本院认为，根据《最高人民法院、最高人民检察院关于办理职务犯罪案件认定自首、立功等量刑情节若干问题的意见》关于立功的认定和处理规定，据以立功的线索、材料来源系本人通过非法手段或者非法途径获取或是负有查禁犯罪活动职责的国家机关工作人员利用职务便利提供的，不能认定立功的这一规定。黄××检举杨×明在珠海抢劫事实，虽经公安机关查证属实，但其线索来源系通过非法手段获取，不能认定为立功。故抗诉机关提出黄××举报杨×明抢劫漏罪事实构成立功是错误的抗诉理由成立，予以采纳。原一、二审认定此检举行为是立功错误，应予纠正，但鉴于黄××在二审期间还有检举杨×清盗窃事实的立功表现，根据黄××犯罪事实和全案的实际情况，对黄××判处六年有期徒刑是在法定量刑幅度内，不属量刑畸轻。故再审不再加重对黄××的刑罚。抗诉机关关于重罪轻判的意见不予采纳。本案经本院审判委员会讨论决定。依照《中华人民共和国刑事诉讼法》第一百八十九条第（一）项之规定，裁定如下：

驳回抗诉，维持本院（2010）×法刑二终字第13号刑事判决。

本裁定为终审裁定。

审判长　×××

审判员　×××

审判员　×××

二〇一二年十一月二十八日

（院印）

本件与原本核对无异

书记员　×××

【简析】

该裁定书比较全面具体。格式规范，结构完整，且层次分明，逻辑性强。在阐述事实、理由方面比较到位，能全面系统地表述各方理由，列举证据充分，繁简得体。分析论证方面，立足于事实，对论点进行了充分有力的论证，有较强的说服力。援引法律条文具体得当，裁定结果明确，可操作性强，达到了再审裁定的目的。

【例文8】

××省××市××区人民法院
刑事裁定书

（年度）×刑初字第41号

公诉机关：××省××市××区人民检察院。

被告人：邢××，男，1970年2月1日出生，汉族，××省青龙县人，现已死亡。

××省××市××区人民检察院于×年7月13日以被告人邢××犯故意伤害罪向本院提起诉讼。本院依法组成合议庭对本案进行审理。在审理过程中，被告人邢××于×年7月21日死亡。依照《中华人民共和国刑事诉讼法》第十五条第（五）项的规定，裁定如下：

本案终止审理，不追究被告人邢××的刑事责任。

本裁定送达后即发生法律效力。

审判长　×××

审判员　×××

代理审判员　×××

×年七月二十三日

（院印）

本件与原本核对无异

书记员　×××

【简析】

该裁定书简洁明了，意思表达清楚明确，援引法条明确具体。

【例文 9】

××市高级人民法院
刑事裁定书

（2006）高刑减字第 107 号

罪犯：王×，男，现年 32 岁，汉族，××市××县人，现在××市第二监狱服刑。

2003 年 5 月 22 日，××县人民法院作出（2003）×刑初字第 45 号刑事判决，认定罪犯王×犯盗窃罪，判处无期徒刑，剥夺政治权力终身；犯贪污罪，判处有期徒刑六年，决定执行无期徒刑，剥夺政治权利终身。被告人王×不服，提出上诉。××市中级人民法院经过二审审理，于 2003 年 7 月 19 日以（2003）中刑终字第 79 号裁定，驳回上诉，维持原判，交付执行。

××市劳改工作管理局于 2006 年 4 月 20 日，以该犯在服刑期间确有悔改表现，提出减刑意见书，经××市司法局审查同意后，报送本院审理。本院依法组成合议庭，对该犯在服刑期间的表现进行了审核。现已审理终结。

本院认为，罪犯王×在服刑中，能够认罪服判，接受改造，积极参加监狱组织的各项政治活动，历次考试成绩良好，2004 年我国部分地区遭受洪灾，自愿捐款，同年“学规范促改造”评比活动中，被评为先进个人。该犯遵守监规纪律，在担任犯人班长期间，能协助劳改干部工作，敢于同违纪行为作斗争。该犯积极参加生产劳动，态度端正，除完成定额生产任务外，还利用休息时间主动加班加点，包装卫生筷子 4 万双，撕商标废边 6 000余张，在“我为祖国多贡献”劳动竞赛中，被评为优胜个人；此外，还获得劳改一等奖、二等奖、三等奖各一次，2005 年下半年被评为劳动积极分子并受记功奖励一次。鉴于该犯在服刑中确有悔改表现，依照《中华人民共和国刑法》第七十八条、第八十条、第五十七条第二款之规定，裁定如下：

对罪犯王×减为有期徒刑十七年零六个月（刑期自本裁定减刑之日起计算，即自 2006 年 6 月 24 日起至 2023 年 12 月 23 日止），剥夺政治权利八年。

本裁定送达后即发生法律效力。

审判长　张××

审判员　蒋××

代理审判员　张××

二〇〇六年六月二十四日

（院印）

本件与原本核对无异

书记员　王　×

【简析】

这是一份写得较好的减刑刑事裁定书。

该裁定书在减刑理由部分，对罪犯在服刑期间的认罪悔罪表现，写得具体、详细，有事实，有根据。这种写法避免了空话、套话，值得借鉴。

裁定结果部分，减刑后主刑和附加刑的表述，按照《法院诉讼文书样式（试行）》的规定，应改为："将罪犯王×的无期徒刑改为有期徒刑十七年零六个月（刑期自本裁定减刑之日起计算，即自 2006 年 6 月 24 日起至 2023 年 12 月 23 日止），剥夺政治权利改为八年。"

【例文 10】

××省××市高新技术产业开发区人民法院
民事裁定书

（2010）开民初字第 1969 号

原告：单×涛。

被告：金×娇。

本院在审理原告单×涛诉被告金×娇同居关系析产、子女抚养纠纷一案中，被告提交了原、被告于 1997 年 2 月 1 日在长垣县人民政府办理的结婚证。本院认为，当事人之间系夫妻关系的，一方至法院请求解除同居关系，人民法院应不予受理。依照《最高人民法院关于适用〈中华人民共和国婚姻法〉若干问题的解释（二）》第一条第一款之规定，裁定如下：

驳回单×涛的起诉。

如不服本判决，可在判决书送达之日起十日内向本院递交上诉状，并按对方当事人的人数提出副本，上诉于××省××市中级人民法院。

审判长　×××

审判员　×××

代理审判员　×××

二〇一〇年八月二日

（院印）

本件与原本核对无异

书记员　×××

【简析】

该裁定书格式规范，用词恰当，语言简练，裁定结果明确。

【例文 11】

××省××市××区人民法院
民事裁定书

（2012）×民初字第 2078－1 号

原告：胡××。

被告：曾××。

被告：张××。

担保人：赵××。

本院在审理原告胡××与被告曾××、张××民间借贷纠纷一案中，原告胡××于 2012 年 8 月 3 日向本院提出财产保全的申请，要求依法冻结被告曾××、张××的银行存款 30 万元，或查封、扣押其价值相当的其他财产，担保人赵××自愿以其名下的车牌号为湘 A×××××的斯巴鲁牌小型越野客车为原告胡××的财产保全申请提供担保。

本院认为，原告胡××的申请符合法律规定，所提供的财产担保合法、有效。依照《中华人民共和国民事诉讼法》第九十二条第一款，第九十四条第一款和第二款之规定，裁定如下：

一、冻结被告曾××、张××的银行存款 30 万元，或查封、扣押其价值相当的其他财产。

二、冻结担保人赵××提供的担保物车牌号为湘 A×××××的斯巴鲁牌小型越野客车的交易手续。

本裁定立即执行。

如不服本裁定，可以向本院申请复议一次。复议期间不停止裁定的执行。

审判员　××

二〇一二年八月三日

（院印）

本件与原本核对无异

书记员　××

【简析】

这是一份符合样式要求的较为全面、具体的诉讼财产保全民事裁定书。

由于原告在申请财产保全时提供了财产担保，所以在“本院认为”部分写明“原告胡××的申请符合法律规定，所提供的财产担保合法、有效”，既表明了法院对财产担保的认可，又确定了原告的担保责任。

【例文 12】

××省××市中级人民法院
刑事裁定书

（2004）××刑终字第 73 号

抗诉机关：××县人民检察院。

原审被告人：孙×静。系上村出纳。2003 年 2 月 9 日被刑事拘留，同年 2 月 25 日被逮捕，2004 年 1 月 17 日被取保候审。

××县人民法院审理××县人民检察院指控原审被告人孙×静挪用公款一案，于 2004 年 2 月 24 日作出（2004）定刑初字第 10 号裁定书，认为被告人孙×静犯罪已过追诉时效，裁定终止审理。××县人民检察院不服，提出上诉。本院审理过程中，××省人民检察院××分院决定撤回抗诉。

本院认为，××检察分院撤回抗诉的决定，符合法律规定，依照《中华人民共和国刑事诉讼法》第一百八十五条第二款、《最高人民法院关于执行〈中华人民共和国刑事诉讼法〉若干问题的解释》第二百四十一条之规定，裁定如下：

准许××省人民检察院××分院撤回抗诉。

××县人民法院（2004）定刑初字第 10 号刑事裁定自本裁定送达之日起发生法律效力。

本裁定为终审裁定。

审判长　×××
审判员　×××
代理审判员　×××
二〇〇四年五月二十七日
（院印）

本件与原本核对无异

书记员　×××

【简析】

该裁定书较好地体现了“准许撤回抗诉裁定书”的要求，各要素交代完整。

特别提示

裁定书根据程序不同，可分为第一审民事裁定书、第二审民事裁定书、再审民事裁定书、督促程序的民事裁定书、公示催告程序的民事裁定书、企业法人破产还债程序的民事裁定书和执行程序的民事裁定书。按照解决的问题不同，可以分为不予受理的民事裁定书、驳回起诉的民事裁定书、准予上诉的民事裁定书、准许复议的民事裁定书等。裁定书因种类的不同而格式、侧重点也稍有不同，因此在实际操作中一定要分清种类，规范格式。另外，还要注意裁定书的适用范围，不能将裁定书与判决书混为一谈。

第八节　人民法院调解书

一、调解书的概念

调解是在人民法院的主持下，在查明案件事实、分清是非的基础上，促使双方当事人互相谅解，达成协议，解决诉讼问题的一种方法。人民法院把经过调解达成的协议制作成具有法律效力的文书，称为调解书。

调解是人民法院处理民事案件和轻微刑事案件的一种重要方式，因而调解书是人民法院经常使用的一种司法文书。

按照《民事诉讼法》和其他有关法律、法规的规定，人民法院主持达成协议的调解，原则上都应制作调解书。这样有利于诉讼当事人遵守执行，有利于维护人民法院行使审判权的严肃性，也有利于上级人民法院对下级人民法院实行审判监督。

在人民法院审判人员主持下，按照自愿合法的原则，达成协议制作的调解书与判决书具有同等的法律效力。当事人应当遵守达成的协议，当事人一方不履行协议时，对方有权要求人民法院强制执行。对于已经生效的调解书，如果发现有错误的，应当按照审判监督程序予以变更或撤销。

二、调解书的要素内容和制作方法

调解书的格式、内容和写法同判决书基本相同，只是在内容上比较简单。

调解书一般由首部、事实、理由、调解协议和尾部五部分组成。

（一） 首部

这部分应写明以下几项：

（1）标题，写明人民法院的名称和文书种类，如“××人民法院民事调解书”，其右下方注明案号，如“（年度）调字第×号”。

（2）在当事人栏内，分别写明原告人和被告人的姓名、性别等个人身份情况。如果是二审程序的调解书，应将“原告人”和“被告人”栏目改为“上诉人”和“被上诉人”；如果是再审程序的调解书，则应将“原告人”和“被告人”改为“申诉人”和“被审诉人”。以下即转入正文（事实、调解、结果）。在行文上可作如下写法：“上列当事人因__________一案，经本院审理，查明：……”

（二） 事实

这部分应当写明以下几点：

（1）双方当事人的关系，发生纠纷的原因和争议的焦点。

（2）当事人双方对争议问题所持主张及各自的理由和所提供的证据。

（3）原告的要求。

事实部分的论述，应当简要一些，不要堆积案件事实。

（三） 理由

理由是在查明案件事实的基础上，依据法律，分清是非，教育当事人相互谅解，接受调解达成的协议，因此，应当写明以下两方面的内容：

（1）对纠纷的事实和当事人双方争执的主要分歧，进行实事求是的分析，分清是非，讲清道理。

（2）根据政策和法律，对当事人双方各自的主张进行评定，对于合乎政策法律精神的，应予肯定，对于违反法律规定的非法行为，应坚决予以否定。使双方当事人都能够接受调解并达成协议。

（四） 调解协议

这部分是调解达成协议的内容。协议内容必须合乎法律规定、双方自愿。这部分在写法上的基本要求是：协议内容必须明确、具体，具有解释的单一性。含含糊糊，拖泥带水，不仅不利于执行，而且有可能因此而发生争议。

以上（二）、（三）、（四）部分在具体案件调解书中所占的比重，应当根据具体案件的复杂程度而定。

（五）尾部

这部分应当写明以下几项：

（1）在达成协议的具体项目之下，写明“本调解书经双方当事人签收后，即具有法律效力”字样。还应注明调解成立的日期。调解成立日期是指当事人在法院主持下，最后达成协议的日期；调解生效日期则是调解书送达的日期。

（2）审判人员和人民陪审员署名。

（3）上项左下方，写明“本件与原本核对无异”字样。其右下方，注明制成调解书正本的年月日。之下，书记员署名。加盖院印。

上诉案件，二审调解达成协议的，其调解书的内容、写法与此基本相同，但在调解书上应当写明原判决撤销，并署名合议庭成员姓名。

三、调解书的写作格式

××人民法院
民事调解书

（年度）调字第×号

原告人：姓名，性别，年龄，民族，籍贯，职业，住址。

被告人：姓名，性别，年龄，民族，籍贯，职业，住址。

上列当事人因__________一案，经本院调解，双方自愿达成协议如下：

__________。

上述协议，符合有关法律规定，本院予以确认。

本调解书经双方当事人签收后，即具有法律效力。

审判长　×××
审判员　×××
审判员　×××
×年×月×日
（院印）

本件与原本核对无异

书记员　×××

附注：上诉案件，二审达成调解协议的，也可适用此调解书，但在调解书上须写明原判决撤销，并署合议庭成员姓名。

范文评析

【例文 1】

××省汝城县人民法院
民事调解书

（2012）汝民初字第 66 号

原告：何××，××村村民，电话××××。

被告：胡××，××村村民，电话××××。

被告：李××，××村村民，电话××××。

本院于 2012 年 2 月 5 日立案受理了原告何××与被告胡××、李××买卖合同纠纷一案，依法由审判员李×飞适用简易程序公开进行了审理。原告诉称，2008 年 5 月 6 日胡××、李××夫妇在何××的商店购买了茶油，立具了 3 000 元的欠条，于 2009 年 2 月 5 日被告李××偿还了其中的 1 000 元，至今尚有 2 000 元未给付，故要求两被告连带偿还。被告胡××辩称，他愿意偿还其余的 2 000 元，但要 2012 年 5 月份之前偿还。

审理查明，被告胡××于 2008 年 5 月 6 日向原告何××购买了茶油 3 000 元并立下欠条，于 2009 年 2 月 5 日被告李××偿还了其中的 1 000 元给原告何××，至今尚有 2 000 元未偿还。

本案在审理过程中，经本院主持调解，双方当事人自愿达成如下协议：

一、被告胡××偿还原告何××2 000 元，限 2012 年 5 月 31 日一次性给付；

二、原告何××自愿放弃其他诉讼请求；

三、本案受理费 50 元，被告胡××自愿承担；

四、双方当事人一致同意本调解协议自双方在调解协议上签名或捺印即具有法律效力。

上述协议，符合相关法律规定，本院予以确认。

双方当事人已在调解协议上签字，本调解书自即日起发生法律效力。

审判员　李×飞

二〇一二年二月二十日

（院印）

本件与原本核对无异

书记员　袁××

【简析】

本文是一篇书写较为规范的民事调解书，内容完整，调解协议内容明确具体，可操作性强。

【例文 2】

××市第一中级人民法院
民事调解书

(2008) 一中民终字第×号

上诉人 (原审原告)：张××。

上诉人 (原审被告)：××出版社。

法定代表人：黄××，社长。

委托代理人：戴×。

委托代理人：谭×，××市××律师事务所律师。

被上诉人 (原审被告)：××图书大厦有限公司。

法定代表人：杨××，董事长。

委托代理人：彭××，××市××××律师事务所律师。

委托代理人：徐××，××市××××律师事务所律师。

案由：侵犯著作权纠纷。

上诉人张××、××出版社因侵犯著作权纠纷一案，不服××市××区人民法院(2007) 海民初字第16479号民事判决，向本院提起上诉。本院于2008年3月10日受理后，依法组成合议庭，对本案进行了审理。上诉人张××，上诉人××出版社的委托代理人戴×、谭×，被上诉人××图书大厦有限公司的委托代理人彭××参加了诉讼。本案现已审理终结。

张××上诉称：

一、原审法院认定事实不清。

1. 原审判决对××出版社曾因侵犯他人著作权被追究民事责任的事实未予认定。

2. 原审法院认定张××名誉未受到实际影响是错误的。

3. 原审法院认定××出版社将《××市商品房预售合同与认购书实用手册》(简称《实用手册》) 内容加入《律师教你买房》(简称《买房》) 一书并无不当是错误的。首先，两书适用的时间不同。《买房》一书中适用的合同示范文本是建设部于2000年9月颁布的《商品房买卖合同》。《实用手册》适用的合同示范文本是××市建委、市工商局于2005年2月22日颁布的《××市商品房预售合同》和《××市商品房认购书》，上述两示范文本于2005年3月15日正式启用，即从2005年3月15日起在××地区《实用手册》中适用的合同示范文本已取代了《买房》一书中适用的合同示范文本。其次，两书合并后体例重复。将两份适用不同时间的合同示范文本放在同一本书中，导致内容和体例重复是必然的结果。最后，《买房》和《实用手册》是张××创作的两个独立的作品，未经张××许可，任何人均不得将上述两作品合并为一新作品。因此，原审法院认定××出版社将《实用手册》内容加入《买房》一书并无不当是错误的。

二、原审法院适用法律错误。

1. 原审法院认定××出版社的行为仅是未经权利人许可的复制行为，并以此为由认定××出版社不侵犯张××汇编权是错误的。本案中××出版社将张××创作的两部作品采用重新编排目录、体例的方式交叉合并，并删减了原作品中的一些图表，同时增加了自行收集的相关企业信息查询方法、各地房地产交易管理网站、各地房地产相关部门网站等10个附录，并给作品重新命名为《购房维权法律通》（修订版）（简称《法律通》），××出版社的行为并不是简单的复制行为，而是具有创造内容的汇编行为。

2. 原审法院认定××出版社不侵犯张××署名权是错误的。本案中，张××是《买房》和《实用手册》两书的作者，而《法律通》一书是××出版社在未经张××许可的情况下擅自汇编形成的作品，××出版社擅自在该汇编作品上署名张××编著不但严重违背了张××的意愿，而且造成读者误认为该书是张××汇编的作品，因此，××出版社在擅自汇编形成的作品上署名张××编著的行为，侵犯了张××的署名权。

3. 原审判决确定的赔偿数额不但不能充分弥补张××所受经济损失，也低于××出版社的侵权所得，同时远低于××市高级人民法院规定的经济赔偿数额。

综上所述，原审法院在认定事实和适用法律上均存在错误，故请求二审人民法院依法维持原审判决中第一、二项判决，并改判××出版社赔偿张××经济损失人民币100 536元，改判××出版社赔偿张××精神损失人民币5万元。

××出版社上诉称：

一、原审法院对本案性质的认定是错误的，应该是著作权许可使用合同纠纷，并不涉及侵权问题。

第一，即便××出版社将张××的两部作品合为一部的行为超越了双方合同约定的范围，该行为也不必然构成侵犯著作权。本案的案由应该是著作权许可使用合同纠纷。本案中，××出版社超越双方合同约定范围的行为不构成侵权，而只是违反双方合同约定的行为。因为××出版社将《买房》修订稿件更名为《法律通》，经过编辑加工后，将其校样通过快递的方式寄给张××确定，但张××一直不给答复。××出版社考虑到张××本来就签订了《买房》和《实用手册》两书的出版合同，享有该两书的专有出版权，且《法律通》的出版时间紧，才按照出版行业惯例的做法，将《法律通》交付出版。需要强调的是，××出版社在收到张××对《法律通》异议的函件后，及时将尚未出售的《法律通》全部封存，以防止给张××造成不利的后果，可见，在本案中，××出版社并没有侵犯张××著作权的主观过错。

第二，从本案发生至今，××出版社将张××的两部作品合为一部出版的行为并没有给其造成任何物质上和精神上的损失。综上所述，本案不符合《中华人民共和国民法通则》关于侵权行为的构成要件，应当属于著作权许可使用合同纠纷。

二、原审法院适用法律错误，应当予以纠正。

基于以上论述，××出版社认为原审法院适用《中华人民共和国著作权法》的相关规定是错误的，应当予以纠正。根据上述事实理由和有关法律规定，为维护××出版社的合法权益，请求撤销原判，依法改判，驳回张××的全部诉讼请求。

被上诉人××图书大厦有限公司未提交书面答辩意见。

经本院审理查明，2004年4月，××出版社出版《买房》，书号为ISBN 7-5036-4800-7，作者张××，144千字，定价10元。该书第一章为购买新建房屋，分项有法律审查、签订购房合同、个人住房商业贷款、个人住房公积金贷款、应纳税费、房屋接收、纠纷处理；第二章为购买二手房，分项有法律审查、二手房购买流程、应纳税费、二手房贷款。该书正文共计228页，自第130页之后为2页律师警示录，4页合同范本，6页参照法律法规目录，2页购房关联单位名录，其余均为常用法规汇编。该书前言后附作者声明，明确该版本内容的法律依据是2004年2月29日前颁布实施的法律、行政法规、规章、××市地方法规，未涉及××市以外地区的地方性法规。

2005年3月，××出版社出版《实用手册》，书号为ISBN 7-5036-5429-5，56千字，定价6元，未注明作者，但出版说明的结尾有如下字样：对书中解读内容有不同见解或有心研究的读者可按下面方式与张××律师联系，同时附有××市××律师事务所的电话及其电子邮箱地址。该书在预售合同与认购书的条款后附阴影标注的“说明”和用黑框标注特别注意的“律师提醒”文字内容，对条款和相关注意事项予以说明和强调。

2006年7月，××出版社出版《购房维权法律通》（修订版）一书，书号为ISBN 7-5036-6110-0，署名张××编著，221千字，定价18元。该书属“大众维权实用指南”系列丛书第13本，封面下方注明：购书即可获得一次法律专家的免费法律咨询，并在最后一页的读者回执卡上将××市××律师事务所的地址、邮编公布，说明可将回执卡和需咨询的问题邮寄至该所。该书把作者声明中的法律法规依据截止时间更改为2006年7月15日，并在署名张××的前言最后注明其电子邮箱和律师事务所的电话号码。

2006年12月26日，张××申请由××市××区公证处人员与其一起到××图书大厦有限公司购买《购房维权法律通》（修订版）两本，总价36元。××市××区公证处对上述购买过程进行了公证。为此张××支付公证费500元。

上述事实，有《买房》、《实用手册》、《购房维权法律通》（修订版），（2007）京东证内字第55号公证书及所附的购书发票、销售小票和公证费交费凭据及双方当事人的陈述在案佐证。

在本案审理过程中，经本院主持调解，各方当事人自愿达成如下调解协议：

一、××出版社停止出版发行《购房维权法律通》（修订版）一书，被告××图书大厦有限公司停止销售该书。

二、××出版社自愿补偿张××经济损失 48 000 元。

三、一审案件受理费 6 140 元，按照一审判决确定的份额承担；二审案件受理费 6 140 元，减半收取 3 070 元，由××出版社承担（已交纳）。

四、双方当事人无其他争议，张××放弃其他诉讼请求。

上述协议，符合有关法律规定，本院予以确认。

本调解书经各方当事人签收后，即具有法律效力。

审判长　刘××

代理审判员　佟××

代理审判员　周××

二〇〇八年四月十六日

（院印）

本件与原本核对无异

书记员　高××

【简析】

本案涉及的是著作权纠纷，调解书用语简洁，条理清晰，符合制作要求。

【例文 3】

××省××县人民法院
刑事附带民事调解书

（2011）×刑初字第 40 号

自诉人暨附带民事诉讼原告人：谭××。

委托代理人：唐××，系××县城关中心法律服务所法律工作者。

被告人：周××。因涉嫌犯故意伤害罪，于 2011 年 3 月 31 日被刑事拘留，同年 4 月 15 日被逮捕，现押于××县看守所。

自诉人谭××以被告人周××犯故意伤害罪，并造成经济损失为由，于 2011 年 4 月 15 日向本院提起控诉。本院受理后，依法组成合议庭，公开开庭进行了审理。自诉人谭××及其委托代理人唐××，被告人周××均到庭参加诉讼。现已审理终结。

经审理查明：

自诉人谭××系嘉禾县泮头乡水尾村委三组村民，被告人谭××系××县麦市乡下庄村委茶冲村六组村民。自诉人谭××长期在麦市圩租赁摊位，贩卖蔬菜，被告人周××在麦市圩有一固定摊位，给人理发。2010 年 12 月 4 日上午 8 时许，自诉人谭××和其妻子曹××在麦市菜市场卖小菜，被告人周××骑摩托车要从自诉人谭××摆放小菜处经过，自诉人谭××不准，被告人周××就将自诉人谭××的菜倒在地上，双方遂发生口角，争吵中被告人周××打了曹××一个耳光，自诉人谭××即上前和周××对打起来，被告人周××随手在旁边杂货铺的摊板上拿起一把镰刀将谭××的下颌、左手掌和右上臂砍伤。自诉人谭××的妻子曹××见丈夫被砍伤，遂拿起扁担打周××，将被告人周××的头部打伤。被告人周××的头部被打伤后，带着作案镰刀到了麦市村卫生室上药。自诉人谭××随即被送往麦市医院止血，清创缝合。于当日转入××湘南附属医院，并进行手术治疗。经鉴定，自诉人谭××之伤已构成轻伤。

在本院主持调解下，被告人周××主动承认错误，愿意承担民事赔偿责任，自诉人谭××对被告人周××的行为表示谅解，自愿撤回了对被告人周××的刑事指控。双方当事人自愿达成如下协议：

一、自诉人谭××对被告人周××的行为表示谅解，并请求撤回刑事自诉。

二、被告人周××赔偿自诉人谭××医疗费、护理费、误工费、营养补助费、鉴定费等一切经济损失共计人民币 13 700 元（已当庭给付）。

三、自诉人谭××自愿放弃其他附带民事诉讼请求。

上述协议不违反有关法律规定，本院予以确认。

本调解书经双方当事人签收后即具有法律效力。

审判长　刘××

人民陪审员　王××

人民陪审员　蒋××

二〇一一年五月三十日

（院印）

本件与原本核对无异

书记员　杜××

【简析】

本文在查清事实的基础上，根据法律，对诉讼当事人争议的问题做出了合理的评定，讲明道理，摆出态度，体现了调解的目的要求。不过本文在事实叙述方面不够简练，还需要在语言上进行概括精简。

特别提示

我国《民事诉讼法》第九十三条规定：“人民法院审理民事案件，根据当事人自愿的原则，在事实清楚的基础上，分清是非，进行调解。”调解应当遵循自愿与合法的原则。《民事诉讼法》第九十六条规定：“调解达成协议，必须双方自愿，不得强迫。调解协议的内容不得违反法律规定。”因此，一定要注意调解协议内容的自愿、合法性。同时协议内容也要明确具体，具有可操作性，否则便使调解书失去了定纷止争的作用，偏离了其目的。

在写作上，调解书不同于判决书。建立在双方互相谅解的基础上的调解书，在陈述事实与证据方面要概括精练，简明扼要，不必详细叙述。而理由则要根据案情不同，可繁可简。

第九节 笔录

笔录，是如实记载诉讼活动的一种文书。人民法院进行审判的一切活动，都应当有相应的文字记载，因此，人民法院所使用的笔录是比较多的。本节只选取法庭审理阶段最常使用的法庭笔录、合议庭评议笔录、宣判笔录，加以简要介绍。

人民法院的各种笔录是人民法院正确制作判决书的重要根据，因此，客观、全面地制作笔录，是书记员的一项重要任务。

一、法庭笔录

（一） 法庭笔录的概念

法庭笔录，也叫庭审笔录，它是人民法院书记员在审判庭开庭时记载全部审判活动的笔录。法庭笔录的作用是：首先，有助于一审人民法院正确制作判决书；其次，是二审人民法院全面审查原审人民法院全部审判活动的重要依据；最后，便于保存案件审判的原始材料。

（二）法庭笔录的要素内容和制作方法

1. 法庭笔录的要素内容

（1）案由。

（2）开庭与闭庭时间。均用年、月、日、分记录，还应注明第几次开庭。

（3）开庭地点。

（4）合议庭组成人员。审判长、审判员的姓名。

（5）书记员姓名。

（6）公诉人、辩护人、鉴定人、翻译人员的机关名称、姓名和职务。

（7）决定开庭后法庭进行预备工作的情况。

（8）是否公开审理，公开审理的案件何时公布案由、被告人姓名、开庭时间和地点。如果不公开审理，应当说明理由。

（9）当事人是否申请回避，人民法院对回避的决定。

（10）审判长宣布开庭的事项和被告人享有的辩护权利的情况。

（11）法庭开庭后庭审活动的情况：

A. 审判人员的活动与讯问；

B. 当事人的回答与陈述；

C. 公诉人的讯问与发言；

D. 鉴定人宣读鉴定结论；

E. 证人的证言以及出示物证的情形；

F. 辩护人的发问与发言；

G. 当事人的请求等。

（12）法庭辩论情况：

A. 公诉人发表公诉词或控告一方的发言；

B. 被告人陈述或辩护人发表辩护词；

C. 互相展开辩论的情况；

D. 法庭辩论终结，被告人做最后陈述等。

（13）法庭宣布休庭，合议庭评议情况（见合议庭评议笔录）。

（14）评议后或当庭审判或定期宣判（宣判活动另有宣判笔录）。

（15）审判过程中诉讼参与人有无违反法庭秩序等情况。

（16）有无延期审理的情况及其原因。

（17）笔录经审判长阅读后，由审判长和书记员签名。

2. 制作法庭笔录的方法

制作法庭笔录，还应注意以下几点：

（1）对公诉人发言，主要是记清楚当庭对被告人的主要犯罪事实的揭发、出示的证据和对被告人（或其辩护人）答辩的驳斥要点，对于起诉书、公诉词中没有涉及的问题，应当详细记录。对于法庭上宣读的起诉书不必做记录，只写“公诉人宣读起诉书”即可。

（2）对辩护人的辩护发言，应详细记录其关于被告无罪、罪轻、减轻、免除处罚的意见以及所提出的证据。

（3）对证人的证言，特别是对证人证言的关键性问题，以及证人与被告人的关系，均应详细记载。

（4）对鉴定人的鉴定意见，主要记载鉴定结论的要点，鉴定人发表的科学、技术性分析论断，也应记下。

（三） 法庭笔录的写作格式

人民法院
刑（民）事法庭笔录

案由：____________________

开庭时间：×年×月×日×时×分至×时×分

开庭地点：××，第×次开庭

合议庭组成人员：审判长×××

书记员：×××

记录如下：

…………

注：

（1）法庭笔录经审判长审阅后，由审判长和书记员签名。

（2）法庭笔录中的证人证言部分，应当当庭宣读或者交给证人阅读。证人在承认没有错误后，应当签名或者盖章。

（3）法庭笔录应当交给当事人阅读或者向他宣读。当事人认为记载有遗漏或者差错的，可以请求补充或改正。当事人承认没有错误后，应当签名或盖章。

（4）法庭笔录用续页。

病文诊疗

××市××区人民法院
庭审笔录

【原文】

时间：200×年×月×日×时×分至×时×分

地点：第一法庭

是否公开审理：是

旁听人数：______

审判人员：盛××、杨××、徐××

书记员：范××

记录如下：

书：下面宣布法庭纪律：

（一）未经许可，不得录音、录像和摄影；

（二）不得随意走动和进入审判区；

（三）不得鼓掌、喧哗、哄闹和实施其他妨害审判活动的行为；

（四）不得发言提问；

（五）不得吸烟和随地吐痰；

（六）随身携带的移动电话、传呼机等通信工具必须关闭或调到振动位置；

（七）对法庭的审判活动有意见，可以在闭庭以后以书面或口头形式向人民法院提出；

（八）违反法庭纪律的，审判长可以当庭口头警告、训诫，也可以责令退出法庭，对于严重扰乱法庭秩序的人，将依法追究其刑事责任。

请审判长入庭，全体起立。

审：（敲法槌）现在开庭，传被告人陈××到庭。

（法警将被告人陈××带上法庭。）

审：被告人，你的姓名、出生日期、住址等情况？

被：我叫陈××，男，×年×月×日出生，汉族，××市知音中学初二年级学生，家住××市××区××路××号。

审：被告人法定代理人是否到庭？

被代：到庭。

审：你的姓名、出生日期、住址、与被告人的关系？

被代：陈×，男，×年×月×日出生，汉族，无业，住××市××区××路××号，系被告人父亲。

审：被告人，你过去是否受到过法律处分？

被：没有。

审：被告人，你这次是否被采取强制措施？

被：×年×月×日因涉嫌抢劫罪被××市公安局××局刑事拘留，×年×月×日被执行逮捕。×年×月×日晚×点多在家里被抓。

审：被告人，检察机关的起诉书副本是否收到？何时收到？

被：收到，×年×月×日收到的。

审：××市××区人民法院刑事审判庭，根据《中华人民共和国刑事诉讼法》第一百五十二条之规定，今天在本法庭对由××市××区人民检察院提起公诉的被告人陈××抢劫罪一案依法进行公开开庭审理。法庭由审判员盛××、审判员杨××、代理审判员徐××组成合议庭，盛××担任审判长，书记员范××担任本庭记录。××市××区人民检察院指派检察员金××、施××出庭支持公诉。××市公正律师事务所律师出庭为被告人陈××辩护，被告人陈××、被告人法定代理人陈×到庭参加诉讼。

审：根据《中华人民共和国刑事诉讼法》第一百五十四条之规定，如果当事人对上述合议庭组成人员、书记员、公诉人，认为与本案有利害关系，可能影响本案的公正处理，有权申请回避。被告人是否申请回避？

被代：不申请。

审：根据《中华人民共和国刑事诉讼法》第一百五十四条之规定，被告人在法庭上享有辩护的权利，你除了委托辩护人为你辩护外，还可以依据事实与法律自行辩护，是否听清？

被代：听清了。

审：全体诉讼参与人还享有以下诉讼权利：

一、被告人在法庭审理过程中，可以提出证明被告人有罪、无罪、罪重、罪轻的证据，申请通知新的证人到庭或调取新的物证，申请重新鉴定或者勘验。

二、被告人在法庭辩论终结后有最后陈述的权利。

审：被告人，你听清了没有？

被代：听清。

审：首先由公诉人宣读起诉书。

公：宣读起诉书。（略）

审：被告人，起诉书内容是否听清？

被：听清。

审：被告人，起诉书指控是否事实？

被：是事实。

审：被告人对起诉书指控你的罪名有无异议？

被：无异议。

审：被告人，你对事实有无补充？

被：没有。

审：下面公诉人就起诉书指控的犯罪事实对被告人进行讯问。

公：你以前所讲的是否是事实？

被：是事实。

公：你认为你的行为构成何罪？

被：抢劫罪。
公：案发当天你在干什么？
被：我在上网打游戏。
公：你是否经常上网？
被：是的，家里没有电脑，于是我经常上网吧。
公：你当时为何会找被害人？目的是什么？
被：当时只是想弄点钱，被害人是我的网友，又正好在网上所以想到他那里弄钱。
公：你对被害人干了什么？
被：我把他叫出来，问他要钱。
公：是拉出来，还是叫出来。
被：拉出来，他不肯跟我走。
公：出来后你对他干了什么？
被：我打了他两个耳光，还踢了他几下。
公：他有没有反抗？
被：没有。他很害怕。
公：你是否对被害人搜身？
被：搜了。共搜到97元钱。
公：你是怎么用这97元钱的？
被：50元支付了上网的钱，还有47元就买了两包烟和珍珠奶茶。
公：你是否知道被害人身上有钱？
被：不知道，我不认识他，但看他的穿着想他一定有钱。因为他穿了一身名牌。
公：和你一起抢钱的还有谁？
被：没有了。
公：王××和邓××你是否认识？
被：认识，他们是我的同学，但那天他们走了。
公：他们什么时候走的？
被：在我叫被害人出来之后走的。
公：他们有没有参与打被害人？
被：没有。
公：审判长，我没有问题了。
审：下面进行法庭举证，先由公诉人举证，并就证据的来源和证明力做简要评析。
公：宣读被告人供述笔录节录（2005年3月31日）。（略）
审：被告人、被告人法定代理人及辩护人有无异议？
被：没有。

被代：没有。

辩：没有。

审：公诉人继续举证？

公：宣读被告人法定代理人的笔录。（略）

审：被告人及其辩护人有无异议？

被：没有。

辩：从笔录中可以看出，被告人以前学习成绩还是不错的，只是在迷恋网络游戏后才在品行上有改变。

审：公诉人继续举证？

公：宣读被害人张××的笔录（笔录5）。（略）

审：被告人、被告人法定代理人及辩护人有无异议？

被：没有。

辩：从笔录中看出，被告人一开始并不是强行把被害人拉出网吧的。

审：公诉人继续举证？

公：宣读证人王××的笔录。（略）

审：被告人、被告人法定代理人及辩护人有无异议？

被：没有。

被代：没有。

辩：没有。

审：公诉人继续举证？

公：宣读证人邓××的笔录。（略）

审：被告人、被告人法定代理人及辩护人有无异议？

被：没有。

被代：没有。

辩：没有。

审：公诉人继续举证？

公：宣读证人王××的笔录。（略）

审：被告人、被告人法定代理人及辩护人有无异议？

被：没有。

被代：被告人是学生一看就知道了，网吧老板明知道他是学生还让他进人，其实在这件事上网吧老板也有过错。

辩：没有。

审：公诉人继续举证？

公：出示学生证。（法警出示）

审：被告人、被告人法定代理人及辩护人有无异议？

被：没有。

被代：没有。

辩：没有。

审：公诉人继续举证？

公：宣读案发经过。（略）

审：被告人、被告人法定代理人及辩护人有无异议？

被：没有。

被代：没有。

辩：没有。

审：公诉人继续举证？

公：报告审判长，举证完毕。

审：辩护人有无问题要发问？

辩：被告人，你在见到被害人的时候是否想打他？

被：不想，只是想吓吓他，他比我小得多，我想他也许会自觉地拿出钱来。

辩：审判长，我没有问题发问了。

审：被告人、被告人代理人及辩护人对全案有无证据提供？

被：没有。

被代：没有。

辩：没有。

审：法庭事实调查结束，下面进行法庭辩论。首先由公诉人发表公诉意见。

公：本院指控被告人陈××构成抢劫罪，证据来源合法，具有证明力。被告人陈××以非法占有为目的，以暴力、胁迫的方法抢劫他人财物，数额为97元，其行为已触犯《中华人民共和国刑法》第二百六十三条，犯罪事实清楚，证据确实充分，应当以抢劫罪追究刑事责任。被告人系未成年人，根据《中华人民共和国刑法》第十七条第三款的规定，应当从轻或减轻处罚。公诉人认为，对被告人应处一年以上三年以下的有期徒刑。请法庭依法审判。

审：被告人自行辩护。

被：我知道错了，希望法庭给我个机会。

审：辩护人发表辩护意见？

辩：辩护人对公诉人指控的被告人的基本犯罪事实不持异议，但辩护人认为，被告人抢劫行为并未造成严重后果，其只是利用了自己比被害人身高上的优势，以此来威胁被害人，与一般的抢劫行为有所区别，另外，被告人系未成年人，还是在校学生，这次的行为也系初犯，无论是从法律规定还是从保护未成年人的身心发展来看，不应当对被告人的行为定为犯罪。请求法庭判令被告无罪。

公：被告人虽为未成年人，但已年满14周岁，根据《中华人民共和国刑法》规定，年满14周岁不满16周岁的人犯抢劫罪的应当负刑事责任，本案中被告人的行为明显具有暴力性质，其主观上又有非法强行抢劫他人财物的故意，客观上又实施了一定的暴力行为，使被告人不敢反抗，其行为性质已具有抢劫罪的构成要件，所以公诉人认为对被告人应当以抢劫罪定罪处罚，至于行为后果的严重程度系量刑的依据，不应当作为定性的标准。

辩：根据《最高人民法院关于办理未成年人刑事案件适用法律的若干问题的解释》规定“已满14岁不满16岁的人出于以大欺小，以强凌弱，使用语言威胁或者使用轻微暴力强行索要其他未成年人的生活、学习用品或者钱财的”，可以不认为犯罪。本案中，被告人的行为显着轻微，如果定性为犯罪，将影响到被告人一生的发展前途。所以希望法庭能予以充分考虑。

审：公诉人有无新的意见？

公：坚持刚才的意见，没有新意见。

审：被告人及其法定代理人是否同意辩护意见？

被：同意。

被代：同意。

审：双方有何补充？

公：没有。

辩：没有了。

审：法庭辩论终结，根据法律规定，被告人有最后陈述的权利，被告人可做最后的陈述。

被：请求法庭给我个机会，我一定好好学习，不再迷恋网络游戏了。我也愿意给被害人赔礼道歉。

审：下面休庭（敲法槌）。进行合议庭评议。

（法警把被告人带下去。）

审：（敲法槌）下面继续开庭。

（法警把被告人带上法庭。）

审：经过合议庭评议，下面对被告人陈××抢劫罪一案进行宣判。

书：全体起立。

审：宣读判决书。（略）

审：被告人是否听清？是否有异议？

被：听清。无异议。

审：被告人陈××，法庭考虑到你是初犯，且行为显着轻微，而你本人认罪态度较好，也有悔过自新的要求，故对你的行为不以犯罪论处，但你的行为与一个学生的身份是极不相符的，我国政府明文规定“未成年人不得进入网吧、歌厅等营业性场所”，你的行为虽然不是犯罪，但确实违反了有关法律、法规的规定。青年人应以学业为重，网吧是现今青少年犯罪最集中的场所也是滋生地，希望今后你能吸取教训，正确认识自己的行为，摆正自己的人生观、价值观，做个有用青年。如果屡教不改，等待你的将是法律的严惩。是否听清？

被：听清。

公：被告人陈××，对于你的行为法庭并未以犯罪定罪处罚，公诉人考虑到你将来的发展，对法庭的判决表示同意。但对于你的行为，公诉人认为是你平时一贯对自己放松要求的结果，希望你今后远离网吧等场所，认真学习，做一名有用的青年。是否听清？

被：听清。

审：被告法定代理人，今后希望你们对陈××严加管教，多关心孩子的学习、生活，引导他们向正确的方向发展，尽到做父母应有的责任，如果再发现被告人有违法犯罪行为，本庭将要求政府收容教养部门对被告收容教养，是否听清？

被代：听清。

公：被告人法定代理人陈×，作为孩子的家长，对于孩子的身心教育起着极其重要的作用，陈××的所作所为在一定程度上也是因为你们疏于管教的结果，希望你们吸取这次的教训，对于陈××平时的行为多加注意，引导他走向正确的人生道路，尽好做法定代理人的责任和义务。是否听清？

被代：听清。

审：今天的庭审到此结束，庭后公诉人、被告人及其法定代理人、辩护人应当阅看笔录，如果没有异议应当签字。闭庭（敲法槌）。

被告人　陈××

审判长　盛××

书记员　范××

【简析】

该笔录在最后缺少被告人陈词，显失法律的公平正义，造成程序上的瑕疵。

【修改文】

××市××区人民法院
庭审笔录

时间：200×年×月×日×时×分至×时×分

地点：第一法庭

是否公开审理：是

旁听人数：______

审判人员：盛××、杨××、徐××

书记员：范××

记录如下：

书：下面宣布法庭纪律：

（一）未经许可，不得录音、录像和摄影；

（二）不得随意走动和进入审判区；

（三）不得鼓掌、喧哗、哄闹和实施其他妨害审判活动的行为；

（四）不得发言提问；

（五）不得吸烟和随地吐痰；

（六）随身携带的移动电话、传呼机等通信工具必须关闭或调到振动位置；

（七）对法庭的审判活动有意见，可以在闭庭以后以书面或口头形式向人民法院提出；

（八）违反法庭纪律的，审判长可以当庭口头警告、训诫，也可以责令退出法庭，对于严重扰乱法庭秩序的人，将依法追究其刑事责任。

请审判长入庭，全体起立。

审：（敲法槌）现在开庭，传被告人陈××到庭。

（法警将被告人陈××带上法庭。）

审：被告人，你的姓名、出生日期、住址等情况？

被：我叫陈××，男，×年×月×日出生，汉族，××市知音中学初二年级学生，家住××市××区××路××号。

审：被告人法定代理人是否到庭？

被代：到庭。

审：你的姓名、出生日期、住址、与被告人的关系？

被代：陈×，男，×年×月×日出生，汉族，无业，住××市××区××路××号，系被告人父亲。

审：被告人，你过去是否受到过法律处分？

被：没有。

审：被告人，你这次是否被采取强制措施？

被：×年×月×日因涉嫌抢劫罪被××市公安局××局刑事拘留，×年×月×日被执行逮捕。×年×月×日晚×点多在家里被抓。

审：被告人，检察机关的起诉书副本是否收到？何时收到？

被：收到，×年×月×日收到的。

审：××市××区人民法院刑事审判庭，根据《中华人民共和国刑事诉讼法》第一百五十二条之规定，今天在本法庭对由××市××区人民检察院提起公诉的被告人陈××抢劫罪一案依法进行公开开庭审理。法庭由审判员盛××、审判员杨××、代理审判员徐××组成合议庭，盛××担任审判长，书记员范××担任本庭记录。××市××区人民检察院指派检察员金××、施××出庭支持公诉。××市公正律师事务所律师出庭为被告人陈××辩护，被告人陈××、被告人法定代理人陈×到庭参加诉讼。

审：根据《中华人民共和国刑事诉讼法》第一百五十四条之规定，如果当事人对上述合议庭组成人员、书记员、公诉人，认为与本案有利害关系，可能影响本案的公正处理，有权申请回避。被告人是否申请回避？

被代：不申请。

审：根据《中华人民共和国刑事诉讼法》第一百五十四条之规定，被告人在法庭上享有辩护的权利，你除了委托辩护人为你辩护外，还可以依据事实与法律自行辩护，是否听清？

被代：听清了。

审：全体诉讼参与人还享有以下诉讼权利：

一、被告人在法庭审理过程中，可以提出证明被告人有罪、无罪、罪重、罪轻的证据，申请通知新的证人到庭或调取新的物证，申请重新鉴定或者勘验。

二、被告人在法庭辩论终结后有最后陈述的权利。

审：被告人，你听清了没有？

被代：听清。

审：首先由公诉人宣读起诉书。

公：宣读起诉书。（略）

审：被告人，起诉书内容是否听清？

被：听清。

审：被告人，起诉书指控是否事实？

被：是事实。

审：被告人对起诉书指控你的罪名有无异议？

被：无异议。

审：被告人，你对事实有无补充？

被：没有。

审：下面公诉人就起诉书指控的犯罪事实对被告人进行讯问。

公：你以前所讲的是否是事实？

被：是事实。

公：你认为你的行为构成何罪？

被：抢劫罪。

公：案发当天你在干什么？

被：我在上网打游戏。

公：你是否经常上网？
被：是的，家里没有电脑，于是我经常上网吧。
公：你当时为何会找被害人？目的是什么？
被：当时只是想弄点钱，被害人是我的网友，又正好在网上所以想到他那里弄钱。
公：你对被害人干了什么？
被：我把他叫出来，问他要钱。
公：是拉出来，还是叫出来。
被：拉出来，他不肯跟我走。
公：出来后你对他干了什么？
被：我打了他两个耳光，还踢了他几下。
公：他有没有反抗？
被：没有。他很害怕。
公：你是否对被害人搜身？
被：搜了。共搜到 97 元钱。
公：你是怎么用这 97 元钱的？
被：50 元支付了上网的钱，还有 47 元就买了两包烟和珍珠奶茶。
公：你是否知道被害人身上有钱？
被：不知道，我不认识他，但看他的穿着想他一定有钱。因为他穿了一身名牌。
公：和你一起抢钱的还有谁？
被：没有了。
公：王××和邓××你是否认识？
被：认识，他们是我的同学，但那天他们走了。
公：他们什么时候走的？
被：在我叫被害人出来之后走的。
公：他们有没有参与打被害人？
被：没有。
公：审判长，我没有问题了。
审：下面进行法庭举证，先由公诉人举证，并就证据的来源和证明力做简要评析。
公：宣读被告人供述笔录节录（2005 年 3 月 31 日）。（略）
审：被告人、被告人法定代理人及辩护人有无异议？
被：没有。
被代：没有。
辩：没有。
审：公诉人继续举证？

公：宣读被告人法定代理人的笔录。（略）

审：被告人及其辩护人有无异议？

被：没有。

辩：从笔录中可以看出，被告人以前学习成绩还是不错的，只是在迷恋网络游戏后才在品行上有改变。

审：公诉人继续举证？

公：宣读被害人张××的笔录（笔录5）。（略）

审：被告人、被告人法定代理人及辩护人有无异议？

被：没有。

辩：从笔录中看出，被告人一开始并不是强行把被害人拉出网吧的。

审：公诉人继续举证？

公：宣读证人王××的笔录。（略）

审：被告人、被告人法定代理人及辩护人有无异议？

被：没有。

被代：没有。

辩：没有。

审：公诉人继续举证？

公：宣读证人邓××的笔录。（略）

审：被告人、被告人法定代理人及辩护人有无异议？

被：没有。

被代：没有。

辩：没有。

审：公诉人继续举证？

公：宣读证人王×的笔录。（略）

审：被告人、被告人法定代理人及辩护人有无异议？

被：没有。

被代：被告人是学生一看就知道了，网吧老板明知道他是学生还让他进人，其实在这件事上网吧老板也有过错。

辩：没有。

审：公诉人继续举证？

公：出示学生证。（法警出示）

审：被告人、被告人法定代理人及辩护人有无异议？

被：没有。

被代：没有。

辩：没有。

审：公诉人继续举证？

公：宣读案发经过。（略）

审：被告人、被告人法定代理人及辩护人有无异议？

被：没有。

被代：没有。

辩：没有。

审：公诉人继续举证？

公：报告审判长，举证完毕。

审：辩护人有无问题要发问？

辩：被告人，你在见到被害人的时候是否想打他？

被：不想，只是想吓吓他，他比我小得多，我想他也许会自觉地拿出钱来。

辩：审判长，我没有问题发问了。

审：被告人、被告人代理人及辩护人对全案有无证据提供？

被：没有。

被代：没有。

辩：没有。

审：法庭事实调查结束，下面进行法庭辩论。首先由公诉人发表公诉意见。

公：本院指控被告人陈××构成抢劫罪，证据来源合法，具有证明力。被告人陈××以非法占有为目的，以暴力、胁迫的方法抢劫他人财物，数额为 97 元，其行为已触犯《中华人民共和国刑法》第二百六十三条，犯罪事实清楚，证据确实充分，应当以抢劫罪追究刑事责任。被告人系未成年人，根据《中华人民共和国刑法》第十七条第三款的规定，应当从轻或减轻处罚。公诉人认为，对被告人应处一年以上三年以下的有期徒刑。请法庭依法审判。

审：被告人自行辩护。

被：我知道错了，希望法庭给我个机会。

审：辩护人发表辩护意见？

辩：辩护人对公诉人指控的被告人的基本犯罪事实不持异议，但辩护人认为，被告人抢劫行为并未造成严重后果，其只是利用了自己比被害人身高上的优势，以此来威胁被害人，与一般的抢劫行为有所区别，另外，被告人系未成年人，还是在校学生，这次的行为也系初犯，无论是从法律规定还是从保护未成年人的身心发展来看，不应当对被告人的行为定为犯罪。请求法庭判令被告无罪。

公：被告人虽为未成年人，但已年满 14 周岁，根据《中华人民共和国刑法》规定，年满 14 周岁不满 16 周岁的人犯抢劫罪的应当负刑事责任，本案中被告人的行为明显具有暴力性质，其主观上又有非法强行抢劫他人财物的故意，客观上又实施了一定的暴力行为，使被告人不敢反抗，其行为性质已具有抢劫罪的构成要件，所以公诉人认为对被告人应当以抢劫罪定罪处罚，至于行为后果的严重程度系量刑的依据，不应当作为定性的标准。

辩：根据《最高人民法院关于办理未成年人刑事案件适用法律的若干问题的解释》规定“已满14岁不满16岁的人出于以大欺小，以强凌弱，使用语言威胁或者使用轻微暴力强行索要其他未成年人的生活、学习用品或者钱财的”，可以不认为犯罪。本案中，被告人的行为显着轻微，如果定性为犯罪，将影响到被告人一生的发展前途。所以希望法庭能予以充分考虑。

审：公诉人有无新的意见？

公：坚持刚才的意见，没有新意见。

审：被告人及其法定代理人是否同意辩护意见？

被：同意。

被代：同意。

审：双方有何补充？

公：没有。

辩：没有了。

审：法庭辩论终结，根据法律规定，被告人有最后陈述的权利，被告人可做最后的陈述。

被：请求法庭给我个机会，我一定好好学习，不再迷恋网络游戏了。我也愿意给被害人赔礼道歉。

审：下面休庭（敲法槌）。进行合议庭评议。

（法警把被告人带下去。）

审：（敲法槌）下面继续开庭。

（法警把被告人带上法庭。）

审：经过合议庭评议，下面对被告人陈××抢劫罪一案进行宣判。

书：全体起立。

审：宣读判决书。（略）

审：被告人是否听清？是否有异议？

被：听清。无异议。

审：被告人陈××，法庭考虑到你是初犯，且行为显着轻微，而你本人认罪态度较好，也有悔过自新的要求，故对你的行为不以犯罪论处，但你的行为与一个学生的身份是极不相符的，我国政府明文规定“未成年人不得进入网吧、歌厅等营业性场所”，你的行为虽然不是犯罪，但确实违反了有关法律、法规的规定。青年人应以学业为重，网吧是现今青少年犯罪最集中的场所也是滋生地，希望今后你能吸取教训，正确认识自己的行为，摆正自己的人生观、价值观，做个有用青年。如果屡教不改，等待你的将是法律的严惩。是否听清？

被：听清。

公：被告人陈××，对于你的行为法庭并未以犯罪定罪处罚，公诉人考虑到你将来的发展，对法庭的判决表示同意。但对于你的行为，公诉人认为是你平时一贯对自己放松要求的结果，希望你今后远离网吧等场所，认真学习，做一名有用的青年。是否听清？

被：听清。

审：被告法定代理人，今后希望你们对陈××严加管教，多关心孩子的学习、生活，引导他们向正确的方向发展，尽到做父母应有的责任，如果再发现被告人有违法犯罪行为，本庭将要求政府收容教养部门对被告收容教养，是否听清？

被代：听清。

公：被告人法定代理人陈×，作为孩子的家长，对于孩子的身心教育起着极其重要的作用，陈××的所作所为在一定程度上也是因为你们疏于管教的结果，希望你们吸取这次的教训，对于陈××平时的行为多加注意，引导他走向正确的人生道路，尽好做法定代理人的责任和义务。是否听清？

被代：听清。

审：被告人及其法定代理人有何意见？

被：对这次的行为我已经充分地认识到了我的错误，感谢法庭对我的宽大处理，我保证今后一定吸取教训，不再进入网吧等营业性娱乐场所，认认真真学习，争取用自己的实际行动做一个合格的中学生。

被代：谢谢法庭的宽大处理，我们今后一定严加管教陈××，给予其家庭的关爱。不再让他远离家庭的教育，从这件事中我们也要吸取教训。

审：今天的庭审到此结束，庭后公诉人、被告人及其法定代理人、辩护人应当阅看笔录，如果没有异议应当签字。闭庭（敲法槌）。

被告人　陈××

审判长　盛××

书记员　范××

范文评析

【例文】

××市××区人民法院
庭审笔录

开庭时间：2009年11月8日14时40分

开庭地点：××市××区人民法院第八审判庭

法庭组成人员：审判长卢×，审判员王××、邱×，书记员陆××

审判长宣布公开开庭审理原告黄×与被告××饭店承包合同纠纷一案，记录如下：

书记员：请当事人、诉讼代理人入庭。

书记员：查明当事人、诉讼代理人到庭情况，核对证件。

书记员：请肃静，现在宣布法庭纪律。（略）

书记员：全体起立，请审判长、审判员入庭。

书记员：报告审判长，原告黄×、原告代理人任××、陈××，被告××饭店法定代表人刘×、被告代理人马××、金××已到庭。被告提供的证人李×在庭外候传。庭前准备工作就绪，请开庭。

审判长：根据《中华人民共和国民事诉讼法》第一百二十三条第二款之规定，现在核对当事人，首先由原告向法庭报告你的姓名、年龄、民族、出生年月日、工作单位、职务及家庭住址。

原告：黄×，男，41岁，汉族，××市××区，商人，××市××区解放路8号“望江楼”10幢三单元602室。

审判长：由原告委托代理人依次向法庭报告你们的姓名、工作单位、代理权限。

原告委托代理人：任××、陈××，××市第一律师事务所律师，代理权限为一般代理。

审判长：由被告向法庭报告你的姓名、年龄、民族、出生年月日、工作单位、职务及家庭住址。

被告：××饭店，××市人民路80—95号。

审判长：由被告委托代理人依次向法庭报告你的姓名、工作单位、职务，代理权限。

被告委托代理人：马××、金××，××律师事务所，特殊授权。

审判长：原告对被告出庭人员有无异议？

原告：无。

审判长：被告对原告出庭人员有无异议？

被告：无。

审判长：原告、被告及双方委托代理人向法庭报告的内容与向本院提交的诉讼主体资格证明及委托书相一致，双方当事人及委托代理人出庭资格合法有效，准许参加诉讼。

审判长：（敲法槌）现在开庭。××区人民法院今天依法适用普通程序，公开开庭审理原告黄×与被告××饭店承包合同纠纷一案，下面宣布合议庭组成人员，由审判长卢×，审判员王××、邱×，组成合议庭，书记员陆×衡担任法庭记录。开庭前已经将《当事人的权利义务告知书》送达各方当事人，原告是否知悉自己在诉讼中的权利和义务？

原告：知悉。

审判长：被告是否知悉？

被告：知悉。

审判长：原告是否申请合议庭组成人员及书记员回避？

原告：不申请。

审判长：被告是否申请合议庭组成人员及书记员回避？（如果当事人提出法定的回避理由，法庭不必审查该理由是否成立即宣布休庭。）

被告：不申请。

审判长：庭审活动分为：法庭调查、法庭辩论、当事人最后陈述、法庭调解，调解不成的，法庭将休庭评议后进行宣判。各方当事人应当正确行使诉讼权利，切实履行诉讼义务，遵守法庭规则，服从法庭指挥，确保庭审活动的顺利进行。现在进行法庭调查。（敲法槌）法庭调查的重点是双方争议的事实。当事人对自己的主张有责任提供证据，反驳对方主张的，应当说明理由。当事人陈述应当围绕诉讼请求、争议事实等与本案有直接联系的内容进行，首先由当事人陈诉。请原告委托代理人宣读起诉状或者简要陈述诉讼请求及所依据的事实和理由。

原告：（宣读民事起诉状。）

审判长：现在请被告宣读答辩状或者简要陈述诉讼主张及所依据的事实和理由。

被告：（宣读民事答辩状。）

审判长：开庭前，依照法律规定，本院的立案流程机构已对双方提供的证据进行庭前交换，原告提交的证据被告是否收到？

原告：收到。

审判长：被告提交的证据原告是否收到？

被告：收到。

审判长：下面进行法庭质证，在质证过程中，双方当事人应当按照庭前所提交的证据清单所载明的序号说明以及证据所要证明的对象，其他诉讼参与人在发表质证意见的时候，应当围绕证据的真实性、合法性、关联性、有无证据效力以及证明效力大小发表。首先由本案的原告出示证据，被告进行质证。

原告：《饭店承包意向书》原件。证明目的：1. 合同成立真实有效；2. 被告在没收定金前，有向原告书面催款的义务；3. 被告违约要负的法律后果。

审判长：请被告围绕证据的真实性、关联性和合法性对原告所提供的证据进行质证。

被告：无异议。

审判长：请原告继续举证。

原告：收款收据。证明目的：定金与一万元现金已付。

审判长：请被告质证。

被告：无异议。

审判长：请原告继续举证。

原告：《饭店正式承包合同书》。证明目的：委托代理人不是以原告的名义签订的。

审判长：请被告质证。

被告：此证据与本案无关，不符合证据的关联性。

审判长：原告对被告的质证意见有无补充？

原告：无。

审判长：原告还有无其他证据？

原告：有，原告对李×的《委托代理合同书》。证明目的：李×的代理权限仅有洽谈饭店承包合同事宜，不包括接受《催款通知书》事宜。

审判长：原告方提交的证据清单中没有此证据。

原告：此证据未在开庭前载入证据提交清单，属于临时性提交。

审判长：请被告质证。

被告：不同意原告临时提交此证据。

审判长：原告还有无其他证据？

原告：无。

审判长：下面由被告按证据清单载明的序号出示证据，说明证据的名称、来源以及证据所要证明的对象，由原告进行质证。

被告：《饭店承包意向书》原件。证明目的：1. 合同成立真实有效；2. 原告有在收到《催款通知书》后，向被告交纳承包金的义务；3. 原告违约要承担的法律后果。

审判长：请原告质证。

原告：无异议。

审判长：请被告继续举证。

被告：《催款通知书》。证明目的：被告在没收定金前，已经尽了向原告书面催款的义务，不需要承担任何违约责任。

审判长：请原告质证。

原告：原告并未亲自收到《催款通知书》，李×没有权限收取《催款通知书》。

审判长：被告对原告的质证还有无补充？

被告：李×的代理权限应该包括收取《催款通知书》，李×属于全权代理，收取《催款通知书》事宜显然包括在内，属于概括代理。

审判长：原告对被告的质证意见还有无补充？

原告：原告委托代理人李×没有代收《催款通知书》的权限。

审判长：被告还有无其他证据？

被告：有，请证人李×出庭作证。

审判长：准予出庭。

审判长：被告对证人有无发问？

被告：李×，原告是否授权了全权代理饭店合同一事？

审判长：请证人回答。

证人：是的。

审判长：请问被告对证人有无其他发问？

被告：无。

审判长：原告对证人有无发问？

原告：被告有无要求你出示《委托代理合同书》？

证人：没有，但在合同签完后交予了被告。

审判长：原告对证人还有无其他发问？

原告：证人你是否有将催款事项告知原告？

证人：没有。

审判长：原告对证人还有无其他发问？

原告：无。

审判长：证人对《委托代理合同书》和《饭店承包意向书》的理解是什么？

证人：我的理解是全权代理负责饭店承包事项，收取催款单的事情我没有告知原告。

审判长：证人，你的作证结束，请你退庭在庭外等候，闭庭后阅读证词签字。

审判长：被告还有无其他证据？

被告：无。

审判长：鉴于庭审前，已进行证据交换，双方当事人在举证期限内证据提交终结，现根据庭审调查，经合议庭评议确认，《饭店承包意向书》、《饭店正式承包合同书》内容真实，形式合法，本庭予以采信。而《委托代理合同书》、《催款通知书》和证人证言双方分歧较大，本庭不予采信。

审判长：至此法庭调查终结。依据《中华人民共和国民事诉讼法》第一百二十七条之规定，下面进行法庭辩论。（敲法槌）法庭辩论应紧密围绕本案争议事实进行，不得进行与本案无关的发言，不准使用侮辱、诽谤、人身攻击的语言，在辩论时不得重复发表意见，包括不再重复事实、不再重复证据以及质证意见。现在合议庭根据庭审质证和庭审调查已查明的事实，确定法庭辩论时双方当事人应围绕争议焦点进行：1. 李×只有《委托代理合同书》，没有《授权委托书》，而且，连《委托代理合同书》也未出示，是否构成有效授权？其所签承包合同是否有效？2. 李×以自己的名义签订承包合同，该合同是否拘束黄×？3. 李×未将饭店的《催款通知书》转告黄×，是否可以认定饭店已依约履行通知义务，从而没收黄×的一万元定金？对本庭归纳的争议焦点。原告方有无异议？

原告：没有异议。

审判长：被告方有无异议？

被告：没有异议。

审判长：下面让双方围绕争论焦点进行辩论，首先由原告委托代理人宣读代理词。

原告：委托代理人发表辩论意见（原告委托代理人宣读代理词）。

审判长：请被告委托代理人发表答辩意见。

被告：1. 关于李×代理义务不明，被告认为李×已构成有效代理，为概括代理；2. 李×全权负责代理饭店承包事宜，收取《催款通知书》理所当然；3. 被告将饭店转移给第三方是由于原告违约引起的，不需要承担违约责任。

审判长：原告对被告的辩论意见有无补充？

原告：1. 我方承认全权负责承包酒店事宜，不包括代收《催款通知书》；2. 被告基于认识的原因，未要求李×拿出《委托代理合同书》和《授权委托书》，被告方存在过错。

审判长：被告对原告的辩论意见还有无补充？

被告：原告于酒店签订意向书时，催款事项包含在《饭店承包意向书》事项中。

审判长：本庭对承包书中提及的“定金”，想请问原被告双方对其是如何理解的？“定金”分为“定约定金”和“违约定金”。

订约定金，又称为立约定金，是指为担保合同的订立而支付的一定数额的金钱。定约定金以一方拒绝订立主合同为适用条件。《最高人民法院关于适用〈中华人民共和国担保法〉若干问题的解释》第一百一十五条规定，当事人约定以交付定金作为订立主合同担保的，给付定金的一方拒绝订立主合同的，无权要求返还定金；收受定金的一方拒绝订立合同的，应双倍返还定金。

违约定金，指交付定金的一方当事人如不履行债务，接受定金的当事人可以不返还定金。违约定金具有间接地强制履行合同的效力。请原告回答。

原告：定约定金。

审判长：请被告回答。

被告：违约定金。

审判长：原告有无其他新的辩论意见。

原告：无。

审判长：被告有无其他新的辩论意见。

被告：无。

审判长：围绕争议事实，双方当事人进行了充分的法庭辩论，双方无新的辩论，辩论结束。现在依据《中华人民共和国民事诉讼法》第一百二十七条之规定，由双方当事人进行最后陈述，在最后陈述阶段双方当事人可以简单明确地表明对于本案的处理意见和各自是否坚持诉讼主张的意愿。首先，由原告发表你方的最后陈述意见。

原告：请法庭支持我的诉讼请求。

被告：请法院依法裁判。

审判长：下面依据《中华人民共和国民事诉讼法》第一百二十八条之规定，判决前能够进行调解的，应当进行调解，在法庭调解过程中，双方应根据法律的规定，进行协商解决。原告是否要求调解？

原告：同意调解。

被告：不同意调解。

审判长：由于原、被告双方意见分歧较大，无法达成协议，合议庭不再组织调解。合议庭需要对本案休庭10分钟进行评议，请双方当事人查阅庭审笔录，并且在庭审笔录上签字，如果认为庭审笔录有错误或者有遗漏，征得书记员许可后，可以申请另页补正。下面宣布休庭。（敲法槌）

书记员：全体起立，请审判长、审判员退庭。

书记员：全体起立，请审判长、审判员入庭。

…………

原告　黄　×

被告　××饭店

证人　李　×

审判长　卢　×

审判员　王××　邱　×

书记员　陆××

【简析】

这份法庭笔录制作得比较好。符合格式要求，对法庭公开审判的全过程都做了比较详细的记录。笔录抓住了案件的中心，对于案件事实的调查以及原被告双方之间的辩护意见做了相当详细的记载，这样使得笔录重点突出。当然，在语言文字方面还存在一些有待改进的地方。

特别提示

要制作好法庭笔录，应当注意以下几个问题。

（1）查阅案件材料，熟悉案情。熟悉案情是保证记录准确、迅速的首要条件，否则容易把当事人的姓名、住址以及与案件有关的科学术语记错，或遗漏、记错一些重要情节。因此，在开庭前，书记员应当查阅案卷材料，掌握案情重点，了解犯罪时间、地点、动机、目的、手段和后果，对于难记的，可以摘记下来，供记录时参考，避免因音同字不同而发生差错。开庭前，书记员应与审判员交换有关案件审讯的意见，熟悉审讯提纲，了解当庭审讯的要点、重点和审讯意图。必要时，书记员可以主动提示审判员让当事人（或他人）重述。

（2）注意原意，掌握记录的要点和重点。书记员要把审讯中每一句话一字不漏地记录下来是不大可能的，因此，在不违背当事人原意的前提下，可以把与案件无关的话略去，将与案件有关的都应尽量详细记录下来。特别是案件中的时间、地点、姓名、财产数字等均应准确记录。对于当事人在法庭上的特殊表情，如哭、笑、低头不语、踌躇思考、支吾等，都应予以记录，这样才能全面地反映法庭活动情况。

（3）笔录头页的格式中有审判庭组成人员的姓名、当事人的姓名、交代的诉讼权利及法庭准备阶段的程序事项等固定内容，书记员可预先填好，以免临庭多占时间。另外，为了加快记录速度，跟上法庭的问答，可采用“?”“:”的符号取代问和答的文字。使用这种符号时，必须记清楚是谁的发问。如审判员发问即写成“审?”，陪审员发问即写成“陪?”，当事人回答，可写成“原:”或“被:”。

笔录字迹力求清楚，文句要通顺，标点符号要正确，不写错别字。闭庭后，应及时检查、整理，改错补漏。

二、合议庭评议笔录

（一） 合议庭评议笔录的概念

合议庭评议笔录，也称“评议笔录”。是人民法院合议庭在审理案件辩论终结，被告人最后陈述完毕，合议庭组成人员退庭，按照民主集中制原则，依法对案件进行评议时所作的记录。它是全面、完整、准确反映合议庭对案件的认定和处理意见的书面依据，也是制作判决书的依据。

（二） 合议庭评议笔录的要素内容和制作方法

合议庭评议笔录由以下几个部分组成：

（1）案由。

（2）合议的时间、地点和组成人员。

（3）记录人：书记员姓名。

（4）评议的实质内容，包括：

A. 关于案情的认定；

B. 经过庭审，被告人被指控的事实、列举的证据等是否属实，有无出入；

C. 被告人的行为是否构成犯罪，如已构成犯罪，犯罪的性质是什么，应定何罪；

D. 是否给予刑罚处罚，有无从重或者从轻、减轻以至免刑的情节；

E. 应适用何种刑罚，有无附加刑，是否数罪并罚，刑期的确定（包括有无缓刑）等；

F. 附带民事诉讼应如何处理；

G. 适用法律的条款和理由；

H. 赃款、赃物的处理。

（5）合议庭成员分别在评议笔录上签名。

合议庭笔录的制作应当高度准确、全面。对于评议过程中的分歧意见，必须详细记载。

(三) 合议庭评议笔录的写作格式

××人民法院
合议庭评议笔录

案由：______________

评议时间：×年×月×日×时×分至×时×分

评议地点：______________

参加人：审判长××，审判员××

记录人：书记员×××

评议记录如下：

…………

注：

(1) 本笔录刑、民通用。

(2) 本笔录结尾处应由合议庭成员分别签名。

病文诊疗

【原文】

××市金安区人民法院
合议庭评议笔录

案由：王×肖、王墨×故意杀人（未遂）一案

庭议时间：2010 年 5 月 10 日

庭议地点：××市金安区人民法院第一庭议事

记录如下：

审判长（周×）：现在我们就王×肖、王墨×故意杀人（未遂）一案进行审判。本案的大致情况大家都清楚，我也不再做过多的陈述。就我个人对此案的分析，我认为公诉人控告王×肖、王墨×父子犯故意杀人（未遂）的罪名不能成立，支持被告辩护人主张的故意伤害罪名。其原因在于公诉人提供的证据不足，事实认定不清楚。从公诉人提供的各个证据来看，不能排除合理的怀疑，与此同时，被告人提供的证据较公诉人的证据更有可信度。

审判员（许×）：我认为公诉人指控王×肖、王墨×父子犯故意杀人罪（未遂）的证据充分、认定事实正确。本案的争议点在于王×肖、王墨×到底是故意杀人还是故意伤

害，当王×肖拿起石头砸向被害人后试了他有无呼吸，证实他还是有气息的，就继续向他拳打脚踢，其实这就有力地证明了他主观上有想把已经受伤的被害人杀死的动机；而且王×肖明知其子患有急性应激障碍的精神病，他利用其子的患病作案优势来杀害被害人。由以上两点，完全符合故意杀人的主观构成案件，因此我支持公诉人的指控。

人民陪审员（李×）：我认为公诉人指控的王×肖、王墨×父子犯故意杀人（未遂）罪名不成立，原因是其证据不足、提供的事实认定不清楚。而被告的辩护人提供的证据证明王×肖、王墨×父子当时是故意伤害而非故意杀人致人重伤，王×肖过于自信当时会有人员救助被害人，而且事后想去医院探看伤者的病情，王墨×则处于间歇性精神病的发病期，当时属于限制责任能力人，主观上并没有杀人的故意。所以我判定王×肖父子属于故意伤害罪更合情合法。

审判长（周×）：根据刚才的讨论，依据少数服从多数的原则，认定被告人王×肖、王墨×父子犯故意伤害致人重伤罪。鉴于被告人是初犯且犯罪后积极地筹集医疗费来救助被害人并有自首情节，故对其所犯罪行酌情从轻处罚。公诉机关指控的罪行事实存在，但认定的罪名有误。辩护人认定的关于被告人认罪态度良好且有悔罪表现，请求从轻处罚的建议予以采纳。

审判长　周×

审判员　许×

人民陪审员　李×

【简析】

该笔录缺少了“参加人”和“记录人”，格式不完整。

【修改文】

××市金安区人民法院
合议评议庭笔录

案由：王×肖、王墨×故意杀人（未遂）一案

庭议时间：2010年5月10日

庭议地点：××市金安区人民法院第一庭议事

参加人：审判长周×、审判员许×、人民陪审员李×

记录人：金×

记录如下：

审判长（周×）：现在我们就王×肖、王墨×故意杀人（未遂）一案进行审判。本案的大致情况大家都清楚，我也不再做过多的陈述。就我个人对此案的分析，我认为公诉人控告王×肖、王墨×父子犯故意杀人（未遂）的罪名不能成立，支持被告辩护人主张的故意伤害罪名。其原因在于公诉人提供的证据不足，事实认定不清楚。从公诉人提供的各个证据来

看，不能排除合理的怀疑，与此同时，被告人提供的证据较公诉人的证据更有可信度。

审判员（许×）：我认为公诉人指控王×肖、王墨×父子犯故意杀人罪（未遂）的证据充分、认定事实正确。本案的争议点在于王×肖、王墨×到底是故意杀人还是故意伤害，当王×肖拿起石头砸向被害人后试了他有无呼吸，证实他还是有气息的，就继续向他拳打脚踢，其实这就有力地证明了他主观上有想把已经受伤的被害人杀死的动机；而且王×肖明知其子患有急性应激障碍的精神病，他利用其子的患病作案优势来杀害被害人。由以上两点，完全符合故意杀人的主观构成案件，因此我支持公诉人的指控。

人民陪审员（李×）：我认为公诉人指控的王×肖、王墨×父子犯故意杀人（未遂）罪名不成立，原因是其证据不足、提供的事实认定不清楚。而被告的辩护人提供的证据证明王×肖、王墨×父子当时是故意伤害而非故意杀人致人重伤，王×肖过于自信当时会有人员救助被害人，而且事后想去医院探看伤者的病情，王墨×则处于间歇性精神病的发病期，当时属于限制责任能力人，主观上并没有杀人的故意。所以我判定王×肖父子属于故意伤害罪更合情合法。

审判长（周×）：根据刚才的讨论，依据少数服从多数的原则，认定被告人王×肖、王墨×父子犯故意伤害致人重伤罪。鉴于被告人是初犯且犯罪后积极地筹集医疗费来救助被害人并有自首情节，故对其所犯罪行酌情从轻处罚。公诉机关指控的罪行事实存在，但认定的罪名有误。辩护人认定的关于被告人认罪态度良好且有悔罪表现，请求从轻处罚的建议予以采纳。

审判长　周×

审判员　许×

人民陪审员　李×

三、宣判笔录

（一）宣判笔录的概念

宣判笔录是人民法院在庭审调查和合议庭评议的基础上，当庭宣告或定期宣告判决时所制作的笔录。在制作这种笔录时，应当注意：当庭宣读判决书全文的，应着重记载判决结论；当庭口头宣告判决结果的，应详细、全面地记载。

（二）宣判笔录的要素内容和制作方法

（1）案由。

（2）宣判开始、结束的时间和宣判地点。

（3）合议庭组成人员。

（4）书记员姓名。

（5）出庭人员（公诉案件写明人民检察院出庭人员姓名，自诉案件写明自诉人姓名）。

（6）到庭当事人的基本情况。

（7）审判长宣告判决结果：宣读判决书全文，或口头宣告判决结果。

（8）告诉被告人上诉权利。即：上诉期限、上诉状副本份数和上诉审法院名称。

（9）审判员、书记员签名。

（三） 宣判笔录的写作格式

××人民法院
宣判笔录

案由：

宣判时间：×年×月×日×时×分起至×时×分

宣判地点：

审判长：×××

审判员：×××

书记员：×××

出庭人：×××

到庭当事人：____________________（姓名，性别，年龄，民族，籍贯，职业，住址）

本案受理一案，业已审理终结，现在宣判如下：

…………

如不服，可在接到判决书第二天起×日内向本院提出上诉状及上诉状副本×份，上诉于×××人民法院。

当事人（签名或盖章）

宣判人（签名）

书记员（签名）

范文评析

【例文】

××县人民法院
宣判笔录

本院刑事审判庭于2004年4月30日审判员姚××担任审判长和人民陪审员杨××、张××，在本院法庭对××县人民检察院公诉魏××盗窃一案公开宣判，由书记员郭××

担任记录。

到庭当事人：魏××，男，17岁，汉族，河南××县人，住××县××厂福利区×号楼×号。2004年2月17日被逮捕，捕前待业。

审判长宣读判决：××县人民法院（84）×法刑字第×号刑事判决书，依照《中华人民共和国刑法》第二百六十四条之规定，判处盗窃犯魏××有期徒刑×年。如不服本判决，得于接到判决书的第二天起十日内，向本院提出上诉状及副本两份，上诉于××市中级人民法院。现发给你判决书一份。

：（收到判书后，在送达回证上签名）。

？你听清了吗？

：听清了。

？上诉吗？

：不，不上诉。

当事人　魏××
审判长　姚　×
书记员　郭　×

【简析】

宣判笔录记录的重点应当是对被告人所判刑罚以及告诉当事人上诉权的有关情况，这份宣判笔录抓住了重点，审判长在告知了当事人的上诉权之后，还不厌其烦地再次问明其是否听清楚以及是否上诉，从而保证了被告人正确地行使这项权利。不过，宣判笔录应当写清楚宣判的时间，这样才符合格式要求。

特别提示

宣判笔录在制作和使用时要注意以下三点：

第一，本笔录刑、民宣判通用。

第二，检察院检察长（员）出庭时，可在出庭人栏填明。当事人栏填写原告人、被告人或关系人。

第三，当事人如有律师或代理人，应分别填写明白。

第五章

诉　状

刑事自诉案件、民事案件和行政案件的自诉人、原告人、上诉人、申诉人用书面形式向人民法院说明起诉、上诉或申诉请求和理由，并由此引起一审程序、二审程序以及审判监督程序发生的起诉状、上诉状、申诉状以及与之相应的答辩状统称为诉状。诉状也是一种十分重要的诉讼文书。

第一节 刑事诉状

一、刑事诉状的概念

刑事诉状又称为刑事起诉状，俗称"刑事状纸"。它是刑事自诉案件的被害人或其法定代理人，根据事实和法律直接向人民法院控告被告人的犯罪行为，要求追究被告人刑事责任的一种文书。

刑事诉状与人民检察院提起公诉的起诉书，在法律上具有相同的性质和作用，只不过前者是以自诉人个人的名义向人民法院提出的，而后者则是人民检察院以国家的名义向人民法院提出的。按照我国法律规定，自诉人提出刑事诉状案件的范围有以下三种：（1）告诉才处理的案件；（2）被害人有证据证明的轻微刑事案件；（3）被害人有证据证明对被告人侵犯自己人身、财产权利的行为应当依法追究刑事责任，而公安机关或者人民检察院不予追究被告人刑事责任的案件。

为了切实保障自诉人的合法权益，自诉人不仅可自写诉状，而且可由其法定代理人或委托律师代写诉状。

二、刑事诉状的要素内容和制作方法

刑事诉状一般由以下四个部分组成。

（一）首部

这部分应当写明下列事项：

（1）标题，写明"刑事诉状"字样。

（2）在原告人栏内，写明自诉人的姓名、性别、年龄、民族、籍贯、职业、住址。

（3）在被告人栏内，写明被告人的姓名、性别、年龄、民族、籍贯、职业、住址。

原告和被告如有数人时，应分别写明其个人情况。

附带民事诉讼的，写明自诉人即附带民事原告人。

(二) **请求事项**

这部分应当写明被告人所犯罪罪名，如写：“控告被告人×××犯暴力干涉婚姻自由罪，请求依法判决。”

应当注意，被告人的犯罪罪名应当写得具体明确，简明扼要，严格依照我国《刑法》规定的罪名提出控告。

(三) **事实和理由**

这部分是刑事诉状的主要部分，是提起诉讼，请求人民法院受理案件和进行审判的重要依据。

在写作这部分时，应当抱着实事求是的态度，严格依法办事。应当如实地反映案件的本来情况，既不夸大也不缩小。写明被告人犯罪的时间、地点、动机、目的、方式、手段、行为过程和后果等。此外，还应当写明能够证明所控犯罪的证据，如证人证言、书证、物证等。对于证人，应当写明其姓名、住址、职业，以便人民法院进行调查。证据可在叙述事实经过时写明，也可在所写事实之后提供。所谓依法办事，就是在书写诉状时，诉状所反映的情况构成什么犯罪，触犯什么法条，都要依据法律的规定写清楚。

事实和理由部分可以合在一起书写，也可以分开写。

这部分写完，正文即结束，然后写“此致××人民法院”。其右下方，具状人签名或盖章，并注明具状年月日。

(四) **附项**

这部分按规定应写明以下事项：

(1) 本状副本×份；

(2) 证物×件；

(3) 书证×件。

三、刑事诉状的写作格式

刑事自诉状

(刑事自诉案件起诉用)

自诉人：××。

被告人：××。

案由和诉讼请求：____________。

事实与理由：____________。

证据和证据来源，证人姓名和住址：____________。

此致

人民法院

自诉人：××

×年×月×日

附：本诉状副本×份

病文诊疗

【原文】

刑事自诉状

自诉人：贵××，男，19××年×月×日生，汉族，××县人，××县××乡政府干部，家住该县××乡××村。

被告人：史××，女，19××年×月×日生，汉族，××县人，××县××市场××餐馆业主，家住该县柳泉镇黑沟村。

案由和诉讼请求：被告人史××涉嫌侵占罪，请依法追究其刑事责任。

事实和理由：自诉人系史××所开××餐馆之顾客。20××年×月×日下午1时许，我和同事苏××、孔××三人在被告人开办的××餐馆吃饭，不慎将内装一万元现金和几张单据的棕色皮包遗忘在饭店餐桌上。史××在收拾餐桌时，见到该包，发现内有现金，即将该包藏匿。约一个小时后我发现丢失皮包，回忆起遗忘在史××的餐馆里，即和同事三人一同返回餐馆询问。史××矢口否认拾到皮包的事实。我当面表示，如交出皮包，愿意重谢，被告人仍不承认拾到皮包。当晚，自诉人又托与被告人丈夫熟悉的潘××前去说合。史××再次否认，我无奈，遂向××县公安局报案，经公安局传讯，史××还是否认拾到皮包之事。直到第三天公安人员向史××的家人询问此事并对被告人进行教育时，史××不得已交代了自己拾包及企图占有的事实，公安机关将皮包及一万元现金等物提取并发还给了我。

自诉人认为，被告人拾得自诉人财物后将其隐匿企图占为已有，并且在自诉人和公安人员追索时百般抵赖，拒不交出，其行为触犯了《中华人民共和国刑法》第二百七十条第二款之规定，已构成侵占罪。自诉人为了维护自身的合法权益，特向你院提起诉讼，请依法判处。

证据和证据来源，证人姓名和住址：

1. 证人苏××、孔××，系自诉人同事，各书写1份证明材料，证明被告人非法侵占财物属实。苏××住××县石村乡三水村，孔××住××县石村乡平原村。

2. ××县公安局讯问笔录1份，证明被告人非法侵占自诉人财物属实。

此致

××县人民法院

自诉人：贵××

二〇××年六月二十五日

附：本自诉状副本1份

【简析】

这份自诉状符合自诉案件的范围，事实清楚，并有人证，格式符合要求。但诉讼请求不够具体。

【修改文】

刑事自诉状

自诉人：贵××，男，19××年×月×日生，汉族，××县人，××县××乡政府干部，家住该县××乡××村。

被告人：史××，女，19××年×月×日生，汉族，××县人，××县××市场××餐馆业主，家住该县柳泉镇黑沟村。

案由和诉讼请求：被告人史××涉嫌侵占罪，请__________（诉讼请求）。

事实和理由：自诉人系史××所开××餐馆之顾客。20××年×月×日下午1时许，我和同事苏××、孔××三人在被告人开办的××餐馆吃饭，不慎将内装一万元现金和几张单据的棕色皮包遗忘在饭店餐桌上。史××在收拾餐桌时，见到该包，发现内有现金，即将该包藏匿。约一个小时后我发现丢失皮包，回忆起遗忘在史××的餐馆里，即和同事三人一同返回餐馆询问。史××矢口否认拾到皮包的事实。我当面表示，如交出皮包，愿意重谢，被告人仍不承认拾到皮包。当晚，自诉人又托与被告人丈夫熟悉的潘××前去说合。史××再次否认，我无奈，遂向××县公安局报案，经公安局传讯，史××还是否认拾到皮包之事。直到第三天公安人员向史××的家人询问此事并对被告人进行教育时，史××不得已交代了自己拾包及企图占有的事实，公安机关将皮包及一万元现金等物提取并发还给了我。

自诉人认为，被告人拾得自诉人财物后将其隐匿企图占为己有，并且在自诉人和公安人员追索时百般抵赖，拒不交出，其行为触犯了《中华人民共和国刑法》第二百七十条第二款之规定，已构成侵占罪。自诉人为了维护自身的合法权益，特向你院提起诉讼，请依法判处：

1.……

2.……

…………

证据和证据来源，证人姓名和住址：

1. 证人苏××、孔××，系自诉人同事，各书写1份证明材料，证明被告人非法侵占财物属实。苏××住××县石村乡三水村，孔××住××县石村乡平原村。

2. ××县公安局讯问笔录1份，证明被告人非法侵占自诉人财物属实。

此致

××县人民法院

自诉人：贵××
二〇××年六月二十五日

附：本自诉状副本1份

范文评析

【例文】

刑事反诉状

反诉人：史××，女，××岁，汉族，××县人，××县××市场××餐馆业主，住××县柳泉镇黑沟村。

被反诉人：贵××，男，××岁，汉族，××县人，××县××乡政府干部，住××县××乡××村。

反诉请求：

1. 被反诉人贵××犯诽谤罪，请人民法院依法惩处。

2. 驳回被反诉人的诉讼请求。

事实和理由：

被反诉人系反诉人××餐馆顾客。20××年×月×日下午，被反诉人与其同事在反诉人所开××餐馆就餐后将一个棕色皮包遗留在饭桌上，反诉人在收拾餐桌时发现该皮包(包中有现金一万元和几张单据)，因为不知是谁遗忘的，反诉人遂将该包暂放店里等待失主领取。随后，被反诉人两次找反诉人索要钱款，反诉人因无法确认对方身份而没有将钱物交出，直到公安机关对被反诉人身份予以确认后，反诉人认为没有问题，即主动交出。不料，被反诉人在两次索要未果后，竟在××市场四处散布谣言，说反诉人开的店是黑店，甚至利用其职权之便，公然在××市场门口张贴小字报，对反诉人进行造谣中伤、污蔑陷害，胡说反诉人是“黑沟村来的黑寡妇，宰人没商量”。被反诉人的这些行为是对反诉人人格的侮辱，败坏了反诉人的名声和餐馆的信誉，尤其在××市场，造成了极坏的影响。

反诉人认为，被反诉人采取散布流言蜚语和张贴小字报等手法，捏造事实，公然对反诉人进行诽谤，情节严重，其行为触犯了《中华人民共和国刑法》第二百四十六条第一款之规定，构成诽谤罪。被反诉人的犯罪行为，侮辱了反诉人的人格，败坏了反诉人的声誉，在群众中造成了恶劣的影响，给反诉人带来了重大的伤害。因此，请人民法院从重惩处。

证据和证据来源：

1. ××市场保卫部门提供的被反诉人张贴的小字报影印件1份，证明被反诉人捏造事实、侮辱诽谤反诉人的罪行属实。

2. ××市场××理发店学徒李××证言1份，证明小字报为被反诉人所贴。李××暂住××市场××理发店。

此致

××县人民法院

反诉人：史××

二〇××年八月八日

附：本反诉状副本1份

【简析】

该反诉状层次分明，结构完整，事实和理由叙述充分，证据列举规范，值得借鉴。

特别提示

刑事自诉状供刑事自诉案件起诉用，用钢笔或毛笔书写。

“自诉人”、“被告人”栏，均应写明姓名、性别、出生年月日、民族、籍贯、职业或工作单位和职务、住址等项。对被告人的出生年月日确实不知的，可写其年龄。

“案由和诉讼请求”栏，应写明控告的罪名和具体的诉讼请求。

“事实和理由”部分的空格不够用时，可增加中页。

自诉状副本份数，应按被告人的人数提交。

第二节 民事诉状

一、民事起诉状的概念

民事诉状是民事案件原告人或其法定代理人，为了维护民事权益，就有关民事权利和义务的争执或纠纷，向人民法院提起诉讼的书状。它是依法维护民事原告人合法权益的文书。

民事案件主要有两大类：一是婚姻家庭案件，包括离婚、抚养、赡养、扶养等方面的纠纷；二是财产权益案件，包括所有权、继承、损害赔偿、合同纠纷等方面的案件。这些案件的当事人，既可以是自然人，也可以是法人或非法人团体。这些案件的原告向人民法院提出诉讼请求时，都应当使用民事诉状。

《民事诉讼法》第一百一十九条规定，起诉必须符合四个条件：（1）原告是与本案有直接利害关系的公民、法人和其他组织；（2）有明确的被告；（3）有具体的诉讼请求和事实、理由；（4）属于人民法院受理民事诉讼的范围和受诉人民法院管辖。只有这四个条件同时具备，法院才受理。

《民事诉讼法》第一百二十四条还规定了分别予以处理的情况，并在第一百二十一条中规定了诉状应当记明的事项，其中未规定"籍贯"一项。因此，在民事诉状中，可以不写当事人的籍贯。

二、民事起诉状的要素内容和制作方法

起诉状分为首部、正文、尾部（含附项）三部分。

（一） 首部

依次写明下列事项。

（1）文书名称。在上部正中写"民事诉状"或"民事起诉状"。

（2）原告的身份事项。

原告是具有民事行为能力的公民，应依次写明：姓名、性别、年龄、民族、职业、工作单位和住所、联系方式。

原告是未成年人的，应在原告人下一项写明：法定代理人、姓名、性别、同原告的关系。

原告是法人或者其他组织的则写：原告、单位全称、住所、邮政编码。下一项写明：法定代表人姓名、职务、电话。如法定代表人有委托代理人的，在下一项写明委托代理人及其身份事项。

根据最高人民法院颁发的《法院诉讼文书样式（试行）》的规定，原告是法人或者其他组织的，除上述事项外还要写明：企业性质、工商登记核准号、经营范围和方式、开户银行和账号。

（3）被告的身份事项。同原告各项，但不写“企业性质”等项。

（二） 正文

诉状的主体部分，包括下列各项。

（1）诉讼请求。是起诉人请求人民法院解决民事权益的具体事项，即起诉人所要达到的目的要求。要求写得明确、具体、合法、相对固定。即应当“四要四不要”：一要明确，不要含糊；二要具体，不要笼统；三要合理合法，不要提无理要求；四要相对固定，不要任意变换。对诉讼请求，在起诉时要慎重、周密考虑，力求周到，没有遗漏。在立案后，对诉讼请求如确有不实、不全、不确切之处，可以变更或提出新的请求。

此外，如有必要申请财产保全（即诉讼保全）或者先行给付的，应作为独立的一项要求提出来。如在立案后才提出诉讼保全或先行给付，则应另写申请书。

（2）事实。是指双方争议的事实或被告侵权的事实及其证据。案情事实的具体内容包括：当事人之间的法律关系，纠纷的发生发展过程，争执的焦点和具体内容，被告应承担的责任。如原告自己有一定责任，亦应提及，不能把过错完全推给被告。

叙述事实应当“六要六不要”：一要和诉讼请求一致，不要相互矛盾；二要写得具体清楚，不要抽象空洞；三要实事求是，不要扩大缩小；四要把关键情节交代清楚，不要含糊其辞；五要有理有据，不要捕风捉影；六要心平气和地摆事实，不要刻薄挖苦。

事实必须有证据来证实。所谓证据，就是证明所叙事实的真实性、可靠性的依据。它决定着诉讼的胜负。根据“谁主张，谁举证”原则，原告有举证责任。对证据的要求是：一要列举证据名称和内容，证明何事；二要说明证据的来源和可靠程度；三要写明证人的姓名、职业、住所，便于调查；四要提交证据原件或复印件。一般是先提交复印件或抄件，到开庭时才提交原件。对证据的书写，一般是在叙述事实时就随着列举证据。可在叙述事实中，用括号加以注明，这样节省笔墨；也可以叙述事实之后，单列一段来交代证据。

原告如认为证据有可能灭失或以后难以取得的情况，在起诉时可以申请证据保全。

（3）理由。在讲清楚事实之后，应概括地分析纠纷的性质、危害、结果及责任，同时提出诉讼请求所依据的法律条款，以论证诉讼请求的合理合法。理由包括两方面：一是认定案件事实的理由，二是提出法律根据的理由。引用法律条文要全面、具体，应引到条、款、项，不能只引条。书写理由应做到“三要三不要”：一要讲道理，不要强词夺理；二要提供证据，不要空口无凭；三要有针对性地引用法律条款，不要没有法律根据。

理由的书写，例如：“综上所述，________________（分析说明纠纷的性质，过错及危害后果），根据××法第×条第×项的规定，________________（说明被告应负的责任）。请求人民法院依法裁决，以实现诉讼请求。”

（三）尾部

依次写明：

（1）致送法院名称。

（2）起诉人签名盖章。

（3）起诉时间。

（4）附项。“附：本状副本×份”。根据被告人数而定份数，如在正文中未写明证据、证人等项时，也可写在附项里，具体写为：

此致

××人民法院

起诉人：××（签名或盖章）
×年×月×日

附：____________

起诉状如由代书人代书，应在年月日的右下角写明代书人姓名、工作单位和职务。

三、民事起诉状的写作格式

【格式1】

起诉状

（公民提起民事、行政诉讼用）

原告：____________。

被告：____________。

诉讼请求：____________。

事实与理由：____________。

证据和证据来源，证人姓名和住址：____________。

此致

××人民法院

起诉人：×××

×年×月×日

附：本诉状副本×份

【格式 2】

起诉状

（法人或其他组织提起民事、行政诉讼用）

原告名称：____________。

所在地址：____________。

法定代表人（或代表人）：____________。

企业性质工商登记核准号：____________。

经营范围和方式：____________。

开户银行账号：____________。

被告名称：____________。

所在地址：____________。

诉讼请求：____________。

事实与理由：____________。

证据和证据来源，证人姓名和住址：____________。

此致

××人民法院

起诉人：×××

×年×月×日

附：本诉状副本×份

病文诊疗

【原文】

民事起诉状

原告 1：张×惠，男，汉族，1935 年 9 月 11 日出生，身份证号码：××××，联系地址：××市××区向西路向景楼15号，联系电话：××××。

原告2：张×兴，女，汉族，1939年2月5日出生，身份证号码：××××，联系地址：××市××区向西路向景楼15号，联系电话：××××。

原告3：张×荣，男，汉族，1965年2月15日出生，身份证号码：××××，联系地址：××市××区向西路向景楼15号，联系电话：××××。

被告：张×贤，男，汉族，1963年7月9日出生，英国护照：××××，联系地址：××市××区××上村82号××座×室，联系电话：××××。

诉讼请求：

1. 请求确认2007年3月9日签订的《关于父子合资建筑房屋的分配协议》及《补充协议》无效。

2. 请求法院撤销被告与新旺实业发展（××）有限公司签订的《××××旧村改造拆迁安置赔偿协议》。

3. 请求法院依法判决被告承担本案的诉讼费用。

事实与理由：

2007年3月9日，原告1、原告2、原告3与被告签订了《关于父子合资建筑房屋的分配协议》，协议内容：2007年3月9日张×惠与儿子张×贤因合资共建上村82号A座房屋分配而引起纠纷，并到××居委会要求调解。经居委会调解得知当时合资情况：张×惠出资人民币柒拾万元整，儿子张×贤出资人民币陆拾贰万元整。经居委会与××靖轩股份有限公司张××等人调解后，现双方一致达成共识并议定：一楼、二楼、六楼、801室、802室分配给父亲张×惠，三楼、五楼、七楼、803室及上村旧屋266号房屋经张×惠与张×兴同意分配给儿子张×贤。原告与被告的合资建房，虽然冠以父子合资建筑房屋的分配协议，但审查协议内容，并结合案件事实进行分析，该协议符合合资建房的法律特征，2007年3月12日，双方又达成《补充协议》，双方约定：双方因××上村82号A座房屋产权一事，已于2007年3月9日在××社区调解委员会和股份公司张××的调解下达成了《关于父子合资建筑房屋的分配协议》。现为防止日后某一方产权人因其他原因重提以上房屋的产权之争，双方经充分协商再次在××社区调委会的工作人员主持下，双方自愿达成以下《补充协议》：

1. 张×惠与张×兴夫妇自愿将自己名下拥有的××上村82号A座一楼、二楼、四楼、六楼以及八楼的801、802室的房屋（详见《关于父子合资建筑房屋的分配协议》）以现金英镑柒万伍仟元折价给本人亲生儿子张×贤名下所有。

2. 张×贤应于2007年5月31日前将折价款现金英镑柒万伍仟元支付给父亲张×惠与母亲张×兴夫妇名下，张×惠与张×兴夫妇收款后应出具收据且自收到此款后从此不再以个人名下的房屋产权再提出异议，××上村82号A楼全栋房屋的产权全部归本人亲生儿子张×贤名下所有。

附加条件：双方折价房屋款付清后，本协议正式生效，此补充协议一式五份。

但协议签订之后，被告未履行付款义务，且与原告1和原告2断绝父子关系，不履行对原告的照顾义务，原告1与原告2已经近八十岁，生活全部靠原告3的悉心照顾，后原告1与原告2立下遗嘱，将××上村266号给原告3所有。《补充协议》为《关于父子合资建筑房屋的分配协议》主合同的补充或修改，根据《补充协议》的约定，双方折价房屋款付清后，本协议正式生效，但协议签订后，被告张×贤未履行付款义务，未对××上村82号楼付款，根据约定，主合同与《补充协议》均无效。根据约定，原告1与原告2收到被告所付的款项后，不得再对××上村82号产权提出异议，这是一个附条件的约定，即如果原告1与原告2没有收到被告所付款项，有权对××上村82号产权提出异议，因在××上村82号分配中包含××上村266号的分配，故也包括有权对××上村266号提出异议。异议的法律解释为不同的意见，即表明原被告在《补充协议》中已经约定，如果被告不履行协议，则被告同意原告有权对××上村A座82号的分配协议有不同的意见。

根据《物权法》，财产所有权的取得，不得违反法律规定，没有合法的建设手续，不享有物权，既然该建造行为违法，被告无法进行初始登记，也就无法对其进行处分，或者说，其处分不发生物权效力，根据《合同法》第五十二条第（五）项规定，在违反法律、行政法规的强制性规定时，合同无效，因被告实施的合资建筑房屋的法律行为，因违反了法律、行政法规的强制性规定，合资建筑的口头协议无效，建筑房屋的法律行为也无效，既然建造人对违章建筑不享有所有权，权利都不存在又如何能够分配呢？违法建筑不是合法的财产，法律不予保护，因此不能作为财产进行分配。因此《关于父子合资建筑房屋的分配协议》应该无效，《关于父子合资建筑房屋的分配协议》中包含着266号房屋的分配也应该是无效，2011年9月27日××市××靖轩实业股份有限公司出具《房屋产权证明》，证明××上村266号的所有权人仍然是张×惠。因此法院应撤销被告与新旺实业发展（××）有限公司签订的《××××旧村改造拆迁安置赔偿协议》，当事人确认合同无效的请求，不受诉讼时效期间的限制。

因此原告特向法院提起民事诉讼，请求判决如下：

1. 请求确认2007年3月9日签订的《关于父子合资建筑房屋的分配协议》及《补充协议》无效。

2. 请求法院撤销被告与新旺实业发展（××）有限公司签订的《××××旧村改造拆迁安置赔偿协议》。

3. 请求法院依法判决被告承担本案的诉讼费用。

此致

××市××区人民法院

具状人：×××

二〇一二年六月四日

附：本起诉状副本1份

【简析】

该诉状缺乏证据支持，应拿出《关于父子合资建筑房屋的分配协议》及《补充协议》、《××××旧村改造拆迁安置赔偿协议》等相关人证、物证，增强说服力。

【修改文】

民事起诉状

原告1：张×惠，男，汉族，1935年9月11日出生，身份证号码：××××，联系地址：××市××区向西路向景楼15号，联系电话：××××。

原告2：张×兴，女，汉族，1939年2月5日出生，身份证号码：××××，联系地址：××市××区向西路向景楼15号，联系电话：××××。

原告3：张×荣，男，汉族，1965年2月15日出生，身份证号码：××××，联系地址：××市××区向西路向景楼15号，联系电话：××××。

被告：张×贤，男，汉族，1963年7月9日出生，英国护照：××××，联系地址：××市××区××上村82号××座×室，联系电话：××××。

诉讼请求：

1. 请求确认2007年3月9日签订的《关于父子合资建筑房屋的分配协议》及《补充协议》无效。

2. 请求法院撤销被告与新旺实业发展（××）有限公司签订的《××××旧村改造拆迁安置赔偿协议》。

3. 请求法院依法判决被告承担本案的诉讼费用。

事实与理由：

2007年3月9日，原告1、原告2、原告3与被告签订了《关于父子合资建筑房屋的分配协议》，协议内容：2007年3月9日张×惠与儿子张×贤因合资共建上村82号A座房屋分配而引起纠纷，并到××居委会要求调解。经居委会调解得知当时合资情况：张×惠出资人民币柒拾万元整，儿子张×贤出资人民币陆拾贰万元整。经居委会与××靖轩股份有限公司张××等人调解后，现双方一致达成共识并议定：一楼、二楼、六楼、801室、802室分配给父亲张×惠，三楼、五楼、七楼、803室及上村旧屋266号房屋经张×惠与张×兴同意分配给儿子张×贤。原告与被告的合资建房，虽然冠以父子合资建筑房屋的分配协议，但审查协议内容，并结合案件事实进行分析，该协议符合合资建房的法律特征，2007年3月12日，双方又达成《补充协议》，双方约定：双方因××上村82号A座房屋产权一事，已于2007年3月9日在××社区调解委员会和股份公司张××的调解下达成了《关于父子合资建筑房屋的分配协议》。现为防止日后某一方产权人因其他原因重提以上房屋的产权之争，双方经充分协商再次在××社区调委会的工作人员主持下，双方自愿达成以下《补充协议》：

1. 张×惠与张×兴夫妇自愿将自己名下拥有的××上村82号A座一楼、二楼、四楼、六楼以及八楼的801、802室的房屋（详见《关于父子合资建筑房屋的分配协议》）以现金英镑柒万伍仟元折价给本人亲生儿子张×贤名下所有。

2. 张×贤应于2007年5月31日前将折价款现金英镑柒万伍仟元支付给父亲张×惠与母亲张×兴夫妇名下，张×惠与张×兴夫妇收款后应出具收据且自收到此款后从此不再以个人名下的房屋产权再提出异议，××上村82号A楼全栋房屋的产权全部归本人亲生儿子张×贤名下所有。

附加条件：双方折价房屋款付清后，本协议正式生效，此补充协议一式五份。

但协议签订之后，被告未履行付款义务，且与原告1和原告2断绝父子关系，不履行对原告的照顾义务，原告1与原告2已经近八十岁，生活全部靠原告3的悉心照顾，后原告1与原告2立下遗嘱，将××上村266号给原告3所有。《补充协议》为《关于父子合资建筑房屋的分配协议》主合同的补充或修改，根据《补充协议》的约定，双方折价房屋款付清后，本协议正式生效，但协议签订后，被告张×贤未履行付款义务，未对××上村82号楼付款，根据约定，主合同与《补充协议》均无效。根据约定，原告1与原告2收到被告所付的款项后，不得再对××上村82号产权提出异议，这是一个附条件的约定，即如果原告1与原告2没有收到被告所付款项，有权对××上村82号产权提出异议，因在××上村82号分配中包含××上村266号的分配，故也包括有权对××上村266号提出异议。异议的法律解释为不同的意见，即表明原被告在《补充协议》中已经约定，如果被告不履行协议，则被告同意原告有权对××上村A座82号的分配协议有不同的意见。

根据《物权法》，财产所有权的取得，不得违反法律规定，没有合法的建设手续，不享有物权，既然该建造行为违法，被告无法进行初始登记，也就无法对其进行处分，或者说，其处分不发生物权效力，根据《合同法》第五十二条第（五）项规定，在违反法律、行政法规的强制性规定时，合同无效，因被告实施的合资建筑房屋的法律行为，因违反了法律、行政法规的强制性规定，合资建筑的口头协议无效，建筑房屋的法律行为也无效，既然建造人对违章建筑不享有所有权，权利都不存在又如何能够分配呢？违法建筑不是合法的财产，法律不予保护，因此不能作为财产进行分配。因此《关于父子合资建筑房屋的分配协议》应该无效，《关于父子合资建筑房屋的分配协议》中包含着266号房屋的分配也应该是无效，2011 年 9 月 27 日××市××靖轩实业股份有限公司出具《房屋产权证明》，证明××上村 266 号的所有权人仍然是张×惠。因此法院应撤销被告与新旺实业发展（××）有限公司签订的《××××旧村改造拆迁安置赔偿协议》，当事人确认合同无效的请求，不受诉讼时效期间的限制。

证据和证据来源：

…………

因此原告特向法院提起民事诉讼，请求判决如下：

1. 请求确认 2007 年 3 月 9 日签订的《关于父子合资建筑房屋的分配协议》及《补充协议》无效。

2. 请求法院撤销被告与新旺实业发展（××）有限公司签订的《××××旧村改造拆迁安置赔偿协议》。

3. 请求法院依法判决被告承担本案的诉讼费用。

此致

××市××区人民法院

具状人：×××

二〇一二年六月四日

附：本起诉状副本 1 份

范文评析

【例文 1】

民事起诉状

原告：童××，1980 年×月×日出生，现居住于××市××区学院路×号。

原告：张×妨，1978 年×月×日出生，现居住于××市××区学院路×号。

被告：张×方，1974 年×月×日出生，现居住于××市××区莲花池东路甲×号院×号楼×室。

诉讼请求：

1. 请求判令解除原被告双方签订的《××市存量房屋买卖合同》。

2. 请求判令被告返还支付的十万元定金，并支付 20%的违约金。

3. 本案诉讼费用由卖方承担。

事实与理由：

2012年7月26日，原告与被告签订《××市存量房屋买卖合同》（见证据1），被告将位于××市××区××路13号B单元1602号室房屋出售给原告，房屋成交价为人民币三百五十五万元。买房支付定金十万元（见证据3）。在原告办理户口迁入手续时，发现该房屋无法落户。而被告已将原房屋出售并将户口迁出。根据合同附件八的规定，被告在签订合同时并没有如实告知该房屋无法落户，没有如实履约，违反了合同的附随义务。

原告为了维护自身的合法权益，特诉至贵院，请求判令解除原被告双方签订的《××市存量房屋买卖合同》；被告返还原告支付的十万元定金并按合同规定支付20%的违约金；被告承担诉讼费用。恳请支持原告的诉讼请求，以维护原告的合法权益不受非法侵害。

证据和证据来源：

1. 原被告签订《××市存量房屋买卖合同》1份。

2. 《××市存量房屋买卖合同》附件及补充协议1份。

3. 买方支付十万元定金收条一份。

此致

××市××区人民法院

起诉人：童××，张×妨

二〇一三年三月十一日

附：本诉状副本1份

【简析】

这份起诉状，当事人的身份事项齐全；诉讼请求明确、具体，事实叙述清楚；当事人双方的法律关系明确；理由充分，并提供了证据；文字简明扼要。

【例文2】

民事起诉状

原告：梁××，男，汉族，1970年×月×日出生，住××市××区××村××里×号×楼×室。联系方式：委托代理人曾××律师，手机××××转。

被告：谈××，女，汉族，1974年×月×日出生，住××市××区菠萝岭×段×栋×单元×号房。

诉讼请求：

1. 判决原告与被告离婚。

2. ××市××区菠萝岭×段×栋×单元×号房屋归原告所有，原告补偿被告一半的房款 43 035 元。

3. 本案诉讼费用由原告、被告各承担一半。

事实与理由：

原、被告1993年年底相识并于1997年11月6日登记结婚，婚后未生育小孩。婚后不久原告就到崇左、百色等地打工，与被告长期分居，双方缺乏联系和沟通。2000年年底原告从外地回来后，夫妻感情已完全淡化，双方貌合神离，难以交流。迫于生计，从2003年起，原告接着又到外地打工，与被告聚少离多，对此，被告不理解、不支持，反而一口咬定原告有外遇。2004年6月，双方发生婚姻纠纷，原告无奈，正式向被告提出离婚，在协商过程中，因话不投机，被告拔出剪刀要刺原告，原告连夜逃回打工之工地。一个多月后，原告从工地回家，发现被告已将房屋门锁换掉，原告只好到××路××里租房住。原、被告因婚后长期分居，双方又无法相互理解、沟通，隔阂增多，原告认为夫妻已无感情可言，故于2005年诉至××市××区人民法院，请人民法院依法准予原、被告离婚，并判决××市××区菠萝岭×段×栋×单元×号房屋归原告所有，由原告补偿房款给被告。××市××区人民法院经公开开庭审理后认为原、被告夫妻感情尚未破裂，遂于2006年1月26日作出（2005）民一初字第777号民事判决书，判决不准原、被告离婚。该判决书于2006年4月19日发生法律效力。

原、被告自人民法院2006年1月23日开庭审理时见面至今，双方未再见一面，原告未踏入菠萝岭×段×栋×单元×号房屋一步，被告也未找过原告，两人春节不在一起过，平日也互不往来，双方无联系、无沟通、无交流，原告从××路××里搬到××村，被告仍住菠萝岭，两人形同陌生人，夫妻关系名存实亡。

原告认为，原、被告双方性格、爱好差异较大，加上长期分居，两人缺乏沟通、理解，双方隔阂日深，互不能容，酿成前述离婚之诉，在人民法院2006年1月26日判决不准离婚之后，夫妻感情毫无改善，两人关系不升反降，双方虽同处一城，然各吃各饭，各住各房，徒有夫妻之名，而无夫妻之实，感情确已破裂，故请人民法院：

1. 准予原、被告离婚；

2. 判决夫妻共同财产××市××区菠萝岭×段×栋×单元×号房屋归原告所有，原告补偿被告一半的房款 43 035 元。

请人民法院公正审理，依法判决。

此致

××市××区人民法院

起诉人：梁××

×年×月×日

【简析】

离婚诉状，应当写明婚姻基础和感情状况、有无子女和如何扶养、财产状况和如何分割、住房等四方面的问题。本诉状对这些问题写得简明扼要。

【例文 3】

民事起诉状

原告：×××通讯电子技术有限公司。

法定代表人：王××。

住所地：××省××市上城区中河中路 102 号 207 室。

被告：××电××技术开发有限公司。

法定代表人：李××。

住所地：××省海宁市文宗路××号。

诉讼请求：

1. 请依法判决被告履行合同，付清所欠货款；

2. 请依法判决被告按合同履行约定支付催款费用、欠款利息、违约金；

3. 本案全部诉讼费用由被告承担。

事实和理由：

2004 年 5 月至 10 月，××电××技术开发有限公司（以下简称电××公司）多次从我公司采购产品，其所购总额为 213 050 元，10 月 20 号曾电汇还款 20 000 元，现所欠余额为 193 050 元（大写：壹拾玖万叁仟零伍拾元整）至今尚未付清。

从今年 5 月至 10 月，电××公司向我公司采购产品，所签订合同共 13 份，签订金额 213 050 元，我公司均已发货，具体明细可见于所附对账单。按照双方合同约定，付款周期不超过 20 天，供货周期为 7～15 天。

5 月 23 日，我公司将已发货物增值税发票 38 300 给电××公司，6 月初电××公司提出发票上有文字错误，要求调换发票，我公司即重开发票并派员工于×送到电××公司办公室。

6月25日，我公司收到电××公司 CWHZHT04007057号采购合同，我公司经考虑进行了发货。

此后，电××公司又少量多次向我公司发出订单，我方均积极配合，及时发货。以上事实均有购销合同及对账单可证明。

我公司的发货渠道有三种：一是通过××电××技术开发有限公司在××上城区设立的办事处交货；二是通过中诚快递交货，有快递凭证；三是通过××东站的长途汽车带货。发货的次数及数量均可查证。

我公司曾多次以各种渠道向电××公司进行催款，但都索要未果，且电××公司缺乏诚意合作的态度。现有催款函2份以证明我公司积极行使权利。

11月24日，12月6日，我公司总经理王××两次到电××公司为欠款事项商谈，电××公司提出货款下浮12%的要求，现有2004年11月30日要求×××通讯电子技术有限公司所有产品降价12%的函1份予以证明。

为此，根据《中华人民共和国民事诉讼法》的有关规定，请求贵院依法确认双方所签订合同的法律效力，判令被告履行合同，全额支付所欠款项，并赔偿我公司由此带来的损失，包括欠款利息及违约金。求贵院支持。

此致

××上城区人民法院

起诉人：×××通讯电子技术有限公司

二〇〇四年十二月十八日

附：(1) 购销合同14份（其中按订立时间的先后顺序，1～7份为同一格式合同文本，8～14份为同一格式合同文本）；

(2) 对账单2份；

(3) ××增值税专用发票4份；

(4) ×××通讯电子技术有限公司催款函2份；

(5) 2004年11月30日要求×××通讯电子技术有限公司所有产品降价12%的函1份；

(6) 中诚快递交货存根4份。

【简析】

经济纠纷起诉状，根据诉状试用格式，在首部要写明原告的企业性质、经营范围、营业执照、开户银行和账号等，但在实践中，对这些项目也可另行提供，而不写在诉状中。本诉状叙述事实清楚，矛盾焦点突出。

特别提示

制作民事起诉状应该注意以下几点：

（1）主体要适格。根据《民事诉讼法》第一百一十九条之规定，原告必须与本案有直接利害关系，因此，一定要注意诉讼主体的资格，即便当事人为无民事行为能力人，其监护人也不能取而代之。由此可见，对原告的身份说明一定要准确详细，特别是关系到原告主体是否适合的年龄问题。

（2）在事实和理由方面，事实叙述要详细具体，重点突出，以便使法官对案情有明晰的了解；说理要有理有据，合理合法，论证有力。

（3）法院的管辖权问题。起诉状最终要递至法院，因此，为了尽可能节省诉讼成本，缩短诉讼时间，争取对自己更有利的判决，一定要注意法院的管辖权问题，在选择受理法院的时候要权衡斟酌。

第三节 行政起诉状

一、行政起诉状的概念

行政起诉状，又称行政诉状，是公民、法人或者其他组织，认为行政机关及其工作人员的具体行政行为侵犯其合法权益时，依据事实和法律，向人民法院提起行政诉讼，要求裁判所提出的书面请求。

《行政诉讼法》第四十一条规定，提起行政诉讼必须符合四个条件，这与提起民事诉讼的四个条件基本相同。提起行政诉讼还要根据《行政诉讼法》第十一条规定的人民法院受理行政案件的范围。人民法院接到起诉状，经审查，应当在七日内立案或者作出裁定不予受理。原告对裁定不服的，可以提起上诉。

二、行政起诉状的要素内容和制作方法

行政起诉状的格式与民事诉状的格式相同，这里不赘述。制作行政起诉状，应注意以下问题。

第一，要全面、正确地书写行政诉讼参加人。

当事人双方应称原告、被告，不能称为“起诉人”、“应诉人”。原告包括公民、法人或者其他组织。如果有权提起诉讼的公民已死亡，其近亲属可以代为提起诉讼。如果有权提起诉讼的法人或者其他组织已终止，承受其权利的法人或者其他组织可以提起诉讼。

被告只能是行政机关。原告直接向人民法院提起诉讼的，作出具体行政行为的行政机关是被告。经复议的案件，复议机关决定维持原具体行政行为的，作出原具体行政行为的行政机关是被告；复议机关改变原具体行政行为的，复议机关是被告。两个以上行政机关作出同一具体行政行为的，共同作出具体行政行为的行政机关是共同被告。由法律、法规授权的组织作出具体行政行为的，被授权的组织是被告。由行政机关委托的组织作出具体行政行为的，委托的行政机关是被告。行政机关被撤销的，继续行使其职权的行政机关是被告。被告的法定代表人的姓名和职务，在起诉状中，可以写也可以不写。

第二，要在诉讼时效期限内向有管辖权的人民法院提交起诉状。

行政诉讼的时效期限，一般为 15 天，也有比这短或长的时间，应根据具体法律、法规而定。一审行政案件一般由基层人民法院管辖，即一般由最初作出具体行政行为的行政机关所在地人民法院管辖。经复议的案件，复议机关改变原具体行政行为的，也可以由复议机关所在地人民法院管辖。只有极少数第一审案件，如确认发明专利权的案件、海关处理的案件、对省级人民政府以上提起诉讼的案件，以及重大复杂的案件，才由中级以上人民法院管辖。

第三，要把诉讼请求和事实根据写具体。

对被告的具体行政行为，要针对如下情况提出诉讼请求：

（1）如认为被告的行政行为所根据的主要证据不足、适用法律法规错误、违反法定程序、超越职权、滥用职权等，可以请求法院判决予以撤销或者部分撤销；

（2）对被告不履行或者拖延履行法定职责的，可以请求人民法院判决其在一定期限内履行；

（3）对行政处罚显失公允的，可以请求人民法院判决变更处罚。

叙述事实，要针对具体行政行为及其依据来写，能提出有力的反证更好。

第四，起诉状应附行政处罚决定书或行政复议决定书。

第五，其他方面参照前述民事起诉状的制作方法，不赘述。

三、行政起诉状的写作格式

行政起诉状的格式参见民事诉状。

病文诊疗

【原文】

行政起诉状

原告：×××，男，××岁，×族，××出版社编辑，住北京市××区××街××号。

邮政编码：××××××，联系电话：×××××××××。

被告：北京市出租汽车管理局，住所地：北京市××区××路××号。

邮政编码：××××××，联系电话：×××××××××。

诉讼请求：

一、判令被告向原告公开赔礼道歉；

二、判令被告依法对北京市××实业股份有限公司拒载伤害原告的恶劣行为作出处罚。

事实与理由：

原告于19××年5月21日早7时30分在×××小区北口叫了一辆××出租汽车公司所属白色“面的”（车号：京B×××××），并对司机讲到小区内带点东西和接一个人。车到住处楼下，我下车准备上楼时，司机说下车需留下押金，我于是掏出50元钱放在驾驶室右座前的仪表台上。我和我爱人各搬几包书放在车上，司机讲带东西要加10元钱。由于无此项规定收费标准，故予以拒绝。司机讲“你不给加钱就甭坐”，我说“不坐就不坐”，司机又说“不坐也要给10块钱”，这时我爱人正准备往车下搬书，司机却一把将放在右仪表盘台上的50元钱装在兜里，并启动车，而我此时手执车门扶手正站在开启着的车右前门侧的地上和司机讲理，由于担心车上的钱物被带跑，无证据，于是就将其右仪表盘台上的服务卡取下，这时车速已很快，将我拖着跑了约60米，然后一个左急转弯，将我及车上的书重重地甩在地上，我的衣服都被擦破，浑身是血，经送医院检查全身脸、手、胸、腿多处挫、裂伤，其中右手的食、拇指间有一宽3厘米，深2～3厘米的口子，造成外伤，缝合8针。目前原告右手遗有运动障碍，左面部留有伤疤。

事发之后，被告对其辖下的北京市××实业股份有限公司的恶劣行为非但不进行处罚，反而对原告十几次找被告寻求解决问题采取推诿，拒不接待，甚至说原告妨碍了他们的工作。被告的行为引起了新闻界的极大关注：《法制日报》于19××年10月6日予以报道，10月7日刊出评论，北京电视台在11月13日的北京新闻中予以报道，并且披露了被告拒绝被采访的事实；《北京青年报》在11月19日的《新闻周刊》中亦予以报道，《南方周末》在12月5日也给予披露。

然而，时至事发后近一年的今日，原告对××公司仍未作出任何处罚，对原告也未作出任何口头或书面有关此事的答复。

根据《北京市出租汽车管理条例》的有关内容，被告没有履行其所应负有的责任，给原告及社会造成了极坏的后果，依据《中华人民共和国行政诉讼法》、《中华人民共和国民法通则》、《中华人民共和国消费者权益保护法》的有关规定向人民法院提起诉讼，请求人民法院公断。

此致

西城区人民法院

起诉人：×××

一九××年×月×日

附：本诉状副本1份

【简析】

本文结构不完整，缺少案由，且在事实叙述方面缺少证据列举。

【修改文】

行政起诉状

原告：×××，男，××岁，×族，××出版社编辑，住北京市××区××街××号。

邮政编码：××××××，联系电话：×××××××××。

被告：北京市出租汽车管理局，住所地：北京市××区××路××号。

邮政编码：××××××，联系电话：×××××××××。

案由：北京市出租汽车管理局拒不履行法定职责。

诉讼请求：

一、判令被告向原告公开赔礼道歉；

二、判令被告依法对北京市××实业股份有限公司拒载伤害原告的恶劣行为作出处罚。

事实与理由：

原告于19××年5月21日早7时30分在×××小区北口叫了一辆××出租汽车公司所属白色“面的”（车号：京B×××××），并对司机讲到小区内带点东西和接一个人。车到住处楼下，我下车准备上楼时，司机说下车需留下押金，我于是掏出50元钱放在驾驶室右座前的仪表台上。我和我爱人各搬几包书放在车上，司机讲带东西要加10元钱。由于无此项规定收费标准，故予以拒绝。司机讲“你不给加钱就甭坐”，我说“不坐就不坐”，司机又说“不坐也要给10块钱”，这时我爱人正准备往车下搬书，司机却一把将放在右仪表盘台上的50元钱装在兜里，并启动车，而我此时手执车门扶手正站在开启着的车右前门侧的地上和司机讲理，由于担心车上的钱物被带跑，无证据，于是就将其右仪表盘台上的服务卡取下，这时车速已很快，将我拖着跑了约60米，然后一个左急转弯，将我及车上的书重重地甩在地上，我的衣服都被擦破，浑身是血，经送医院检查全身脸、手、胸、腿多处挫、裂伤，其中右手的食、拇指间有一宽3厘米，深2～3厘米的口子，造成外伤，缝合8针。目前原告右手遗有运动障碍，左面部留有伤疤。

事发之后，被告对其辖下的北京市××实业股份有限公司的恶劣行为非但不进行处罚，反而对原告十几次找被告寻求解决问题采取推诿，拒不接待，甚至说原告妨碍了他们的工作。被告的行为引起了新闻界的极大关注：《法制日报》于19××年10月6日予以报道，10月7日刊出评论，北京电视台在11月13日的北京新闻中予以报道，并且披露了被告拒绝被采访的事实；《北京青年报》在11月19日的《新闻周刊》中亦予以报道，《南方周末》在12月5日也给予披露。

然而，时至事发后近一年的今日，原告对××公司仍未作出任何处罚，对原告也未作出任何口头或书面有关此事的答复。

证据及证据来源：……

根据《北京市出租汽车管理条例》的有关内容，被告没有履行其所应负有的责任，给原告及社会造成了极坏的后果，依据《中华人民共和国行政诉讼法》、《中华人民共和国民法通则》、《中华人民共和国消费者权益保护法》的有关规定向人民法院提起诉讼，请求人民法院公断。

此致

西城区人民法院

起诉人：×××

一九××年×月×日

附：本诉状副本1份

证据×份

范文评析

【例文】

行政起诉状

原告：张×，男，汉族，单位：____________。

住址：××市××区××路30号B座。

代理人：郝××。

被告：××市××区城市交通行政执法大队。

住所：××市××区××路778号。

法定代表人：刘××，大队长。

诉讼请求：

1. 依法判决撤销被告作出的第2200902973号行政处罚决定；

2. 本案诉讼费用由被告承担。

事实和理由：

2009年9月8日，原告开车去单位，在元江路口等候红灯时，遇一白衣男子，该男子以自己肚子疼却打不到出租车为由恳求原告开车带他一段路，原告本着对病人的同情心及助人为乐的精神让其搭载车辆并拒绝了其两次主动提出的付费请求。当车开至北松公路转弯处，白衣男子说过了，叫原告倒车回头，原告往回倒了一些，刚一停车，此白衣男子伸手抢拔原告的车钥匙，紧接着突然冒出大约七八个穿制服的男子一拥而上将原告从车上拖下来并强行抢走车钥匙，这群人不容原告辩解，像抓犯人一样将原告双手反扣，卡住原告脖子推搡至一辆面包车里，同时强行搜身，搜去了原告的行驶证（后来原告取车时，被告工作人员把行驶证返还原告），并拿出一份准备好了的调查书（临时填上了原告车牌号）叫原告签字，原告拒绝签字，原告认为自己没干任何违法的事情，问对方是什么人。其中一人出示了证件却遮住证件上的名字，告诉原告他们是城市交通执法大队。在非法拘禁原告半小时后，他们扔给原告一纸《××区城市交通行政执法大队调查处理通知书》并将原告推下汽车，扬长而去。

被告的工作人员在原告并未非法运营的情况下，以原告擅自从事出租汽车经营为由，扣押了原告的车辆，并在扣车过程中粗暴野蛮地对原告进行人身攻击、限制原告人身自由并非法搜身。事后，原告多次向被告及其主管部门投诉，在答复原告的投诉时，被告及其主管部门存在许多与其法定职责和诚实信用原则不相符合的言行。被告未经法定程序和认真调查，在非法剥夺了原告的陈述、申辩等权利的情况下，于2009年9月14日对原告作出了第2200902973号行政处罚决定。

原告事后得知，该事件是被告故意设计陷阱，被告雇用社会不良人员冒充犯病乘客，利用原告同情心搭载原告汽车，以便诬陷原告非法运营，被告以此为由对原告处以高额罚款，其雇用的社会不良人员也会因此而获得奖金。

原告认为，被告作出的第2200902973号行政处罚决定，没有事实和法律依据，且程序违法，被告的行为给原告造成了巨大的财产损失和精神损害。

为此，原告依据我国相关法律规定，向贵院提起诉讼，请求贵院依法裁判，维护原告的合法权益。

此致

××市××区人民法院

起诉人：张×

二○○九年九月二十八日

附：××市××区城市交通行政执法大队第2200902973号行政处罚决定1件（复印件）

【简析】

该行政起诉状行文流畅，说理清楚，意思表达明确。但在事实叙述方面稍欠凝练。

特别提示

行政起诉状格式与民事起诉状大致相同，可参考民事起诉状的写法。另外所附行政处罚决定书应予一并写明。

第四节 刑事上诉状

一、刑事上诉状的概念

刑事诉讼当事人及其法定代理人不服地方各级人民法院第一审的刑事判决或裁定，依照法定程序和期限向上一级人民法院上诉，请求撤销、变更原裁判，或重新审理而提出的文书，称为刑事上诉状。

两审终审制是我国的一项重要审判制度，因此依法进行上诉是当事人的一项重要诉讼权利。对被告人的上诉权，不得以任何借口加以剥夺。按照我国《刑事诉讼法》第二百一十六条的规定，有权进行上诉的人是当事人和他们的法定代理人。被告人的近亲属和他的辩护人经被告人同意也可以提出上诉。附带民事诉讼的当事人和他们的法定代理人可以对附带民事诉讼部分提出上诉。上诉一般要用书状提出，但也可以用口头方式提出。

按照《刑事诉讼法》第二百一十九条的规定，不服判决的上诉期限是十日；不服裁定的上诉期限为五日，从接到判决书、裁定书的第二日起算。

二、刑事上诉状的要素内容和制作方法

刑事上诉状主要由以下三个部分组成。

（一）首部

这部分应当写明以下事项：

（1）标题，写明“刑事上诉状”字样。

（2）在上诉人栏内，写明上诉人的姓名、性别、年龄、民族、籍贯、职业、住址。

（3）在被上诉人栏内，写明被上诉人的姓名、性别、民族、年龄、籍贯、职业、住址。

（4）案由，写明不服原审判决（或裁定）的事由：“上诉人因××一案，不服×××人民法院×年×月×日×字第×号刑事判决（或裁定），现提出上诉，上诉的请求和理由如下”。以下分别写明上诉的请求和理由。

（二） **请求和理由**

上诉请求，主要写明上诉人不服原审裁判，要求二审法院撤销、变更原审裁判，或请求重新审理。在书写这部分时，可以从以下几个方面提出相应的请求：

（1）原审裁判事实认定有错误，有出入，不清楚，或者有遗漏，以及认定的事实根本不存在等。

（2）原审裁判认定上诉人的行为已构成犯罪，而上诉人只有一般违法行为，或者情节显著轻微。

（3）原审裁判适用法律不当，定性、定罪不准。

（4）原审裁判违反法定诉讼程序等。

上诉理由部分主要针对原审裁判的不当，采用驳论手法，在反驳中正面说理，阐述上诉的根据。

具体写法有以下两种：

第一，先摆出不服的论点，然后逐一进行反驳。一般采取两种方法：一是从裁判文书中找出不服的地方，进行综合归纳，概括成几个论点，一并摆出，然后一一反驳。二是把概括出来的论点一个一个地摆出，摆一个驳一个。

第二，用摆事实讲道理的方法进行反驳，既可以直接驳其论点，也可以通过反驳论据和论证的方法反驳论点。

在书写上诉请求和理由部分时，应当注意以下几点：

（1）要有针对性，主要是针对原审裁判的不当，而不是针对对方当事人（反诉除外）。因此，认为原审裁判哪一部分有问题，就对哪一部分提出意见和理由。若是全部有错，则提出全部否定的理由，切忌笼统、含糊。

（2）提出的事实要有根据，真实可靠，理由应当充分，不可强词夺理、无理取闹。

（3）在结构安排上，应当开门见山，不说空话、废话。

这部分写完，正文即结束，下面写：

……为此，特向你院上诉，请求依法撤销原判决（或裁定）予以改判（或重新审判）。

此致

××人民法院

其右下方，上诉人签名或盖章，注明具状年月日。

（三） **附项**

这部分按规定写明下列事项：

（1）本状副本×份；

（2）证物×件；

（3）书证×件。

三、刑事上诉状的写作格式

刑事上诉状

（当事人上诉用）

上诉人：________。

上诉人因××一案，不服×××人民法院×年×月×日×字第×号刑事判决（或裁定），现提出上诉。

上诉请求：________。

上诉理由：________。

此致

××人民法院

上诉人：×××

×年×月×日

附：本上诉状副本×份

病文诊疗

【原文】

刑事上诉状

上诉人（原审被告人）：刘×，男，汉族，38岁，身份证号：××××，初中文化，河南省开封市××人，现住河南省开封市×街×号院×号楼×号。

上诉人因涉嫌合同诈骗罪一案，不服河南省永城市人民法院（2009）永刑初字第×号刑事判决，故提出上诉。

上诉请求：

1. 撤销永城市人民法院（2009）永刑初字第×号刑事判决书；

2. 改判被告人不构成犯罪，不承担刑事责任。

事实与理由：

1. 上诉人在本案中的地位决定上诉人无从知晓河南××文化投资有限公司（以下称

文化公司）无履行合同的能力。

文化公司为本案第一被告人丁×发起成立，在设立公司之时，丁×向工商登记部门投送的各种资料及公司的设立过程，上诉人均不知晓。上诉人开始只是丁×的一个司机，后被丁×派到郑州分公司任副经理，从事的都是按照丁×的指令做一些具体事务，包括文化公司对外招标的各种事宜，上诉人均不知晓，故上诉人没有机会知道文化公司的资金运作状况。再者，上诉人原来没有从事过项目投资方面的工作，加上自身文化程度较低，也无能力判断文化公司是否投资该项目的资金状况。但永城市人民法院（2009）永刑初字第×号判决书认定上诉人明知被告人丁×无履行能力，仍介绍被害人施工企业签订工程施工合同，骗取合同履约金，属认定事实错误。

2. 上诉人无非法占有的主观目的，客观上也没有占有施工企业的钱财。

上诉人虽然介绍了两家企家和文化公司签订了合同，但所收的这两家企业的合同履行金，均按照丁×的指示，全部交给了丁×本人或汇到了丁×指定的账户上。至今为止，上诉人为文化公司工作时垫付的各项费用 6 万多元（已向法院提交证据）也无着落。客观地说，上诉人本人也是本案的受害者，何来占有受害企业钱财之谈，更谈不上主观上的占有。

综上所述，永城市人民法院（2009）永刑初字第×号判决书针对上诉人而言，查明事实不清，适用法律错误，恳请二审法院本着实事求是，认真负责，有错必究的工作态度，给上诉人一个公平的判决。

此致

××市中级人民法院

上诉人：刘×
代理律师：陈×
二〇〇九年十一月二十七日

附：本状副本 1 份

【简析】

本文未恰当体现原判决内容，因而上诉意见的提出显得缺少对比与根据。

【修改文】

刑事上诉状

上诉人（原审被告人）：刘×，男，汉族，38 岁，身份证号：××××，初中文化，河南省开封市××人，现住河南省开封市×街×号院×号楼×号。

上诉人因涉嫌合同诈骗罪一案，不服河南省永城市人民法院（2009）永刑初字第×号刑事判决，故提出上诉。

上诉请求：

1. 撤销永城市人民法院（2009）永刑初字第×号刑事判决书；

2. 改判被告人不构成犯罪，不承担刑事责任。

事实与理由：

1. 原判决认为____________。

然而上诉人在本案中的地位决定上诉人无从知晓河南××文化投资有限公司（以下称文化公司）无履行合同的能力。

文化公司为本案第一被告人丁×发起成立，在设立公司之时，丁×向工商登记部门投送的各种资料及公司的设立过程，上诉人均不知晓。上诉人开始只是丁×的一个司机，后被丁×派到郑州分公司任副经理，从事的都是按照丁×的指令做一些具体事务，包括文化公司对外招标的各种事宜，上诉人均不知晓，故上诉人没有机会知道文化公司的资金运作状况。再者，上诉人原来没有从事过项目投资方面的工作，加上自身文化程度较低，也无能力判断文化公司是否投资该项目的资金状况。但永城市人民法院（2009）永刑初字第×号判决书认定上诉人明知被告人丁×无履行能力，仍介绍被害人施工企业签订工程施工合同，骗取合同履约金，属认定事实错误。

2. 原判决认为____________。

事实上，上诉人无非法占有的主观目的，客观上也没有占有施工企业的钱财。

上诉人虽然介绍了两家企家和文化公司签订了合同，但所收的这两家企业的合同履行金，均按照丁×的指示，全部交给了丁×本人或汇到了丁×指定的账户上。至今为止，上诉人为文化公司工作时垫付的各项费用6万多元（已向法院提交证据）也无着落。客观地说，上诉人本人也是本案的受害者，何来占有受害企业钱财之谈，更谈不上主观上的占有。

综上所述，永城市人民法院（2009）永刑初字第×号判决书针对上诉人而言，查明事实不清，适用法律错误，恳请二审法院本着实事求是，认真负责，有错必究的工作态度，给上诉人一个公平的判决。

此致

××市中级人民法院

上诉人：刘×
代理律师：陈×
二〇〇九年十一月二十七日

附：本状副本1份

范文评析

【例文】

刑事上诉状

上诉人：张××，女，19××年×月×日生，汉族，××省×县人，天津××公司职工，住××市××区××路××号。因故意杀人罪，于2000年7月22日被拘留，同年8月2日被逮捕。

上诉人故意杀人一案，于2000年11月1日收到××市第一中级人民法院2000年10月30日（2000）津一中刑初字第×号刑事判决，现因不服该判决提出上诉。

上诉请求：请求上级人民法院撤销××市第一中级人民法院2000年10月30日（2000）津一中刑初字第×号刑事判决，宣告上诉人无罪。

上诉理由：

上诉人认为原审人民法院的判决认定事实错误，适用法律不当，上诉人的行为不构成故意伤害罪，而是正当防卫，不负刑事责任，理由如下。

《中华人民共和国刑法》第二十条第一款规定："为了使国家、公共利益、本人或者他人的人身、财产和其他权利免受正在进行的不法侵害，而采取的制止不法侵害的行为，对不法侵害人造成损害的，属于正当防卫，不负刑事责任。"第二款规定："正当防卫明显超过必要限度造成重大损害的，应当负刑事责任，但是应当减轻或者免除处罚。"第三款规定："对正在进行行凶、杀人、抢劫、强奸、绑架以及其他严重危及人身安全的暴力犯罪，采取防卫行为，造成不法侵害人伤亡的，不属于防卫过当，不负刑事责任。"从以上《刑法》条款来看，正当防卫必须具备以下几个条件：（1）必须是对具有社会危害性的不法侵害行为才能实行正当防卫，而对合法行为则不能实行"防卫"；（2）必须是对实际存在并且是正在进行的不法侵害才可以实行正当防卫；（3）必须是对实施不法侵害者本人实行防卫，而不能对第三者实行；（4）正当防卫不能明显超过必要限度。

从案件发生过程来看，上诉人与被害人林×素无矛盾和积怨，没有伤害被害人的动机和目的。因上诉人怀疑与其同居的男友李××有外遇，为澄清真相，而找被害人了解真相，被害人借机对其进行调戏及强行亲吻、搂抱并欲行强奸。上诉人为免受不法侵害，持小宝剑将被害人刺伤，试图阻止不法侵害。被害人反抗，意欲对上诉人行凶，上诉人为免遭即将来临的不法侵害，在被迫无奈的情况下，对被害人连刺了几下，制止了被害人的不法侵害，这是法律允许的保护人身不受侵害的正当防卫。上诉人正当防卫行为是针对不法侵害者本人的，没有伤害他人，无任何社会危害性。上诉人在不得已情形下，持械将被害人刺死，防卫行为与不法侵害行为是相适应的，没有超过必要限度。我国《刑法》第二十条第三款也明确规定：“对正在进行行凶、杀人、抢劫、强奸、绑架以及其他严重危及人身安全的暴力犯罪，采取防卫行为，造成不法侵害人伤亡的，不属于防卫过当，不负刑事责任。”总之，上诉人的防卫与《刑法》关于正当防卫的精神是相吻合的，具备了法定的正当防卫条件，不应构成犯罪。

恳请上级人民法院查明案件事实，正确适用法律，撤销原判，宣告上诉人无罪。

此致

××市高级人民法院

上诉人：张××

二〇〇〇年十一月五日

附：本状副本1份

【简析】

该刑事上诉状在阐述理由时，先援引相关法律法规，而后结合事实，提出应宣告上诉人无罪的请求，符合上诉状要求。

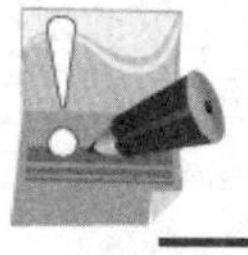

特别提示

（1）本上诉状只适用于刑事案件的公民当事人对一审判决、裁定不服提起上诉用，用钢笔或毛笔书写。

（2）“上诉人”、“被上诉人”栏，均应写明姓名、性别、出生年月日、民族、籍贯、职业或工作单位和职务、住址等。被上诉人是法人、组织或行政机关的，应写明其名称、地址、法定代表人或代表人的姓名。

（3）“上诉理由”部分的空格不够用时，可增加中页。

（4）上诉状副本份数，应按被上诉人的人数提交。

第五节 民事上诉状

一、民事上诉状的概念

民事诉讼当事人及法定代理人不服地方各级人民法院第一审民事判决或裁定，依法向上一级人民法院上诉，请求撤销、变更原审裁判，或重新审判而提出的书状，称为民事上诉状。它是保护民事案件当事人特别是败诉一方当事人合法权益的一种诉讼文书。

按照法律规定，不服第一审人民法院判决的上诉期限为 15 日，不服第一审人民法院裁定的上诉期限为 10 日，从接到判决书或裁定书的第二日起算。上诉人通过原审人民法院或者直接向第二审人民法院提出民事上诉状的，应按照对方当事人的人数提出上诉状副本。

二、民事上诉状的要素内容和制作方法

民事上诉状的格式、项目与刑事上诉状一样，可以通用。因此，民事上诉状也由以下三部分组成。

（一） 首部

这部分应当写明以下事项：

（1）标题，写明“民事上诉状”字样。

（2）在上诉人栏内，写明上诉人的姓名、性别、年龄、民族、籍贯、职业、住址。

（3）在被上诉人栏内，写明被上诉人的姓名、性别、年龄、民族、籍贯、职业、住址。

（4）案由，写明上诉人不服原审判决（或裁定）的事由：“上诉人因××一案，不服××人民法院×年×月×日×字第×号民事判决（或裁定），现提出上诉，上诉的请求和理由如下”。以下即分别写明上诉的请求和理由。

（二） 上诉的请求和理由

请求部分主要写明上诉人不服原审判决（或裁定），要求上诉审法院撤销、变更，或请求重新审判。

民事上诉状的理由部分，主要写明不服原审判决（或裁定），提出上诉请求的依据。

请求和理由部分的写法，可参阅刑事上诉状一节内所述的要求。

这部分写完，正文即结束，下面写：

……为此，特向你院上诉，请求依法撤销原判（或裁定），予以改判（或重新审判）。

此致

××人民法院

其下右方，上诉人签名或盖章，注明具状年月日。

(三) 附项

这部分按规定写明下列事项：

(1) 上诉状副本×份；

(2) 证物×件；

(3) 书证×件。

三、民事上诉状的写作格式

【格式1】

刑事上诉状

（民事、行政案件公民当事人提出上诉用）

上诉人：____________。

被上诉人：____________。

上诉人因×××一案，不服××人民法院×年×月×日×字第×号民事（或行政）判决（或裁定），现提出上诉。

上诉请求：____________。

上诉理由：____________。

此致

××人民法院

上诉人：×××

×年×月×日

附：本上诉状副本×份

【格式2】

上诉状

（民事、行政案件的法人、其他组织或行政机关提出上诉用）

上诉人：____________。

所在地址：____________。

法定代表人（或代表人）：____________（姓名、职务、电话）。

企业性质工商登记核准号：____________。

经营范围和方式：____________。

开户银行账号：____________。

被上诉人：____________。

所在地址：____________。

法定代表人（或代表人）：____________（姓名、职务、电话）。

上诉人因____________一案，不服××人民法院×年×月×日×字第×号民事（或行政）判决（或裁定），现提出上诉。

上诉请求：____________。

上诉理由：____________。

此致

××人民法院

上诉人：×××

×年×月×日

附：本上诉状副本×份

病文诊疗

【原文】

民事上诉状

上诉人：××公司。

法定代表人：××。

地址：____________。

被上诉人：×××，女，身份证号：××××。

住址：____________。

联系电话：××××。

上诉人与被上诉人因劳动合同纠纷一案，不服龙岗区人民法院（2009）深龙法民（劳）初字第××号判决书，提起上诉。

事实及理由：

一、上诉人与被上诉人存在实质的劳动合同，被上诉人故意不与上诉人改签规范的劳动合同，无权要求两倍工资。上诉人与被上诉人签订了《2008年财务文员考核制度》，该文件明确约定了用人单位的名称、劳动者的姓名、劳动合同期限、工作内容和工作地点、工作时间和休息休假、劳动报酬等事项，符合《劳动合同法》第十七条的规定，名为考核制度，实为双方签订的实质的劳动合同。

双方签订的《2008年财务文员考核制度》第三条第9小条，约定被上诉人的工作职责为：严格按员工聘任管理制度和程序办理员工入职、在职和离职手续。负责具体考勤统计，每月按时统计和打印考勤表，提供财务核算及发放工资的依据。办好新员工入职手续和保管好员工的一切资料。而依照《员工聘任管理制度》第三条规定，上诉人本应在入职后一个月内为自己改签劳动局规范的劳动合同，但其为达到谋取双倍工资的目的，给其他员工改签了规范的劳动合同，却未为自己改签。因为保管人事档案是被上诉人的职责，所以员工的劳动合同都保存在被上诉人手上，上诉人一直以为被上诉人为自己签订了规范劳动合同。

综上所述，被上诉人为了个人私利，利用工作便利，在与上诉人签订《2008年财务文员考核制度》后，故意不与上诉人改签规范的劳动合同。属于广东省高级人民法院、广东省劳动争议仲裁委员会《关于适用〈劳动争议调解仲裁法〉、〈劳动合同法〉若干问题的指导意见》第二十一条第二款之情形，依法不须支付两倍工资。

二、原审法院判决书认定双倍工资差额为××元存在明显的错误。

依照原审法院在事实查明部分的数据，可以计算得出被上诉人的×年×月×日至×年×月×日的工资总额为××元，但原审判决在本院认为部分又认定上诉人应支付被上诉人两倍差额为××元，重复计算了××元，属于明显计算错误。

综上所述，一审判决认定事实错误，适用法律不当，请求贵院依法查清事实，支持上诉人的诉讼请求。

此致

深圳市中级人民法院

上诉人：××公司

×年×月×日

附：本状副本×份

【简析】

本文的致命伤在于没有写上诉请求，这在实际操作中是千万要避免的。

【修改文】

民事上诉状

上诉人：××公司。

法定代表人：××。

地址：____________。

被上诉人：×××，女，身份证号：××××。

住址：____________。

联系电话：××××。

上诉人与被上诉人因劳动合同纠纷一案，不服龙岗区人民法院（2009）深龙法民（劳）初字第××号判决书，提起上诉。

上诉请求：

1. 撤销原判，改判上诉人不须支付被上诉人未签订劳动合同的双倍工资差额××元；

2. 诉讼费用由被上诉人承担。

事实及理由：

一、上诉人与被上诉人存在实质的劳动合同，被上诉人故意不与上诉人改签规范的劳动合同，无权要求双倍工资。上诉人与被上诉人签订了《2008年财务文员考核制度》，该文件明确约定了用人单位的名称、劳动者的姓名、劳动合同期限、工作内容和工作地点、工作时间和休息休假、劳动报酬等事项，符合《劳动合同法》第十七条的规定，名为考核制度，实为双方签订的实质的劳动合同。

双方签订的《2008年财务文员考核制度》第三条第9小条，约定被上诉人的工作职责为：严格按员工聘任管理制度和程序办理员工入职、在职和离职手续。负责具体考勤统计，每月按时统计和打印考勤表，提供财务核算及发放工资的依据。办好新员工入职手续和保管好员工的一切资料。而依照《员工聘任管理制度》第三条规定，上诉人本应在入职后一个月内为自己改签劳动局规范的劳动合同，但其为达到谋取双倍工资的目的，给其他员工改签了规范的劳动合同，却未为自己改签。因为保管人事档案是被上诉人的职责，所以员工的劳动合同都保存在被上诉人手上，上诉人一直以为被上诉人为自己签订了规范劳动合同。

综上所述，被上诉人为了个人私利，利用工作便利，在与上诉人签订《2008年财务文员考核制度》后，故意不与上诉人改签规范的劳动合同。属于广东省高级人民法院、广东省劳动争议仲裁委员会《关于适用〈劳动争议调解仲裁法〉、〈劳动合同法〉若干问题的指导意见》第二十一条第二款之情形，依法不须支付双倍工资。

二、原审法院判决书认定双倍工资差额为××元存在明显的错误。

依照原审法院在事实查明部分的数据，可以计算得出被上诉人的×年×月×日至×年×月×日的工资总额为××元，但原审判决在本院认为部分又认定上诉人应支付被上诉人二倍差额为××元，重复计算了××元，属于明显计算错误。

综上所述，一审判决认定事实错误，适用法律不当，请求贵院依法查清事实，支持上诉人的诉讼请求。

此致

深圳市中级人民法院

上诉人：××公司
×年×月×日

附：本状副本×份

范文评析

【例文 1】

民事上诉状

上诉人：乔×一，男，1934 年 3 月出生，汉族，退休教师，住××县×水镇解放道 40 号，身份证号：××××。

被上诉人：赵×华，女，1944 年 9 月出生，汉族，市民，住××县×水镇解放道 44 号，身份证号：××××。

上诉人起诉被上诉人离婚后财产纠纷一案，××县人民法院作出了（2012）×民初字第 533 号民事判决书，上诉人不服该判决，依法提起上诉，呈请二审人民法院依法撤销原判决，依法改判或发回重审。

上诉事实与理由：

一、上诉人起诉被上诉人赵×华离婚案件，××县人民法院作出（2011）×民初字第 30 号判决中，判令夫妻共同财产中的存款31 000元归赵×华所有，该笔存款是赵×华在庭审中自己认可的，是存在××花园邮政储蓄所的定期五年的存款30 000元，双方发生纠纷时，该款没有到期，被上诉人将其取出，本息共计31 000元，而在（2012）×民初字第 533 号案件中，法院已查明被上诉人在××邮政储蓄银行行政路营业所有存款11 000元，定期一年，加上在××农村信用合作社的几笔存款共计60 000元，也就是说原离婚案件中已处理的31 000元存款根本不在这次通过法院查询的60 000元之中，一审法院将查询到的夫妻共同存款60 000元减去已作过处理的31 000元存款是错误的。

二、根据上诉人提供的被上诉人亲笔记录的存款记录上显示，被上诉人经手存入的夫妻共同存款除去已处理过的 31 000 元，还应该有 10 万之多，而一审法院没有完全彻底地依照上诉人的申请进行查询，致使夫妻共同存款根据被上诉人的记录看，还有 5 万元没有查到，一审法院没有依据上诉人的申请查清存款的做法是错误的。

综上所述，一审人民法院作出（2012）×民初字第533号民事判决中认定事实错误，程序违法，造成该判决结果错误，为此，上诉人特依法提起上诉，呈请二审人民法院依法作出公正的判决。

此致

××中级人民法院

上诉人：乔×一

二〇一三年二月十五日

附：本状副本1份

【简析】

这份上诉状的特点是针对原判决论点进行辩驳，阐明了不同意原判决的理由。

【例文2】

民事上诉状

上诉人：王×爱（一审原告），女，1971年5月出生，汉族，农民，住××县泰山庙乡油坊村委石河寨村组。

上诉人：谷×同（一审原告），男，1951年8月出生，汉族，农民，住址同上。

上诉人：王×玲（一审原告），女，1951年11月出生，汉族，农民，住址同上。

上诉人：谷×存（一审原告），女，1994年11月出生，汉族，学生，住址同上。

上诉人：谷××（一审原告），女，1998年6月出生，汉族，学生，住址同上。

上诉人：谷×举（一审原告），男，1999年11月出生，汉族，学生，住址同上。

被上诉人：张××（一审被告），男，1964年5月出生，汉族，农民，住××县泰山庙乡荣庄村委王庄组。

被上诉人：李××（一审被告），女，1957年3月出生，汉族，教师，住××县双庙乡闫洼村委闫洼村组，现住泰山庙乡中心中学。

被上诉人：谷×选（一审被告），男，1958年10月出生，汉族，农民，住××县泰山庙乡油坊村委谷杰庄村组。

被上诉人：李×伟（一审被告），男，1964年5月出生，汉族，农民，住××县泰山庙乡油坊村委石河寨村组。

上诉人不服××县人民法院（2012）×民初字第1029号民事判决书，特提出上诉，有如下上诉请求：

1. 要求依法撤销××县人民法院（2012）×民初字第1029号民事判决书，直接改判或将此案发回重审；

2. 本案的一、二审诉讼费用全部由被上诉人承担。

事实与理由：

1. 一审判决对上诉人不予赔偿精神抚慰金于法无据。

一审法院以部分被告已被追究刑事责任，对上诉人请求精神抚慰金不予支持，是没有法律依据的。谷×伟是雇佣关系的工作中死亡，作为雇主的被告应该赔偿法律规定的相关赔偿，当然包括精神抚慰金。而部分被告被追究刑事责任，是因为他们触犯了相关法律强制性规定，在他们的刑事诉讼中，上诉人并没主张民事赔偿，因而，被上诉人应赔偿上诉人精神抚慰金。

2. 一审判决谷×伟承担20%的责任显属不当。

谷×伟之所以在施工过程中死亡，完全是因被上诉人等使用国家禁止的建筑设施，最终造成谷×伟死亡。在此事故中，作为雇员的谷×伟按照指派进行工作，其本人没有任何过错，不应承担任何责任。因而，一审判决谷×伟承担20%的责任明显不当。

3. 一审漏判65 000元赔偿款。

在公诉机关追究被上诉人张××刑事责任时，张××主动赔偿上诉人现金65 000元，请求对其予以谅解。经协商，双方约定“张××赔偿上诉人65 000元，如法院判决张××承担的赔偿数额超过该赔偿额，张××应依判决支付下余差额；如判决低于该数额，上诉人不再退还，也不顶替其他责任人应承担的赔偿数额”。在一审庭审期间，张××提交了双方的协议，该协议在张××的刑事卷宗中也有存卷。但一审却忽略了该事实，判决在实际执行中应扣除几被告已支付的赔偿款90 000元，该90 000元中包括张××支付的65 000元。该判决结果显属损害上诉人的合法权益。

4. 第一和第二被上诉人不但应承担连带赔偿责任，也应根据他们的过程承担相应的实际赔偿责任。

在此次事故中，第一、第二被告存在诸多过错，也是造成谷×伟死亡的综合原因，因而，他们除应承担连带责任外，还应承担部分实际赔偿责任，因而，一审仅判决他们承担连带责任，明显错误。

综上，一审判决结果显失公正，明显损害了上诉人的合法权益。为此，特具文上诉，请求对上诉人的请求依法给予支持。

此致

××市中级人民法院

上诉人：王×爱　谷×同

王×玲　谷×存

谷××　谷×举

二〇一三年二月二十二日

附：本状副本6份

【简析】

这份上诉状以法律为根据，提出一审判决对上诉人不予赔偿精神抚慰金于法无据、判决谷×伟承担20%的责任显属不当、漏判65 000元赔偿款、第一和第二被上诉人应根据他们的过程承担相应的实际赔偿责任等上诉事实和理由。诉状摆事实，讲道理，使人信服，是一篇符合制作要求的民事上诉状。

特别提示

上诉建立在当事人对一审判决不服的基础上，因此在民事上诉书中应阐明不服的理由，提出所根据的事实和理由，包括在一审程序中未提供的事实、理由和证据。对一审判决不服的理由总结起来大致有以下几点：（1）原审定性不当；（2）原审认定事实错误，包括部分错误和全部错误；（3）原审援引实体法不准确；（4）原审程序错误或瑕疵，影响判决的公平公正性。在阐述的时候应有的放矢，有针对性地进行批驳。另外在论证理由的时候，主要针对原审裁判说话，而不是针对对方当事人，这个应把握准确。

第六节 行政上诉状

一、行政上诉状的概念

行政上诉状是当事人（原告或被告）不服人民法院的第一审行政判决、裁定，依照法定程序和期限，要求上一级人民法院撤销、变更原裁判的书面请求。

二、行政上诉状的要素内容和制作方法

行政上诉状的要素内容和制作方法，与民事上诉状相同，不重述。

三、行政上诉状的写作格式

行政上诉状的写作格式与民事上诉状相同，不重述。

病文诊疗

【原文】

行政上诉状

上诉人（原审原告）：陈××，女，生于1960年2月19日，汉族，驾驶员，住重庆市万州区××路末端418号。

被上诉人（原审被告）：重庆市万州区公路运输管理处（以下简称区运管处）。

上诉人因诉被上诉人请求确认具体行政行为违法一案，不服重庆市第二中级人民法院2006年8月11日作出的（2006）字第××号行政判决，现提出上诉。

上诉请求：

1. 撤销重庆市第二中级人民法院2006年8月11日作出的（2006）字第××号行政判决，并依法改判；

2. 由被告承担本案一审、二审诉讼费用。

上诉理由：

1. 一审判决认定“万州区人民政府就万州区解决出租汽车经营权有关问题的方案，向市政府请示……重庆市人民政府对请示批复同意”，其审批程序合法。上诉人认为对这一事实的认定是错误的，按照国办发（2005）81号规定：“对出租车经营权出让数量、金额、期限、审批程序……进行全面清理和规范”，对于“审批程序”，国办发（1999）94号早就有规定是“直辖市人民政府批准，并分别征得国家财政部、国家计委同意”，由此可见“批准”和“同意”是概念不同的行政程序，不能用“同意”代替“批准”。重庆市人民政府应当是行使批准权，而不是同意。因此万州区人民政府就万州区解决出租汽车经营权有关问题的方案的审批程序是不合法的。

2. 一审法院认定“万州区人民政府在2005年清理和规范本区出租汽车经营权有关问题”即属于“已经实行出租汽车经营权有偿出让的”“不属于新出台出租汽车经营权出让政策”。对此，上诉人认为一审法院的这一认定是错误的。从被告出具的证据来看，万州区出台过三次出租车经营权政策，即第一次是1996年10月，出让期限是5年，出让金额是3万元，准入条件是：凡开业从事出租车客运的单位和个人；第二次是2002年，出让时间是1月1日起，出让期限是8年，出让价格5万元，准入条件是：出让给有资质的经营条件的出租汽车公司，统一经营；第三次是2005年7月，出让方式是：在本区1 040个出租汽车经营权指标总量内，将2003年年底前投放的每三个到期的出租汽车经营权指标和协议、承诺给公司尚未履行兑现的每三个经营权指标换取一个经营期限为24年的出租汽车经营权指标，每个经营权指标有偿使用费7万元，准入条件是：个体经营、出租汽车公司统一经营管理。从上列情形看来，每一次出台的政策从出让的期限、到下次出让时间的衔接、出让价格、准入条件以及出让的方式上都完全不同。根本没有政策上的连续性，完全属于新政策出台。

3.《重庆道条》与《中华人民共和国行政许可法》的规定是相抵触的。按照《中华人民共和国立法法》的规定：“在国家制定的法律或者行政法规生效后，地方性法规同法律或者行政法规相抵触的规定无效”。由此可见《重庆道条》与《中华人民共和国行政许可法》相抵触的条款，已无法律效力，更不能作为行政机关设定行政许可的依据。

4. 按照“依法行政”的原则，行政机关应当依照法律、法规、规章实施行政行为。被告没有依法实施行政许可行为，而是根据“万州区人民政府（2005）124号文件”精神。“万州区人民政府（2005）124号文件”不是《中华人民共和国行政许可法》所规定的法律、法规、规章等规范性文件，不能作为实施具体行政许可的依据。因此被告所实施的行政许可行为是违法的。

综上所述，上诉人认为一审认定事实错误，适用法律、法规错误，导致作出不公正、不合法的判决。为此，现依据《中华人民共和国行政诉讼法》之规定，特向贵院提起上诉，望撤销重庆市第二中级人民法院2006年8月11日作出的（2006）字第××号行政判决，并依法改判。

此致

重庆市高级人民法院

上诉人：陈××

二〇〇六年八月五日

【简析】

本文总体来说是比较规范的，然而对上诉理由第三条的阐述却不够到位，对《重庆道条》定位未加以解释，缺乏说服力。上诉状应根据被上诉人数提交副本，而本文却未提及，此为明显错误。

【修改文】

行政上诉状

上诉人（原审原告）：陈××，女，生于1960年2月19日，汉族，驾驶员，住重庆市万州区××路末端418号。

被上诉人（原审被告）：重庆市万州区公路运输管理处（以下简称区运管处）。

上诉人因诉被上诉人请求确认具体行政行为违法一案，不服重庆市第二中级人民法院2006年8月11日作出的（2006）字第××号行政判决，现提出上诉。

上诉请求：

1. 撤销重庆市第二中级人民法院2006年8月11日作出的（2006）字第××号行政判决，并依法改判；

2. 由被告承担本案一审、二审诉讼费用。

上诉理由：

1. 一审判决认定“万州区人民政府就万州区解决出租汽车经营权有关问题的方案，向市政府请示……重庆市人民政府对请示批复同意”，其审批程序合法。上诉人认为对这一事实的认定是错误的，按照国办发（2005）81号规定：“对出租车经营权出让数量、金额、期限、审批程序……进行全面清理和规范”，对于“审批程序”，国办发（1999）94号早就有规定是“直辖市人民政府批准，并分别征得国家财政部、国家计委同意”，由此可见“批准”和“同意”是概念不同的行政程序，不能用“同意”代替“批准”。重庆市人民政府应当是行使批准权，而不是同意。因此万州区人民政府就万州区解决出租汽车经营权有关问题的方案的审批程序是不合法的。

2. 一审法院认定“万州区人民政府在2005年清理和规范本区出租汽车经营权有关问题”即属于“已经实行出租汽车经营权有偿出让的”“不属于新出台出租汽车经营权出让政策”。对此，上诉人认为一审法院的这一认定是错误的。从被告出具的证据来看，万州区出台过三次出租车经营权政策，即第一次是1996年10月，出让期限是5年，出让金额是3万元，准入条件是：凡开业从事出租车客运的单位和个人；第二次是2002年，出让时间是1月1日起，出让期限是8年，出让价格5万元，准入条件是：出让给有资质的经营条件的出租汽车公司，统一经营；第三次是2005年7月，出让方式是：在本区1 040个出租汽车经营权指标总量内，将2003年年底前投放的每三个到期的出租汽车经营权指标和协议、承诺给公司尚未履行兑现的每三个经营权指标换取一个经营期限为24年的出租汽车经营权指标，每个经营权指标有偿使用费7万元，准入条件是：个体经营、出租汽车公司统一经营管理。从上列情形看来，每一次出台的政策从出让的期限、到下次出让时间的衔接、出让价格、准入条件以及出让的方式上都完全不同。根本没有政策上的连续性，完全属于新政策出台。

3. 一审法院认为：《重庆市道路运输管理条例》（以下简称《重庆道条》）属于地方法规，符合《中华人民共和国行政许可法》地方法规可以设定行政许可的规定，不与《中华人民共和国行政许可法》相抵触。对此上诉人认为，《中华人民共和国行政许可法》第五十八条规定，行政许可收费项目的设立形式只能是法律和行政法规，即设立权的主体只能是全国人大及其常委会和国务院，其他任何机关无权设立行政许可收费项目。因此，《重庆道条》与《中华人民共和国行政许可法》的规定是相抵触的。按照《中华人民共和国立法法》的规定："在国家制定的法律或者行政法规生效后，地方性法规同法律或者行政法规相抵触的规定无效。"由此可见《重庆道条》与《中华人民共和国行政许可法》相抵触的条款，已无法律效力，更不能作为行政机关设定行政许可的依据。

4. 按照"依法行政"的原则，行政机关应当依照法律、法规、规章实施行政行为。被告没有依法实施行政许可行为，而是根据"万州区人民政府（2005）124号文件"精神。"万州区人民政府（2005）124号文件"不是《中华人民共和国行政许可法》所规定的法律、法规、规章等规范性文件，不能作为实施具体行政许可的依据。因此被告所实施的行政许可行为是违法的。

综上所述，上诉人认为一审认定事实错误，适用法律、法规错误，导致作出不公正、不合法的判决。为此，现依据《中华人民共和国行政诉讼法》之规定，特向贵院提起上诉，望撤销重庆市第二中级人民法院2006年8月11日作出的（2006）字第××号行政判决，并依法改判。

此致

重庆市高级人民法院

上诉人：陈××

二〇〇六年八月五日

附：本上诉状副本×份

范文评析

【例文】

行政上诉状

上诉人（原审原告）：季×峰，男，46岁，汉族，地址：××市荷花村66号楼104室。

被上诉人（原审被告）：××市人民政府，地址：××市××镇一号。

法定代表人：蔡×熙，男，市长。

第三人：××市佳源房地产开发有限公司。

法定代表人：许×，地址：××市××镇人民中路99号附10号楼。

上诉人不服××市人民法院于2009年12月16日作出的（2009）×行初字第0038号行政裁定书一案，根据《中华人民共和国行政诉讼法》第五十八条依法提起上诉。

上诉请求：

1. 判令撤销××市人民法院（2009）×行初字第0038号行政裁定书；

2. 判令被上诉人承担本案诉讼费。

上诉理由：

上诉人于2009年9月2日向××市中级人民法院提起行政诉讼，诉讼被上诉人滥用职权，玩忽职守，违法向第三人发放×国用（2008）第××号土地证的行政许可行为，同月29日××市中级人民法院将此案裁定移交基层××市人民法院审理。一审法院经合议庭书面审理，主观认为被上诉人发放的×国用（2008）第××号土地证和原告没有法律上利害关系，上诉人对被上诉人不具有行政诉讼的主体资格。一审裁定认定事实错误，其裁定理由与法理不符。

根据《土地登记办法》第二十七条："依法以出让方式取得国有建设用地使用权的，当事人应当在付清全部国有土地出让价款后，持国有建设用地使用权出让合同和土地出让价款缴纳凭证等相关证明材料，申请出让国有建设用地使用权初始登记。"而第三人向被上诉人申请领取×国用（2008）第××号土地证时根本没有进行土地预审登记。

上诉人在一审法院诉状中诉称，根据《国务院办公厅关于规范国有土地使用权出让收支管理的通知》（国办法［2006］100号），对未按照合同约定足额缴纳土地出让收入，并提供有效缴款凭证的，国土资源管理部门不予核发国有土地使用证。在第三人主体资格不确定、第三人没有向其提交《土地预审登记表》、没有2008年年度拆迁计划、没有《建设用地规划许可证》、没有《国有土地使用权批准文件》、没有签订《国有土地使用权出让合同》、没有上缴国有土地使用权出让金等情况下，被上诉人就违规给第三人发放×国用（2008）第××号土地证。

被上诉人辩称："2009年2月28日，××市国土资源局（下称国土局）与第三人签订了《国有土地使用权出让合同》，同日，第三人向国土局办理××大道南、人民中路东侧国有土地使用权初始登记，并提交土地初始登记申请书、土地使用权出让合同、申请人的身份证明文件等申请材料。国土局经地籍调查，初步审查后，于2008年3月7日向第三人发放了×国用（2008）第××号土地使用证。被告诉称，至于第三人是否领取建设用地规划许可证以及是否有国有土地使用权批准文件与本案不是同一法律关系，被告向第三人发放的土地使用证宗地是××大道南、人民中路东侧（原春光机械厂），而原告的房屋位于××镇荷花村66号楼104室，不在该证登记范围内，原告与被告的该土地登记行为没有法律上的利害关系，不具有诉讼主体资格。”向法庭请求驳回原告的起诉。

就被上诉人答辩而言，不难看出，被上诉人××市人民政府真有特异功能，能让时光倒流。第三人于2009年2月28日向被上诉人及国土局提交《国有土地使用权出让合同》、提交土地初始登记申请书、土地使用权出让合同、申请人的身份证明文件等申请材料。被上诉人及国土局经初步核查于2008年2月28日向第三人发放了×国用（2008）第××号土地使用证。从第三人向被上诉人提交的土地初始登记申请书，不难看出被上诉人在这起违法发放土地证过程中存在着证据造假行为。根据《江苏省城镇国有土地使用权出让和转让实施办法（修正）》第十七条第（四）项：“受让人按土地使用权出让合同规定支付土地使用权出让金后，应在30日内到市、县人民政府城市规划部门办理建设用地规划许可证后，到土地管理部门办理土地登记，领取土地使用证，取得土地使用权。”所以被上诉人辩称的“第三人是否领取建设用地规划许可证以及是否有国有土地使用权批准文件与本案不是同一法律关系”是一种狡辩行为，其谬论是为了隐盖当权者的违法犯罪行为。

被上诉人帮助第三人伪造证据土地初始登记申请书的行为，根据《中华人民共和国刑法》第三百零七条：“以暴力、威胁、贿买等方法阻止证人作证或者指使他人作伪证的，处三年以下有期徒刑或者拘役；情节严重的，处三年以上七年以下有期徒刑。帮助当事人毁灭、伪造证据，情节严重的，处三年以下有期徒刑或者拘役。司法工作人员犯前两款罪的，从重处罚。”

一审法院经审查认为，被告向第三人发放×拆许字（2008）第02号房屋拆迁许可证，同意第三人按四至范围实施房屋拆迁。原告对发放拆迁许可证行为不服，于2009年8月3日提起行政诉讼，同年9月16日，本院作出（2009）×行初字第0026号行政判决，驳回原告的诉讼请求，原告不服提起上诉，××市中级人民法院作出（2009）×行终字第114号行政判决，驳回原告上诉。国有土地使用权批准、建设用地规划许可等属于房屋拆迁许可的前置行为。本院和××市中级人民法院生效的行政判决已对拆迁许可的前置行为进行了确认，在拆迁许可诉讼作出判决后，原告对前置行为提起诉讼，人民法院不再审理。且原告所诉的×国用（2008）第××号土地宗地是××大道南、人民中路东侧（原春光机械厂），而原告的房屋位于××镇荷花村66号楼104室，不在该证登记宗地范围内，原告与被告的该土地登记行为没有法律上利害关系，不具有诉讼主体资格。依照《最高人民法院关于执行〈中华人民共和国行政诉讼法〉若干问题的解释》第四十四条第一款第（二）、（十）项之规定，裁定如下：驳回原告季×峰对被告××市人民政府的起诉。

一审法院认定事实不清，定案错误：

1. 被上诉人××市人民政府没有向第三人发放过所谓的“×拆许字（2008）第02号房屋拆迁许可证”，上诉人更没有就第三人拆迁许可主体是否合法而走上法庭和被上诉人质证，更没有一审法院于同年9月16日作出（2009）×行初字第0026号行政判决，驳回原告的诉讼请求，原告不服提起上诉，××市中级人民法院作出（2009）×行终字第114

号行政判决，驳回原告上诉诉求。此乃一审法院的“莫须有”之谬论，纯系“张冠李戴”。一审法院的这种草率定案裁决行为是对共和国法律的践踏。

2. 上诉人于2009年8月3日对××市建设局违法向××市佳源房地产开发有限公司发放“×拆许字（2008）第02号房屋拆迁许可证”一案提起行政诉讼，一审法院于同年9月16日作出（2009）×行初字第0026号行政判决，驳回原告季×峰的诉讼请求，原告不服提起上诉，××市中级人民法院作出（2009）×行终字第114号行政判决，驳回原告上诉诉求。上诉人于2009年9月2日对被上诉人××市人民政府非法出让“原春光厂地段”11 389平方米国有土地使用权行为侵犯上诉人合法私有财产及生存权提起行政诉讼，××市中级人民法院于同日受理，同月29日××市中级人民法院将此案裁定移交基层××市人民法院审理。根据法理，上诉人诉被上诉人非法出让“原春光厂地段”11 389平方米国有土地使用权一案是在诉××市建设局违法发放房屋拆迁许可一案判决前，在××市中级人民法院受理立案，我户于2009年9月10日在××市人民法院行政庭将一份××市中级人民法院《受理案件通知书》当面递交给法官单×，当时有法官扬×在场。所以，一审法院所说的拆迁许可前置行为与上诉人的诉求不合法，不予开庭审理，一审法院以这一与法无据的前置条件作为裁定依据，从而否定上诉人的合法诉权，让上诉人无法通过合法行为维护自己合法私有财产不受侵犯，一审法院的裁定违反了《中华人民共和国法官法》中的相关规定。

3. 被上诉人在答辩书中否定上诉人的被拆迁人身份是因为害怕承担非法出让国有土地使用权责任（119亩土地使用权出让金44 113万，第三人至今还欠缴2.4亿以上土地出让金事实），一审法院将该案不开庭审理，同样作出了否定上诉人被拆迁人的身份，上诉人在2009年9月2日在××市中级人民法院立案时是经过中院立案庭严格审查后才准予立案，中院认为上诉人对被上诉人提起行政诉讼，其诉讼理由成立，符合《中华人民共和国行政诉讼法》第四十一条第（一）、（二）、（三）、（四）项之规定。第三人于2008年11月17日向××市建设局申请对上诉人位于××市××镇荷花村66号104室的合法私有房屋申请行政裁决时提交的就是原春光机械厂地块的“建设用地规划许可证”11 389平方米（约17亩）和国土局出示的原春光机械厂的挂牌证明，两份证据中显示上诉人是春光机械厂11 389平方米范围内的被拆迁户，上诉人有权对任何政府职能部门在“东方不夜城”地段119亩土地违法出让行为提起行政诉讼的权利，有权维护自己的合法权益不受侵犯。

综上，一审法院裁定违反法定程序，认定事实不清，定案与法无据。其草率裁定行为严重违反了《中华人民共和国行政诉讼法》第四条，违反了《最高人民法院关于执行〈中华人民共和国行政诉讼法〉若干问题的解释》第四十条、第五十七条、第五十八条，《中华人民共和国法官法》第七条，《最高人民法院〈中华人民共和国法官职业道德基本准则〉的通知》第二条、第九条，《最高人民法院关于严格执行〈中华人民共和国法官法〉有关惩戒制度的若干规定》第五条第一款第（一）项。恳请××市中级人民法院在以事实为根据、以法律为准绳的基础上，根据《人民法院审判人员违法审判责任追究办法（试行）》第二条、第四条、

第十四条依法追究某些法官渎职责任，撤销一审××市人民法院（2009）×行初字第0038号行政裁定书。上诉人请求二审法院将该案依法发回一审法院开庭重新审理或作出异地审理决定，以维护法律之尊严，恳请××市中级人民法院判准上诉人的诉求。

此致

××市中级人民法院

上诉人：季×峰

二〇〇九年×月×日

附：本状副本1份

【简析】

这份上诉状对原审判决进行了有力的批驳，在大量事实的基础上，援引相关法律法规，条理清晰，并富有感情地充分表达了己方观点、态度。

特别提示

行政上诉只能采取书面形式，因此，如果当事人仅在法定期间内口头表示上诉而未在法定期间内递交上诉状，则视为未提出上诉。另外，上诉是当事人享有的诉权，一审原、被告及被判决承担责任的第三人均有权上诉。

第七节 申诉状

一、申诉状的概念

诉讼当事人及其法定代理人、被害人及其家属或其他公民认为已经发生法律效力的判决、裁定有错误，向人民法院或人民检察院提出申请复查纠正的书状，称为申诉状。无论是刑事案件，还是民事案件，都可以提出申诉状。它是运用审判监督程序维持社会主义法制、保证准确裁判的一种诉讼文书。

申诉案件一般由原审人民法院审查处理，是人民法院再审案件的来源之一。

申诉和上诉也是不同的，前者运用审判监督程序，而后者则引起第二审审判程序。

二、申诉状的要素内容和制作方法

申诉状的格式、内容和写法要求大体与上诉状相同。一般由以下几个部分组成。

（一） 首部

这部分要写明以下事项：

（1）标题，根据具体案件情况，写明“刑事申诉状”或“民事申诉状”。

（2）申诉人身份状况，写明申诉人姓名、性别、年龄、民族、籍贯、职业、住址。如果申诉人在押，应写明现押处所。如果是被告人的辩护人、近亲属或其他公民申诉，应写明申诉人姓名、职业、同被告人的关系。民事案件当事人申诉的，应将对方当事人的身份状况写明。

（3）案由，应当写明申诉人是何人、因何案、不服何处人民法院何字何号判决或裁定而提出申诉。可作如下写法：“申诉人×××因××一案，不服×××人民法院×字第×号刑（民）事判决（裁定）。”

（二） 请求的事项

这部分应简明扼要地提出申诉要求。明确提出要求撤销、变更原判，或再审，以纠正原裁判之不当。

（三） 事实与理由

这部分是申诉状的主要部分。在写作时应当注意以下两个方面的问题。

一是针对原判决在认定事实或适用法律上的错误，摆事实讲道理，逐一加以申辩和反驳。在摆事实时力求客观全面，不应把道听途说未经证实的传闻作为反驳原判决的依据。对于原判决适用法律不当的，应当在申诉状中提出正确适用的法律和应当援引的具体条款。

二是为了增强申诉的说服力，应当提供足够的证据，以利于查明案件的情况，正确地适用法律。这部分的写法要求与上诉状基本相同。应当注意的是，申诉状中，除了反驳原判决错误之处外，还常常列举新的事实和证据，从另一个方面论证原判决的错误。

（四） 结尾

这部分写明申诉状递交的单位，即写：“此致××人民法院”，写明申诉人姓名，签名或盖章，并注明具状年月日。如果是代书的，则应注明代书单位。

三、申诉状的写作格式

申诉状

申诉人：____________（姓名，性别，年龄，民族，籍贯，职业，住址）。

申诉人因××一案，不服人民法院×字第×号刑（民）事判决（裁定），提出申诉。

申诉请求的目的：____________。

申诉的事实与理由：____________。

此致

××人民法院

申诉人：（签名或盖章）

×年×月×日

病文诊疗

【原文】

申诉状

申诉人（原审被告）：××市××百货商店。

法定代表人：该店经理××，身份证号：××××，住址：××××。

委托代理人：××，男，×岁，×族，原籍××市，现在××市××区××街×号，该店副经理。

被申诉人（原审原告）：×市×厂。

法定代表人：××，该厂厂长。

委托代理人：××，该厂副厂长。

申诉人因货款纠纷一案不服，其事实与理由如下：

申诉人和被申诉人于×年×月×日签订购销合同两份：一份是申诉人向被申诉人订购×型男凉皮鞋×双，另一份是订购各式男女皮夹克×件。因这些商品具有很强的季节性，双方协议确定：必须于×年×月×日前，将上述商品发至××市，以应市场需求。

可是，上诉人未按协议约定将上述商品按时发至××市。其中，皮夹克于×年×

月×日才到达，拖期达一个半月之久，大大错过了××市市场的销售旺季，致使这些商品积压于仓库，严重影响了申诉人的资金周转，至今尚有男凉皮鞋×双、各式皮夹克×件卖不出去，共折合人民币×余元。

尽管如此，为照顾彼此之间的商业信誉，申诉人曾于×年×月×日出具《经济合同问题答辩书》，说明了拖欠货款的原因，主动提出偿还货款的计划。

不料，贵院在未进行调查研究的情况下，公然判令："……依法采取诉讼保全措施……冻结百货商店在××市××区园路信用社的银行存款×元。"这是不公允的。申诉人重申：仍然按照×年×月×日提出的还款计划执行。对于目前库存积压的商品，积极采取削价处理措施，将实收货款付给被上诉人；或将积压的商品退回给被上诉人，退回中发生的运杂费，可由申诉人负担。

此致

×××人民法院

申诉人：××市××百货商店

法定代表人：××

×年×月×日

【简析】

本文的症结在于申诉理由仅简单地提了一句"因货款纠纷一案不服"，太过简略，不够具体明确，而且未提上一审的判决书（或裁定书），此为结构不完整。

【修改文】

申诉状

申诉人（原审被告）：××市××百货商店。

法定代表人：该店经理××，身份证号：××××，住址：××××。

委托代理人：××，男，×岁，×族，原籍××市，现在××市××区××街×号，该店副经理。

被申诉人（原审原告）：×市×厂。

法定代表人：××，该厂厂长。

委托代理人：××，该厂副厂长。

申诉人因货款纠纷一案不服人民法院×字×号民事裁定书，认为该裁定书认定事实不准，裁定不公正，特提起申诉，请求改判，其事实与理由如下：

申诉人和被申诉人于×年×月×日签订购销合同两份：一份是申诉人向被申诉人订购×型男凉皮鞋×双，另一份是订购各式男女皮夹克×件。因这些商品具有很强的季节性，双方协议确定：必须于×年×月×日前，将上述商品发至××市，以应市场需求。

可是，上诉人未按协议约定将上述商品按时发至××市。其中，皮夹克于×年×月×日才到达，拖期达一个半月之久，大大错过了××市市场的销售旺季，致使这些商品积压于仓库，严重影响了申诉人的资金周转，至今尚有男凉皮鞋×双、各式皮夹克×件卖不出去，共折合人民币×余元。

尽管如此，为照顾彼此之间的商业信誉，申诉人曾于×年×月×日出具《经济合同问题答辩书》，说明了拖欠货款的原因，主动提出偿还货款的计划。

不料，贵院在未进行调查研究的情况下，公然判令："……依法采取诉讼保全措施……冻结百货商店在××市××区园路信用社的银行存款×元。"这是不公允的。申诉人重申：仍然按照×年×月×日提出的还款计划执行。对于目前库存积压的商品，积极采取削价处理措施，将实收货款付给被上诉人；或将积压的商品退回给被上诉人，退回中发生的运杂费，可由申诉人负担。

此致

×××人民法院

申诉人：××市××百货商店

法定代表人：××

×年×月×日

范文评析

【例文1】

刑事申诉状

申诉人：张××，女，××岁，汉族，河北省××人，××文化，捕前系天津市××公司职工，住天津市××区××路××号。现在天津市××监狱服刑。

申诉人因故意杀人罪一案，不服天津市高级人民法院（2001）津刑终字第×号刑事判决，特提出申诉。

请求事项：

请求撤销原判决，重新审理此案，并依法予以改判。

事实和理由：

一、原判决定性错误，适用法律不当。

原判决认定申诉人系对被害人林×调戏行为不满而产生杀人之念，造成被害人身中二十余刀而亡，并不存在防卫目的，这与事实不符。事实是申诉人与被害人素无交往，根本没有杀害被害人的动机和目的。2000 年 7 月 22 日下午 2 时许，被害人应邀前来向申诉人解释申诉人男友李××之事，见李××不在，被害人遂起歹意，对申诉人进行调戏并欲行强奸。为免遭不法侵害，申诉人借口到另一房间喝水，顺手藏起一把小宝剑。出来后被害人欲再行调戏，申诉人欲行反抗，但不是被害人的对手。无奈之下，申诉人用小宝剑将被害人刺伤，被害人被刺伤后，凶相毕露，申诉人为避免被害人继续伤害，情急之中不知所措，连续捅了被害人几剑，制止了被害人的不法侵害行为。从申诉人的遭受伤害的事实来看，完全符合《中华人民共和国刑法》第二十条第一款、第二款的规定，属于正当防卫，原审判决将申诉人行为单纯地定为故意杀人罪而忽视了申诉人的行为是具有防卫性质的，定性错误，适用法律也有不当。

二、原判决量刑畸重。

由于对本案定性错误以及适用法律不当，原判决对申诉人作出的判决量刑过重。从本案来看，申诉人的行为属于正当防卫，对造成被害人的死亡，申诉人的行为超过了必要的限度，应构成防卫过当。根据《中华人民共和国刑法》第二十条第二款规定，防卫过当应当减轻或免除处罚。加之犯罪后申诉人主动投案，应视为自首，应当予以减轻处罚。原判决忽视了这两点，进而导致了量刑的畸重。

基于以上情况，申诉人请求撤销原判决，重新审理，并依法改判。

此致

中华人民共和国最高人民法院

申诉人：张××

二〇〇一年八月二十四日

附：原审判决书复印件 1 份

【简析】

这份申诉状的申诉请求简明扼要，明确提出了申请改判的请求。在陈述事实理由方面，层次分明，条理清晰。

【例文 2】

刑事申诉状

申诉人：刘××（受害人刘×平之兄），男，31 岁，汉族，××区建设局第三施工队工人，住××区同胜胡同甲 1 号。

我因“伤害致死人命”一案，不服××市高级人民法院（81）高刑终字第 226 号刑事判决，现提出申诉。理由如下：

我是受害人刘×平的哥哥。我于20××年4月8日下午收到××市高级人民法院(81)高刑终字第226号判决书，我认为判决书对杀人犯彭××在定性和量刑上均失公正，叙述事实有出入，我们无法接受。

1. 判决书定彭××为伤害致死罪是不恰当的。我认为彭××应定故意杀人罪。因为刘×平并未对彭或其他人造成任何人身威胁，彭××没有必要用三棱刮刀来主持“正义”。他如果真是出于“正义”，不是出于故意杀人的动机和目的，在刘×平赤手空拳的情况下，完全可以采取劝阻和以理服人的方法。为什么要选择最要害的部位——心脏，并一刀刺死刘×平呢？

2. 判决书叙述事实有出入。判决书说修建队书记要去医院看病，刘×平进行拦截和挑衅，这与事实不符。事实是：我母亲多次去找××镇修建队要求解决工作问题，均遭到修建队长袁××毒打。为此，我母曾找到××区委和××法院，但都未作处理，仍叫我母亲找修建队书记。6月19日我母亲找到书记杨××后，又遭到书记的打骂。然后书记要坐卡车去医院，我母亲拦车不让上，因此他打了我母亲，问题还没有解决，可是他们强行把我母亲拉开，把车开走了。我和我母亲也走路去医院了。在这个过程中，我弟弟刘×平根本不在场，怎么会“拦截”和“挑衅”呢？到了中午12时，刘×平找我母亲回家吃饭，彭××用从仓库拿出的三棱刮刀，一刀刺在刘×平心脏，然后穿过马路逃跑了。我弟弟只身一人，而彭××他们人多势众，我弟弟没带凶器，彭××却带着凶器，我弟弟怎么会跟他们“挑衅”？彭××刺死我弟弟并逃跑，为什么判决书对此只字不提？

3. ××市高级人民法院终审判决书根据《中华人民共和国刑法》第二百三十四条第三款之规定，判处彭××有期徒刑七年，实属定性不当。由于定性不当，所以适用法律错误，判刑太轻。本案被告人犯的是故意杀人罪，应按《中华人民共和国刑法》第二百三十二条治罪。

为此，我们全家请求法院对此案重新复查审理，依法对杀人犯彭××从严惩处，替我弟弟刘×平申冤，以维护国家法律的尊严，保障公民的人身安全。

此致

××市高级人民法院

申诉人：刘××

二〇一〇年四月十四日

【简析】

这份申诉状从定性、事实和适用法律三个方面反驳了原判决，提出了申诉意见。重点突出，反驳有力。针对原判决认定刘×平进行“拦截”、“挑衅”这个认定，提出了与此相反的事实，为反驳原判决定性、适用法律奠定了基础。

特别提示

申诉状的主要目的在于申请再审，因此重点应阐明不服原审判决的理由，摆事实讲道理，充分论证，对异议部分进行有理有据的批驳。

第八节 答辩状

一、答辩状的概念

答辩状是指在诉讼活动中，被告人、被上诉人等针对原告人、上诉人的起诉状、上诉状的内容，提出的答复和辩护的书状。答辩状分刑事答辩状和民事、行政答辩状，它是与起诉状、上诉状相对应的一种诉讼文书。

在诉讼活动过程中，被告人、被上诉人通过答辩状反驳原告人、上诉人的诉讼请求，阐述自己的正当要求，这不仅有利于保护被告人、被上诉人的合法权利，而且有利于人民法院全面客观地查清案件事实，正确地适用法律。

二、答辩状的要素内容和制作方法

答辩状分首部、答辩理由和答辩意见、结尾三部分，分述如下。

(一) 首部

(1) 标题，应写“答辩状”字样。

(2) 答辩人身份概况，项目与上诉状相同。

(3) 案由，写明为何人提出的何案提出答辩。行文如下：“现因××（案由）一案，提出答辩如下”。

(二) **答辩理由和答辩意见**

答辩理由应当明确地回答诉状中提出的问题，阐明自己对案件的具体主张和理由。

在充分阐明答辩理由的基础上，提出自己的答辩意见。答辩意见一般应包括以下两方面的内容：其一，依据法律和事实，说明答辩理由的正确性；其二，揭示对方诉状中的矛盾，请求人民法院依法准确裁判。

在写作这部分时，应当注意两点：

(1) 答辩应当具有针对性。有的放矢，不要把与本案无关的事实牵连进来，更不可答非所问。

(2) 答辩应当合情、合理、合法，不能强词夺理，无理诡辩。

(三) **结尾**

写明答辩状应送交的人民法院，答辩人姓名，并注明答辩年月日。

三、答辩状的写作格式

【格式1】

刑事答辩状

（公民对刑事起诉提出答辩用）

答辩人：×××。

因__________一案，提出答辩如下：__________。

此致

××人民法院

答辩人：×××

×年×月×日

附：本答辩状副本×份

【格式2】

民事答辩状

（法人或其他组织对民事起诉提出答辩用）

答辩人名称：__________。

所在地址：__________。

法定代表人（或代表人）：____________（姓名、职务、电话）。
企业性质工商登记核准号：____________。
经营范围和方式：____________。
开户银行账号：____________。
因____________一案，提出答辩如下：____________。
此致
××人民法院

答辩人：×××
×年×月×日

附：本答辩状副本×份

【格式3】

行政答辩状

（被诉行政机关提出答辩用）

答辩人名称：____________。
所在地址：____________。
代表人：____________（姓名、职务、电话）。
因____________一案，提出答辩如下：____________。
此致
××人民法院

答辩人：×××
×年×月×日

附：本答辩状副本×份

病文诊疗

【原文】

附带民事答辩状

答辩人：杨××，男，1979年4月24日生，汉族，××县××镇××村人，初中文化，农民，住××镇××村。

答辩人因××县人民检察院指控答辩人犯寻衅滋事罪、附带民事诉讼原告人王××提起附带民事诉讼一案，现提出答辩如下。

一、答辩人的行为不构成寻衅滋事罪

从本案情况来看，答辩人酒后处于一种极不清醒状态，根本不能辨明自己做过什么，主观上没有故意这种心理状态。因此，从这点分析，答辩人并不具备情节严重或情节恶劣，只是一般违法行为，不构成犯罪。

二、原告人所提精神抚慰费无法律依据

答辩人承认确实伤害了原告人的身体，造成了一定的经济损失，对于原告人提出的经济损失要求没有异议。但原告人所提精神抚慰费，没有任何依据，表现在：

(1) 没有事实依据。原告人受的只是轻伤，护理二周后已出院，精神并未受到多大伤害。

(2) 没有法律依据。现行法律法规并无精神抚慰费的相关规定，答辩人认为不应赔偿精神抚慰费。

综上所述，答辩人虽已造成原告人身体伤害，但并不构成犯罪。原告人所提出的精神抚慰费要求也于法无据。请人民法院查明事实真相，依法裁判。

此致

××县人民法院

答辩人：杨××

代书人：×××，××律师事务所律师

二〇〇五年七月十日

附：本答辩状副本1份

【简析】

这份答辩状的最大问题在于答辩时没能紧密结合法律法规进行论证，造成缺乏法律依据之感，说服力不足。

【修改文】

附带民事答辩状

答辩人：杨××，男，1979年4月24日生，汉族，××县××镇××村人，初中文化，农民，住××镇××村。

答辩人因××县人民检察院指控答辩人犯寻衅滋事罪、附带民事诉讼原告人王××提起附带民事诉讼一案，现提出答辩如下。

一、答辩人的行为不构成寻衅滋事罪

依照《中华人民共和国刑法》第二百九十三条的规定，寻衅滋事罪是指无事生非、起哄闹事、肆意挑衅、随意骚扰、扰乱社会秩序、情节严重的行为。构成寻衅滋事罪的要件之一就是在主观上须具有故意。

从本案情况来看，答辩人酒后处于一种极不清醒状态，根本不能辨明自己做过什么，主观上没有故意这种心理状态。因此，从这点分析，答辩人并不具备情节严重或情节恶劣，只是一般违法行为，不构成犯罪。

二、原告人所提精神抚慰费无法律依据

答辩人承认确实伤害了原告人的身体，造成了一定的经济损失，对于原告人提出的经济损失要求没有异议。但原告人所提精神抚慰费，没有任何依据，表现在：

(1) 没有事实依据。原告人受的只是轻伤，护理二周后已出院，精神并未受到多大伤害。

(2) 没有法律依据。现行法律法规并无精神抚慰费的相关规定，答辩人认为不应赔偿精神抚慰费。

综上所述，答辩人虽已造成原告人身体伤害，但并不构成犯罪。原告人所提出的精神抚慰费要求也于法无据。请人民法院查明事实真相，依法裁判。

此致

××县人民法院

答辩人：杨××
代书人：×××，××律师事务所律师
二〇〇五年七月十日

附：本答辩状副本1份

范文评析

【例文1】

民事答辩状

答辩人：刘×虎，男，生于1972年2月8日，汉族，佳县××乡××村农民。现住榆阳区××湾二队。

答辩人：朱×浩，男，生于1982年9月2日，汉族，清涧县××镇××村农民。现

住址同上。

答辩人：高×军，男，生于1973年3月10日，汉族，神木县××镇××村农民。现住址同上。

答辩人：米×才，男，生于1968年3月15日，汉族，榆阳区××镇××村××小组农民。现住址同上。

答辩人：惠×胜，男，生于1970年4月17日，汉族，清涧县××乡××村农民。现住址同上。

答辩人：张×利，男，生于1967年10月13日，汉族，神木县××乡××村农民。现住址同上。

答辩人：苗×恩，男，生于1958年2月13日，汉族，榆阳区××镇××村农民。现住址同上。

答辩人：李×生，男，生于1964年6月16日，汉族，榆阳区××镇××村农民。现住址同上。

因合同纠纷一案，××市宏盛生态农业有限公司刘×红提起上诉，被上诉人提出答辩如下：

一、上诉人所述事实不符，答辩人与上诉人于2011年11月1日签订《市场转让合同》，答辩人按合同约定，于11月15日将八个摊位移交给上诉人，并将答辩人所有客户介绍给上诉人，答辩人从此退出豆芽生意。上诉人随之就占用了八个摊位，开始营业。同时上诉人又将2011年12月、2012年1月、2月三个月的转让费24万元付给答辩人，怎能说答辩人将八个摊位时至今日一直未过户给上诉人呢？如果没有将八个摊位移交给上诉人，上诉人为什么又给答辩人三个月的转让费呢？为什么占用这八个摊位呢？至于“户”的问题，答辩人租赁××农贸综合大市场（以下简称综合市场）的八个摊位是场地摊位，没有建筑物，亦无工商登记手续，根本没有户，只是占地皮摊位，户在综合市场处，答辩人哪有权给上诉人过户呢？答辩人给综合市场出的是占场地费，亦就是管理费，出了管理费才能在综合市场内卖豆芽，上诉人亦知此事。如果上诉人不转让答辩人的摊位及经营豆芽权，综合市场就不让上诉人进入市场卖豆芽。答辩人于2011年5月20日给综合市场处交了八个摊位一年的租赁费，至2012年5月29日止。上诉人亦知，到2012年5月29日上诉人再交八个摊位的租赁费，就能继续占用，根本不存在办理过户事宜。

二、上诉人述所谓“致使摊位管理方××农贸综合大市场又将该摊位另行出租给第三人杜××，上诉人一审中所举的第四份证据已经明确予以证明”。上诉人所举杜××的租赁合同纯属假证，亦超过举证时效。上诉人在一审开庭时，根本没有举这份假证据，开庭后三个多月才提交的，更重要的是这是一份假证据，请法庭注意该假证据是2011年2月14日以杜××的名义签订的，手机号又是其夫曹××的。答辩人是2011年5月20日给综合市场交的租赁费，2011 年 11 月 1 日与上诉人签订的《市场转让合同》，从时间上看，上诉人提供的证据与答辩人与上诉人签订《市场转让合同》无任何关系。从内容上看，上诉人提供的杜××的合同是彩钢房，而答辩人的是场地，无任何建筑物，所以说上诉人提供假证据应负法律责任。另外说明杜××是曹××之妻，曹××是刘×红外甥。更重要的是该八个摊位现在还是上诉人占用，如果该八个摊位被别人租赁，上诉人为什么至今还能在综合市场内卖豆芽呢？

三、答辩人与上诉人签订的《市场转让合同》是双方在自愿的基础上签订的。说是市场转让，实际是答辩人将经营权一并转让给上诉人，而且亦不违背法律、法规的规定，同时履行了相关的义务，合同应是有效的。上诉人不按时交纳转让费属违约行为。

故原审认定事实清楚，证据确凿，适用法律适当，请贵院予以维持原审判决。上诉人所持理由不能成立，请贵院予以驳回。

此致

××市中级人民法院

答辩人：刘×虎　朱×浩

高×军　米×才

惠×胜　张×利

苗×恩　李×生

二〇一二年十二月八日

附：本状副本 1 份

【简析】

本答辩状针对起诉状歪曲的事实，予以澄清。摆事实，讲道理，提出证据；文字简洁；格式符合要求。

【例文 2】

民事答辩状

答辩人（被告）：翟××，男，1962 年 10 月 10 日出生，汉族，住××市××区五象大道 17 号宿舍。

委托代理人：吴××，××律师事务所律师。

被答辩人（原告）：伍××，男。

答辩人就被答辩人伍××诉答辩人民间借贷纠纷一案，提出答辩如下。

被答辩人诉称答辩人向其借款 30 万元一事纯属虚构，理由如下。

一、答辩人认为，本案并非简单的民间借贷纠纷，而是案情复杂、双方权利义务关系不明确且对责任的承担问题存在重大争议的民事纠纷。答辩人与被答辩人并非朋友关系，该笔汇款亦非简单的民间借贷关系，双方其实是间接通过翟×琼而进行的工程合作关系，在该笔款项汇入前双方互不相识，被答辩人汇入答辩人账号的30万元并非借款，而是翟×琼与被答辩人共同付给答辩人先期垫付的工程前期投入的费用（包括工程投标费用）及二人自愿付给答辩人的工程可预期的利润。被答辩人违反诚信原则，违背客观事实，企图通过汇款单再捞一笔不义之财。

另，在没有能提供充分证实借贷关系的借条或欠条的情况下，仅凭一份银行汇款单就认定是原告借钱给被告是远远不够的，相反，被告也可以说是原告之前借被告的钱，而汇款给被告是还钱给被告。所以，对于双方有争议的借贷纠纷，光凭一份汇款单还不能证明是借贷关系，还要结合其他证据（例如证人证言、录音材料等）形成一个完整证据链才能充分证实。

二、本案客观事实如下：

答辩人以所在的公司——××环城建设工程有限公司的名义向发包单位××科技股份有限公司投标，取得××科技股份有限公司“热电厂主厂房工程”（以下简称热电厂工程）的建设项目承包权。由于答辩人工程繁多忙不过来，便找到翟×琼合作，把此建设项目转给翟×琼来负责施工。翟×琼又找到答辩人根本不认识的被答辩人一起合作共同施工。由于答辩人在热电厂工程的投标工作中付出了巨大努力，并在参加热电厂工程的投标工作中支出了十几万元的投标费用。翟×琼在接手这项工程后便答应给付答辩人先垫付的投标费用，考虑到承建该工程有利可赚，翟×琼并答应提前给付答辩人一部分工程利润，这两项合计为343 380元。由于当时翟×琼找到被答辩人合作并把答辩人的账户提供给了被答辩人，于是，这笔钱便由被答辩人汇入到答辩人的账户中。事实上，答辩人与被答辩人从未认识，也从未有过任何业务往来或经济往来。被答辩人连答辩人是谁都搞不清，依常理不可能会把如此巨额的款项借给一个陌生人，并连一张借据都不写！而且当时被答辩人汇给答辩人的款项是343 380元而并非整数30万元，根据常理可推断这笔款并非借款。被答辩人心虚，也意识到了这一点，便把这笔款的用途分开来说明，谎称一部分是借款一部分是投标资料费。

三、退一步来说，即使本案属于民间借贷纠纷，被答辩人在时隔四年当中从未向答辩人主张过权利，该“债权”也早已超过诉讼时效。被答辩人为证明此笔所谓的“债权”没有超过诉讼时效，擅自谎称答辩人承诺于热电厂工程结算审核之日返还借款，欲以此理由来中断诉讼时效。试想，此热电厂工程是由被答辩人具体施工而不是由答辩人实际施工的，工程结算款也是被答辩人结算领取的，而不是由答辩人结算的，答辩人即使借被答辩人的钱，也不可能会承诺在被答辩人结算领到工程款当天还款给被答辩人。这不符合正常的逻辑，根据日常生活经验法则可推定被答辩人在撒弥天大谎，也就是说，此还款日期是被答辩人为伪造债务而自己选定的。

四、答辩人与被答辩人素不相识，依常理而言，如果本案属于民间借贷纠纷，被答辩人把这么大笔的款项借给答辩人，一定会要求答辩人出具一张借条，而且在“借款”后的整整四年中，被答辩人也一定会向答辩人主张权利要求还钱。但事实并非如此。被答辩人不仅没向答辩人要求出具借条，而且在四年当中也从未向答辩人主张过权利。如果是借贷纠纷，被答辩人怎会如此地沉得住气，这太不正常！反之，可证明这笔款的性质并非借款，而是涉及工程方面的款项，被答辩人四年来才不敢理直气壮地来“要债”。

综上所述，被答辩人汇给答辩人的汇款并非借款，而是翟×琼与被答辩人共同给付答辩人先期垫付的工程前期投入的费用（包括工程投标费用）及二人自愿给付答辩人的工程可预期的利润。请人民法院以事实为根据，以法律为准绳，依法查明案情，驳回原告无理的诉讼请求。

此致

××市××区人民法院

答辩人：翟××

二〇一一年八月十二日

附：答辩状副本1份

【简析】

这份答辩状针对起诉状逐条驳斥，有理有据有力。

【例文3】

行政答辩状

答辩人：××县房产管理局。

所在地址：××县城关镇中大街十三号。

法定代表人：朱×庆，局长，电话：××××。

委托答辩人：陈×情，法规股股长，电话：××××。

因何×平房产行政确认纠纷向法院起诉一案，我局向法庭提出如下答辩。

一、答辩人为李×香（系本案第三人）办理房屋产权证的依据合法。

2010年3月25日，申请人携带相关材料到县房管局产权中心办理产权证。经工作人员仔细审核，认为李×香提供的材料，即××县房屋所有权登记申请书、国有土地使用权证、房屋测绘报告及李×香身份证明等相关资料符合办理房屋产权证书的条件，就受理了申请人的登记申请，又经过权属审核，核准了申请登记，为申请人颁发了房屋权属证书。

根据《城市房屋权属登记管理办法》第二十三条的规定，申请人所要办理产权的建筑无（一）属于违章建筑的，（二）属于临时建筑的，（三）法律、法规规定的其他情形。根据《城市房屋权属登记管理办法》第二十七条的规定：“登记机关应当对权利人（申请人）的申请进行审查。凡权属清楚、产权来源资料齐全的，初始登记、转移登记、变更登记、他项权利登记应当在受理登记后的两个月内核准登记，并颁发房屋权属证书；注销登记应当在受理登记后的1个月内核准注销，并注销房屋权属证书。”申请人提供的材料真实有效，答辩人没有理由不予办理。

二、起诉状中说：“……第三人李×香弄虚作假申报不实，而被告的工作人员工作失误审核不严造成房屋权属登记不实，侵害了原告的合法权益。”该说法没有任何依据！我局工作人员在办理申请人的申请过程中，严格依照法律办事，在程序上严格把关，经过权属审核，核准了申请登记后，才为申请人颁发了房屋权属证书。因此，原告在起诉书中所言我方“工作人员工作失误审核不严造成房屋权属登记不实，侵害了原告的合法权益”无任何法律依据，因此是站不住脚的。

综上所述，原告的请求是没有法律依据的，而答辩人为申请人李×香办理房屋权属证书是完全合乎法律规定的。请人民法院查清事实，驳回原告无理的诉讼请求。

此致

××县人民法院

答辩人：××县房产管理局（公章）

二〇一一年四月十六日

附：答辩状副本1份

【简析】

这份答辩状摆出事实，举出相关法律根据，格式也符合要求，是一份很好的答辩状。

后 记

翻阅着眼前这本新修订的《司法文书写作》，我颇感欣慰。作为一个执着的法律追随者，从大学本科开始接触法律，到硕士阶段进一步学习法律，再到参加工作教习法律，以及在后来从事教职期间攻读博士学位并顺利毕业，我和法律打交道至今已30年有余，从未间断。无论是作为曾经求知若渴的学子，还是作为一名已指导学生走过数十春秋的老师，法律已在不经意间重铸了我的思维，成为我生活中不可或缺的部分。

不可否认，作为一个法律人，熟知法律条文、谙习法学理论、掌握法律精神内涵是我们尽情徜徉于法学殿堂的必备素质，然而，实现法律与实践的对接，将理论运用于实践，学以致用，同样是对一名法律人的基本要求。而要达到这一目标，将纸面上的法变为生活中的法，指导人们的行动，最主要的途径莫过于熟练地写作与运用司法文书。其实，无需我多言，大家就能意识到司法文书在整个法律学习过程中有多么重要。可以说，诉讼的每一个过程、每一项行为都离不开司法文书的参与。从立案、侦查到审查起诉、法庭审理再到执行，司法文书从未缺席过。它完整地记录了各个阶段的诉讼动态，客观地呈现了案件的整体情况，为每个诉讼参与人了解、知悉案件情况提供了固化的素材。司法文书以其特有的规范、简洁形式搭建起了双方当事人以及当事人与公、检、法三机关及其他相关主体交流的平台。很难想象，如果没有司法文书的存在，我们如何呈交证据、如何进行规范化庭审、产生法律效力的审判结果又将如何交付执行。正是因有了司法文书的存在，我们方得以一窥诉讼之全貌，并以记载的方式将诉讼事件长久留存下来。司法文书以一种被广为推崇、郑重的方式指导着诉讼的有序开展，彰显着法律的庄严。

其实，早在20世纪80年代，司法文书就引起了我浓厚的研究兴趣。自1986年留校到现在，我讲授司法文书这门课程已长达18年。拿在读者手中的这本书即是我这许多年来教学实践成果的总结。该书初版在2002年已出版发行。众所周知，相较于一般文书，司法文书最大的特点，即一经依法制作出来就发生法律效力，相关当事人必须严格遵守。这就对文书写作编写者提出了很高的要求，不容有任何疏漏。但为避免落入枯燥乏味的讲解范式，我在编写语言的斟酌上尽可能做到既严肃、专业又生动、易懂。在这种写作思想指导下，该书一经发行就深受广大读者的欢迎，成为不少法律学人司法文书写作入门极实用的指导书。

一晃距该书首次面世已十余年。这当中，中国的法治环境发生了不小变化，法治状况也得到了极大改善，特别是在今年1月1日，新修订后的《中华人民共和国刑事诉讼法》

正式施行。新法既涉及审前程序，又有庭审活动及执行程序等方面的改动，变化之大，前所未有。这就要求相关司法文书的增删或格式的稍加变动。此次应中国人民大学出版社的邀请，根据新修订的《刑事诉讼法》，我逐一对该书进行了修订，确保与新法保持同步(当然，书中所附例文引用的法律条款，仍保留案例发生时所实际施行的)，为读者奉上最新的司法写作指导用书。该书得以全新的面貌与读者见面，离不开中国人民大学出版社各位领导一如既往对我从事法律研究的支持与帮助，以及各位编辑为本书的修订出版付出的辛劳！真诚地感谢你们！

陈卫东

2013 年 4 月 18 日于中国人民大学明德法学楼